DISCIPLINA DO EQUILÍBRIO

PNL, MONTESSORI E O BIG FIVE A SERVIÇO DA CONEXÃO

Produção editorial: Lívia Oliveira
Projeto gráfico: Departamento Editorial da Editora Manole
Diagramação: Amarelinha design gráfico
Ilustrações: Freepik
Capa: Departamento de Arte da Editora Manole
Imagem da capa: Isa Minatel

CIP-BRASIL. CATALOGAÇÃO NA PUBLICAÇÃO
SINDICATO NACIONAL DOS EDITORES DE LIVROS, RJ

M614d
Minatel, Isa

Disciplina do equilíbrio : PNL, Montessori e o big five a serviço da conexão / Isa Minatel. – 1. ed. – Barueri [SP]: Amarilys, 2025.
432 p.

Inclui bibliografia e índice
ISBN 9788520469521
1. Psicologia infantil. 2. Pais e filhos. 3. Parentalidade - Aspectos psicológicos. I. Título.

25-101644.0 CDD: 155.4
CDU: 159.922.7

Gabriela Faray Ferreira Lopes - Bibliotecária - CRB-7/6643
05/11/2025 07/11/2025

Edição – 2025

Editora Manole Ltda.
Alameda Rio Negro, 967 – cj. 717 – Alphaville
06454-000 – Barueri – SP – Brasil
Fone: (11) 4196-6000
www.manole.com.br | https://atendimento.manole.com.br/

Impresso no Brasil
Printed in Brazil

ISA **MINATEL**

É palestrante, TED Speaker, psicopedagoga, escritora e professora. Criadora da Disciplina do Equilíbrio com + de 1 milhão de seguidores.

DISCIPLINA DO EQUILÍBRIO

PNL, MONTESSORI E O BIG FIVE A SERVIÇO DA CONEXÃO

Amarilys

SUMÁRIO

Prefácio

Quando li este livro, comecei a refletir sobre o verdadeiro significado da palavra *equilíbrio*. Confesso que nunca havia dado a devida atenção a essa palavra tão simples, mas tão essencial na vida de todos nós.

Afinal, uma pessoa equilibrada é aquela que possui a capacidade de manter seu **eixo** em situações adversas. É quem tem a habilidade de lidar com os desafios que a vida impõe com sensatez, serenidade e amor próprio. É alguém que reconhece seus valores e os potencializa, que enxerga suas fragilidades sem se deixar abalar. Pelo contrário, com coragem, busca aprender, crescer e se fortalecer a cada passo, enfrentando desafios e ultrapassando seus limites.

E o que mais poderíamos desejar para nossos filhos, senão que vivam em equilíbrio? Equilíbrio emocional, físico, espiritual, comportamental, familiar, social, profissional... Em um mundo tão cheio de incertezas, pressões e desigualdades, manter-se equilibrado é mais do que um ideal — é um cuidado essencial para que possam viver uma vida plena e harmoniosa, e não apenas sobreviver.

A **Disciplina do Equilíbrio** (**DdE**) é um caminho profundo e transformador. Consolidada no respeito mútuo, na compreensão das diferenças, nos ensinamentos da neurolinguística e na filosofia Montessoriana, somados à experiência e à sensibilidade de sua criadora, a DdE tornou-se uma verdadeira aliada para todos os pais que desejam ver seus filhos crescendo de forma saudável, autêntica e feliz.

Este livro não apenas nos conduz a uma real conexão com nossos filhos, como também nos oferece ferramentas práticas e amorosas para lidarmos com as mais diversas situações do dia a dia. Assim, onde antes poderia haver afastamentos, brigas, desconexão... passam a florescer o amor, o respeito e a compreensão.

É um livro que realmente toca, inspira e transforma. É um livro lindo de viver. Deixo aqui minha mais sincera gratidão à **Isa Minatel**, por sua dedicação em compartilhar, há tantos anos, este novo conceito de educação parental — mais humana, respeitosa e profundamente eficaz.

Dra. Mariana Piffer Souza
Pediatra Neonatologista e Neuroeducadora
Parental da Disciplina do Equilíbrio

Introdução

QUASE NÃO FUI MÃE... MAS EU TINHA DE SER!

Eu quase não fui mãe. Mas a vida quis me mandar o Petrus. Meu filho chegou mais ou menos junto com o "*bum*" das redes sociais no Brasil, em 2011, ano em que o Facebook ultrapassou o Orkut em número de usuários por aqui. Sempre fui uma comunicadora extrovertida e expansiva e nunca cogitei ficar fora de nenhuma rede, portanto, já usava o Orkut e passei a usar o Facebook na sequência. O que jamais poderia imaginar é que compartilhar nas redes sociais as dores e desafios que eu teria com o meu filho me faria chegar onde cheguei. Sem consciência, fui uma das pioneiras na criação de conteúdos sobre parentalidade consciente no Brasil. Foi o público que me contou que eu era "influencer" e "educadora parental" antes mesmo de eu conhecer esses termos. Ainda bem que sou uma pessoa de mergulhos profundos, e isso me garantiu uma base forte de conteúdos que transformou a minha maternidade e alcançou centenas de milhares de mães e profissionais ligados à infância pelo mundo afora.

Mas, por que Disciplina do Equilíbrio? Por que não seguir com o que já existia que era a Disciplina Positiva?

Eu acompanhei o movimento da parentalidade positiva no Brasil fazendo parte dele ainda que, na época, não me desse conta disso. Vi e comemorei quando as pesquisas neurocientíficas foram sendo divulgadas e o mundo começou a descobrir as consequências terríveis do autoritarismo e do uso de castigos como forma de "educar" as crianças. Vi pessoas se sensibilizarem e buscarem outras formas de lidar com seus filhos e vi também a Disciplina Positiva ocupar esse espaço. Participei disso. Contribuí ativamente para isso. Antes mesmo de ter feito a formação em Educação Parental, o público começou a dizer que eu era uma referência na Disciplina Positiva, e a liderança me convocou para a formação. Fiquei feliz. Sou uma estudante voraz. Não foi só essa liderança que me convocou, a elite da educação montessoriana no Brasil também quis entender quem eu era quando lancei meu primeiro curso *online*, o "Montessori em Casa", e atuei diretamente com a popularização da filosofia montessoriana em muitos lares brasileiros.

Mas não foram só vitórias. Esse movimento de massa, o caráter raso dos conteúdos disseminados pelas redes sociais, as formações reduzidas e sem pré-requisitos que foram surgindo somados ao modelo mental dualista da nossa sociedade – sempre programada para pensar em oposições e contrapontos: certo *versus* errado; bom *versus* mau; verdade *versus* mentira – toda essa mistura resultou numa trágica e perigosa confusão: se o autoritarismo é o problema, devo fugir dele o mais longe que conseguir. Só que fugas desesperadas para o mais distante possível levam muita gente ao extremo oposto, então muitas pessoas miraram na Disciplina Positiva e acertaram na criação permissiva. Vi esse movimento acontecendo. Me desesperei. Vi criadores de conteúdo e profissionais renomados se confundindo e levando uma turma de seguidores por um caminho equivocado, aparentemente positivo mas que já havia chegado no permissivo. Sofri. É difícil ver algo antes da maioria das pessoas. Você tenta mostrar, sinalizar, avisar... porém, ninguém te compreende. É solitário e agonizante. Me senti co-responsável pela confusão. Somando mais de um milhão de seguidores nas várias plataformas de mídias sociais, decidi que precisava fazer algo a respeito da confusão generalizada que havia identificado. Em resposta a isso, criei a "Disciplina do Equilíbrio".

Não! Não foi só uma mudança de nome. Sendo bastante ousada, diria que a Disciplina do Equilíbrio é a segunda geração da Disciplina Positiva com o acréscimo dos perfis de personalidade, da filosofia montessoriana, da Programação Neurolinguística adaptada à infância e também da metafísica da saúde. Sei que não estou à altura das pessoas maravilhosas que propuseram a Disciplina Positiva para dar continuidade a esse legado, mas registro aqui a ousadia baseada nas centenas de milhares de vidas que já foram impactadas pela Disciplina do Equilíbrio.

Se você entende que a permissividade pode ser tão ou mais nociva do que o autoritarismo e também percebe que muitas pessoas cheias de boa intenção se equivocaram no caminho de viver uma educação respeitosa com suas crianças, então a Disciplina do Equilíbrio é para você.

Se você quer dar continuidade e profundidade ao que começou com a Disciplina Positiva em sua vida, então a Disciplina do Equilíbrio também é para você.

Parte I:

FUNDAMENTOS E CONTEXTO

CAPÍTULO 1

O Dilema da Educação Moderna: entre o autoritarismo e a permissividade

"Você já se pegou dizendo: 'Eu não quero ser autoritária, não quero brigar, não quero dar castigo, não quero gritar...' Então você se segura, se segura, se segura até que tem uma hora que não aguenta mais e bum, explode em uma reação autoritária. Depois, tomada pela culpa, você abraça, pede desculpa, deixa a criança fazer tudo, e volta para a permissividade. Vai se segurando de novo, até explodir mais uma vez. Esse efeito rebote, esse vaivém entre extremos, é o que chamo de Ciclo da Mãe Confusa. É um ciclo doloroso, que mistura culpa, insegurança e o desejo sincero de acertar, mas que, sem ferramentas e conhecimento, só aumenta a distância entre pais e filhos e a sensação de fracasso".

Essa história é de milhares de mães e pais que me acompanham, que querem fazer diferente, mas se veem presos nesse *looping* de extremos. Quando me tornei mãe, achei que seria fácil criar uma criança. Mas, confesso, a melhor coisa que me aconteceu na vida também me trouxe o maior desafio do mundo! Em muitos momentos, me vi impotente, sem saída e sem a menor ideia de como fazer para retomar o controle da situação. Percebi que as pessoas que estavam buscando fugir do autoritarismo não se tornavam, automaticamente, mães em equilíbrio. Pelo contrário, a maioria era jogada de cabeça na permissividade.

O CICLO DA MÃE CONFUSA[1]: HISTÓRIA DE MUITAS MÃES, TALVEZ SUA HISTÓRIA

Talvez você se reconheça nesse vaivém entre querer ser respeitosa(o), cair na permissividade, explodir em autoritarismo, sentir culpa e voltar para a tentativa de ser respeitosa(a), caindo de novo na permissividade e seguindo um *looping* infinito. Vejo muitas mães assim: um dia tentam ser a mãe "*zen*", que nunca perde a paciência, que explica tudo, que acolhe cada emoção. Num outro dia, quando estão mais cansadas ou quando um gatilho é acionado pelo mau comportamento da criança, explodem em gritos, castigos e punições. Na sequência, lembram-se dos traumas e da necessidade que a criança tem de um apego seguro com seu principal cuidador e então mergulham na mais profunda culpa, buscando consumir informações rasas nas redes sociais que as levavam a compensar tudo com mais permissividade para a criança, reiniciando o ciclo: ora gentileza demais até a permissividade, ora firmeza demais até o autoritarismo.

1 Noventa por cento das pessoas que consomem meus conteúdos são mães. Se você é pai, avó, avô, profissional ligado à infância ou qualquer outro adulto incrível que está interessado na Disciplina do Equilíbrio, por favor, faça a adaptação mental das minhas palavras para o seu papel, ok? Ciclo do Pai Confuso, por exemplo, ou Ciclo da Avó Confusa. Vale da mesma maneira.

A verdade é que a maioria de nós, adultos de hoje, foi educada em lares autoritários. Ao tentar não repetir esse padrão, acabamos sem referências sólidas de como ser firmes sem ser agressivos e de como ser amorosos sem cair na moleza. O resultado? Um ciclo de confusão, culpa e insegurança. E, claro, crianças igualmente perdidas, testando limites, buscando pertencimento e, muitas vezes, expressando em birras e comportamentos desafiadores o desequilíbrio que absorveram do ambiente.

As consequências da criação autoritária – muito além da infância

Era 2019 e eu estava em uma sessão online com um casal que me procurara pela mesma queixa que a maioria das famílias vem buscar atendimento: "esse menino não obedece!" As falas relatavam uma criança de 5 anos reativa, desobediente e extremamente resistente – terrível –, enquanto os adultos eram descritos como gentis e que buscavam fazer acordos e combinados sem imposição. O menino que estava internado teve alta e, por estar presente no ambiente, a sessão online precisou ser remanejada para que tivéssemos privacidade.

Quando nos encontramos novamente, pedi que me mostrassem, exatamente, como falavam com a criança, fazendo de conta que agora eu era o menino que não queria desligar a TV. Nessa hora, entendi tudo: o que eles chamavam de combinado era, na verdade, uma ordem disfarçada. Na comunicação precisamos ajustar a escolha das palavras, o tom de voz e a intenção (não verbal). No caso deles, apenas as palavras eram de combinado. O tom de voz e a intenção eram de ordem/imposição. Mas o mais interessante ainda estava por vir...

Quando perguntei a razão da internação do menino, soube que ele tinha recorrentes inflamações de garganta que o levavam ao hospital por diversas vezes. Tudo que o menino pedia com seu comportamento e com seu corpo era vez e voz. Uma criança tem a necessidade da dignidade: ter sua voz ouvida. Ser alguém. Se essa criança tem um perfil de personalidade forte (predominantemente colérico ou sanguíneo), ela vai lutar com todas as forças para ter vez e voz. Ela "exige" ser vista, ouvida e respeitada!

Ao ajustarmos o manejo dos pais ao perfil predominantemente colérico do filho, o comportamento se equilibrou e as crises de garganta cessaram. Aqui é a metafísica da saúde oferecendo seus recursos à Disciplina do Equilíbrio: uma criança sem voz no sistema familiar pode apresentar problemas de garganta. Sim, a Disciplina do Equilíbrio une educação e saúde.

Imagine uma casa com crianças pequenas que tem fama de ser uma residência extremamente silenciosa, mas não porque as crianças estão em equilíbrio ou desenvolvendo bem sua concentração – o que seria muito desejável –, mas porque a voz que mais ecoa é a do autoritarismo, que emudece as crianças provocando medo. Ali não há espaço para muitas perguntas. A obediência cega é o único caminho permitido. Muitas mães e pais estão cheios de boa intenção e acreditam que estão fazendo o melhor pelos seus filhos quando impõem uma disciplina dura, regras inquestionáveis e punições constantes. No entanto, o que a ciência tem mostrado é que esse caminho deixa marcas profundas, que se estendem muito além da infância.

Estudos longitudinais acompanharam crianças desde os primeiros anos de vida até a fase adulta, revelando padrões preocupantes: crianças criadas sob autoritarismo têm maior chance de desenvolver agressividade, comportamentos antissociais, dificuldades de regular emoções e até problemas de saúde mental como ansiedade e depressão.

Uma pesquisa[2] de 2023, com mais de 2.300 crianças entre 3 e 6 anos, mostrou que aquelas expostas a métodos autoritários apresentaram relações sociais mais pobres, maior agressividade verbal e dificuldade em resolver conflitos de forma cooperativa. Os meninos foram os mais afetados, especialmente quando eram filhos únicos ou mais novos.

Mas não é só no presente que esse estilo de criação cobra seu preço. Um estudo de corte conduzido ao longo de 20 anos pela Universidade de Minnesota[3] concluiu que adultos que cresceram sob um modelo autoritário, relataram autoestima mais baixa, maior dificuldade de expressar emoções e tendência a reproduzir padrões de violência ou rigidez em seus próprios relacionamentos.

Outros impactos observados pela ciência:

- Problemas alimentares: pesquisa canadense com 37 mil crianças[4] mostrou aumento de 30% no risco de obesidade infantil em crianças criadas sob estilo autoritário. A relação emocional distorcida com a comida surge como resposta ao controle excessivo.
- Dificuldades acadêmicas: estudos mostram que punições frequentes geram medo de errar, comprometendo a capacidade de aprender e pensar criticamente. A criança se torna dependente da ordem externa, com baixa autonomia.

- Viés de hostilidade: crianças que crescem sem espaço para conversa desenvolvem o chamado "viés de atribuição hostil" – interpretam os erros ou falhas alheias como intencionais, dificultando amizades e parcerias ao longo da vida.

Esses dados não são apenas números, são histórias que vejo todos os dias em atendimentos, em rodas de conversa, nas perguntas ao final das palestras, em mensagens de mães que me escrevem sobre filhos que se afastaram, adolescentes que gritam para serem ouvidos, adultos que carregam uma dor antiga de não terem tido vez e voz.

Quando falamos em Disciplina do Equilíbrio, queremos romper com esse ciclo. Em oferecer à criança um modelo de autoridade que inspira, não que intimida. Porque é no exemplo do respeito, usando ferramentas de comunicação para aumentar o amor percebido pela criança que formamos adultos fortes, conscientes e emocionalmente saudáveis.

Por isso, a ciência é clara: o autoritarismo não cria obediência genuína conquistada pelo respeito; ele gera obediência cega com base no medo, e medo é o oposto da confiança, da conexão profunda e da educação verdadeira.

As consequências da criação permissiva

Era 2021 quando atendi uma mãe brasileira que morava na Espanha e me dizia: "Isa, eu fiz tudo para garantir um apego seguro para o meu filho. Amamento até hoje em livre demanda, ele pode tomar suas decisões, tento não brigar, não gritar, tento deixá-lo livre... mas tudo parece um caos! Ele não dorme sozinho, não se alimenta bem e quando é contrariado tem crises de agressividade extrema! Eu já estou deixando de sair com meu filho para muitos lugares por não saber como lidar com ele". O filho de 6 anos estava cada vez mais agressivo, desafiador e ansioso. A mãe, exausta, não sabia mais o que fazer.

Entramos com o ajuste de manejo da Disciplina do Equilíbrio. Mostramos que quando a demanda não é mais da criança, até a amamentação pode se tornar um problema. Nesse caso, o menino não se alimentava bem porque o leite atrapalhava o apetite para as refeições. Não dormia sozinho porque seguia precisando do peito para adormecer e para voltar a pegar no sono a cada despertar. E não desenvolveu a autorregulação, pois, diante de qualquer frustração, a mãe oferecia o peito para que se acalmasse.

Com essa consciência e um desmame gentil, a transformação veio: o menino se acalmou, passou a se alimentar melhor, começou a dormir autonomamente e foi aprendendo a se autorregular quando as coisas não aconteciam como ele esperava.

A permissividade, ainda que travestida de amor, traz profundas consequências para o desenvolvimento de um indivíduo. Estudos[5] mostram que crianças criadas em ambientes permissivos – com falta de regras claras e consistência – apresentam maior dificuldade de regular emoções, maior índice de comportamentos agressivos e menor capacidade de lidar com frustrações.

Uma pesquisa de 2020 com 1.500 adolescentes[6] mostrou que filhos de pais permissivos têm maior propensão ao uso de substâncias, comportamentos de risco e dificuldades escolares. Outra meta-análise (Slicker, 1998) confirma que esse estilo parental está associado a maiores índices de ansiedade e menor autoestima.

Cair na permissividade, portanto, não traz liberdade saudável e, sim, falta de orientação e estrutura segura para o desenvolvimento emocional e social das crianças e adolescentes. E a ciência é clara: contornos claros e consistentes são fundamentais para a construção da segurança emocional. Quando falamos em Disciplina do Equilíbrio, falamos na parte boa do limite. É preciso saber como mostrar à criança onde começa e termina o seu espaço, sempre com respeito e conexão. Porque crianças precisam de referência, de porto seguro. Não de adultos que apenas cedem para evitar conflito.

A palavra LIMITE é um ponto importante. Crianças precisam de limites, isso é verdade. O problema é que, quando adultos criados no autoritarismo pensam em limite, a agressividade, o tolher, o castrar e o podar as iniciativas da criança entram em cena. Como se o objetivo fosse cortar as asas do ser imaturo. Não! Limites aplicados dessa forma acabam levando à formação de adultos cheios de limitações. Por isso, nosso foco deve ser na parte boa do limite que é a orientação. Em vez de cortar as asas, na Disciplina do Equilíbrio a proposta é orientar o voo. Mostrar o caminho, direcionar o sentido, verificar o tamanho das asas em relação ao espaço atual e as pessoas ao redor. Onde é o lugar mais adequado para se abrir asas tão grandes? Quando é o momento oportuno de voar nessa velocidade? Para diferenciar esse olhar sobre o limite que a criança precisa, chamo essa releitura de limite-guia. Um limite cujo objetivo não é reprimir e, sim, guiar. Um ajuste de consciência que muda tudo. A imposição de limites sem esse ajuste diante de crianças de personalidade forte resulta em birras, crises de agressividade e confusão. A aplicação do limite-guia com as ferramentas da Disciplina do Equilíbrio resulta na obediência e na educação do ser em formação. Vamos avançando na leitura e você vai compreender na prática como tudo isso acontece.

A POLARIZAÇÃO PARENTAL: ENTRE EXTREMOS, A INFÂNCIA PEDE EQUILÍBRIO

Desde muito novos, um processo da evolução humana fez nosso cérebro se acostumar a classificar rapidamente o mundo em categorias simples: certo ou errado, bom ou mau, amigo ou inimigo, seguro ou perigoso, obediente ou desobediente. Esse pensamento binário é um mecanismo de economia cognitiva do cérebro feito para simplificar decisões rápidas, reduzir insegurança e evitar sobrecarga mental. Estudos em psicologia evolutiva[7] mostram que essa tendência binária ajudou nossos ancestrais a tomar decisões rápidas em ambientes incertos e isso nos manteve vivos como espécie, sendo, portanto, considerado um mecanismo de sobrevivência útil à manutenção da vida.

Entretanto, na parentalidade, esse olhar simplista cria armadilhas. Pais veem o filho como "fácil" ou "difícil", "obediente" ou "teimoso", "bem-sucedido" ou "problemático", e isso pode acabar se tornando um rótulo, uma sentença, uma prisão.

Como a maioria dos adultos ainda está refém dessa tendência ao pensamento binário, quando as pesquisas sobre os malefícios do autoritarismo vieram à tona, muitos fugiram correndo para o mais longe possível desse modelo de criação. Só que o mais longe possível, como já dito anteriormente, levou os pais para o outro extremo e uma grande quantidade de pessoas caiu na permissividade. Muitos não admitem estar nos extremos por se tratar de pontos cegos já que miraram em uma relação positiva e acertaram em uma relação permissiva. Mas amor sem direção pode ser como um barco à deriva – bonito e livre, mas perdido e fadado à ruína. Quando a gente só acolhe, só entende, mas não orienta, a criança sente-se insegura, sem chão, sem referência. É como se ela precisasse atravessar uma ponte muito alta e estreita sem parapeitos. E, mais cedo ou mais tarde, isso aparece nas birras, nos desafios, na dificuldade de lidar com o "não".

Criar contorno, estrutura, orientações, regras e combinados é a aplicação do conceito de limite-guia. Isso não é castigo, é cuidado. É colocar parapeitos na ponte. A firmeza não deve vir em forma de dureza ou agressividade – que é o famoso "impor limites" na visão do senso comum –, a firmeza deve vir em forma de orientação clara e condução segura, a aplicação do limite-guia. Para conseguir ser referência, precisamos também olhar para nós, para nossa história, para nossas feridas e dores. É por meio da nossa própria cura que vamos conseguindo educar melhor.

Exatamente por conta da mente binária, o que mais vejo em atendimentos e rodas de conversa são mães, pais e profissionais divididos entre dois extremos: de um lado, o autoritarismo que adestra, mas não educa; de outro, a permissividade que acolhe, mas não orienta. Nenhum dos dois funciona de verdade. O autoritarismo gera medo, baixa autoestima e adultos inseguros. A permissividade, por sua vez, cria crianças sem referência, que não sabem lidar com frustrações e que crescem sem autonomia real.

A infância pede equilíbrio. E equilíbrio não é ficar parado no meio do caminho, mas saber quando avançar e quando recuar, quando acolher e quando orientar. É um movimento vivo, dinâmico, feito de presença e, sim, estudo. Porque para educar não é suficiente apenas amar – é também necessário aprender sobre as necessidades visíveis e invisíveis do ser amado e de se apropriar de ferramentas eficazes de comunicação e comportamento para lidar adequadamente com esse ser. O desejo de não replicar uma criação autoritária sem o conhecimento de ferramentas de equilíbrio é o que leva as pessoas a caírem com força na permissividade.

É preciso perceber as nuances da combinação de temperamentos na personalidade de cada criança, o contexto de cada situação, as necessidades por trás dos (maus) comportamentos, os sinais que precisam de escuta, compreensão e manejo adequado. É verdade que esse viés binário é nosso piloto automático, nossa tendência mais primitiva, mas pode ser superado com reflexão, empatia e aprendizado – base do caminho da Disciplina do Equilíbrio, que propõe sair do preto ou branco para construir uma paleta de múltiplas cores no relacionamento com as crianças, respeitando suas fases, as singularidades das suas personalidades e as suas necessidades reais, incluindo as invisíveis.

No próximo capítulo, vou contar como a Disciplina do Equilíbrio ganhou forma, quais são suas premissas e como ela pode transformar não só a infância, mas também a vida adulta de quem escolhe educar com consciência e coragem.

CAPÍTULO 2

O nascimento da Disciplina do Equilíbrio

NASCE UMA MÃE, NASCE UMA... ~~CULPA~~ BUSCA

Quando meu filho nasceu, eu me vi atravessando um portal. Minha identidade, antes tão firmada no meu papel profissional, foi completamente questionada e precisou ser repensada. A maternidade me atropelou, me desmontou e me obrigou a olhar para mim mesma com outros olhos. Passei noites em claro, muitas noites em claro. Meu filho acordava até nove vezes a cada madrugada. Não sei nem mensurar quantas vezes chorei de cansaço, duvidei de mim e me vi abraçada na sensação de impotência. Eu simplesmente não sabia o que fazer. Vi minha autonomia escorrer pelo ralo e precisei da ajuda de desconhecidos, já que minha família estava distante mais de 2 mil quilômetros. Doeu. Mas foi nesse processo que comecei a me perguntar: "Como educar sem castigar? Como educar um ser humano com uma autoestima forte? Como estimular no meu filho a autonomia desde a mais tenra infância?". Porém, havia uma última questão que me acompanhava e que era a mais diferente de todas: "Como desenvolver no meu filho as características do comportamento empreendedor?".

Sim! Eu trabalhava com treinamentos de empreendedorismo com enfoque comportamental, ou seja, mesmo que a pessoa não fosse abrir um negócio, desenvolver os comportamentos empreendedores – estabelecer metar, planejar, ter iniciativa, ser persistente, ter autoconfiança, ser independente, ter uma boa rede de contatos, farejar oportunidades, ter uma exigência de qualidade e eficiência, saber buscar informações e correr riscos calculados – beneficiaria qualquer pessoa em qualquer carreira que decidisse seguir na vida. Então, como capacitava professores para levar esses comportamentos para crianças de 6 a 17 anos e depois adultos a partir dos 18 anos, entrei na maternidade com a pergunta: como fazer para iniciar o desenvolvimento dos comportamentos empreendedores já na primeira infância, do 0 aos 6 anos?

Ao olhar em volta, via o que não queria fazer. Via adultos dizendo a suas crianças: "você não tem que querer nada, você é criança!". Mas ao facilitar o Empretec, um seminário de comportamentos empreendedores para adultos, me deparei com o módulo de maior dificuldade entre os empreendedores brasileiros: estabelecimento de metas. E o que é estabelecer metas? É saber o que se quer! A educação vigente nas escolas e nos lares brasileiros repetindo o conhecido "você não tem que querer nada" tinha tirado daquelas pessoas, ainda na infância, a clareza sobre o próprio querer, e elas estavam refletindo isso na suas vidas depois de adultos. Eu não queria fazer isso com o meu filho!

A Disciplina do Equilíbrio nasceu desse lugar: do desejo de não repetir padrões que já não faziam sentido para mim, da vontade honesta de encontrar uma forma de criar um ser humano que faça a diferença no mundo com seu servir, de entregar para a sociedade um ser que seja feliz e que faça o bem. É por isso que eu digo que quando nasce uma mãe, nasce uma busca. Para não ficarmos presas na culpa que vamos sentir muitas vezes, mas aprender a usá-la para nos colocar em movimento e buscar uma maneira diferente de realizar a maternidade. A Disciplina do Equilíbrio é o resultado da minha culpa/busca.

MAS JÁ NÃO EXISTEM MÉTODOS DE EDUCAÇÃO RESPEITOSA? O QUE A DISCIPLINA DO EQUILÍBRIO TEM DE DIFERENTE?

Essa é uma pergunta pertinente. Vou começar com algumas diferenças que as pessoas já perceberam:

larissa_organizer comentou: Depois da Bíblia, nunca estudei algo mais valioso!!

Uma das coordenadoras disse 20 anos trabalhando com Educação para aprender tudo agora em 4 horas rs

escola
Online agora

Ser pedagoga, mãe de dois, especialista em sócio construtivismo, MBA, estudiosa da primeira infância, diretora e mantenedora da Escola, membro de conselho de educação, amante de abordagem Reggio Emília e consequentemente de Montessori. 32 anos e 13 na área da educação... Fui surpreendida em sua palestra hoje à tarde. Tanto carisma que fez quase três horas voarem. Sabe aquele riso nervoso de encarar sua filha de 3 anos ser descrita em todas as características de um temperamento colérico???!!! Sim, Isa (desculpa a intimidade), mas você me abriu um novo olhar pra o temperamento, caminho de pesquisa, um gostinho de quero mais. Tantas coisas fizeram sentido. Sai agradecida, com seus dois livros nas mãos, desejando muito sucesso ao seu trabalho profissional e na sua empreitada da maternidade. #gratidao

A Disciplina do Equilíbrio não é mais do mesmo, e diferenciá-la do que já existe é fundamental para posicionar a metodologia no cenário atual.

Sim, já existem métodos de educação respeitosa, como a Disciplina Positiva, a Parentalidade Consciente, a Criação com Apego e outros. Todos eles trouxeram avanços importantes ao romper com a cultura do autoritarismo e promoverem uma convivência mais empática entre adultos e crianças. A Disciplina do Equilíbrio surge como a segunda geração dessas abordagens, respondendo a desafios que a primeira onda não conseguiu resolver completamente. O diferencial da Disciplina do Equilíbrio está em três pontos centrais:

1. **Personalização profunda com base em perfis de personalidade**
Enquanto a maioria dos métodos respeitosos oferece princípios universais, a Disciplina do Equilíbrio integra ferramentas de análise comportamental, como a clássica teoria dos temperamentos humanos conversando com a teoria dos cinco fatores da personalidade humana, *Big Five* e também com o DISC, para mapear o perfil de cada criança. Isso permite reconhecer que cada criança é única em suas necessidades emocionais, cognitivas e sociais. Assim, evita-se tanto o erro de "tratar todos iguais" como a armadilha de rotular ou medicalizar comportamentos naturais da infância comparando perfis diferentes – uma criança de predominância colérica nunca será tão calma e obediente quanto uma criança fleumática, por exemplo. Além de considerar o que cada um precisa trabalhar para ir encontrando seu ponto de equilíbrio dentro de cada perfil. Sim, o caminho de evolução de cada um é diferente. O que falamos para uma criança pode desequilibrar outra. Quer um exemplo? Acompanhei uma família que teve um primeiro filho que apresentava recusa alimentar. Os pais, então, adotaram o costume de fazer festa e muitos elogios sempre que o menino comia. Alguns anos depois chegou o segundo filho. Ao ser exposto ao mesmo ambiente em que estava o primeiro filho, o resultado na segunda criança foi a obesidade infantil. Sim, crianças diferentes precisam de direcionamentos diferentes. Em outro caso, um menino de temperamento forte vivia se envolvendo em brigas na escola e a mãe repetia: "não pode bater, quantas vezes eu já te disse isso?" Mal sabia ela – e ficou muito triste ao descobrir depois – que o outro filho, de temperamento mais calmo, vinha apanhando de colegas há tempos e não se defendia porque, segundo ele, a mãe sempre dizia que não podia bater. A fala que um precisava ouvir desequilibrou o outro.

2. **Integração entre saúde física, emocional e comportamental – metafísica da saúde**
A metodologia inclui a análise da causa emocional de dores e doenças, reconhecendo que sintomas físicos e dificuldades de aprendizagem muitas vezes têm raízes emocionais ou relacionais. Ao olhar para o "invisível" por trás do comportamento, pais e profissionais aprendem a atuar preventivamente, promovendo não só o equilíbrio comportamental, mas também o bem-estar integral da criança. A garganta doendo

pode ser um pedido da criança para ter mais vez e voz; a pele irritada pode ser um aviso de que está muito difícil "estar na pele dela". O corpo encontra muitas maneiras de expressar suas necessidades e as dores e doenças podem ser mensageiros importantes do nosso inconsciente. A doença não é vista como uma grande inimiga a ser combatida e eliminada a qualquer custo, não. É tratada como uma mensageira, e quando sua mensagem é recebida, ela se enfraquece e até se vai sem grandes esforços. Importante dizer, é claro, que as orientações médicas devem ser sempre seguidas. A proposta não é negligenciar o corpo físico e, sim, enquanto cuida dele, aproveitar também as mensagens emocionais que cada dor/doença traz consigo.

3. **Estrutura baseada em três pilares, cinco inteligências e +80 ferramentas e protocolos**
A Disciplina do Equilíbrio é sustentada por três grandes pilares – perfis de personalidade; filosofia Montessori; Programação Neurolinguística aplicada à infância. E cinco inteligências – do Comportamento [i1], da Comunicação [i2], da Consciência [i3], da Emoção [i4] e da Evolução [i5]. Isso permite que o adulto atue de forma sistêmica: não apenas reagindo a comportamentos, mas desenvolvendo competências socioemocionais, comunicacionais e de autogestão – tanto na criança como em si mesmo. Um processo de mão dupla em que a criança não só aprende, como também tem muito a ensinar a este adulto que guarda dentro de si uma criança ferida e traumatizada que teve poucas oportunidades de expressar e elaborar suas experiências dolorosas. A criança que chega é a segunda chance para o adulto olhar para sua própria infância e um convite para tratar as questões mal resolvidas do seu passado. Nenhuma criança vem para uma família por acaso. Cada criança é o convite perfeito que aquele núcleo precisava. Basta olhar com olhos de ver e entender os chamados da vida.

Além disso, a metodologia oferece um conjunto de mais de 70 ferramentas e protocolos práticos, validados em situações reais, para lidar com muitos desafios da infância, a saber: birras, limites, conflitos entre irmãos, desafios escolares, contextos de neurodiversidade, diferentes faixas etárias entre outros. O adulto é convidado a estudar continuamente, reconhecendo que "criança é sintoma, adulto é causa", e que o desafio apresentado pela criança é inversamente proporcional ao conhecimento do adulto que cuida dela, ou diretamente proporcional à ignorância deste, se preferir.

A Disciplina do Equilíbrio não é apenas uma evolução de métodos respeitosos já existentes, mas uma abordagem integrada, personalizada e baseada em ciência, que considera o ser humano em sua totalidade – corpo, mente e espírito. Ela responde ao desafio contemporâneo de evitar os extremos – tanto o autoritarismo quanto a permissividade –, oferecendo caminhos para educar promovendo saúde integral e relações familiares mais leves e potentes.

CAPÍTULO 3

A Metodologia Disciplina do Equilíbrio, a Pedagogia do Invisível

OS TRÊS PILARES – UM DE TRÊS: A FILOSOFIA MONTESSORIANA

A Disciplina do Equilíbrio se apoia em três grandes pilares, todos vividos e testados pelas centenas de milhares de famílias e profissionais que já passaram pelos cursos e atendimentos realizados com base na metodologia: perfis de personalidade (temperamentos), PNL aplicada à infância e filosofia montessoriana. Vamos começar pela filosofia montessoriana.

Depois de conhecer Montessori, minha visão sobre infância mudou para sempre. Descobri que autonomia não é deixar a criança fazer o que quiser, mas preparar o ambiente, confiar na competência dela e ser guia, não obstáculo. Antes eu acreditava que educar era, basicamente, ensinar, corrigir e, quando necessário, punir. Depois, entendi que educar é, antes de tudo, confiar, observar e preparar o terreno para que a criança floresça – no seu tempo, do seu jeito, com autonomia e respeito. Até escrevi um texto especificamente sobre o meu AM/PM, ou seja, Antes de Montessori e Pós-Montessori. Ele expressa muito bem o impacto que a filosofia montessoriana traz para a Disciplina do Equilíbrio, portanto, é válido transcrevê-lo aqui:

Sou Isa Minatel e minha vida se divide em antes e depois de conhecer Montessori. Antes, eu achava que criança precisava de castigo para aprender a se comportar. Depois, descobri que o que eu pensava ser educação tinha mais a ver com adestramento. Antes de Montessori, eu reclamava que meu bebê de um ano ficava parando para observar as árvores, pedras e qualquer coisa pelo caminho. Depois de Montessori me dei conta de que aquelas ocasiões eram as primeiras oportunidades de sua vida de ir em direção às coisas que chamavam a sua atenção. Antes, eu acreditava ser possível um bebê manipular seus pais fazendo manha. Depois, entendi que o cérebro do bebê é imaturo demais para manipular o cérebro adulto e que colo é uma necessidade tão legítima quanto a necessidade de alimento. Antes de Montessori eu achava que as crianças eram pequenas e que cozinha não era um local onde elas deveriam ficar quando não estivessem comendo. Depois de Montessori eu descobri que se a gente confiar na competência das crianças, preparar o ambiente e orientá-las bem, elas são capazes de fazer muito mais do que podemos imaginar com muito pouca idade. Antes, eu achava normal desrespeitar às crianças, na verdade eu nem percebia o quanto as desrespeitava. Depois, entendi que as crianças eram os seres mais puros e elevados que ainda não foram corrompidos pelos sistemas e culturas e que, portanto, estão muito mais conectadas com a própria essência e com o sagrado. Antes de Montessori eu achava que tinha algo a ensinar às crianças. Depois de Montessori descobri que tenho tudo a aprender com elas.

Montessori nos apresenta uma nova forma de enxergar a criança como um ser completo, competente e digno de confiança. Nesse contexto, o adulto deixa de ser o centro da relação e passa a ser o facilitador, aquele que observa, acolhe e guia as ações do ser em desenvolvimento – mas só quando este direcionamento se faz necessário. E, acredite, muitas vezes a criança não precisa mesmo da nossa interferência nem da nossa ajuda.

Outro aspecto essencial que a Disciplina do Equilíbrio incorporou em seu pilar Montessori foi a valorização das atividades de vida prática. A criança ama o trabalho. Ela quer fazer as coisas, participar da vida e da rotina da casa. Ela quer limpar, lavar, cozinhar desde muito pequena. Mas, o que os adultos fazem? Acreditam que ela não consegue ou que vai correr algum risco e criam obstáculos à sua participação. Colocam grades, travas, trancas e declaram: "cozinha não é lugar de criança!". E o que a criança faz? Chora, protesta, grita e acumula energia, entrando em desequilíbrio.

Um exemplo direto das atividades de vida prática na Disciplina do Equilíbrio é a Ferramenta #19 Abobrinha Pedagógica – criada para que a criança participe de tarefas reais de forma simples, acessível e significativa. Quando ela ajuda a descascar uma abobrinha, cortar um tomate ou lavar folhas de alface, não está apenas "brincando de adulto": está exercitando coordenação, concentração, autonomia e, principalmente, a sensação de pertencer ao ambiente familiar e contribuir – isso constrói sua autoestima. Essa ferramenta leva para o cotidiano a filosofia de que toda criança precisa estar em contato com o real para construir sua ordem interna.

Adequar o ambiente para que a criança consiga se envolver nas atividades domésticas com segurança e oferecer serviços que a criança demonstra interesse em realizar é o cerne da Inteligência do Comportamento [i1]. Isso orienta a energia vital da criança para um foco útil e produtivo, a criança se envolve na tarefa com mãos e olhos no mesmo foco, isso desenvolve sua concentração. O resultado é uma criança calma, criativa, feliz e com o pleno desenvolvimento da sua autoestima. Uma criança em equilíbrio. Ela aprende a gostar de cooperar e fazer a sua parte para a limpeza e organização do ambiente.

O conflito se dá porque, quando a criança é pequena, ela trabalha para um objetivo diferente do objetivo do adulto. O adulto trabalha para um resultado externo. A criança trabalha para um resultado interno. O adulto trabalha para construir um resultado fora. A criança trabalha para construir algo em si mesma. A ordem externa atua diretamente na construção da ordem interna e da consciência da criança. Quando a criança arruma algo do lado de fora, ela organiza sua consciência do lado de dentro. Quando limpa algo fora, se dá a higiene interna. Mesmo que a criança ainda não consiga organizar e limpar como o adulto considera ideal. Mas o adulto interrompe, corrige, atrapalha todo o processo porque não faz ideia de que o mais importante é o que está acontecendo dentro da criança. Aprenda uma coisa: quando uma criança está trabalhando, proteja sua concentração e não se importe tanto com o resultado que está visível. O invisível é a parte mais importante do trabalho de uma criança.

E por que a criança ama o trabalho? Porque toda criança é cheia de uma energia vital. Essa força é orientada de dentro para fora, ou seja, do interior da criança para o ambiente. Isso é uma programação natural da vida para que cada criança aprenda a melhor maneira de existir no ambiente em que nasceu. Ela olha os adultos e quer copiá-los porque isso faz com que aprenda a viver no local onde está. Se nasceu no gelo, vai aprender a lidar com isso observando e reproduzindo o que os adultos fazem. Se está crescendo no deserto, da mesma maneira, vai aprender a conviver neste ambiente por meio do seu interesse em fazer tudo o que os adultos fazem. O que conecta a energia vital de dentro da criança para a interação com o ambiente externo é o *interesse da criança*. O interesse é a ponte que leva ao aprendizado e, por isso, deve ser valorizado, cultivado, preservado, atendido, seguido. O interesse da criança é o bem mais valioso que fará com que essa criança estude e trabalhe em toda a sua vida. Mas, o que o adulto comum e sem consciência faz? Transforma-se em um obstáculo entre a energia vital de dentro da criança e os objetos que despertam seu interesse do lado de fora. A todo momento diz "não" ou "não pode"... isso coloca a energia vital da criança em desequilíbrio, a energia não sai orientada e ordenada sob a guiança do adulto. A energia é obstaculizada pelo adulto mas precisa sair de alguma maneira porque energia não volta atrás. Essa situação cria o que chamo de *criança fio desencapado*, aquela criança que corre sem rumo, grita sem motivo, destrói as coisas, quebra objetos, arremessa comida e agride os outros. Se o adulto não faz o seu papel que é guiar a energia vital da criança a partir do interesse dela para que ela aprenda a viver, a criança se desequilibra e perde o rumo do seu desenvolvimento normal. Por isso, Montessori chamou de *normalização* o processo de resgatar o *equilíbrio natural da criança* – esse equilíbrio é também o motivo pelo qual essa metodologia tem esse nome.

E como se dá o processo do resgate do equilíbrio natural da criança, ou seja, a normalização? Isso acontece a partir do trabalho. É preciso observar o que chama a atenção da criança e desperta seu interesse, preparar o ambiente com utensílios adequados ao tamanho das mãos da criança, à altura dela e às capacidades já conquistadas e apresentar para ela o passo a passo de como fazer o que ela quer, tudo para que possa realizar essa atividade que a interessou com mãos e olhos voltados a um mesmo objetivo. Então, não interromper, não corrigir, nem elogiar. Apenas proteger a concentração da criança em silêncio para que fique o máximo de tempo possível com o foco nesse trabalho, que está atuando no invisível e colocando a energia interna da criança em equilíbrio. Esse processo, realizado dia após dia, resulta num indivíduo feliz, em desenvolvimento cognitivo, emocional e espiritual. Um ser em equilíbrio. É por isso que quando um adulto diz: "Essa criança só quer fazer o que lhe interessa!", como se fosse um absurdo, ele demonstra o quanto não entende que todo ser vivo, inclusive a criança, se movimenta em direção ao seu interesse, e seguir o interesse da criança é a chave para o pleno desenvolvimento da Inteligência do Comportamento [i1].

Dentro desse processo, merece destaque a importância que existe em a criança *conseguir* fazer as atividades apresentadas a ela. Se a criança nunca consegue fazer o que se propõe a fazer, pode começar a tirar conclusões sobre si e suas capacidades, e essas conclusões viram crenças que formarão sua (baixa) autoestima. Para que a criança tenha condições de *conseguir* fazer cada trabalho, ela precisa de uma apresentação adequada por parte do adulto de como fazer aquilo; de utensílios adequados a ela; de quantidades específicas de alimentos ou produtos para cada trabalho; de atividades adequadas à sua faixa etária e às habilidades já conquistadas. O objetivo é sempre que a criança *consiga* fazer o que lhe é oferecido. Para isso, o adulto precisa estudar. Se oferece qualquer atividade sem consciência, pode obter um resultado contrário ao desejado: a criança nunca consegue executar e se desequilibra com frustração em excesso.

Tão importante quanto *conseguir* fazer os trabalhos a que se propõe é chegar cada atividade até o fim. A importância de *concluir* as tarefas *sem ser interrompida* ou *corrigida* está no fato de que o cérebro humano foi desenvolvido de modo a premiar quimicamente a conclusão de uma ação e isso contribui para o aprendizado e desenvolvimento da criança. Se toda hora há um comentário (mesmo que elogio) ou uma correção durante a ação da criança, isso gera estresse e agitação. Se a vida é sempre uma correria e a criança não tem tempo para *concluir* o que começa, ou para fazer as coisas no seu próprio ritmo, então, no lugar de calma e felicidade – que seriam resultados da liberação de dopamina, endorfina, serotonina e ocitocina pelos trabalhos realizados e *concluídos* –, a criança viverá sob estresse e agitação de neurotransmissores como cortisol e adrenalina, provenientes de interrupções e intervenções constantes que não a permitem *concluir* o que começa.

Como assim não pode *corrigir* a criança? E o que fazer quando ela estiver fazendo algo errado? Não é exatamente esse o papel dos adultos: *corrigir* as crianças?

Na Disciplina do Equilíbrio o papel do adulto não é o de "corrigir" a criança apontando seus erros com interrupções constantes a sua ação. Aqui está uma das principais causas de crianças perderem o gosto pelas tarefas de casa, pelos estudos e pela leitura. Os adultos as estão corrigindo o tempo todo e isso mina o prazer e a autoestima da criança, fazendo com que ela rejeite os deveres de casa. O que o adulto deve fazer é preparar o ambiente e mostrar o caminho certo desde o início. Quando a criança está envolvida em uma atividade, ela não está apenas tentando chegar a um resultado externo, mas construindo algo dentro de si: concentração, coordenação, autoconfiança. Se o adulto interrompe a cada detalhe para corrigir, quebra esse processo invisível e faz com que a criança conclua que não é capaz.

Isso não significa deixar a criança errar indefinidamente. Significa antecipar e demonstrar: em vez de esperar a criança cometer o erro para então corrigir, o adulto apresenta primeiro como se faz adequadamente. Caso ela ainda erre, o adulto não a critica, mas, num momento oportuno, refaz a apresentação com calma e clareza, mostrando tudo de novo até que ela possa compreender. Dessa forma, a criança aprende pelo exemplo e pela prática, sem ser humilhada nem interrompida em excesso. O papel do adulto, portanto, é mais de **guia e facilitador** do que de juiz ou corretor. É como cuidar de uma planta em crescimento. Se uma folha cresce torta, você não vai lá "corrigir" a folha empurrando ou puxando com força – isso machucaria a planta. O que você faz é ajustar o apoio, a estaca, a direção da luz ou a quantidade de água. Com o tempo, a planta se reorganiza sozinha e cresce na direção certa. Da mesma forma, o adulto cria as condições certas para que a criança se desenvolva. Se algo saiu "errado", em vez de críticas e interrupções, oferece um novo modelo, uma nova apresentação. Assim, a criança sente-se segura para tentar de novo e aprende de maneira natural, sem medo de errar. É daqui que vem a Ferramenta #65 Ensine ensinando, não corrigindo.

Também é por influência de Montessori que a Disciplina do Equilíbrio defende que não se deve *elogiar* uma criança sem consciência. Sim, até o elogio pode ser nocivo se realizado de maneira descuidada e exagerada. Voltarei ao tema do elogio em outros capítulos.

OS TRÊS PILARES – DOIS DE TRÊS: OS DIFERENTES PERFIS DE PERSONALIDADE

Cada criança traz consigo uma combinação única de características, necessidades e formas de reagir ao mundo. O que funciona para uma pode não funcionar para a outra. O que acalma e motiva uma criança pode ser exatamente o que desestabiliza outra. Mas como compreender isso da melhor forma? Será que estamos fadados ao acerto e erro com cada uma? Não! Felizmente, mesmo que crianças não venham com manual, existem padrões de personalidade: *Big Five*, os cinco grandes fatores da personalidade; os perfis do DISC – Dominante, Influente, Estável e Conforme –; ou os temperamentos: colérico, sanguíneo, melancólico, fleumático – que podem nortear e nos ajudar a personalizar o cuidado específico para o pleno desenvolvimento de cada ser humano.

A teoria de fatores de personalidade mais aceita, cientificamente falando, é conhecida como *Big Five* ou os cinco grandes fatores de personalidade. Os fatores são: Abertura, Conscienciosidade, Extroversão, Amabilidade, Neuroticismo. Ou OCEAN, da sigla em inglês: Abertura à experiência (*Openness*); Conscienciosidade (*Conscientiousness*); Extroversão (*Extraversion*); Amabilidade (*Agreeableness*); Neuroticismo (*Neuroticism*). Que significam:

1. Abertura à Experiência (*Openness*): reflete **curiosidade, imaginação e vontade de experimentar coisas novas.**

- **Alta:** tendência a ser criativa, apreciar arte e mudanças.
- **Baixa:** tendência a preferir rotina e o que já lhe é familiar.

2. Conscienciosidade (*Conscientiousness*): refere-se ao **nível de organização, autodisciplina e senso de dever.**

- **Alta:** tendência a ser organizada, confiável, persistente e focada em metas.
- **Baixa:** tendência a ser impulsiva, desorganizada, procrastinadora.

3. Extroversão (*Extraversion*): é a busca por **estímulos sociais, energia externa e expressão emocional.**

- **Alta:** tendência a ser sociável, falante, entusiasmada.
- **Baixa:** tendência a ser reservada, introspectiva, silenciosa.

4. Amabilidade (*Agreeableness*): mede o quanto a pessoa é **colaborativa, gentil e empática** com os outros.
   - **Alta:** tendência a ser solidária, confiável, cooperativa.
   - **Baixa:** tendência a ser crítica, competitiva, desconfiada.

5. Neuroticismo (*Neuroticism*): reflete a **estabilidade emocional e a tendência a sentir emoções negativas.**
   - **Alta:** tendência a ser ansiosa, insegura, reativa ao estresse.
   - **Baixa:** tendência a ser emocionalmente estável, calma, resiliente.

Como a Disciplina do Equilíbrio busca sempre se basear em conhecimento científico validado, quero propor o cruzamento dos temperamentos com o *Big Five* e então teremos um olhar mais científico também quando falarmos sobre os temperamentos. Não mais ligando este conceito à teoria humoral de Galeno que se referia a bilis negra, bilis amarela, sangue e fleuma como base dos perfis de personalidade, mas como padrões de tendências de respostas ao ambiente. Vamos à proposta de entender os temperamentos à luz do *Big Five* para fins didáticos sempre compreendendo que as nuances da subjetividade humana nunca caberão nos modelos simplificados que existem para tentar explicar os comportamentos das pessoas em ação. De todo modo, essa relação que apresentamos a seguir, tem se mostrado muito útil.

O temperamento Colérico, que é considerado um líder nato, determinado, prático e direto, no *Big Five* combina **alta extroversão** com **baixa amabilidade** e **alta conscienciosidade** – perfil que assume controle e prioriza metas. Tende ao **neuroticismo reativo**, com explosões de raiva.

O temperamento Sanguíneo, que tende a ser mais sociável, otimista, brincalhão e que vive o presente, no *Big Five* apresenta **altíssima extroversão**, **alta abertura** e **baixa conscienciosidade** (desorganizado, impulsivo). É o tipo menos afetado por neuroticismo, com forte **resiliência emocional**.

O temperamento Melancólico, que é considerado mais sensível, analítico, detalhista, perfeccionista, no *Big Five* é a combinação de **alta conscienciosidade, alto neuroticismo** (ansiedade, autocrítica), e **baixa extroversão**. Pode ter **média amabilidade**, mas com tendência à rigidez e ao julgamento.

O temperamento Fleumático, que tende a ser mais calmo, estável, pacificador e constante, no *Big Five* se caracteriza por: **alta amabilidade**, **baixa neuroticismo, baixa extroversão** e **consciência moderada**. É o mais **emocionalmente equilibrado** dos temperamentos, com abertura mais baixa para mudanças.

A seguir, uma tabela que pode sintetizar esse cruzamento entre a teoria dos temperamentos e a teoria do *Big Five*:

Tabela 1 Temperamentos e *Big Five*

Temperamento	Extroversão	Neuroticismo	Amabilidade	Conscienciosidade	Abertura à experiência
Colérico	Alta	Média a alta (irritabilidade)	Baixa	Alta (para metas e resultados)	Média
Sanguíneo	Alta	Baixa (otimismo)	Alta	Baixa (impulsivo, desorganizado)	Alta (curioso, criativo)
Melancólico	Baixa	Alta (ansiedade, perfeccionismo)	Média	Alta (rigor, detalhismo)	Média
Fleumático	Baixa	Baixa (calmo, estável)	Alta (gentil, conciliador)	Média a alta (consistência)	Baixa (tradicionalista)

Fonte: Tabela desenvolvida pela autora.

Importante ressalvar que as possibilidades de combinações são infinitas. Esses são só modelos para facilitar o entendimento. Para simplificar e tornar prático, vamos usar apenas os termos relacionados aos temperamentos e, sempre que ler cada um dos quatro temperamentos daqui para a frente, já sabe qual é o cenário aproximado de tendências no *Big Five* a que ele se refere. Sempre lembrando que estamos falando de *tendências*. "Gente é humanas, não exatas"! Não vamos aprisionar ninguém em uma caixinha porque identificamos seus padrões de personalidade. Muito pelo contrário. A ideia da Inteligência da Evolução [i5] é, exatamente, usar o perfil de personalidade mais os possíveis diagnósticos de um indivíduo como ponto de partida para seu processo de evolução e não como justificativa para seus fracassos.

Aqui vai um exemplo do quanto isso pode ser luz nas relações com as crianças: enquanto uma criança colérica pode se sentir estimulada por desafios e responsabilidades, uma criança melancólica pode precisar de mais apoio, acolhimento, tempo para processar emoções e um ambiente mais previsível para se sentir motivada. Já o sanguíneo busca movimento, novidade e interação, enquanto o fleumático valoriza a estabilidade, a rotina e a harmonia. Ignorar essas diferenças pode gerar desequilíbrio na formação do indivíduo. Muitos passam a adotar mecanismos de defesa e não conseguem colocar seu pleno potencial à serviço da vida. Daí se seguem muitas frustrações, conflitos e até mesmo sentimentos de inadequação tanto para a criança quanto para o adulto.

Na Disciplina do Equilíbrio, o que outros veem como "teimosia" ou "preguiça", nós vemos como a expressão do perfil da criança, pedindo um tipo diferente de orientação ou estímulo – chamamos de *ajuste de manejo* a adequação das atitudes dos adultos ao perfil de personalidade da criança. Conhecer a combinação de temperamentos da criança é um dos maiores presentes que um adulto pode se dar no processo de educar. Essa lente nos permite enxergar além do comportamento aparente, acolher a essência de cada criança e construir relações mais leves, justas e potentes. Personalizar o cuidado é reconhecer e valorizar a singularidade de cada ser, oferecendo o que ele realmente precisa para florescer.

Observação: As características que não encontramos manifestas no temperamento dominante de uma pessoa podem ser encontradas em seu temperamento secundário. Voltaremos a esse assunto no capítulo da Inteligência da Evolução [i5].

OS TRÊS PILARES – 3 DE 3: A PNL – PROGRAMAÇÃO NEUROLINGUÍSTICA APLICADA À INFÂNCIA

PNL – Programação Neurolinguística aplicada à infância: a forma como nos comunicamos determina grande parte da qualidade da nossa vida com as crianças. A qualidade do nosso diálogo determina a profundidade dos vínculos e o sucesso na orientação. Comunicação não é apenas o que dizemos, mas como dizemos, o tom, o olhar, a postura e, principalmente, a intenção por trás das palavras. Técnicas como o rapport, o reenquadramento, as posições perceptivas, a dissociação intencional e o uso consciente do vocabulário transformaram minha forma de dialogar. Passei a acompanhar e a validar os sentimentos antes de querer conduzir os comportamentos, a fazer perguntas para construir o "não" em vez de dar ordens e a adaptar minha linguagem ao universo da criança. Isso não só facilitou a resolução de conflitos, mas também fortaleceu a confiança e a cooperação do meu filho em relação a mim.

A PNL me ensinou a identificar padrões de pensamento que travam o desenvolvimento e a substituí-los por crenças mais potentes e construtivas. Por exemplo, em vez de pensar "meu filho nunca me ouve", passei a me perguntar "de que outra forma posso me comunicar para ser ouvida?". Essa mudança de perspectiva abriu espaço para novas possibilidades e resultados mais positivos. Sem falar no uso de histórias e metáforas para ensinar valores e alternativas de comportamento. Hoje, sei que a comunicação é a base de toda relação saudável e que, ao aprimorá-la, transformo não só o comportamento das crianças, mas também a qualidade da nossa convivência e o clima emocional de toda a nossa família.

As mais de 70 ferramentas e protocolos da Disciplina do Equilíbrio foram desenvolvidos com base nos conhecimentos e técnicas da Programação Neurolinguística (PNL) adaptada para aplicação com crianças. Em 2019, fiz a releitura de toda a formação de "Practitioner em Programação Neurolinguística" – que foi originalmente desenvolvida para a relação entre adultos –, adaptando tudo para a relação adulto *versus* criança. A formação "PNL para Pais e Profissionais" é, até hoje, nossa formação mais procurada, elogiada e reconhecida. Recebeu até uma certificação internacional pelo instituto Metaforum. Isso porque realmente transforma a vida de quem se propõe a viver com profundidade os ensinamentos de vida que estão condensados ali.

Caso deseje conhecer como se dá a formação na Disciplina do Equilíbrio, consulte a Parte IV.

Por que Pedagogia do Invisível?

As crianças não merecem nosso primeiro olhar.
Nosso primeiro olhar geralmente nem é nosso. É da cultura. Foi programado. É automático e frio. Se fez na base das neuroses e das dores dos adultos que nos criaram que também foram vítimas de outros adultos que só conheciam o primeiro olhar...
Olhamos a brincadeira e vemos bagunça e sujeira.
Olhamos a diversão e vemos risco e desordem.
Olhamos a curiosidade e vemos intromissão e falta de educação.
Olhamos uma vontade forte e vemos birra e desobediência.

Quando olhamos com olhos de ver, quando damos a chance do segundo olhar, tudo pode ficar diferente...
Diante da brincadeira, vemos o desenvolvimento da criança.
Diante da diversão, vemos alegria e leveza.
Diante da curiosidade, vemos aprendizagem e interesse.
Diante da vontade forte, vemos liderança e potência que, se bem conduzida, melhora o mundo.
E em todos os casos, olhando bem cuidadosamente, vemos os convites da vida...
Brinque mais, divirta-se mais, aprenda mais e queira mais!
A vida é muito curta para ser pequena!
As crianças merecem o nosso segundo olhar...
O segundo olhar não se apressa em julgar.
Não é afoito em corrigir sem compreender a totalidade da situação.
Não apaga a iniciativa infantil, muito ao contrário, a ilumina.
Não se apressa em moldar ao seu capricho, mas deseja conhecer a alma da criança que tem diante de si.
O segundo olhar não é viciado em ver problemas, mas tem tempo de ver possibilidades.
Não enxerga crianças difíceis, mas necessidades não atendidas.
Não pune comportamentos, mas pergunta: "O que será que ela está tentando me dizer com isso?".
O segundo olhar é o olhar da presença.
É aquele que se demora. Que se doa. Que se abre.
É o olhar que vê por trás da fala atravessada, da resistência, da inquietação.
É o olhar que encontra a criança que fomos, e com ela aprende a acolher a criança que temos.
Porque educar com o segundo olhar não é sobre controlar, mas sobre conectar.
Não é sobre impor, mas sobre guiar com respeito.
Não é sobre formar uma criança perfeita, mas sobre formar uma relação segura.
E quando mudamos o olhar, tudo muda:
A criança floresce e nós também.
A infância precisa de Paz+Ciência.

A Disciplina do Equilíbrio também é conhecida como a Pedagogia do Invisível. Essa ideia do segundo olhar introduz o Princípio da Inteireza, que diz: só se pode analisar um evento/comportamento adequadamente quando o considerar por inteiro, ou seja, sua parte visível + sua parte invisível. Qualquer conclusão a que se chegue sem a compreensão do que não se vê, é parcial e incompleta. É como se, em vez de olhar só para a fumaça, a gente procurasse entender onde está o fogo. Muitas pessoas ficam só lidando com a fumaça quando o assunto é o (mau) comportamento infantil.

Se tem algo que a maternidade e a convivência com crianças me ensinaram, é que o que vemos é só a ponta do *iceberg*. Por trás de cada birra, desafio, silêncio ou excesso de aceleração, existe um universo invisível – e é justamente aí que mora o segredo do equilíbrio. Lembro-me do caso de um menino que não queria ir à escola. Ele achava a escola chata, fácil demais e uma perda de tempo. A mãe explicava a importância da escola, mas percebi que, no fundo, lá no invisível, ela concordava com ele. Expliquei que sua aprovação interna alimentava o comportamento do menino, e que isso dificultava todo o processo da criança. Ao ganhar inteligência de consciência e trabalhar-se por dentro, algo incrível aconteceu: a criança começou a aceitar a escola.

Se a situação só é percebida pelo que se vê – um menino que não quer ir a escola – muitas ações podem ser feitas sem grandes resultados, porque há uma validação interna da mãe pela recusa do menino à escola. Quando a força da validação silenciosa da mãe é percebida por ela como algo prejudicial, um novo olhar para a questão é desenvolvido e a mãe expande sua inteligência de comunicação e comportamento, falando e agindo de novas maneiras com seu filho em relação ao ambiente escolar – conversas com os agentes escolares também foram feitas – e então o menino entra em equilíbrio em sua conexão com a escola.

Tabela 2 Princípio de Inteireza

Desafio	Visível	Invisível
Criança com problemas com a escola. Não está conseguindo fazer bem a adaptação escolar.	Criança se recusa a ir a escola. Diz que é chato.	Mãe valida interna e silenciosamente a recusa do filho e dá razão a ele, dificultando que a criança evolua suas impressões sobre o sentido de ir à escola.

Fonte: Tabela desenvolvida pela autora.

Ficar trabalhando apenas com a criança é como querer pisar no freio sem deixar de acionar o acelerador. A validação da mãe é o acelerador.

Isso nos leva a outra premissa central da metodologia: **criança é sintoma, adulto é causa.** A ideia não é colocar peso ou culpa nos pais, mas revelar a dinâmica real das relações. O comportamento infantil nunca acontece isolado: ele sempre é a soma da personalidade da criança com o que acontece no ambiente. A forma de condução do adulto tem o poder de modificar o comportamento infantil. Toda birra, agressão, silêncio, recusa – tudo isso é sintoma. É como um alarme que dispara para sinalizar que algo dentro ou ao redor dela precisa ser ajustado.

Já o adulto é a causa porque, muitas vezes, é ele quem provoca o mau comportamento da criança (sem querer, obviamente). Em outros casos, ele é a causa por não saber como conduzir uma criança de personalidade forte. É o adulto quem define como a energia vital da criança será guiada, se com acolhimento e estrutura ou com desequilíbrio e obstáculos. Quando a criança se mostra "difícil", muitas vezes está apenas refletindo o nível de ignorância quanto a ferramentas de comunicação bem como o patamar de desorganização emocional ou relacional dos adultos ao seu redor.

Isso não significa que os pais ou educadores são "culpados", mas que são potencialmente os solucionadores – porque são eles os que já têm o cérebro maduro, as ferramentas e a consciência para ajustar o que precisa ser ajustado. A criança, por si só, não tem como mudar o ambiente em que vive. Em resumo: os comportamentos indesejados das crianças ou têm origem nos adultos ou precisam ser melhor manejados por eles. Diante desses comportamentos desafiadores, é importante se perguntar: "o que tal comportamento está querendo me mostrar sobre o ambiente, sobre a nossa relação, sobre as minhas próprias emoções, necessidades?". Esse questionamento amplia o olhar para a parte invisível da questão.

Dentro do invisível encontramos o motor acelerador de todo mau comportamento que é a intenção positiva. Chamamos de intenção positiva toda necessidade, todo pedido e toda comunicação que está por trás do (mau) comportamento da criança, o motor do (mau) comportamento. Geralmente, quando o adulto se depara com uma criança em um mau comportamento, esse adulto se volta "para a frente", ou seja, para o futuro e a pergunta recorrente é: "Meu filho está fazendo X, *o que fazer* para ele parar?". A verdade é que a Disciplina do Equilíbrio orienta que o adulto vá do comportamento indesejado “para trás”, ou seja, que volte um pouquinho ao passado e se pergunte: “*o que aconteceu antes* que levou meu filho a fazer X?”. Essa mudança de direção nos leva ao encontro da intenção positiva.

Se o adulto conseguir separar o comportamento da intenção positiva e responder à intenção positiva, o (mau) comportamento tem seu motor desligado. Para identificar a intenção positiva é válido se perguntar: “O que a criança está pedindo com esse comportamento? O que ela pode estar querendo comunicar mesmo sem maturidade? O que ela está passando atualmente? Suas necessidades de atenção, pertencimento e validação estão sendo atendidas? O que esse comportamento quer dizer? Que necessidade está por trás dele? Como faço para atender/resolver essa necessidade?”. O convite está feito: vamos juntos aprender a enxergar além do óbvio e a decifrar o invisível por trás dos comportamentos infantis desafiadores?

A verdade é que quando algo não ia bem com meu filho, minha primeira reação era tentar “consertá-lo”. Até perceber que, na maioria das vezes, era eu quem precisava mudar: minha postura, minha comunicação, meu ritmo, minha disponibilidade.

> “Quando o peixe está doente, trata-se a água. A criança é o peixe,
> o ambiente e os adultos com quem ela convive são a água.”

Um outro caso interessante aconteceu com uma pessoa da minha equipe. Ele identificou um padrão em sua filha de 5 anos, quase todas as vezes que ela estava para viajar a trabalho, a menina ficava doente. Os exames não acusavam nada, e isso nos leva a crer ainda mais na força emocional do quadro. Aqui estão as perguntas que fiz para encontrarmos a parte invisível da questão: O que acontece quando ela fica doente? O que ela ganha? O que os pais ganham? O que muda? Sabe o que apareceu aqui? As cobranças sobre a criança se afrouxavam, ela ganhava vovó no lugar da escola, o pai se sentia importante por cuidar da filha e a mãe tinha o pai presente. *Uau*! É muita coisa importante envolvida. Um sistema inteiro lucrando com a febre da criança. Então as perguntas seguintes foram: Que mudanças na dinâmica e na rotina de vocês pode acontecer para que todos obtenham mais disso tudo sem a criança precisar ficar doente? Quando o sistema todo ganha consciência e evolui, todos vão voltando ao equilíbrio.

A lógica do invisível e da causabilidade do adulto vale também para os bons comportamentos. Sabe aquele dia em que tudo flui, a criança colabora, a casa tem leveza? O dia bom que você vê tem base na conexão que você não vê. Aceitação, pertencimento, autoestima, coerência e estabilidade são invisíveis, mas fazem toda a diferença no comportamento visível da criança.

O convite é simples, mas profundo: Toda vez que se deparar com um desafio, pergunte-se "O que não estou vendo aqui?". Troque o julgamento pela curiosidade, a pressa pela presença, o controle pela conexão. O equilíbrio nasce desse segundo olhar – e é ele que vai transformar sua relação com a criança e com você mesma(o).

A PNL também acrescenta o princípio da flexibilidade à Disciplina do Equilíbrio com um aprendizado essencial: se você só tem uma opção de reação diante de um desafio com a criança, você pode ter um problema – geralmente será o caminho automático que limita a relação. Se você tem duas opções, a vida se torna um dilema constante, uma gangorra entre "gritar ou calar", "ceder ou punir", "forçar ou desistir". Já quando você consegue gerar três ou mais opções de reação, você conquista a verdadeira liberdade, porque passa a ter escolha. Nesse ponto, o adulto deixa de ser refém dos padrões repetitivos e começa a acessar sua criatividade, sua consciência e suas inteligências para encontrar a melhor forma de conduzir a criança em cada situação. Essa flexibilidade amplia a sensação de competência do adulto, reduz a culpa materna e paterna e abre espaço para soluções mais equilibradas, personalizadas ao temperamento da criança e ao contexto real da família.

Parte II:

AS CINCO INTELIGÊNCIAS DA DISCIPLINA DO EQUILÍBRIO

CAPÍTULO 4

Inteligência do Comportamento [i1] ou do FAZER

Para alcançarmos os objetivos propostos pela Disciplina do Equilíbrio, o caminho é o desenvolvimento das cinco inteligências no adulto e na criança:

- Inteligência do Comportamento [i1] ou do FAZER;
- Inteligência da Comunicação [i2] ou do EXPRESSAR;
- Inteligência da Consciência [i3] ou do PENSAR;
- Inteligência da Emoção [i4] ou do SENTIR;
- Inteligência da Evolução [i5] ou do VIVER.

Sempre que uma família se aproxima da Disciplina do Equilíbrio, ela chega com a pergunta: "O que FAZER?", independentemente de qual é o comportamento indesejado, seja uma criança que está batendo nos pais e colegas, seja um filho que está resistente às ações da rotina do dia a dia/dever de casa... a pergunta é sempre essa: "O que FAZER?" Então, a primeira das Cinco Inteligências é a Inteligência do Comportamento [i1], ou do FAZER. Para complementar essa iniciação na metodologia, vem a segunda inteligência que é a da Comunicação [i2], ou seja, como falar ou EXPRESSAR as coisas para a criança (porque expressões faciais falam demais e muita gente nem se dá conta disso). Essa é a parte da Consciência rasa, aquilo que a pessoa já sabe que precisa mudar quando chega na Disciplina do Equilíbrio. Mas o verdadeiro convite é para ir além. É por isso que a inteligência número três é a da Consciência [i3]. Vamos aprofundar o nível de entendimento dos adultos em relação a si e a sua família a ponto de que ele vá sentindo de uma nova maneira e também se tornando alguém em um novo nível de evolução em sua vida. É por isso que a inteligência quatro é a da Emoção [i4] ou do SENTIR e a quinta é a da Evolução [i5] ou do VIVER.

Vamos do FAZER para o SER. Da consciência rasa para a consciência profunda.

Quando a pessoa altera o seu *fazer* e *falar* para obter o resultado que deseja, pode ainda estar com uma intenção manipulatória em relação à criança, pois a intenção está no SER. À medida que o adulto vai moldando sua mentalidade, compreendendo que via a criança como um indivíduo inferior, cheio de erros e por isso necessitava ser corrigida por ele, compreende que, na verdade, a criança é um ser que ainda não foi contaminado pelos vícios e deturpações do mundo adulto, portanto ela resgata a nossa humanidade e nos aproxima do sagrado. O adulto passa então a se sentir diferente em relação a criança. Não quer mais manipulá-la apenas para obter obediência. Quer, verdadeiramente, conectar-se com ela, aprender com ela, respeitá-la e descobri-la. Viver a jornada da vida em parceria com este ser incrível que tem a honra de chamar de filho. Acompanhar seu desabrochar culminando no encontro da missão de vida deste indivíduo que, bem conduzido, fará entregas maravilhosas para a sociedade em que estiver.

Eis aqui um quadro que tangibiliza a relação entre as cinco inteligências da Disciplina do Equilíbrio:

5 inteligências

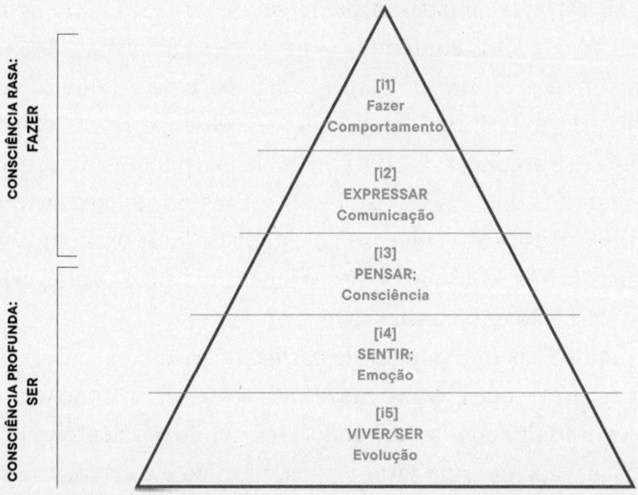

Fonte: Figura desenvolvida pela autora.

Vamos compreender melhor cada uma dessas Cinco Inteligências, começando pela Inteligência do Comportamento [i1].

Como já mencionado anteriormente, em toda criança há uma energia vital direcionada para fora. Há uma força dentro do corpo infantil que o direciona para o ambiente e seus infinitos objetos com suas cores, texturas, sabores, cheiros, sons... A criança vem programada para interagir com o meio no qual se encontra a fim de que aprenda tudo o que é necessário para se sair bem nesse local. É por isso que, quando tem opção, ela pode recusar o brinquedo mas querer a chave do carro da família ou a panela que tinha o feijão ou a caneta que você assinou o contrato: ela quer as coisas que vê nas mãos dos adultos. Isso não é para ser um problema, pelo contrário, seguindo essa curiosidade e interesse, podemos apresentar a vida e o mundo como bons anfitriões (guias) para que esse ser seja orientado sobre como as coisas funcionam, como devem ser utilizadas, quais são os risco envolvidos e os cuidados necessários ao manipular cada objeto. É por isso que a base da Inteligência do Comportamento [i1] é o que nos orienta a filosofia montessoriana: **seguir o interesse da criança.**

O problema surge quando o adulto não acredita na competência da criança e decide que ela não pode interagir com aquilo que lhe atraiu a atenção. Então, em vez de ser um guia na exploração da criança, passa a ser um grande *obstáculo* com seus nãos e com suas trancas, travas, grades e crenças do tipo "cozinha não é lugar de criança!". A criança estava seguindo sua programação natural: explorar o ambiente para aprender a melhor maneira de viver nele. O adulto começou a atrapalhar o desenvolvimento normal dela. Essa é a fonte de grande parte dos conflitos em família com crianças pequenas. A postura impeditiva do adulto desequilibra a criança. Ela passa a percebê-lo como um inimigo, alguém que não facilitará seu processo de descoberta, um elemento do qual deve fugir e se esconder ou contra o qual deve lutar – sim, as ações e falas do *adulto-obstáculo* liberam cortisol e adrenalina no cérebro da criança (os hormônios do estresse) e a colocam no estado de lutar ou fugir[8]. Nesse cenário surgem as coisas feitas em oculto, as mentiras e nasce uma criança que "apronta" todas! Não era pra ser assim.

Quando o adulto assume o lugar de *obstáculo* ao processo normal de crescimento da criança – que envolve mexer nas coisas –, ela pode ter crises de raiva contra esse adulto ou ir se fechando e morrendo por dentro. No caso da criança mais ativa, a energia vital se desorganiza e a criança se agita exageradamente. Esse é o modo *"criança fio desencapado"* em que ela não aprendeu a utilizar adequadamente sua energia interna e agora está agressiva. Quando tem alguma liberdade acaba jogando ou destruindo as coisas, batendo nos objetos e nas pessoas, correndo sem rumo até fora de contexto e aprensentando outros comportamentos anormais. Também pode apresentar apatia, como se seu interesse que não foi validado e guiado começasse a morrer e ela tivesse perdido sua força de vontade. Uma tragédia para seu futuro. Quantas pessoas você conhece que, nitidamente, perderam sua força de vontade? Não sabem mais dizer o que querem, do que gostam, não têm boca para nada, vivem vidas medíocres ou até relações abusivas sem conseguir decidir por um novo rumo. Isso não é normal. É resultado da falta de educação da vontade. Inteligência do Comportamento [i1] ou do FAZER não é não deixar a criança fazer todas as coisas, é preparar o ambiente e orientá-la a "como" fazer o que lhe despertou interesse. A criança ama o trabalho e o trabalho adequado normaliza a criança. Normalização é o retorno da criança ao seu equilíbrio natural, o grande objetivo da Disciplina do Equilíbrio.

Vamos a uma situação prática sobre a Inteligência do Comportamento [i1]. Suponha que uma criança de 2 anos veja um vaso de vidro que atrai imediatamente seu interesse. Ela vai, com as mãos estendidas, em direção ao alvo. O adulto que a acompanha, age em "proteção" a ela e ao vaso, pega o objeto e o coloca fora do alcance do ser que o ameaça. Resultado dessa ação de proteção: uma criança em crise, gritando, se jogando no chão, batendo no adulto que obstaculizou sua ação. O adulto sai falando como ela é terrível e teimosa. A criança cresce acreditando nisso e se desequilibrando cada dia mais.

Mas, o que fazer nessa situação?

É aqui que entram as *ferramentas* da Disciplina do Equilíbrio. As *ferramentas* foram criadas para que se consiga viver a teoria da Disciplina do Equilíbrio na prática, saindo do autoritarismo e não caindo na permissividade. Usando de Inteligência do Comportamento [i1], nessa situação o adulto pode lançar mão da Ferramenta #5: Visita Guiada.

Ferramenta #5: Visita Guiada | Inteligência do Comportamento [i1]

1. CENÁRIO: contextualizando o que está envolvido nas situações em que a ferramenta pode ser utilizada.

- A criança veio programada para explorar o ambiente e os objetos.
- Ela ainda não tem muita noção de risco e perigo, por isso quer explorar objetos e ambientes perigosos da mesma maneira que quer explorar todo o restante. O interesse da criança pode ir para: objetos de vidro, tesouras, tomadas, facas, remédios, fogo etc.
- É responsabilidade do adulto proteger a criança.

2. CONFLITO: o que acontece no visível e no invisível, seguindo o Princípio da Inteireza.

- A criança entra em desequilibração majorante[9] diante de algo que não conhece. Ou seja, o objeto tem mais informações sobre ele mesmo do que a criança. Ela precisa pegar, sentir, cheirar, manipular para equilibrar-se com o objeto que atraiu seu interesse.
- O adulto só sabe dizer "não" quando envolve risco, pois aprendeu a educar com base no medo e não na calma e na confiança. Também ignora as necessidades da energia vital da criança e, na maior parte dos casos, nunca desenvolveu sua Inteligência do Comportamento [i1].
- A criança entra em desequilíbrio, se volta contra o *adulto-obstáculo* e fica ainda mais curiosa em relação ao objeto/ambiente perigoso.

3. TRAGÉDIA: o que costuma acontecer nos casos de autoritarismo e permissividade

AUTORITARISMO:

- O adulto simplesmente VETA/PROÍBE o acesso da criança a qualquer coisa que entenda oferecer risco.
- A criança vai tentar aproveitar/criar uma ocasião para explorar escondido já que a *desequilibração* é mais forte do que ela mesma, é uma força vital e inconsciente.
- Como a criança teme ser pega no flagra e não tem informação, faz tudo correndo, nervosa, escondido e, então, há um risco muito maior de acontecerem acidentes.

PERMISSIVIDADE:

- O adulto teme, mas acaba permitindo que a criança use os objetos perigosos sem saber a maneira adequada de fazer isso. Muitas vezes essa criança já vem de um desequilíbrio e não está preparada para manipular objetos perigosos por conta própria, e assim há muito mais chances de acidentes acontecerem.

- Ou o adulto não deixa e a criança tem ataques de birra horrorosos já que está acostumada ao adulto deixar tudo e, novamente, acidentes podem acontecer.

SOLUÇÃO DA DISCIPLINA DO EQUILÍBRIO: Ferramenta #5: Visita Guiada

O adulto, sabendo que precisa tirar a criança da DESEQUILIBRAÇÃO MAJORANTE, faz:

VISITA

- V de VERIFICAR situação de risco.
- I de INTERIORIZAR-se para conseguir usar a técnica.
- S de SORRIR em receptividade ao interesse e curiosidade da criança.
- I de INFORMAR como se usa/faz demonstrando calmamente.
- T de TRAZER riscos, perigos e cuidados. Enquanto demonstra, fala sobre possíveis acidentes e o que é preciso cuidar para evitá-los.
- A de ATENÇÃO! Achou necessário repetir a demonstração, as precauções e explicações, repita!

GUIADA

- G de GARANTIR que a criança viva a experiência, mão na massa, não só ver, mas pegar e interagir.
- "UIA" de "UIA! Não é que ela dá conta?" – surpreender-se e admirar-se com a competência/capacidade da criança.
- D de DÚVIDA-TESTE: "Dá para mamãe/papai/tia guardar?". Se a criança concordar com "SIM", siga para o próximo passo. Em caso de "NÃO", isso indica que o equilíbrio ainda não foi alcançado e a exploração requer mais tempo, nesse caso, volte ao passo G.
- A de Agradecer e guardar o objeto, agora sim, fora do alcance da criança.

Resultado: criança fica em equilíbrio, com muito mais segurança já que sua curiosidade e interesse foram atendidos, ela se acalma e tem informações sobre como usar aquele objeto e sobre seus riscos. A energia vital da criança é canalizada para o aprendizado enquanto o vínculo com o adulto é fortalecido.

Existem outras ferramentas que também apoiam o desenvolvimento da Inteligência do Comportamento [i1] e o Equilíbrio da criança. Vou apresentar várias ferramentas ao longo do livro e você pode encontrar a lista completa no capítulo dedicado às Ferramentas.

Como fica evidente, a Inteligência do Comportamento [i1] (assim como todas as outras inteligências da Disciplina do Equilíbrio) é sempre desenvolvida pelo adulto e pela criança. É o adulto quem deve guiar a criança, portanto, ele deve saber com clareza como conduzir seu próprio comportamento. Suas ações e reações impactam, diretamente, no comportamento da criança. Se o *adulto-obstáculo* proíbe, "morre de medo", corre para afastar a criança das coisas, encara os erros como problemas graves a serem punidos ou evitados a todo custo, então o comportamento da criança será uma resposta desequilibrada a isso. Se o *adulto-guia* consegue se comportar como o anfitrião da criança ao mundo e à vida, se funciona como ponte, fazendo a mediação entre a criança e tudo o que desperta o seu interesse, preparando o ambiente para que a criança possa explorar com calma e orientação tudo o que chama a sua atenção, então o comportamento da criança será uma resposta equilibrada a isso. Afinal, parece repetitivo, mas é necessário frisar: "o comportamento da criança é sempre uma resposta ao comportamento do adulto em relação a ela". Se deseja uma mudança em algum comportamento infantil, faça mudanças no comportamento adulto no contexto em que a transformação é desejada.

É muito relevante que os adultos desenvolvam sua Inteligência de Comportamento [i1]. A maioria de nós nem faz ideia de que isso existe e causa tanto impacto nas relações com as crianças.

A AUTOESTIMA DA CRIANÇA E A INTELIGÊNCIA DO COMPORTAMENTO [I1]

É unânime a concordância sobre a relevância de uma autoestima forte para a saúde e felicidade de qualquer pessoa. A grande maioria dos pais, familiares e profissionais ligados à infância é capaz de concordar com isso. Mas, como construir uma autoestima forte? Muitos pais acreditam que devem *elogiar* suas crianças[10], dizer que são capazes e que elas conseguem. Vou lhe contar que eu também pensava que era assim, e descobri que não é.

Para ficarmos no mesmo ponto de compreensão sobre esse assunto, vamos passar juntos pela resposta à pergunta: o que é autoestima?

Segundo Dorothy Corkille Briggs, a autoestima da criança é definida como a percepção profunda e consistente que ela tem de seu próprio valor e competência.[11] A autoestima não se constrói por meio de elogios vazios ou de tentativas artificiais de fazer a criança se sentir especial, mas sim com base em experiências reais, realizações da criança, situações em que ela se expõe ao desafio e experimenta, com todas as células do seu corpo, o que é "conseguir" superar uma dificuldade. Com base nessa vivência, qualquer pessoa pode dizer aos quatro cantos que ela não consegue e isso terá pouquíssimo ou nenhum efeito sobre ela porque agora já tem certeza comprovada de que ela consegue! Ela já viveu isso e, por isso, acredita que consegue por experiência e não por palavras vazias de terceiros.

Vou me lembrar para sempre do dia em que meu filho saiu de casa com uma bandeja de *brownies* de chocolate para vender na rua. Saiu pequeno, meio desajeitado, sem muito jeito. Inseguro. E, depois de vender tudo, voltou grande, confiante, seguro, poderoso! Não existe como conseguir um resultado como esse apenas ouvindo palavras.

A autoestima também é nutrida quando a criança sente que tem espaço para ser autêntica, pode expressar seus sentimentos sem medo de rejeição e percebe que é capaz de superar desafios, tomar decisões e contribuir de forma significativa para o grupo familiar ou social. A autoestima da criança é o alicerce de seu desenvolvimento emocional, social e cognitivo, e depende diretamente da qualidade do vínculo e do clima emocional estabelecido pelos adultos ao seu redor. Uma criança com autoestima saudável se sente segura para explorar o mundo, enfrentar desafios e construir relações positivas ao longo da vida.

Podemos dizer que a autoestima da criança é formada a partir de: *conseguir, concluir/completar, persistir, reerguer-se* após fracassos e *decidir*. É preciso que o adulto desenvolva sua Inteligência do Comportamento [i1] para preparar o ambiente (e utensílios adequados às mãos infantis) para propor trabalhos e atividades que a criança esteja interessada e seja capaz de *conseguir* realizar até o fim. Lembre-se disso: a criança precisa *conseguir*. Também é preciso que o adulto aprenda a ser humilde, a ponto de "desaparecer" para não interromper o trabalho da criança para que ela experimente a *recompensa cerebral interna* de *concluir* ou *completar* uma atividade até o fim. Fique em silêncio, não elogie, não fale nada, pare de filmar, "desapareça" do campo visual sempre que perceber que a criança está concentrada em alguma coisa. Em tempos de telas, desenvolver a concentração tornou-se artigo de luxo. Torne-se o maior *guardião da concentração* da sua criança e não seja você mesmo um obstáculo a ela com sua fala sem consciência, mesmo que seja para elogiar. Você vai ver mais adiante o quanto o elogio pode ser nocivo.

Quando algo estiver difícil, a criança precisa aprender a *persistir*, quando o erro, a falha ou o fracasso acontecerem, é fundamental que ela aprenda a *reerguer-se*. Como você lida com seus erros? Você se xinga, bate na própria cabeça só porque errou o endereço? Você critica os outros que erraram o chute a gol ou que foram mal em algo, aparentemente, fácil? Ou você consegue encontrar no erro uma oportunidade de aprendizado?

Lembro-me de uma fase na vida do meu filho quando ele jogava em um time de basquete e disputava o campeonato estadual. Por um tempo, começou a travar em quadra, com medo de errar. Ao buscar o invisível daquela situação, percebi que eu e meu marido éramos bastante críticos com quem errava, incluindo atletas famosos. Buscamos ajustar o manejo do erro em nossa família e, em pouco tempo, o reflexo nas quadras apareceu.

Convido você a refletir sobre isso como fiz com meu filho ao dizer: "Petrus, quando a gente erra e não aprende nada com isso, a gente erra duas vezes! Erra no que não sabia e erra em não aprender". O erro não precisa ser visto como um fracasso. Não precisa ter o peso de uma grande decepção ou perda. O erro é apenas um resultado não desejado, fonte de aprendizado. Pronto! Importante tentar novamente! Importante se aprimorar!

Esse conjunto de aprendizados – *conseguir*, *concluir/completar*, *persistir*, *reerguer-se* após fracassos e *decidir* – só pode ser alcançado por meio do FAZER. Ainda que alguém viva anos ouvindo que é capaz, se essa pessoa tem poucas oportunidades de agir para comprovar isso, crescerá duvidando de si e da sua própria capacidade.

Deixei por último o *decidir*. O processo de tomar decisões é extremamente importante para forjar uma autoestima consistente, mas como deixar uma criança tomar decisões se crescemos ouvindo que "criança não tem que querer nada"?

Primeiro vamos entender o que *decidir* faz com o ser humano. Cada vez que uma pessoa tem opções diante de si e necessita fazer uma escolha, alguns passos acontecem no processo de tomada de decisão.

1. A pessoa toma ciência das opções disponíveis (externo).
2. O indivíduo busca em si – seus gostos, suas referências, suas vivências, suas afinidades, suas preferências, sua identidade – conexões com as opções disponíveis (interno).
3. A pessoas cria um sistema de avaliação entre as opções de acordo com as conexões e critérios encontrados no passo anterior e faz sua escolha (interno).
4. O indivíduo comunica sua decisão (externo).

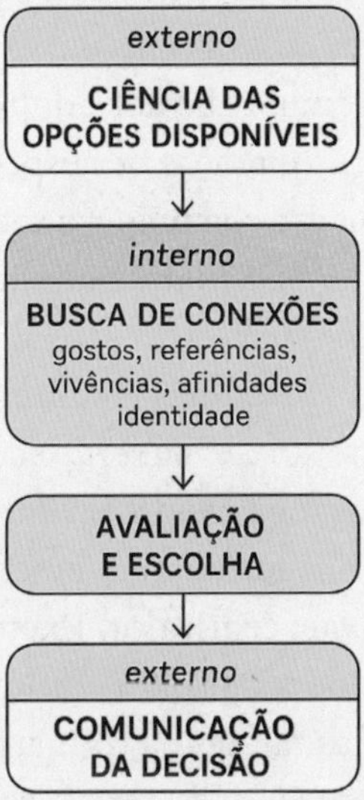

A cada vez que uma escolha precisa ser feita, há um mergulho dentro de si, um ganho no autoconhecimento, um reforço no senso de "quem sou eu" e na identidade. Quando o resultado da escolha se mostra positivo, o indivíduo experimenta prazer e felicidade. Em casos de escolhas com resultados negativos ou indesejados, o indivíduo acumula experiência e repertório para fazer escolhas mais promissoras nas próximas vezes. É por isso que é tão importante a criança *decidir* para formar uma autoestima fortalecida. Além de aprender, ganhar repertório e acumular experiência. Mas, como saber o que oferecer para uma criança escolher? Obviamente, não é qualquer coisa que cabe a ela decidir. Na busca por serem respeitosos, muitos adultos têm caído na permissividade deixando para a criança decisões que não cabem a ela, como no caso de uma família que atendi e relatou que os pais haviam escolhido almoçar fora num domingo até que o filho de 5 anos disse que não iria, e então toda a família ficou em casa. Um verdadeiro equívoco!

Para ajudar nisso, criei os conceitos de **macrodecisões** e **microdecisões**[12]:

Macrodecisões são escolhas amplas – que impactam mais de um membro da família, estruturais que podem envolver questões que afetam segurança, saúde, valores ou o funcionamento geral da família ou do ambiente escolar e, por isso, devem ser tomadas pelos adultos responsáveis. Exemplos de macrodecisões: a escola em que a criança vai estudar (a criança pode ser ouvida, claro, mas a decisão final cabe aos adultos), o horário de dormir (ainda que haja alguma exceção em ocasiões especiais), o que será servido nas refeições ou o tipo de alimento comprado, a rotina básica da casa, regras de segurança e valores familiares. São decisões que estabelecem o *"campo seguro"* em que a criança pode atuar.

Já as **microdecisões** são as escolhas menores do dia a dia, que podem ser oferecidas à criança dentro do *campo seguro* definido pelas macrodecisões. Elas permitem que a criança exerça protagonismo e autonomia de acordo com sua idade e maturidade. São fundamentais para que ela se sinta parte importante no todo e que tem valor. Exemplos de microdecisões: escolher entre poucas opções de roupa para vestir, decidir qual fruta comer no lanche, escolher a ordem das tarefas da rotina, optar por qual brinquedo levar ao passeio ou como organizar os materiais escolares. São decisões que promovem senso de competência, pertencimento e participação ativa. As microdecisões impactam só a própria criança ou a outros que concordam com aquela escolha.

Macrodecisões:

- Dizem respeito a mais de um membro da família
- Envolvem risco ou questões de segurança
- Envolvem a saúde
- Causam impacto a terceiros

Devem ser tomadas pelos ADULTOS

Microdecisões:

Dizem respeito apenas à própria criança
- Não envolvem risco ou questões de segurança
- Não envolvem a saúde
- Não causam impacto a terceiros

Podem ser tomadas pelas CRIANÇAS

A diferença central está em quem define o *campo seguro* – macrodecisões – e quem atua dentro dele – microdecisões. Ao estabelecer claramente esses espaços, o adulto garante proteção e orientação, enquanto a criança experimenta liberdade responsável e aprende a tomar decisões adequadas à sua fase de desenvolvimento. O que se leva em consideração é o nível de responsabilidade de adultos e crianças. Analise comigo a palavra RESPONSABILIDADE é a junção de RESPOSTA + HABILIDADE, ou seja, a habilidade para dar respostas adequadas às situações. Quanto mais maturidade, vivências e experiência um indivíduo acumula, mais responsabilidade pode ter. Por isso, toda criança precisa de, ao menos, um responsável. Aos adultos cabem as maiores responsabilidade – macrodecisões. Às crianças cabem as menores responsabilidades – microdecisões. Essa abordagem reduz conflitos, fortalece a autoestima e prepara a criança para escolhas, progressivamente, mais complexas ao longo da vida. Consulte a Ferramenta #27 para saber como levar o conceito de macrodecisões e microdecisões para a prática.

Lembre-se: quanto mais Inteligência do Comportamento [i1] o adulto desenvolve, mais ele oportuniza situações para a criança exercitar as ações de *conseguir, concluir/completar, persistir, reerguer-se* após fracassos e *decidir.* Ele sai do lugar de obstáculo e passa a ser guia das experiências. Para trazer mais uma maneira prática de viver a Inteligência do Comportamento [i1], apresentarei mais uma ferramenta.

Ferramenta #11: Dinâmica dos Três Elementos

CENÁRIO: criança quer fazer ou mexer em algo que não pode e bate nos pais.

CONFLITO: o adulto se coloca como um obstáculo entre a criança e o que ela quer fazer, comprar ou explorar por ter despertado seu interesse. Criança desequilibra toda a sua energia vital imersa em RAIVA e direciona agressividade para o adulto, podendo querer bater nos pais ou arremessar e quebrar coisas.

TRAGÉDIA
AUTORITARISMO: o adulto parte para o castigo, grito, palmada, violência em busca de voltar a conseguir o controle da situação.

PERMISSIVIDADE: o adulto começa a sentir MEDO da reação da criança e vive pisando em ovos, às vezes até evitando sair e se expor a determinadas situações por sentir vergonha do comportamento desequilibrado da criança e não saber como controlar a situação.

SOLUÇÃO DA DISCIPLINA DO EQUILÍBRIO: Ferramenta #11: Dinâmica dos Três Elementos.
O adulto entende que existe uma dinâmica relacional que estabelece com a criança e com o problema que a criança traz de querer algo que não é possível no momento.
O adulto começa a se observar e percebe que está "contra" a criança e o problema.

Ele muda de lado e fica COM a criança e "CONTRA" O PROBLEMA.

Juntos, podem decidir por alguma dessas opções, de acordo com o contexto vivenciado. Exploram o desconhecido fazendo a VISITA GUIADA – Ferramenta #5, ou o adulto começa a fazer perguntas para chegar ao NÃO.

CONSTRUÍDO: Ferramenta #26, ou o adulto explora as possibilidades de quando poderão comprar o que a criança está querendo e então inclui uma foto do objeto na LISTA DE DESEJOS – Ferramenta #59.

Resultado: adultos não são mais alvo da raiva da criança. Vínculo fica fortalecido. PAZ é estabelecida em casa e fora. Criança aprende que nem tudo é possível de se ter/fazer exatamente na hora ou do jeito que se quer. Criança em equilíbrio.

O grande problema de outras abordagens respeitosas é que elas mostram muito sobre "o que" e pouco sobre o "como". Explico melhor: você entende o que causa o modo autoritário ou permissivo com a criança e então entende que não deve mais fazer desse jeito, mas não tem clareza de como fazer diferente.

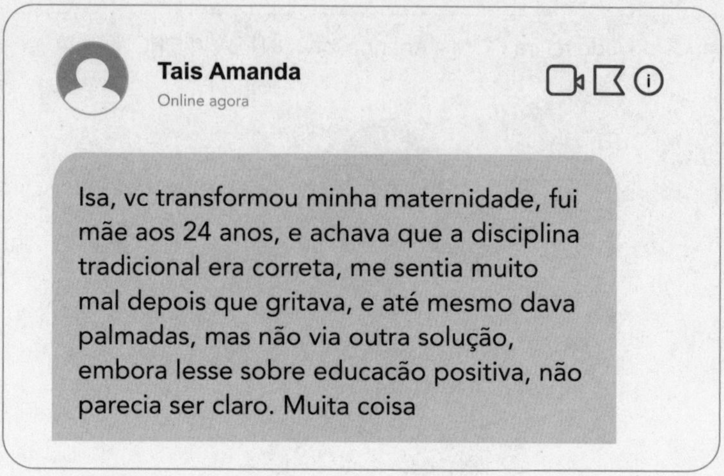

A Disciplina do Equilíbrio lhe entrega o "como" em suas ferramentas.

O RITMO E A AUTOESTIMA DA CRIANÇA

É preciso repensar a nossa pressa. Temos vivido em um ritmo acelerado, os dias acabam e sentimos que não fizemos tudo o que deveríamos ter feito. Sempre atrasados, sobrecarregados, superestimulados e superdemandados por nossos smartphones com suas notificações infinitas. E então a criança entra em nossa vida com seu ritmo próprio. Um convite à presença, à calmaria, à lentidão. A fazer uma coisa de cada vez, até repetir várias vezes a mesma coisa, sem precisar se comprometer com o jeito mais rápido ou com o resultado perfeito. Apenas fazer pelo prazer de se aprimorar em algo.

O respeito ao ritmo da criança é um princípio central tanto em Montessori quanto na Disciplina do Equilíbrio, e tem impacto direto na formação de uma autoestima forte. Quando o adulto reconhece e valoriza o tempo único de cada criança para aprender, experimentar e conquistar autonomia, transmite a mensagem de que ela é capaz, competente e digna de confiança. Esse respeito se traduz em oportunidades para que a criança explore, repita atividades e consolide habilidades sem pressa ou pressão externa, o que fortalece seu senso de valor e autoconfiança.

A verdadeira aprendizagem acontece quando a criança pode agir de acordo com suas necessidades internas, sem ser apressada ou interrompida constantemente. O ambiente preparado, a liberdade para escolher atividades e a possibilidade de autocorreção são formas de mostrar à criança que seu processo é respeitado. Isso constrói uma base sólida de autoestima, pois a criança percebe que pode confiar em si e que seus esforços são reconhecidos, mesmo quando envolvem tentativa e erro. Permitir que a criança participe ativamente das tarefas, tome pequenas decisões e repita ações até se sentir segura é fundamental para que ela se sinta útil, valorizada e parte do grupo. A autonomia só é possível quando há tempo e espaço para o desenvolvimento individual, sem a ansiedade do adulto por resultados imediatos.

Por outro lado, a pressa prejudica esse processo porque gera insegurança, medo de errar e sensação de inadequação. Quando a criança é constantemente apressada, interrompida ou comparada, ela pode internalizar a ideia de que nunca é boa o suficiente ou que precisa corresponder a expectativas externas para ser aceita. Isso fragiliza a autoestima, limita a criatividade e pode levar à dependência excessiva do olhar e da aprovação do adulto – já viu uma criança viciada em elogio? "Olha, mamãe! Olha, papai! Olha, olha, olha..." É triste. Portanto, desacelerar, confiar no tempo da infância e celebrar pequenas conquistas é um dos maiores presentes que podemos oferecer para o desenvolvimento emocional saudável e para a construção de uma autoestima forte e duradoura.

É importante ressaltar que até aqui precisamos de equilíbrio. Os marcos de desenvolvimento devem ser observados e comparações saudáveis podem mostrar atrasos no desenvolvimento que uma intervenção profissional precoce pode sanar. O restante, aquilo que for pressa por ansiedade dos adultos, sim, descartemos.

Aqui vem um caso de contraponto. Essencialmente, a criança é lenta e precisa de mais tempo que os adultos para fazer as coisas, isso porque são suas primeiras vezes e ainda está aprendendo, ganhando agilidade e desenvolvendo rapidez. Porém, quando combino o respeito ao ritmo da filosofia montessoriana com o perfil de personalidade da criança, posso ter o que ocorreu com a mãe de um bebê de um ano e meio que me procurou dizendo que o filho a rejeitava. Ela estava realmente em sofrimento. Entendia que, nessa fase, os bebês só queriam saber de mamãe e o filho dela pedia muito pelo pai. Ao explorar mais a fundo a questão, entendi que existia um momento em que o filho ficava especialmente chorando pelo pai: a hora do banho.

Ao fazer o mapeamento do perfil de personalidade – combinação de temperamentos – da família, descobri que o pai era predominantemente colérico, a mãe uma predominante melancólica e o bebê um possível predominante colérico. Sendo assim, o momento do banho para a mãe representava calmaria, relaxamento e lentidão. Já para o pai era mais uma atividade a ser cumprida o mais rápido possível para ser riscada da lista de afazeres do dia. O bebê – instintivamente – tinha o mesmo ritmo do pai nesta situação por terem o mesmo temperamento dominante. Expliquei tudo isso à mãe e pedi que aprendesse com o pai sua maneira e seu ritmo de dar banho. O bebê não rejeitou mais a mãe. Na verdade, ele nunca a rejeitou, o bebê não queria a lentidão.

Tabela 3 Princípio de Inteireza

Desafio	Visível	Invisível
Bebê que rejeitava a mãe; gritava com ela e queria sempre tomar banho com o pai.	Bebê se recusa a tomar banho com a mãe. Só fica bem quando é com o pai.	Mãe de temperamento predominante melancólico, encara o banho como um momento de relaxamento e lentidão. Bebê colérico como o pai, tem o ritmo mais acelerado que querem entrar no banho para se lavar e sair no menor tempo possível.

Fonte: Tabela desenvolvida pela autora.

Nem vou entrar aqui no mérito da questão da estrutura imatura da mãe ao se sentir rejeitada por um bebê. Isso foi a parte que eu a recomendei tratar em terapia. Mas o foco é para olharmos para o visível – um bebê que chora para tomar banho com o pai e não com a mãe – e compreendermos o invisível –, o ritmo do seu temperamento se afina, diretamente, com o do pai, já que os dois são predominantemente coléricos e destoa do ritmo da mãe, melancólica. Quando a mãe ganha consciência e inteligência de comportamento e ajusta seu jeito de dar banho ao ritmo do bebê, o equilíbrio se restabelece na relação e no comportamento da criança.

O ERRO E A AUTOESTIMA DA CRIANÇA

Pense em você, como se sente quando tem seu erro apontado por outra pessoa? Humilhado? Julgado? Exposto? Envergonhado? Imagine a criança com sua autoestima em formação e os adultos apontando seus erros o tempo todo como se estivessem ali, exatamente, para isso.

Na Disciplina do Equilíbrio, o erro é compreendido como uma parte natural do processo de aprendizagem da criança. Em vez de ser visto como algo negativo ou motivo para vergonha ou punição, o erro é tratado como uma oportunidade de autodescoberta e autocorreção. A ideia é que a criança possa perceber seus próprios enganos e, com base nisso, buscar soluções sem depender da intervenção constante do adulto. Assim, ela aprende a confiar em sua capacidade de observar, analisar e avaliar as situações propondo ajustes em suas ações, desenvolvendo autoavaliação, autoconfiança, resiliência e senso crítico. O adulto, nesse contexto, atua como observador e guia, oferecendo apoio apenas quando necessário, sem corrigir ou apontar o erro de imediato.

Outro episódio que me marcou muito aconteceu quando o Petrus, ainda pequeno, se vestiu sozinho e abotoou a camisa meio errada. Naquele momento, eu corrigi e percebi que ele não reagiu nada bem.

Lembro-me de ter perguntado à professora montessoriana: "Como fazer nesse caso? Deixar o menino sair com a camisa toda errada?" – como quem busca uma resposta certa para não errar no meu papel de mãe. A resposta dela foi simples e transformadora: "Leve-o até o espelho. Mostre a imagem. O próprio reflexo vai ensiná-lo. Caso ele ainda não perceba desta vez, ao sair diga aos outros: 'viu que ele já sabe se vestir sozinho' e pronto. O que é mais importante, a formação da autoestima dele ou seu ego de mãe?".

Foi aí que compreendi, de forma prática, o princípio montessoriano que depois se tornou também base da Disciplina do Equilíbrio: o adulto não precisa apontar o erro, mas oferecer condições para que a criança o perceba por si mesma. Essa condução respeitosa preserva a autoestima, alimenta a autonomia e transmite uma mensagem poderosa: "Eu confio na sua capacidade de observar, aprender e se corrigir".

Esse olhar para o erro valoriza o processo acima do resultado, respeitando o ritmo individual de cada criança e promovendo um ambiente seguro para experimentar, tentar de novo e aprender com as próprias experiências. Isso faz com que a criança cresça sem medo de errar e isso é libertador.

Erro, para a Disciplina do Equilíbrio, não é sinal de fracasso, mas um passo fundamental na construção do conhecimento e da personalidade, tornando-se um aliado do desenvolvimento integral da criança. A ideia é tratar os equívocos de forma orientada para o aprendizado tanto para a criança quanto para o adulto, uma oportunidade de crescimento e conexão. O erro é apenas um sinal de que a criança (ou o adulto) está em fase de aprendizagem, fazendo testes e buscando novas formas de agir.

Quando uma criança erra, é preciso pensar em apoiar sem detonar sua autoestima em construção. Quando o erro implicar algo moral ou que envolva terceiros, a Ferramenta #15: Use o erro do passado com foco no futuro, pode ser uma excelente opção para guiar o comportamento da criança sem destruir sua autoestima.

Ferramenta #15: Use o erro do passado com foco no futuro

1. CENÁRIO: a criança comete um erro.

2. CONFLITO: o adulto aprendeu que precisa CORRIGIR a criança, mas não aprendeu COMO fazer isso sem destruir sua autoestima e minar sua autoconfiança. Ao corrigir a criança pode chegar a humilhá-la (mesmo sem querer), e isso impacta em sua autoestima em desenvolvimento, inclusive criando crenças de identidade muito danosas. Compromete também o vínculo com o adulto, em muitos casos.

3. TRAGÉDIA
AUTORITARISMO: o adulto fala do erro como se a criança fosse um adulto e tivesse escolhido cometer o erro conscientemente. Tira conclusões sobre a criança a partir do seu erro, ou seja, a criança se mistura ao erro. Exemplo: se não arruma as coisas é porque é desorganizada. Se não tem facilidade para emprestar é porque é egoísta e assim por diante. A criança fica humilhada, envergonhada e com as piores conclusões sobre si mesma. Então, o resultado é baixa autoestima, suas chances de acertar no futuro diminuem. Muitas vezes, a criança sofre punições e não recebe orientação sobre novas opções de comportamento para quando a situação acontecer novamente.

PERMISSIVIDADE: o adulto defende a criança como se ela não entendesse nada e acaba "passando a mão na cabeça" sem fazer a criança lidar com o erro que cometeu e suas consequências. A criança sente uma raiva enorme do adulto, pois, inconscientemente, sabe que o adulto deveria dar a ela orientações e estrutura. O adulto fica esperando que a "fase" passe e se omite com medo de causar traumas na criança

SOLUÇÃO DA DISCIPLINA DO EQUILÍBRIO: Ferramenta #15: Use o erro do passado com foco no futuro

- O adulto entende que o que está feito não tem como voltar atrás, então tira o peso excessivo do presente/passado.
- Ele pondera o equilíbrio e pesa com a criança que está "nem aí" e alivia com a que está "arrasada". Precisa reparar o erro e lidar com as consequências.
- Com as duas, o adulto pega o erro do passado e coloca o foco no futuro: quando acontecer algo assim de novo, o que você pode fazer?
- A própria criança pode encontrar alternativas.
- O adulto pode entregar novas alternativas.
- HISTÓRIAS: podem acrescentar repertório. Se forem histórias de quando o próprio adulto também errou, aumentam o vínculo por meio da empatia e da vulnerabilidade.

Resultado: criança funciona em equilíbrio, o vínculo com o adulto fica fortalecido, o erro é corrigido, a autoestima é preservada e o caráter da criança é formado com base nos valores da família.

PRÊMIOS E CONQUISTAS E A AUTOESTIMA DA CRIANÇA

Disciplina do Equilíbrio entende que a educação está ligada ao sentido e à expansão de consciência, ou seja, "entendi o sentido de algo e, a partir de agora, *desejo* fazer o que precisa ser feito porque sei o motivo de fazer isso". Prêmios e castigos não são ferramentas educativas, mas formas de adestramento. Tanto o prêmio quanto o castigo atuam sobre o comportamento da criança de maneira superficial, focando apenas na obediência imediata ou na evitação da punição, sem desenvolver reflexão, autonomia ou senso de responsabilidade real, ou seja, sem expandir a consciência. Essa abordagem pode até gerar resultados rápidos, porém não contribui para a formação do caráter nem para o fortalecimento da autoestima da criança.

Quando a criança é educada por meio de prêmios, ela aprende a agir esperando recompensas externas, tornando-se dependente de aprovação ou de benefícios materiais para fazer o que é esperado. Isso limita o desenvolvimento da motivação intrínseca e pode criar adultos inseguros, que sentem necessidade constante de validação. Por outro lado, o castigo ensina pelo medo e pela vergonha, levando a sentimentos de inadequação, raiva e, muitas vezes, à repetição do comportamento indesejado quando o adulto não está por perto, condicionando a criança a só funcionar quando está sendo vigiada. O castigo não ensina alternativas, muito menos forma caráter com base em princípios e valores, o castigo por si só apenas reprime.

A Disciplina do Equilíbrio propõe substituir o adestramento dos prêmios e castigos pela educação verdadeira por meio de assumir o papel de *adulto-guia*, anfitrião da criança na vida e no mundo que se utiliza da orientação, do diálogo, da construção de combinados e do fortalecimento do protagonismo e da autonomia.

Quando a criança participa das decisões e entende o sentido das regras, ela desenvolve autoestima, senso de pertencimento e responsabilidade genuína. O adulto atua como mediador e exemplo, ajudando a criança a compreender as consequências naturais de suas escolhas e a ampliar seu repertório de comportamentos. Na prática, educar sem prêmios e castigos é investir em vínculos mais fortes, em uma autoestima sólida e em um caráter baseado em valores e consciência, não em medo ou dependência. A criança aprende a agir pelo que faz sentido, não pelo que recebe em troca ou pelo que teme perder. Assim, o objetivo da Disciplina do Equilíbrio é construir crianças mais autônomas, éticas e emocionalmente saudáveis.

O PREPARO DO AMBIENTE E A INTELIGÊNCIA DO COMPORTAMENTO [I1]

Você já entendeu que interagir com o ambiente é uma necessidade do ser infantil, certo? Aqui, podemos captar o tamanho do absurdo que é dizer para a criança frases como "você não tem olhos nas mãos!". Na verdade meio que tem, sim!

A criança não tem só necessidade de ver os objetos, ela tem necessidade de experimentar cada coisa com todos os seus sentidos: ela deseja ver suas formas e cores, ouvir o barulho que faz quando é chacoalhado ou deixado cair, sentir sua textura, sua temperatura, suas formas, sua maciez ou rigidez, experimentar seu cheiro e sentir seu sabor... Dizer a uma criança que ela só pode olhar alguma coisa, pode ser submetê-la a um sacrifício maior do que suas próprias forças. Vai totalmente contra a sua natureza.

É por isso que faz parte da Inteligência do Comportamento [i1] do adulto o preparo do ambiente em que a criança vive. Quando a moradia da criança (e os lugares que ela frequenta) está adequadamente preparada para suas necessidades, sua energia vital não é podada, eliminada ou desequilibrada trazendo o efeito *"fio desencapado"* com energia saindo perigosamente com risco de choque ou incêndio em forma de agressividade, agitação e descontrole. Não! Num ambiente preparado para receber a infância, a energia vital do ser imaturo tem oportunidade de seguir seu rumo natural para fora da criança em direção aos elementos que lhe chamam a atenção. De acordo com seu interesse, a criança é guiada e oportunizada a aprender sobre o mundo e sobre a vida. Se o ambiente possui incontáveis coisas frágeis e delicadas que fatalmente vão se quebrar em contato com crianças pequenas, esse local não é preparado para a infância. Então o que é um *ambiente preparado*? É um ambiente que convida a criança à autonomia, que permite que a mesma explore, experimente e faça as coisas por si mesma. Um *ambiente preparado* é aquele em que tudo o que a criança pode usar está ao alcance dela: objetos, materiais, oportunidades de escolha. É onde a criança pode, de fato, ser protagonista da própria história. Uma preparação para a própria vida.

Uma mãe, certa vez, compartilhou comigo: "Quando reorganizei a cozinha para que meu filho pudesse pegar sua própria água, ajudar a preparar alimentos e guardar seus utensílios, de repente, aquela criança dependente se tornou ativa, colaborativa e muito mais confiante. O segredo estava ali o tempo todo, que era confiar na competência da criança e dar a ela um espaço preparado". E o que precisa ter um ambiente para ser considerado preparado para o pleno desenvolvimento de uma criança:

- Elementos que a criança se interesse e possa pegar e manipular sem risco.
- Estrutura que promova a autonomia da criança, ou seja, que ela possa fazer as coisas sozinha sempre que puder. Mesas, cadeiras e mobiliários adequados à estatura da criança. Apoios e suportes para que alcance bancadas e pias.

- Utensílios seguros para picar alimentos, descascá-los e participar do preparo das refeições, entre outros.

Como saber o que vai interessar a criança em cada fase? A observação silenciosa do adulto é fundamental. Fale menos, observe mais. O que chama a atenção da sua criança? Do que ela gosta? O que a faz parar qualquer coisa? O que pode ser um convite irresistível para ela nessa fase? Muitos adultos estão tão autocentrados que, arrisco dizer, convivem com crianças desconhecidas porque quase nunca pararam para observar verdadeiramente seus filhos, alunos ou pacientes.

Lembro-me bem de uma família que visitei e o bebê de um ano e meio estava inquieto, querendo mexer em tudo como é próprio da sua natureza. A mãe e o pai não sabiam o que fazer com toda aquela energia e desejo de explorar e então ficavam tirando as coisas de perto da criança, o que só aumentava sua agitação e seus gritos de protesto. Até que o menino pegou um garfo e enfiou na garrafa de suco. Ao ver essa cena, disse aos pais, ele está "pedindo" atividades de colocar coisas dentro de outras. O que podemos oferecer a ele nesse sentido? Achei uma assadeira com espaços para formas de *cupcake* e a mãe apareceu com as forminhas de silicone que se encaixavam nos espaços. Mostrei ao menino a atividade no chão da sala e o milagre aconteceu: a criança ficou por quase meia hora em silêncio, tranquila, com mãos e olhos fixos na mesma ação, em concentração profunda, colocando cada forminha em um espaço. Organizando os objetos por fora enquanto organizava-se por dentro. O caos se desfez, a paz se instalou. É o equilíbrio chegando por meio de adultos conscientes que criam um ambiente preparado.

Ser *adulto-guia* é, muitas vezes, um exercício de humildade. É deixar de lado a pressa, o controle e o desejo de perfeição para abrir espaço ao inesperado, ao erro, ao aprendizado mútuo. É confiar que, se o ambiente estiver preparado e o ritmo for respeitado, a criança vai florescer – e nós juntos.

AS TELAS E A INTELIGÊNCIA DO COMPORTAMENTO [I1]

Nas últimas décadas, vivemos uma revolução silenciosa. Os celulares deixaram de ser um luxo e se tornaram uma extensão do corpo humano. Se antes o computador era o centro da nossa relação com a tecnologia, hoje os dispositivos móveis tomaram esse lugar com uma velocidade impressionante. O gráfico da Andreessen Horowitz mostra isso com clareza: a partir de 2007, o número de smartphones em circulação explodiu. Em poucos anos, o que era ferramenta virou vício. O que era recurso virou fuga. E isso tem um preço.

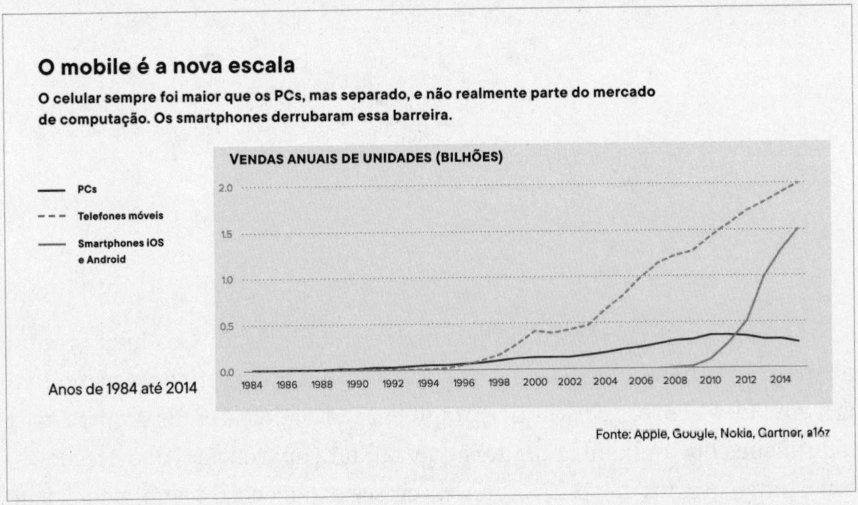

Fonte: Andreessen Horowitz.

Nesse mesmo período, um outro gráfico chama a atenção: o aumento no número de suicídios entre adolescentes no Brasil. De 2007 a 2012, enquanto as vendas de smartphones disparavam, os índices de suicídio entre jovens de 10 a 19 anos cresciam de forma alarmante. Essa correlação pode não ser mera coincidência – pode ser sintoma.

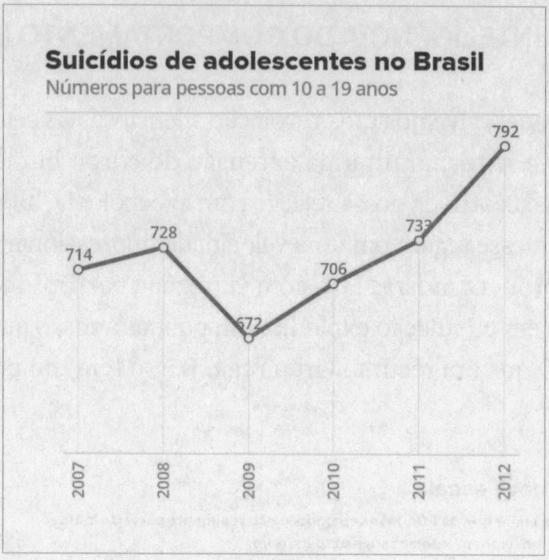

Fonte: Mapa da Violência, 2014.

O tempo de tela cresceu. A presença afetiva diminuiu. O celular invadiu o espaço da convivência. Pais distraídos por notificações, crianças mergulhadas em vídeos curtos e estímulos fragmentados, adolescentes criando suas identidades em ambientes digitais que validam aparências, não essências. Enquanto o uso dos dispositivos móveis cresce exponencialmente, a qualidade das interações humanas cai drasticamente.

Na Disciplina do Equilíbrio, entendemos que o cérebro da criança é formado por vínculo, experiência real e presença de qualidade. Quando isso falta, o desenvolvimento emocional e social entra em colapso. Crianças e adolescentes não sabem nomear o que sentem, não têm ferramentas para lidar com frustração e se perdem em narrativas distorcidas construídas por influenciadores, algoritmos e comparações irreais. Não se trata de demonizar as telas, mas de entender o uso que fazemos delas. Existe um *uso protagonista* – quando a criança utiliza a tecnologia para criar, aprender, expressar, resolver problemas reais. Exemplo: fazer chamada de vídeo para a vovó. E existe o *uso recreativo* – quando ela apenas consome, de forma passiva, conteúdos que não exigem reflexão, criatividade ou interação significativa. Exemplos: vídeos curtos, games, redes sociais.

A questão é que a maioria das crianças e adolescentes está exposta majoritariamente ao segundo tipo. E pior: muitas vezes esse uso recreativo se dá de forma compulsiva, como fuga da realidade, anestesia para a dor emocional ou substituto de vínculos reais.

Estudos apontam que o uso excessivo e desregulado de telas está associado a problemas como: transtornos de ansiedade, depressão, TDAH, dificuldades de atenção, distúrbios do sono, impulsividade e isolamento social (Twenge *et al.*, 2017; Przybylski & Weinstein, 2017). E tudo isso começa com o que parece inofensivo: "só um joguinho", "só mais um vídeo". Mas o cérebro imaturo da criança não está preparado para lidar com a lógica das recompensas rápidas e infinitas que os algoritmos oferecem. Isso desregula os circuitos de dopamina e reduz a capacidade de lidar com frustrações no mundo real. O que temos, então, é uma geração sobreestimulada, hipervigiada e emocionalmente exausta.

A ideia não é disseminar um retrocesso tecnológico, mas um avanço na consciência. Precisamos formar adultos que saibam *usar a tecnologia com presença e critério*, para que possam ensinar o mesmo às suas crianças. Isso envolve:

- Estabelecer limites claros e combinados para o uso das telas.
- Oferecer alternativas reais de conexão, criatividade e protagonismo.
- Falar abertamente sobre emoções, riscos e escolhas digitais.
- Modelar o comportamento: crianças aprendem mais com o que veem do que com o que ouvem.
- Reforçar vínculos presenciais, afetivos, seguros.

A tecnologia precisa voltar a ser ferramenta, não muleta. E, acima de tudo, precisa deixar de ocupar o lugar do afeto, da presença e da escuta – que agora já está sendo feita pelas Inteligências Artificiais como Chat GPT e outras.

"A TECNOLOGIA COMO VÍCIO entra na vida das pessoas quando as relações humanas não ocupam o seu devido lugar." Sherry Turkle

Mesmo com todas essas evidências, ainda há quem diga que "quem fala que não pode deixar as crianças nas telas, com certeza, tem rede de apoio" ou algo nesse sentido como o *print* a seguir:

> milhares de atividades. Quero ver falar isto para uma mãe solo que senão de 1 tablet para criança (lógico acompanhar o que a criança ver) eu queria ver se ele ia falar isto. Pq na teoria é lindo,

Quando leio essas coisas penso: além de não ter rede de apoio, essa pessoa não conhece as ideias de ambiente preparado e vida prática de Montessori. Quando ela conhecer também não deixará as crianças nas telas. O problema maior é que os adultos, em grande parte, também estão viciados em seus smartphones e acabam usando as telas como babá e viciando crianças na gratificação fácil e imediata. Cérebros superestimulados que entram em síndrome de abstinência quando ficam sem a ativação cerebral provocada pelas telas.

Ampliando o conceito de uso protagonista *versus* uso recreativo, temos que: Uso protagonista é aquele em que a criança utiliza a tecnologia como ferramenta para aprender, criar, expressar-se e desenvolver habilidades. É quando ela usa o *tablet* para fazer uma pesquisa, ler um *ebook*, montar uma maquete virtual, para editar um vídeo com suas ideias, para aprender um novo idioma, programar um robô ou criar uma apresentação para mostrar à família. Nesse uso, a criança está no comando. A tecnologia está a serviço da criança e não o contrário.

Já o uso recreativo acontece quando a tela é usada apenas para entretenimento passivo, geralmente por longos períodos, sem intencionalidade, interação ou propósito. É o famoso "*scroll* infinito" de vídeos curtos, joguinhos repetitivos e consumo excessivo de conteúdos mesmo que com curadoria. Aqui, a tela – ou os algoritmos muito bem engendrados das empresas bilionárias – comanda e a criança apenas reage passivamente. Esse é o uso danoso que deve ser evitado. O problema não está nas telas em si, afinal as telas e redes sociais são ferramentas e, como tal, é o uso que se faz delas que define se aquilo é algo positivo ou negativo. Torna-se negativo quando há desequilíbrio e ausência de consciência. Quando o uso recreativo é excessivo e sem critérios, ele pode comprometer o desenvolvimento da criança em várias áreas:

Na cognição, prejudica a atenção sustentada, a capacidade de concentração e a memória de trabalho. Na linguagem, reduz o tempo de interação verbal com os adultos, impactando o vocabulário e a construção narrativa. Na socialização, substitui o convívio real por estímulos artificiais, gerando isolamento e dificuldade de lidar com frustrações reais. No corpo, interfere no sono, no apetite, no tônus muscular e na motricidade global e fina. Estudos como os da American Academy of Pediatrics (2016) e os levantamentos da Common Sense Media (Rideout, 2017; 2021) alertam para os riscos do uso indiscriminado de telas e recomendam que pais e educadores acompanhem de perto o tempo, o conteúdo e o contexto de uso. Entretanto, mais do que vigiar, é preciso ensinar. Educar para o uso consciente.

A criança precisa ser orientada a se tornar protagonista de seu uso digital. Isso envolve ensinar a diferença entre criar e consumir; o valor do tédio como motor da criatividade; o uso da tecnologia como meio, não como fim; a importância de se ter uma vida de realizações no *offline* para fortalecer vínculos reais, para viver brincadeiras sensoriais e experiências de corpo inteiro. É a vida real que transborda para o compartilhar da vida virtual e não a vida virtual fazendo as vezes de vida real.

Na Disciplina do Equilíbrio, propomos que as telas estejam à serviço da infância, e não substituindo brincadeiras próprias da infância. Promovemos o uso protagonista por meio de projetos, desafios e práticas educativas que integrem o mundo digital com o mundo real. Porque, no fim das contas, não é sobre proibir ou liberar. É sobre guiar. E a criança só aprenderá a usar bem as telas se tiver entre adultos que também se preocupem em usar telas com consciência, equilíbrio e propósito. Aqui vai mais uma ferramenta da Disciplina do Equilíbrio para lidar com a questão das telas.

Ferramenta #42: CLACA para lidar com as telas

CENÁRIO: a criança só quer ficar nas telas e não quer fazer nada diferente. O adulto que acredita que só tem a tela como "rede de apoio". O adulto acredita que apenas selecionar o que a criança assiste é suficiente.
CONFLITO: o adulto não sabe a quantidade de opções de atividades de vida prática que tem em uma casa.

TRAGÉDIA
AUTORITARISMO: o adulto briga, grita e só quer saber de colocar limites de tempo, trava o celular da criança = a criança começa a mentir, omitir, fugir e tenta usar as telas na casa de outras pessoas. Ou usa a tela como recompensa: se você se comportar, pode ficar nas telas = aumenta o desejo da criança pelas telas.

PERMISSIVIDADE: o adulto fica tentando fazer outras coisas sem método e acaba caindo nas telas sem limites.

SOLUÇÃO DA DISCIPLINA DO EQUILÍBRIO: Ferramenta #42

- Quando o adulto precisa ajudar a criança a regular melhor o uso de telas, ele precisa usar a CLACA.
- O erro mais comum é querer melhorar o uso das telas por parte da criança sem elevar o nível de consciência dela sobre o assunto.
- Você SABE as consequência do uso exagerado de telas mas a criança, NÃO SABE?
- Então, o primeiro C da CLACA é CONSCIÊNCIA: aumentar o nível de consciência da criança sobre as consequências do uso exagerado de telas.
- A partir do mesmo nível de consciência, ficamos no mesmo time e vamos fazer combinados.
- O L do CLACA é LEITURA.
- Não existe criança que não gosta de ler. O que existem são crianças que foram obrigadas a ler coisas que não lhe interessavam numa linguagem que não lhe atraía.
- A hora da leitura em família.
- Compre livros em sebo, frequente bibliotecas.
- Cuidado ao vincular a leitura a dormir. Senão toda vez que começar a ler a criança sentirá sono.

- O primeiro A da CLACA é AUTONOMIA.
- Deixar a criança fazer as coisas por ela mesma ocupa um tempo enorme.
- Pentear o próprio cabelo, calçar os sapatos e as meias, cortar a banana, trazer as compras pra dentro, limpar com borrifador e paninho...
- As crianças amam trabalhar. Lance mão das outras ideias disponíveis na Ferramenta #19: Abobrinha Pedagógica.
- O segundo C do CLACA é de CORPO.
- Incentivar e oportunizar atividades que envolvem o CORPO.
- Correr, dançar, fazer mímica, piscina, circuito, banho de mangueira, atividades sensoriais, pega-pega, esconde-esconde, pular corda, amarelinha etc.
- Confira também a Ferramenta #13: BHIM – Brincadeira, História e Música
- O segundo A do CLACA é AMIZADES.
- Incentivar e oportunizar o encontro entre pares.
- Jogos de tabuleiro, brincadeiras.
- Reveze com outras mães o encontro das crianças com famílias que tenham os mesmos valores que você.

Resultado: A criança resgata o seu equilíbrio natural. Ela se acalma e regula o uso de telas. Constrói sua autoestima. A criança reforça o vínculo com o adulto.

Segue um resumo simplificado:

Checklist CLACA – Uso Consciente das Telas

C – Consciência

Mostre à criança os efeitos reais do excesso de telas (sono, humor, linguagem, autoestima). Sem consciência, não há escolha.

L – Leitura

Troque parte do tempo de tela por leitura prazerosa. Explore livros que interessem, visite sebos e bibliotecas. Leitura é imaginação em alta definição.

A – Autonomia

Deixe a criança fazer por si: cortar frutas, organizar brinquedos, trazer compras. Vida prática ocupa tempo, desenvolve autoestima e reduz telas.

C – Corpo
Movimente: correr, dançar, nadar, brincar no quintal, circuito motor. O corpo em ação regula o cérebro e equilibra emoções.

A – Amizades
Promova encontros com pares, jogos de tabuleiro, brincadeiras coletivas. Conexão real é o melhor antídoto contra a dependência digital.

CAPÍTULO 5

Inteligência da Comunicação [i2] ou do FALAR/EXPRESSAR

A base da Inteligência da Comunicação [i2] é o *rapport*: acompanhar, acompanhar e acompanhar para, depois, conduzir. Tudo o que você verá na Disciplina do Equilíbrio sobre como se comunicar com uma criança terá o estabelecimento de *rapport* como fundamentação. Então, a primeira coisa que você precisa saber é: o que é *rapport*?

Rapport é um conceito fundamental na comunicação e, especialmente, na Programação Neurolinguística (PNL) que se refere à criação de conexão, de sintonia, de confiança e de empatia entre duas ou mais pessoas. Em outras palavras, *rapport* é o estado em que as pessoas se sentem à vontade, compreendidas e abertas ao diálogo, o que facilita o entendimento mútuo e a cooperação. Na prática, estabelecer *rapport* significa acompanhar para depois conduzir: primeiro, o adulto busca se conectar genuinamente com a criança, validando seus sentimentos, mostrando interesse pelo que ela pensa e sente, e ajustando seu tom de voz, postura e linguagem ao universo da criança. Só então, a partir desse vínculo de confiança, é possível orientar, educar e propor mudanças de comportamento de maneira mais eficaz e respeitosa. A verdade é que não adianta tentar ser ouvido antes de estabelecer *rapport*.

METÁFORA DA MALA E AS ROUPAS

Vamos supor que você vá para a praia. Você separa sua roupa de banho, protetor solar, viseira, saída de banho etc. Você pega tudo o que precisa. Pega a mala e vai pra praia. Quando chega no destino e abre a mala... Que surpresa! Ela está vazia. Por quê? Porque quando pegou tudo e colocou, a mala estava fechada. O que você pegou foi só a mala sem as suas coisas. Aí você pode me dizer: "Isa, que exemplo ridículo! Isso nunca iria acontecer". Entretanto, numa conversa com uma criança é exatamente isso o que acontece. Você nem abre a mala e quer começar a colocar as coisas dentro. Se a criança começa a contar que teve uma confusão na escola e que ela bateu em outra criança, você não segue ouvindo, você começa a interromper: "Mas por que que você bateu? Por que que você chutou? Por que que você fez isso? Você sabe que isso é errado, né?".

Primeiro ouça tudo até o fim sem julgar. Depois, concorde com o sentimento, com a indignação, com a raiva que a criança demonstra estar sentindo. Ela precisa perceber que você está com ela. Isso "abre a mala". Se fizer assim, quando você for falar alguma coisa, isso entra na cabeça da criança, porque a "mala foi aberta". Agora, se você nem ouve tudo e já começa a julgar e a falar um monte de coisas, nem deixa a criança terminar e não concorda com nada, já fala que a criança tá errada, então "a mala está fechada". Qualquer coisa que você for falar, o que você quiser colocar dentro da mala/mente da criança agora, não vai entrar.

No contexto da Disciplina do Equilíbrio, aprender a fazer *rapport* é visto como uma habilidade essencial para aumentar o "amor percebido" pela criança e fortalecer o vínculo familiar. Não se trata de concordar com tudo o que a criança faz, mas de reconhecer sua perspectiva, criar proximidade emocional e mostrar que ela é ouvida e considerada. O *rapport*, portanto, é a base para uma comunicação que educa sem recorrer ao autoritarismo ou à permissividade, promovendo relações mais leves, potentes e equilibradas.

Mais do que seguir falando sobre o *rapport* como base da Inteligência da Comunicação [i2], quero apresentar aqui o principal efeito de educar uma criança utilizando esse conceito fundamental. Aqui vai um trecho publicado originalmente no meu livro sobre PNL aplicada à infância, o "Filho não vem com manual", que evidencia esse resultado.

Recentemente, tive essa conversa com meu filho de 12 anos. Eu: "Já falei hoje que eu te amo?". Ele: "Não. Ou melhor, sim". (risos) Eu: "E vc, me ama?" Ele: "Muito, mamãe!" Eu: "Que delícia esse 'muito'! E por que você me ama muito?" Ele: "Porque você me ajuda, cuida de mim e porque você CONCORDA comigo". Eu: "Uau! Isso foi inesperado. Você me ama muito porque eu concordo com você?" Ele: "É. A gente pensa parecido". Eu: "E isso te faz me amar muito?" Ele: "*Aham*. Eu adoro isso!".

Três considerações sobre essa conversa:

Existe técnica para aprender a CONCORDAR (se chama rapport e é apresentada no início da formação de PNL). Você não precisa concordar com tudo o que a criança FAZ, você pode concordar com o que ela SENTE.

Aprender a CONCORDAR fez aumentar o "amor percebido" pelo meu filho. Ainda que eu não soubesse nada de PNL, eu amaria meu filho igualmente, ou seja, o "amor recebido" de mim por ele seria o mesmo mas, provavelmente, a percepção dele sobre o meu amor seria menor. E assim, o retorno do amor dele para mim também poderia ser menor. Ele falou com todas as letras: "te amo porque você concorda comigo". Meu filho me ama mais porque a PNL me ensinou a concordar.

Concordar gera conexão e conexão é vínculo, proximidade, sintonia. Concordar aumenta o amor. A PNL me ensinou a amar o meu filho e aumentou o amor dele por mim. E você pode ser mais amada por seus filhos, alunos, pacientes e pelos adultos da sua vida também!

E já que mencionei os conceitos de amor recebido e amor percebido, aqui vai a...

Ferramenta # 32: Amor recebido *versus* Amor percebido

CENÁRIO: A criança parece sempre carente ou manhosa. A criança parece insaciável quanto ao contato com a mãe. A criança fica muito demandante, irritada ou mal-humorada sem motivo aparente.

CONFLITO: O adulto não consegue entender que há uma diferença entre o amor recebido pela criança e o amor percebido por ela. O adulto não sabe que a falta de paciência e a pressa escondem o amor.

TRAGÉDIA
AUTORITARISMO: o adulto faz o planejamento de tempo passado com a criança de acordo com sua agenda. O adulto acredita que tempo de qualidade é o que basta, mesmo sem quantidade. O adulto acha que a criança está reclamando à toa.

PERMISSIVIDADE: o adulto fica refém das demandas da criança e não entende o que pode estar acontecendo porque muda a forma de se relacionar, mas não entende com profundidade as necessidades da criança.

SOLUÇÃO DA DISCIPLINA DO EQUILÍBRIO: Ferramenta #32: Amor recebido versus amor percebido

- Sempre que a criança apresentar uma demanda ou manha que parece fora de propósito, o adulto vai buscar entender o mundo sob a perspectiva dela.
- O adulto passa 48 horas buscando se colocar mentalmente no lugar da criança em cada situação vivida para tentar alcançar como ela está percebendo o amor que recebe em cada interação.
- Vale lembrar que uma criança se sente amada quando pode se densevolver plenamente sem o adulto ficar obstaculizando seu processo, para isso, pode ajudar:

  seguir o interesse da criança;
  oportunizar experiências e atividades;
  pensar na perspectiva da criança em cada atividade que precisa ser feita;
  observar se a criança precisa de mais tempo junto – lembrando da fusão *versus* função – Ferramenta #24;
  dar autonomia e confiar na competência da criança;
  trabalhar a própria PACIÊNCIA, pois a falta de paciência e a pressa escondem o amor;

Resultado: a criança fica mais feliz e calma. Permanece com o vínculo com o adulto. Constrói sua autoestima. Vive menos estresse e brigas. Fica em equilíbrio.

Ainda na ideia do *rapport*, há uma ferramenta específica para a aplicabilidade desse conceito na prática. A ideia é que essa ferramentas seja incorporada a ponto de se tornar o novo *modus operanti* dos adultos que vivem a Disciplina do Equilíbrio.

Ferramenta #14: Dar razão pra ter razão

CENÁRIO: crianças agitadas, agressivas, violentas, que se fecham para o adulto, não querem ouvir, fecham os olhos, desviam o olhar, viram os olhos, suspiram, não ouvem.

CONFLITO: adulto encara tudo como desrespeito e não tem consciência sobre os processos de conexão e comunicação entre os seres humanos. Como vê o problema na criança, se desempodera.

TRAGÉDIA: como vê a ação da criança como desrespeito, e, muitas vezes, é mesmo, o adulto responde a isso como:

AUTORITARISMO: punição. Cresce um rebelde ou um reprimido.

PERMISSIVIDADE: omissão ou acolhimento sem correção; cresce um mal-educado.

SOLUÇÃO DA DISCIPLINA DO EQUILÍBRIO: Ferramenta #14: Dar razão pra ter razão

- O adulto busca aprender sobre comunicação e sobre a criança
- Ele entende que para criar conexão, precisa acompanhar a criança no ponto de vista dela, na perspectiva dela, realmente aceitá-la e entendê-la na sua imaturidade.
- Então, antes de tratar o COMPORTAMENTO INADEQUADO DA CRIANÇA, o adulto dá razão à criança, ela concorda com a emoção ou com o pensamento de criança mesmo quando seu comportamento foi ruim.
- Quando o adulto lhe dá razão, a criança sabe que foi compreendida na sua dor, raiva, tristeza, medo ou seja lá o que ela estiver sentido e que o adulto ENTENDE as razões dela para ter feito o que fez.
- Isso é ACOLHER... e é só a PRIMEIRA PARTE.
- Depois de DAR RAZÃO, acolhendo a criança, o adulto sabe que precisa orientar sobre o COMPORTAMENTO INADEQUADO dela. Como DEU RAZÃO, agora é a sua vez de TER RAZÃO e a criança está mais aberta a escutá-lo. Essa é a SEGUNDA PARTE, depois de acolher, deve-se orientar sobre o comportamento inadequado de forma eficaz.
- Novas opções para situações similares no futuro.
- Ampliar o cardápio de comportamento.
- Pode conectar com a Ferramenta #13 da DdE que é usar o idioma da criança e contar histórias.

- Reparo + Consequências: perdão, conserto, limpeza etc. Usar seu dinheiro para repor, ficar sem o que quebrou etc.

Resultado: criança aprende e te escuta. Vínculo fortalecido com o adulto. Vínculo fortalecido com terceiros. Criança em equilíbrio.

A PNL oferece um conjunto de técnicas e estratégias para entender como construímos nossos pensamentos, emoções e comportamentos com base em nossa comunicação externa e interna. Não basta querer educar com respeito, é preciso ampliar as possibilidades no que diz respeito à comunicação. De quantas maneiras podemos entregar um "não" de um jeito que a criança compreenda, aceite e se sinta segura?

Quando nossas opções são muito limitadas, a qualidade das nossas relações e da nossa vida também o é. Muitas vezes, pais e profissionais bem-intencionados se tornam uma barreira ao pleno desenvolvimento infantil causando desequilíbrios e instabilidades na criança, justamente por não saberem como se comunicar com ela de forma eficiente.

A Disciplina do Equilíbrio nos convida a assumir a responsabilidade pela interação: somos a parte madura da relação e, por isso, cabe a nós buscar novas formas de falar, ouvir, interpretar e agir. Isso vale tanto para a comunicação externa (com a criança) quanto para a comunicação interna (o que dizemos a nós mesmos diante dos desafios).

Se somarmos esse conhecimento ao perfil predominante de cada criança, aprimoramos ainda mais a Inteligência da Comunicação [i2] ajustando nossa forma de falar ao que "pede" cada criança. Colérico – nunca impor, exigir, mandar ou ordenar, mas sempre pedir, convidar, sugerir, estimular. Sanguíneo – nunca aprisionar numa rotina engessada, sem novidades e com tarefas muito longas, mas sempre usar músicas, histórias, brincadeiras e dividir tarefas de grande porte em partes menores. Fleumático – nunca exigir que se empolguem muito, ou que as coisas sejam feitas com muita pressa, ou que tomem decisões sob pressão, mas sempre dar tempo para que possa fazer as coisas no seu próprio ritmo. Melancólico – nunca pedir coisas sem explicar os detalhes, nunca atropelar o sentimento e nunca deixá-lo sozinho quando ele ainda não estiver se sentindo pronto, mas sempre alimentá-lo com explicações minuciosas, presença que apoia e espaço para o sentir.

"Superficial e cheia de falhas." Assim é a comunicação da maioria das pessoas e também era a minha. Uma pessoa acha que a outra entendeu o que ela falou, a outra responde acreditando estar inteirada da situação e, quando vão ver, tinham entendido tudo errado! Já passou por isso? Vamos evitar desencontros na comunicação com a criança (e com adultos também) usando a próxima ferramenta.

Ferramenta #20: Perguntas de exatidão

CENÁRIO: quando as crianças nos dizem coisas que assustam, por exemplo, que bateu, xingou, chutou, brigou etc. Quando os adultos dizem coisas que nos assustam envolvendo nossa criança: agressiva, nervosa, respondeu, desrespeitou... O comportamento dela não foi bom... não se comportou.

CONFLITO: a maioria dos adultos simplesmente reage ao que ouviu sem ter clareza do que aconteceu. Eu mesma, sempre fazia isso.

TRAGÉDIA: o cérebro não suporta lacunas e preenche com seu viés de tendência habitual.

AUTORITARISMO: "A vovó brigou com você, então eu vou brigar com ela!", ou "Você bateu nos amiguinhos, então vai ficar de castigo!".

PERMISSIVIDADE: "A vovó brigou? Ela não sabe de nada, vem aqui que a mamãe te protege!"; "Você bateu nos amiguinhos porque estava cansado, né, amor?".

SOLUÇÃO DA DISCIPLINA DO EQUILÍBRIO: Ferramenta #20: Perguntas de exatidão.

- O adulto sabe que existem verbos e substantivos que não deixam claro o que aconteceu.
- IMPORTANTE: Não se trata de desconfiar da criança ou dos adultos envolvidos, ok?
- Então, o adulto deve fazer as perguntas de exatidão para conseguir mais dados e saber com mais clareza o que ocorreu.
- Exemplo: "O Arthur brigou comigo!".
- "Como foi, exatamente, que ele falou/fez?"
- Exemplo: "A Aninha tava nervosa, hoje, ela agrediu os amiguinhos".

- "É mesmo? Me conta, como foi isso? Que amigos, especificamente?"
- Exemplo: "A vovó falou feio comigo. Não vou pra casa dela nunca mais!".
- "Nossa, você ficou bem chateado, me conta tudo como aconteceu..."
- Somente depois de explorar melhor a situação e compreender com mais exatidão o que houve, o adulto toma qualquer decisão e dá o direcionamento da situação.

Resultado: criança aprende a dialogar, a não agir com impulsividade e na superficialidade. Minimizamos o risco de mal-entendidos, e a criança entra em equilíbrio.

Outro aspecto de muita relevância na Inteligência da Comunicação [i2] é compreender que todo ser humano organiza sua experiência por meio de filtros mentais, e três dos mais comuns são as **generalizações, omissões e distorções.** Esses filtros não são defeitos, são recursos naturais do cérebro para simplificar a realidade e torná-la compreensível. No entanto, quando não reconhecidos, podem gerar ruídos graves na comunicação, especialmente entre adultos e crianças.

- **Omissões**: quando partes da experiência são deixadas de fora. A criança diz: "A professora brigou comigo", e não conta o que aconteceu antes nem o que exatamente foi dito. O adulto que reage sem investigar cai no risco de julgar pela metade. Por isso, usar a Ferramenta #20: Perguntas de exatidão é fundamental para preencher as lacunas e reconstruir a cena de modo mais fiel.
- **Generalizações**: quando a criança pega uma experiência pontual e transforma em regra absoluta. Exemplo: "Eu nunca acerto nada", "Ninguém gosta de mim", "Você sempre briga comigo". A generalização traz uma lente de exagero que aumenta a dor. A tarefa do adulto é suavizar esse "sempre" e "nunca", trazendo fatos concretos e ajudando-a a enxergar outras possibilidades.
- **Distorções**: quando a percepção da criança altera a realidade de forma criativa, mas por vezes dolorosa. Por exemplo, a criança conclui: "A mamãe não me ama", só porque a mãe não pôde brincar naquela hora. A distorção surge da interpretação precipitada. O adulto precisa acolher o sentimento, mas também ajudar a criança a distinguir fato de interpre-

tação: "Você sentiu que eu não te amava porque eu disse que estava ocupada? Eu entendo. Mas saiba que eu te amo mesmo quando não consigo brincar".

Ao reconhecer esses filtros, o adulto deixa de reagir ao "rascunho" da realidade e começa a dialogar com a experiência mais completa da criança. Isso não só diminui conflitos, como também ensina habilidades de pensamento crítico e emocional.

Outro recurso valioso da PNL que a Disciplina do Equilíbrio absorveu é o reenquadramento, ou seja, mudar a lente pela qual se olha para uma situação, de modo que ela ganhe um novo significado. Reenquadrar não é negar o que aconteceu, mas dar uma nova moldura ao fato, abrindo possibilidades de aprendizado, conexão e crescimento.

Exemplos práticos:

- A criança derruba água no chão. Em vez de reagir com bronca ("Você é desastrado!"), o adulto reenquadra: "Opa, caiu! Agora você pode aprender a limpar".
- O filho diz: "Eu sou burro, errei na prova". O adulto reenquadra: "Errar na prova mostra o que você ainda precisa aprender. É como um mapa que mostra aonde você pode chegar".

O reenquadramento é poderoso porque amplia o repertório de respostas emocionais da criança. Ela aprende a não se aprisionar em uma interpretação negativa, mas a enxergar o potencial escondido em cada situação.

Na prática, isso ajuda a criança a desenvolver resiliência, autoestima e flexibilidade cognitiva. E ajuda o adulto a se tornar um guia sábio, que não reage de forma automática, mas escolhe o ângulo mais construtivo para cada desafio.

O IDIOMA DA CRIANÇA: BHIM

"Vocês me pagaram para ouvir uma coisa desagradável que, posso apostar, a criança de vocês já lhes disse: Vocês são chatos!".

Certa vez, tive que dizer isso a um casal que me procurou porque o filho de 6 anos não reagia bem aos pedidos do pai e da mãe no dia a dia. A rotina vivia enroscando, a criança não funcionava bem e a vida não fluía. Ao procurar entender como estava sendo a abordagem deles com o menino, percebi que eles tinham caído naquele equívoco de muitos pais, ou seja, tratar a criança como um adulto em miniatura. Mas criança não é adulto em miniatura, não mesmo! Criança tem uma natureza própria, uma maneira particular de levar a vida, um idioma todo seu. Exatamente isso. As crianças do mundo inteiro falam o mesmo idioma, o BHIM: Brincadeiras, Histórias e Músicas. Tudo o que você precisar que uma criança faça, aprenda, escute, siga ou entenda, ficará muito mais fácil de ser absorvido por ela se você colocar no formato BHIM. Esse é o idioma da criança e falar esse idioma faz de você uma pessoa mais legal!

O menino do atendimento que mencionei no início do capítulo realmente já tinha falado várias vezes que os pais eram chatos e que tinha um tio preferido. Quando questionado o motivo pelo qual aquele era um tio tão querido, a resposta foi direta: "Porque ele brinca comigo". Só conversar e explicar não será suficiente. É preciso brincar, cantar e contar histórias. Isso é lúdico e a ludicidade é o caminho para o vínculo com o ser infantil. Já diz uma canção do Alê Carmani: "Criança é uma coisa infantil!". E não pense que utilizar o BHIM fará bem apenas para a sua criança. Abrir-se para uma vida com mais brincadeiras, histórias e músicas te faz mais feliz, criativo, bem-humorado e leve. É um convite para uma vida com mais presença, paz e alegria. E aumenta muito o *amor percebido* pela criança.

Ferramenta #13 BHIM, o idioma da criança

CENÁRIO: "Já falei 1000 vezes". "Só obedece quando eu grito". Criança que dizia preferir o tio aos pais.

CONFLITO: o adulto é muito limitado em recursos, pois não tem ideia das necessidades e da delicadeza do ser infantil. Crenças da nossa cultura de que temos que colocar limites e ser chatos no papel de pai ou de mãe.

TRAGÉDIA: criança perde vínculo e a vida fica chata ou em pé de guerra cheia de estresse.

AUTORITARISMO: grito, palmada, castigo, violência = distanciamento, perda de vínculo, criança quer ficar longe. Faz as coisas escondido. Agressividade.

PERMISSIVIDADE: efeito pêndulo – tenta fazer a criança funcionar com pouquíssimos recursos e ferramentas por um tempo e, quando vê que não consegue, tem rompantes de autoritarismo, culpa, e volta para a permissividade por mais um tempo.

SOLUÇÃO DA DISCIPLINA DO EQUILÍBRIO: o adulto começa a perceber como as pessoas que se dão bem com as crianças. Ele também vê como as boas instituições infantis fazerem as crianças funcionar no dia a dia. Descobre que a maior parte da interação com a criança acontece usando o lúdico por meio de três elementos que compõem o idioma da criança: BRINCADEIRAS – HISTÓRIAS – MÚSICAS.
No entanto, muitos adultos já caem nos pensamentos e crenças do tipo: "EU NÃO SOU CRIATIVO", ou "É MUITO DIFÍCIL!", ou "NÃO TENHO TEMPO". Minha resposta não é muito carinhosa *rs*... Para você que sente tudo isso, eu digo: Então continue aos gritos!, e acrescento: Tudo é difícil, escolha seu difícil.

Resultado: adultos resgatam a conexão com sua parte criativa. A criança funciona. O vínculo fica fortalecido. Há PAZ em casa. A vida fica mais leve e feliz, e a criança em equilíbrio.

"Espera só um pouquinho." O que costuma acontecer quando você pede para uma criança esperar? Dependendo da faixa etária e da personalidade da criança, ela pode começar a gritar, chorar e espernear porque, definitivamente, não quer e não sabe esperar. Aqui está uma ferramenta que une as inteligências de Comunicação [i2] e de Comportamento [i1].

Ferramenta #31 Espera (particip)ativa

CENÁRIO: a criança pede algo que não pode ter no momento e precisa esperar. Solicita a mãe quando ela está ocupada e não pode atender imediatamente.

CONFLITO: o adulto pede que a criança espere e, no máximo, explica o motivo. A criança não aceita bem.

TRAGÉDIA
AUTORITARISMO: "Tem que esperar mesmo e chorar não vai adiantar nada!"

PERMISSIVIDADE: "Tá bom, eu te dou agora" ou "olha aqui o celular"...

SOLUÇÃO DA DISCIPLINA DO EQUILÍBRIO: Ferramenta #31 Espera (particip)ativa.
Primeiro, a mãe avalia a faixa etária da criança. Se for até uns 6 anos, a mãe vai conversando com a criança enquanto faz com que ela espere. Depois, vai envolvendo a criança no que ela está fazendo, tonarndo sua espera particip(ativa). Exemplo: "Ah, você quer comer agora? Está com muita fome, né? Está vendo que estou mexendo a panela aqui no fogão? Sabe por que tenho que mexer?" E continua...
Se for de 7 anos em diante, a mãe já pode conversar com mais franqueza. Pode propor um projeto empreendedor se o desejo for algo de consumo.

Resultado: a criança fica mais feliz e calma. Permanece com o vínculo. Constrói sua autoestima. Vive menos estresse e brigando. Criança em equilíbrio.

O ELOGIO E A AUTOESTIMA DA CRIANÇA

A essa altura, acredito que você já entendeu o impacto que a fala do adulto pode ter na vida da criança e o quanto aumentar nossa Inteligência da Comunicação [12] pode impactar positivamente na vida delas. Quero falar agora sobre um tipo especial de fala muito comum dos adultos bem-intencionados em direção a suas crianças: o elogio.

Elogiar o meu filho era uma prática frequente na minha vida até os 3 anos dele. Eu não media, não economizava, nem pensava. Estava convicta de que quanto mais eu elogiasse, mais ele desenvolveria uma autoestima forte e muita autoconfiança. Até que descobri algo que foi um soco no estômago. Li que o elogio feito sem consciência e de maneira exagerada a uma criança poderia ter efeitos muito nocivos com destaque para dois principais: 1. A criança perdia seu senso de autorrealização, ou seja, em vez de sentir a alegria interna de realizar uma tarefa, ela ficava dependente de validação externa. Deixava de confiar em sie de se satisfazer com seus feitos, e passava a ficar refém (e viciada) no aplauso e no "parabéns" de terceiros. E 2. Ela também perdia seu senso de autoavaliação e acabava estagnando na mediocridade mesmo que ainda tivesse potencial para entregar mais. Ou seja, como o adulto já falou que o trabalho estava lindo, ela dava por encerrado, mesmo tendo em si mais a oferecer.

Chocada, impactada e meio desconfiada, não conseguia acreditar naquilo e decidi fazer um teste. Então, na próxima vez que meu filho fez algo e me chamou pra ver – sim, uma criança que está viciada em elogio te chama o tempo todo pra ver o que está fazendo – eu decidi que não ia elogiar. Ele me mostrou uma ponte que fizera com blocos de madeira, eu perguntei: "Uma ponte, interessante, o que você achou da sua ponte?".

Ele olhou para mim, olhou para ponte, olhou novamente para mim, voltou a olhar para a ponte e falou com todas as letras: "Eu achei o que você achou!". Meu Deus! Fazia três anos e meio que eu estava achando tudo por ele e meu filho estava dependendo da minha opinião para saber se gostou ou não gostou do próprio trabalho! Eu ainda insisti: "Olhe para sua ponte e perceba: o que você sente?". Ele estava mesmo querendo sentir algo, mas não conseguia... então, olhou, olhou e olhou, voltou-se pra mim e disse: "Não sinto nada!". Sim, eu estava sentindo por ele há mais de três anos. Comprovado o ponto 1: eu estava mesmo tirando o senso de autorrealização dele e fazendo-o ficar dependendo de uma validação externa para se sentir feliz com sua obra.

Eu precisava consertar isso, então tentei ajudar com opções possíveis para ele: "Filho, olhe bem para sua ponte, perceba o que você sente quando olha para sua ponte... Acha que ela está boa, pode melhorar... O que você acha?". Aí veio a maior surpresa. Ele respondeu: "Faltam cores!", comprovando, assim, o ponto 2: se eu elogiasse de primeira, ele ia ficar na mediocridade, mas agora que não elogiei, meu filho decidiu entregar mais, falou que ficaria ainda melhor se tiver cores. A partir daí, ele teve um outro trabalho de criatividade para decidir a melhor maneira de colorir a ponte sem manchar permanentemente os blocos de madeira. Decidiu usar fitas adesivas coloridas e aquilo ficou realmente incrível!

As teorias montessorianas sobre o elogio têm sido reafirmadas por pesquisadores atuais. Alfie Kohn[8] argumenta que elogios frequentes funcionam, na prática, como uma forma sutil de controle do comportamento infantil.

Para ele, elogiar constantemente não é apenas uma demonstração de afeto ou incentivo, é uma estratégia que, muitas vezes, visa obter obediência e conformidade, condicionando a criança a buscar aprovação externa em vez de desenvolver motivação e valores próprios. Destaca ainda que, quando o adulto recorre ao elogio como ferramenta central, a criança passa a agir para agradar, esperando sempre uma resposta positiva do outro. Isso prejudica a autonomia, pois o foco deixa de ser o prazer pelo processo, a curiosidade ou o desejo de aprender, e passa a ser a recompensa social do elogio. Com o tempo, a criança pode se tornar dependente desse reconhecimento, sentindo-se insegura nas situações em que não recebe aprovação imediata.

Outro ponto importante, destacado por Alfie Kohn (1993, 2001), é que o elogio frequente funciona como um "freio" para a autonomia. Crianças que recebem elogios constantes tendem a focar no que o adulto pensa, e não no próprio processo. Assim, ao serem elogiadas no meio de uma atividade, muitas mudam o comportamento para buscar mais aprovação ou simplesmente interrompem o que estavam fazendo, pois já conquistaram o reconhecimento desejado.

Estudos como os de Wulf, Shea & Lewthwaite (2010), em aprendizagem motora, mostram que crianças interrompem a busca por aperfeiçoamento quando recebem elogios precoces ou genéricos, pois sentem que já atingiram o esperado. O *feedback* positivo antecipado pode levar a uma "saciedade" motivacional: a criança entende que já fez o suficiente para agradar e em vez de explorar, experimentar ou se desafiar mais, ela para.

Não, as crianças não precisam do nosso elogio o tempo inteiro e isso não reforça a autoestima delas, muito pelo contrário. Elogios desmedidos e sem consciência podem minar a autoconfiança das crianças, deixá-las viciadas em aprovação externas, ansiosas, inseguras e desconectadas de sua própria opinião e realização. Existe hora e jeito de elogiar dentro da Disciplina do Equilíbrio. Hoje posso dizer que é um elogio consciente o que entrego pro meu filho quando entendo que é um momento oportuno.

Antes de Montessori, na vida comum, a gente acredita que a construção da autoestima da criança ocorre com base no que ela ouve: Você é bonita, você é inteligente, você é capaz, você consegue, então a gente elogia, elogia, elogia, mas, na verdade, a autoestima da criança não é formada pelo ouvir é, sim, formada pelo conseguir e mais aqueles outros verbos que mencionei no capítulo anterior. É por isso que o elogio deve ser usado com muita consciência e parcimônia. A criança deve ser encorajada a buscar satisfação e motivação em seu próprio processo de aprendizado, e não na aprovação externa do adulto. Montessori observou que elogios genéricos e constantes, como "que lindo!", ou "parabéns!" desviam a atenção da criança da atividade para o adulto, interrompendo sua concentração e, muitas vezes, diminuindo o prazer de fazer uma tarefa pela simples satisfação da realização.

Kohn aponta ainda que o elogio pode minar a motivação interna. Crianças que são constantemente elogiadas tendem a evitar desafios por medo de não corresponder às expectativas ou de perder o *status* de "boas" ou "especiais". Em vez de experimentar, errar e aprender, elas podem buscar apenas tarefas seguras, onde garantam o elogio, limitando seu desenvolvimento e criatividade.

O excesso de elogios – especialmente quando genéricos, antecipados ou focados na pessoa e não no processo – pode, sim, fazer com que a criança pare antes de atingir seu potencial, diminua sua busca por desafios e até interrompa seu próprio desenvolvimento, simplesmente porque já recebeu o "selo de aprovação" do adulto.

Mas, se não é para elogiar, o que fazer então?

A ideia é substituir elogios genéricos e frequentes por reconhecimento autêntico, observações descritivas e oportunidades para que a criança avalie seu próprio progresso. O adulto, no modelo da Disciplina do Equilíbrio, atua como facilitador do desenvolvimento da autonomia e da autoconfiança, e não como um distribuidor de recompensas. Você pode descrever algo que viu por exemplo, "você trabalhou bastante tempo nesse desenho" ou "vi que você organizou todos os blocos por cor", falas assim valorizam o esforço, a dedicação e o processo, e não apenas o resultado final. Você também pode perguntar: "você fez um cachorro, o que achou dele?", devolvendo o sentir para dentro da própria criança. Pode perguntar: "Qual foi a parte mais legal de fazer isso?" ou ainda "o que você está sentindo agora que conseguiu/terminou isso?"

Falas assim contribuem para que a criança desenvolva autoestima sólida, baseada em experiências reais de competência e pertencimento. O adulto atua como um guia que conduz a criança para conectar-se com o seu próprio sentir, ajudando-a a perceber e valorizar suas próprias conquistas, sem criar dependência da aprovação externa. Assim, a criança aprende a confiar em si, a persistir diante de desafios e a se sentir satisfeita com o próprio progresso, construindo uma motivação genuína para aprender e crescer.

CAPÍTULO 6

Inteligência da Consciência [i3] ou do PENSAR

Nenhuma mãe, nenhum pai, nenhum profissional ligado à infância erra com uma criança de maneira intencional. Não! Em mais de uma década atendendo famílias e palestrando pelo mundo, o que mais escuto dos adultos que percebem que estavam cometendo graves erros com sua criança é: "Eu não sabia disso!". O maior inimigo dos adultos em relação a educação é a ignorância.

O desenvolvimento da Inteligência da Consciência [i3] é o antídoto para isso. Quanto mais desenvolvemos essa inteligência, mais conseguimos ligar a agressão visível de uma criança ao invisível. Por exemplo: a chegada do irmãozinho é o teste emocional inconsciente e invisível pelo qual a criança mais velha passa – saber se ainda existe espaço no território do amor materno para ela após a chegada do bebê. Quanto mais avançamos na Inteligência da Consciência [i3], vamos entendendo os porquês invisíveis por trás dos (maus) comportamentos visíveis, mais vamos ligando os pontos, mais reconhecemos padrões na infância, nas relações e dinâmicas familiares e assim temos mais clareza do que realmente está em jogo em cada situação. Se uma criança se recusa a escovar os dentes, por exemplo, vou precisar encontrar uma forma de fazê-la higienizar a boca, já que isso é uma questão de saúde e, portanto, é inegociável. O que eu posso não saber é que a maneira como eu escolho fazer a criança escovar seus dentes pode impactar a formação da autoestima dessa criança, suas crenças, seus padrões de relacionamento... Pegar à força e tornar a escovação dos dentes uma violência aceitável é uma ótima decisão do ponto de vista visível da saúde bucal, mas desastrosa do ponto de vista invisível da saúde emocional e relacional. Nunca é só sobre dentes, nunca é só sobre o que se vê. É preciso sempre considerar a componente invisível de cada situação desafiadora com crianças.

Essa inteligência [i3] está no centro (tem duas antes e duas depois) porque é o coração que bombeia sangue para todas as outras.

Um indivíduo muda seu comportamento porque ganhou consciência sobre os efeitos negativos do modelo de atitude que adotava anteriormente. Com a fala é da mesma forma. Ao saber do resultado nocivo da sua maneira de se comunicar, decide fazer alterações. Assim, ganhando consciência vai mudando também seu sentir toda sua maneira de viver.

Quando o adulto desenvolve a Inteligência da Consciência [i3], ele se torna capaz de perceber não apenas o que a criança faz (parte visível), mas também o que está por trás daquele comportamento (parte invisível), como necessidades emocionais, contextos, violências invisíveis, temperamentos, padrões familiares ou gatilhos próprios. Isso permite que ele saia do ciclo de reações impulsivas, como gritos, punições ou permissividade, e passe a atuar como um verdadeiro *adulto-guia*: alguém que orienta, acolhe e ensina com base em um lugar de equilíbrio interno com a consciência de saber com o que está lidando.

As bases da Inteligência da Consciência [i3] são a ***intenção positiva***, o *Princípio da Inteireza* e a *mudança de posição perceptiva*. Na prática, essa inteligência se manifesta em atitudes como:

- Buscar entender a *intenção positiva* por trás de cada comportamento da criança: qual é o pedido que esse comportamento está fazendo? Qual é a necessidade que precisa ser atendida? Considerando sempre o perfil de personalidade da criança.

- Explorar cada desafio pensando em aplicar o *Princípio da Inteireza*: por trás dessa parte visível, o que tem no invisível?
- Questionar o próprio modo de comunicar e educar: O que posso mudar em mim e na minha maneira de falar com a criança para obter um resultado diferente? Quais são as ferramentas que posso usar? Será que é a minha forma de falar/fazer que está gerando esse (mau) comportamento? Como posso fazer diferente? Três ou mais opções para ter liberdade de escolha, lembra?
- Trocar de lugar para buscar alcançar a *posição perceptiva* da criança: Se eu fosse essa criança com essa idade e com essa personalidade, o que poderia ser agradável ou desagradável para mim? Como eu gostaria que falassem comigo?

O convite é para adotar uma postura de aprendizado contínuo, reconhecendo que educar exige estudo, humildade e revisão constante de estratégias. O adulto consciente não se coloca como vítima das circunstâncias, mas como agente ativo da transformação do ambiente familiar.

Já atendi muitas famílias que chegaram dizendo: "Já tentei de tudo!" E, na maioria das vezes, o "tudo" era só o que conheciam do visível. Quando começamos a investigar o invisível – o que mudou na rotina, como está o ambiente, qual é a combinação de temperamentos da criança, quais emoções estão em jogo – as soluções aparecem. Às vezes, uma criança que não dorme bem está precisando de mais previsibilidade para se sentir segura. Outra, que briga com o irmão, precisa se sentir pertencente e não deixada de lado quando a mãe vai amamentar ou dar banho no bebê.

Existe uma ferramenta da DdE que nos ajuda com o passo a passo para viver isso.

Além disso, a Inteligência da Consciência [i3] amplia o repertório de respostas do adulto, tornando-o mais flexível e criativo diante dos desafios. Em vez de recorrer sempre às mesmas soluções, ele aprende a observar, pausar, refletir e escolher o melhor caminho para cada situação, respeitando o ritmo e a individualidade da criança. Isso não só melhora a qualidade da relação, como também modela para a criança um modo saudável de lidar com emoções, conflitos e aprendizados ao longo da vida.

A Inteligência do PENSAR não tem esse nome por acaso. É um convite a pensar diferente, a instalar novos filtros mentais que resultem em novas dinâmicas relacionais e novas opções também no seu cardápio interno de comportamentos. Eis aqui uma poderosa ferramenta para se conscientizar sobre as dinâmicas relacionais de disputa de poder tão comuns na nossa cultura.

Ferramenta #6: Ganha-Perde vira Ser Feliz

CENÁRIO: o adulto chama a criança para tomar banho, ou para jantar, ou para irem embora de algum lugar e ela se recusa. Ou o adulto quer qualquer coisa diferente do que a criança quer.

CONFLITO: o adulto se coloca CONTRA A CRIANÇA quando ela o contraria – é cultural. A situação vira um *cabo de guerra relacional*, com o adulto puxando a corda de um lado e a criança puxando do outro. Muitas vezes, nem é mais o banho, jantar ou ir embora que estão em jogo, e sim o "controle" ou quem vencerá aquela situação. A vida vira sempre uma disputa de poder.

TRAGÉDIA: essa é a dinâmica ganha-perde. Sempre que agimos assim alguém vai sair ganhando e o outro sairá perdendo.

AUTORITARISMO: o adulto parte do pressuposto de que a criança deve obedecê-lo de qualquer maneira; então usará de força, castigo, ameaça e punição para "ganhar", mostrar quem é que manda e quem está no controle da situação. No autoritarismo, o adulto SEMPRE ganha e a criança SEMPRE perde. Quando a criança "ganha" é porque o adulto "deixou". O vínculo e a autoestima da criança ficam prejudicados e a criança pode apresentar desequilíbrios como mau-comportamento, doenças – que amolecem o adulto e aumentam os "ganhos" da criança, dificuldades de aprendizagem e outras questões.

PERMISSIVIDADE: o adulto parte do pressuposto de que a criança é apenas uma criança e que ainda não entende as coisas e então cede e a deixa assumir o controle da situação e "ganhar" quase cem por cento das vezes. Na permissividade, o adulto SEMPRE perde e a criança SEMPRE ganha. As relações ficam prejudicadas e a criança – sabendo, inconscientemente que não deveria assumir responsabilidade por decisões de grande porte – pode apresentar desequilíbrios como agressividade contra o adulto permissivo, mau-comportamento, birras e outras questões.

SOLUÇÃO DA DISCIPLINA DO EQUILÍBRIO: Ferramenta #6: Ganha-Perde vira Ser feliz

- Quando se encontrar em uma situação que poderia gerar uma disputa de poder em que a criança se recusa a fazer o que se pede, o adulto avalia a situação e solta a corda do cabo de guerra.
- O adulto não entra em disputa de poder, não se coloca contra a criança e nem entende que alguém precisa ganhar ou perder em cada situação desafiadora. Ele olha para a situação e verifica se pode ceder dessa vez. Caso não possa ceder, ele busca alternativas viáveis com paciência e criatividade. Nem sempre é SIM ou NÃO. Muitas vezes é o COMO podemos fazer para ficarmos todos felizes?
- Também cabe combinar essa ferramenta com outras da DdE como: Ferramenta #2 NP vira CP; Ferramenta #14 Dar razão para ter razão; Ferramenta #26 O não construído. Ferramenta #62 Marcar o Tempo.

Resultado: criança aprende que as relações não precisam funcionar na dinâmica do ganha-perde ou do *cabo de guerra relacional* e sim que podemos encontrar maneiras de sairmos todos felizes. A criança fica em equilíbrio, se sente respeitada, funciona, aprende e a vida flui sem estagnações.

Observação: Eu vivia essa dinâmica com meu marido no início da nossa relação e era danoso. Cada situação cotidiana – quem tinha razão numa conversa, quem decidia a hora de sair – acabava virando uma queda de braço. O cabo de guerra não era apenas sobre o "o que fazer", mas sobre "quem vence". No fundo, nem um nem outro ganhava. Quando um saía com a corda na mão, o vínculo estava um pouco mais desgastado. Foi só quando percebi que insistir no controle não nos aproximava, mas nos afastava, que entendi a importância de soltar a corda. A vitória real não estava em ter razão, mas em preservar a relação. A lição: Menos foco em ganhar a disputa, mais foco em ganhar a conexão.

Você já parou para pensar no que a sua forma de pensar faz com você? Já fez uma análise sobre a quantidade de pensamentos automáticos que você nem sequer questiona. Muitos pais têm uma inclinação fortíssima a dizer "não" para as coisas que a criança pede sem nem refletir muito. Algumas ferramentas da Disciplina do Equilíbrio são do tipo filtro mental e podem ajudar muito nesse sentido. Vou apresentar a seguir duas delas. Como quase sempre faz sentido serem usadas em sequência, são apresentadas juntas.

Ferramentas #29 e #30: As peneiras do "por que não" e do SET

CENÁRIO: a criança quer coisas o tempo todo. O mundo todo a ser explorado oferece um bilhão de convites com suas cores, cheiros, sons, sabores... "Eu quero... Posso...? Deixa eu...?" A criança tem sede de viver, explorar, conhecer, trabalhar – lembra a energia vital voltada para fora que mencionei na Inteligência do Comportamento [i1]? É isso que faz a criança querer levar as coisas à boca, comer, morder, molhar, abrir, fechar, pegar, ver, lamber, cortar, montar, varrer, limpar, lavar, misturar, mexer, colocar, tirar, vender, comprar... Ela veio programada para imitar o adulto e para aprender a agir no mundo em que vive.

CONFLITO: o adulto quer que a criança fique quieta e dê o mínimo de trabalho possível. Se acostumou a dizer "não" e limitar (não o limite-guia que orienta, o limite que poda, castra) a criança. O adulto se tornou um obstáculo ao desenvolvimento da criança e nem se deu conta disso.

TRAGÉDIA: No AUTORITARISMO a resposta do adulto aos pedidos da criança é do tipo: "Não, porque não! Porque eu sou tua mãe! Nada de 'mas'!". Tudo isso mata a iniciativa de trabalho da criança, mata sua curiosidade, sua disposição, sua vontade, seu interesse e desequilibra a criança que começa a agir mal, que se fecha demais para o mundo ou a agir com agressividade e violência contra ele. É uma tragédia! E o adulto autoritário ainda tenta justificar suas ações com o famoso "eu apanhei e não morri", mas a reflexão que a Disciplina do Equilíbrio convida diante disso é pensar sobre o que morreu dentro de você a cada surra que levou? Ou a cada "não" dito sem consciência? Será que morreu sua sensibilidade, sua leveza, sua doçura, sua confiança em um mundo positivo e em relações suaves e felizes?

Na PERMISSIVIDADE já aparece o extremo oposto. O adulto que diz "sim" para tudo, até para o que deveria dizer "não" e acaba colocando a criança em posição de autoridade, ficando subserviente a ela e invertendo os papéis. Algumas vezes, a criança é exposta a risco também.

SOLUÇÃO DA DISCIPLINA DO EQUILÍBRIO: Ferramentas #29 e #30
Peneira do "por que não?" e Peneira SET
Ferramenta #29 Peneira do "por que não?"
Quando a criança pedir algo e o adulto já sentir o impulso de negar, pare e passe o pedido na peneira mental do "por que não?": "Por que eu deveria dizer "não" para isso? Há um real motivo ou é só minha falta de disposição, paciência,

cansaço ou é o costume? Isso é algo que contribui para o desenvolvimento da criança? É sensorial? É cognitivo? É motor? É criativo?". Aposto que em uns 90% dos casos, o que você responderia NÃO vai acabar virando SIM.
Se ainda achar que deve dizer não, confirme na Ferramenta #30 Peneira SET. SET são as iniciais de Segurança, Eventos e Terceiros e indicam os casos em que realmente o não deverá ser a resposta da vez. As perguntas/peneiras são três como colocadas a seguir:

1. Envolve a SEGURANÇA (real) da criança?
É importante dizer não quando a segurança da criança (ou de outras pessoas) está em risco. Parece meio óbvio, mas cuidado para não ser neurótico e achar que tudo é inseguro demais para a criança. A criança precisa de liberdade e espaço para aprender a viver e exercer sua autonomia. Avalie se o risco é real ou se é algo que ela pode aprender a lidar, como um joelho ralado.

2: Envolve algum EVENTO?
A criança está pronta para um evento especial? Por exemplo, ela já está arrumada para um casamento, mas quer brincar no quintal de terra antes de sair. Está aí mais um caso em que devemos dizer não para a criança.

3: Envolve TERCEIROS?
Tem outras pessoas que serão afetadas negativamente pela ação da criança? Alguém pode se incomodar com o barulho, com a sujeira ou outro elemento? Por exemplo: vizinhos em apartamento. Invade o espaço físico de outra pessoa? Estão em um local público, coletivo ou compartilhado que não é apropriado para o que a criança está pedindo?
Se a resposta for sim para alguma dessas perguntas, o não, para a criança, provavelmente é necessário. Nesses casos, use algumas das ferramentas seguintes para entregar o não de uma maneira educativa e fazendo com que ela não fique com raiva de você:
- Ferramenta #2 "NP vira CP"
- Ferramenta #26 "O Não Construído"

Resultado: a criança aprende os critérios que precisa levar em consideração ao decidir se vai fazer alguma coisa; como vai poder fazer mais coisas, porque não viverá com os "nãos" automáticos do adulto, ficará mais feliz e calma; vai aprender e se desenvolver mais; o vínculo com o adulto fica cada vez melhor, a autoestima da criança se constrói, a vida se desenrola com menos estresse e brigas, e isso contribui para que a criança fique em equilíbrio em relação a sua saúde e seu comportamento.

Outro fundamento importante sobre o qual os adultos precisam expandir sua consciência para que possam viver em harmonia com as crianças, é conseguir enxergar "o mundo sob a perspectiva da criança"[14] que, na PNL, chamamos de mudança de posição perceptiva.

Lembro-me bem de uma vez que meu filho, então com uns 4 anos, me viu estudando e perguntou:

- O que você tá fazendo, mamãe?
- Estou estudando para entender a cabeça da criança – respondi.
- Então você está estudando para aprender o que eu já sei? – ele perguntou.
- Sim, filho... É isso. – respondi surpresa com a conclusão tão verdadeira.

Aí veio a parte mais inesperada da conversa. Ele disparou:

- E por que você não se lembra? Você também já foi criança!

"Por que você não se lembra?" Essa pergunta ficou reverberando na minha mente... Por que nós não nos lembramos? Porque nos desconectamos de nós mesmos, da criança que fomos e das crianças que recebemos da vida. Lamentavelmente, a maioria de nós não teve a oportunidade de conviver com adultos conscientes ao redor e, assim, como mecanismo de defesa e sobrevivência, fomos desumanizando, bloqueando o nosso sentir para evitar tanta dor e sofrimento. Assim, precisamos do estudo para alcançarmos a *empatia cognitiva* se queremos tratar dignamente uma criança. A verdade é que sem a expansão da consciência por meio de informações sobre a mente infantil e sem ferramentas para colocarmos em prática o que vamos aprendendo e descobrindo, a tão falada *empatia* fica só no discurso. Por isso segue a Ferramenta #33: A verdade da criança para facilitar a aplicação prática da capacidade de se colocar no lugar da criança.

Ferramenta #33: A verdade da criança

CENÁRIO: a criança conta um fato que não condiz com a realidade percebida pelo adulto, mas não tem a intenção de mentir; ou ela tira conclusões imaturas sobre atitudes dos adultos ou ainda apresenta mau comportamento, aparentemente, "do nada".

CONFLITO: o adulto não consegue entender que há uma diferença entre a realidade factual externa, a sua própria percepção da realidade e a percepção da criança, que também é uma realidade (realidade individual interna dela). O adulto acha que o que faz sentido para ele, também fará sentido para a criança, porém nem sempre é assim. Ele fala muito de empatia, mas não é muito bom em se colocar no lugar da criança, pois só consegue pensar com a cabeça de adulto.

TRAGÉDIA: no AUTORITARISMO, o adulto faz a sua leitura da realidade e obriga a criança a fazer o que ele acredita que deve ser feito. O que a criança está sentindo ou pensando fica sempre em segundo plano em relação ao que o adulto entende que é "o certo" ou a melhor escolha. Já na PERMISSIVIDADE o adulto fica tentando entender a realidade da criança, mas sem ferramentas não a alcança de fato e então a criança não tem uma resposta assertiva, o que leva a confusões e desencontros com inversão de papéis.

SOLUÇÃO DA DISCIPLINA DO EQUILÍBRIO: Ferramenta #33 A verdade da criança.

- Sempre que a criança apresentar uma versão diferente da história sem a real intenção de mentir ou ainda um mau comportamento sem causa aparente, o adulto vai buscar entender a verdade da criança por meio de modelos mentais.

Disciplina do Equilíbrio | Ferramenta #33
A verdade da criança

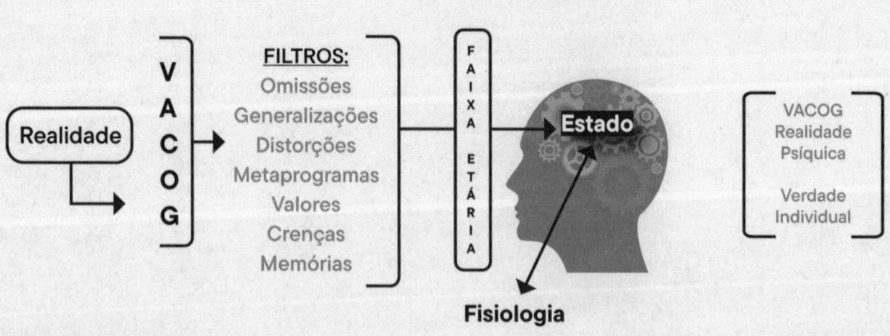

1. Realidade → VACOG

Tudo começa com a realidade externa (o que de fato acontece). Tal realidade chega até a criança por meio dos canais sensoriais:

- **V**isão
- **A**udição
- **C**inestesia (sensações, corpo, movimento)
- **O**lfato
- **G**ustação

Ou seja, a criança interpreta o mundo com base naquilo que vê, ouve, sente, cheira e prova.

2. Filtros internos

A realidade nunca chega "pura" à mente. Ela passa por filtros inconscientes que cada criança (e adulto) carrega:

- Omissões: Partes da realidade que são ignoradas.
- Generalizações: Conclusões amplas com base em experiências limitadas ("ninguém gosta de mim", "sempre dá errado").
- Distorções: Interpretações subjetivas que alteram o que realmente aconteceu.
- Metaprogramas, valores, crenças e memórias: Estruturas internas que organizam a forma de interpretar o mundo.

Esses filtros moldam a forma única como cada criança percebe a mesma situação.

3. Influências adicionais

Dois fatores modulam ainda mais essa percepção:

- Faixa etária: Um mesmo evento é interpretado de forma completamente diferente por uma criança de 3, 7 ou 12 anos.
- Estado interno: Emoções e sentimentos momentâneos (alegria, medo, raiva, cansaço).

4. Fisiologia

O corpo também responde ao que é filtrado: batimento acelerado, choro, sorrisos, tensão muscular... A fisiologia confirma como a criança vive internamente a realidade percebida.

5. Resultado: Verdade Individual

Depois de passar por todos esses filtros, a criança forma a sua verdade individual – uma versão subjetiva da realidade que é absolutamente real para ela, ainda que seja diferente do que o adulto enxerga. Na prática, não lidamos com a "realidade objetiva" da situação, mas com a realidade psíquica da criança.

Esse modelo explica por que duas crianças (ou uma criança e um adulto) podem vivenciar o mesmo evento de formas completamente diferentes. A Disciplina do Equilíbrio usa esse entendimento para ensinar o adulto a sair da pressa de julgar e entrar na escuta profunda: "Qual é a verdade que meu filho está vivendo neste momento?".

- Sempre que o adulto discordar do que a criança disse, ele não diz que ela está errada ou mentindo ou que não entendeu, porque isso gera defesa e agressividade.
- Ele pode dizer coisas como: "Ah, foi assim que você percebeu isso?", e ainda pode acrescentar comentários empatas como "agora eu entendi por que você se chateou, você entendeu dessa maneira...".
- Em seguida, pode trazer a ideia de que essa era uma possibilidade falando: "Poderia mesmo ter sido isso, mas sabe que foi diferente?", e então o adulto compreende a verdade da criança e, a partir dela, consegue ajudá-la na ampliação de sua compreensão do ocorrido.
- Para completar, o adulto busca atender as demandas geradas pela verdade individual da criança. Por exemplo, se a criança achou que a mãe ama mais o irmão porque está na cozinha fazendo algo que ele pediu, o adulto vai trabalhar para atender a essa demanda de insegurança conseguindo um tempinho para estar presente com aquela criança.

Resultado: a criança fica mais feliz e calma, o vínculo com o adulto é fortalecido, se ampliam a visão de mundo e o repertório da criança, a autoestima é fortalecida, a vida é vivida com menos estresse e briga, e a criança fica em equilíbrio.

A criança ainda está em processo de amadurecimento das suas funções executivas, mas o pai ou a mãe já tem um cérebro pronto – ainda que muitas vezes pouco treinado para lidar com as situações complexas da parentalidade. Se o adulto não expande sua Inteligência do Pensar, acaba reagindo no automático – grita, ameaça, repete padrões herdados. E não é por falta de amor, mas por falta de flexibilidade cognitiva.

Durante muito tempo acreditou-se que o cérebro adulto era rígido e que não se readequava a novas situações e desafios vividos. Com os avanços dos estudos sobre neuroplasticidade, descobriu-se que, mesmo maduro, o cérebro humano permite a criação de novas conexões em qualquer fase da vida. Ou seja, o cérebro adulto continua aprendendo. Pesquisas[15] mostram que o exercício físico aeróbico regular aumenta a densidade da matéria cinzenta no córtex pré-frontal e no cíngulo anterior – áreas diretamente ligadas ao controle executivo e à capacidade de mudar de estratégia diante de novos desafios (Erickson *et al.*, 2011). Isso significa que o adulto pode, sim, treinar o próprio cérebro para ser mais flexível. Outro campo fértil é o da atenção plena ou *mindfulness*. Uma meta-análise publicada em *Neuropsychology Review*[16] mostrou que programas de *mindfulness* produzem ganhos significativos em funções executivas em adultos, especialmente em flexibilidade cognitiva e regulação emocional (Creswell, 2017). E não é preciso muito tempo. Estudos já observaram que apenas 10 minutos de meditação melhoram o desempenho em testes de atenção executiva. Isso explica por que, quando um adulto para, respira e se reposiciona antes de agir, consegue escolher uma resposta consciente em vez de reagir impulsivamente.

Essa relação entre flexibilidade cognitiva e parentalidade já foi estudada diretamente. Em 2022, uma intervenção clínica com pais e mães[17] mostrou que trabalhar a flexibilidade psicológica dos cuidadores resultou em melhor regulação emocional e maior qualidade nas interações parentais (Fonseca *et al.*, 2022). Ou seja, quando o adulto consegue pensar de forma diferente sobre a criança, ele também age diferente – e isso transforma a relação.

A American Psychological Association já apontava que a prática da atenção plena desenvolve maior controle, objetividade, tolerância ao afeto e flexibilidade cognitiva (APA, 2012). Tudo isso converge para o que chamamos na *Disciplina do Equilíbrio* de Inteligência da Consciência [i3] ou do Pensar: A capacidade de abrir espaço entre estímulo e resposta, de enxergar novas perspectivas, de escolher outro caminho. Um adulto com baixa flexibilidade cognitiva se prende ao "sempre fiz assim", ou ao "se não for do meu jeito, está errado". Já o adulto que desenvolveu sua Inteligência do Pensar [i3] consegue se perguntar:

"Que outras formas existem de lidar com essa situação?"

"O que meu filho está pedindo (no invisível) além do que está mostrando com seu comportamento (visível)?"

"Como eu posso agir diferente para que ele também possa responder diferente?"

É com esse tipo de pensamento que os "não pode!" que costumamos falar para a criança sem nem refletir de fato, vão se transformando em "como pode?", abrindo espaço para uma vida de possibilidades como a ferramenta #2 da Disciplina do Equilíbrio nos ajuda a conseguir...

Ferramenta #2 NP vira CP

"Não pode!" vira "Como pode?"

CENÁRIO: o adulto da nossa cultura se acostumou a falar "não pode" para a criança. Por exemplo: "Aí não pode!"; "não!"; "já falei que não pode!".

CONFLITO: a criança fica perdida entre a sua energia vital e as próprias leis "mandando" que ela explore e mexa nas coisas e o *adulto-obstáculo*, que fica protegendo os objetos e o ambiente contra a criança que representa uma ameaça a tudo.

TRAGÉDIA: muitas crianças com temperamento mais calmo se apagam, são conhecidas como as quietinhas, boazinhas, os anjinhos que não têm boca para nada. Mal sabem os adultos que estão matando a iniciativa desses indivíduos para o trabalho e para a vida. Já as crianças de temperamento mais forte se revoltam e então ficam conhecidas como: terríveis, agressivas, difíceis. São as que batem nos outros, em si mesmas, nas coisas... algumas batem a própria cabeça na parede ou no chão, chutam, arranham, mordem, cospem...

SOLUÇÃO DA DISCIPLINA DO EQUILÍBRIO – Ferramenta #2 NP vira CP: "Não pode!" vira "Como pode?".

- Passo 1: cada vez que o adulto pensar em falar "Não pode!", deve parar para pensar que "Não pode!" é de um *mindset* limitante, e que gera crenças limitantes também para a criança. Elas podem ser limitantes na sua identidade – não sou bom o bastante, não sou suficiente, sou terrível – ou limitantes na sua autoestima – não sou inteligente, ninguém gosta de mim – ou ainda limitantes na sua capacidade – eu não consigo, não sei, não sou capaz.
- "Não pode!" é mentalidade de escassez e isso é o que tem levado muitas crianças para as telas. Os adultos de inteligência de pensamento muito limitada, justificam que colocam as crianças nas telas porque moram em

apartamento, ou porque trabalham de casa, ou porque não têm rede de apoio, ou ainda porque é perigoso deixar a criança fazer as coisas... Tudo isso é desafio na vida das famílias, mas se ampliarmos nossa flexibilidade cognitiva, encontraremos alternativas para não nos conformarmos em seguir a manada em algo tão nocivo para a formação de nossas crianças.

- "Não pode!" é o que todo mundo faz e, agora é a minha vez de lhe dizer que você não é todo mundo! Você estuda para ser pai/mãe. A prova disso é que chegou até aqui na leitura deste livro.
- Passo 2: substituir o "Não pode!" (exclamação) por "Como pode?" (pergunta). Para isso, faça mentalmente o caminho "isso que a criança me pediu, acho que não pode, mas, se pudesse, como seria?", ou ainda "o que precisa para se fazer isso?" ou então "de que jeito isso pode ser feito?" – Isso muda o *mindset* de limitação – fechado, restrito – para o *mindset* de crescimento, aberto, com possibilidades. Sair da escassez, do foco no risco, no problema, na dificuldade, no perigo e ir para a abundância, com foco nas possibilidades, nas oportunidades, na busca de criatividade, na busca de opções.
- Passo 3: a partir do novo olhar, trabalhar com as novas possibilidades e encontrar um jeito/um local/um horário etc., para que a criança possa fazer aquilo que pediu. Para isso, vale adaptar, inventar, agendar, combinar, agir de alguma maneira em direção ao que a criança deseja fazer.

Resultado: desenvolve na criança habilidades de vida como criatividade, flexibilidade, solução de problemas, negociação, metas, persistência, autoconfiança, persuasão, desenvolve sua autoestima, trabalha sua capacidade de planejamento, ajuda a aprender a pensar sobre riscos. Criança em equilíbrio.

O treino contínuo da Inteligência da Consciência [i3] não se trata de um ideal inalcançável e sim de pequenos passos diários. O adulto pode fortalecer sua flexibilidade cognitiva por meio de práticas simples (eu mesma adotei para a minha vida), que compartilho agora com você:

- *Mindfulness* ou meditação diariamente (mesmo em sessões curtas de 10 minutos) – isso foi tão transformador para mim que criei o MÃEditação, um programa de meditação guiada para mães com vídeos de um a 20 minutos.
- Exercício físico regular (pode ser dançar em casa até o corpo suar), que comprovadamente estimula as funções executivas.

- Reestruturação cognitiva, substituindo interpretações rígidas por perguntas que abrem possibilidades.
- Diário reflexivo, revisitando situações vividas e reimaginando alternativas de resposta.

Tais práticas não só alinham ciência e neurociência, mas também confirmam que a Inteligência do Pensar [i3] é uma habilidade real, treinável e comprovadamente eficaz para que pais e mães saiam da reatividade e se tornem guias conscientes. Assim, com ciência na base e consciência na prática, o adulto deixa de ser apenas reativo às crises e passa a ser o guia capaz de criar novos caminhos de convivência com seus filhos.

AS VIOLÊNCIAS INVISÍVEIS DO DIA A DIA

Teste-relâmpago: Assinale tudo o que faz parte da sua vida com as crianças. Não o que você gostaria, mas o que realmente é. Ninguém vai ver, é só para sua própria tomada de consciência.

( ) Vivo com pressa e peço agilidade o tempo todo com falas como "rápido!", "anda logo!" etc.

( ) Temos uma agenda muito apertada, sem muito respiro durante a semana.

( ) Algumas vezes, deixo chorar "para aprender", ou ignoro o choro prolongado que não consigo acalmar, ou a obrigo a parar de chorar.

( ) Grito ou uso tom de voz duro/impaciente em alguns momentos.

( ) Às vezes, controlo o comportamento com olhar reprovador.

( ) Às vezes, acabo corrigindo em público e já fiz comparações do tipo "olha como o fulano é/faz".

( ) Dou ordens vagas do tipo "se comporta", e cobro como se estivesse sido claro.

( ) Digo mais "*nãos*" do que "*sins*". Às vezes, falo "não" por hábito/medo/conveniência/cansaço, sem critério explícito.

( ) Na maior parte das vezes, faço as coisas pela criança para ganhar tempo e não ter que lidar com bagunça.

( ) Busco ser obedecida(o) de imediato e, muitas vezes, consigo por ser levada(o) a sério.

Como ler seu resultado
0–2 itens = você já enxerga o invisível. Continue se aprimorando.
3–5 itens = médio risco de desgaste no vínculo com pontos cegos frequentes – ótimas oportunidades de ajuste.
6–8 itens = alto risco de desgaste no vínculo com o "piloto automático" dominando; convém um plano ativo de mudança rápida.
9–10 itens = altíssimo risco de desgaste no vínculo. Comece a mudar com urgência.

Localizar nossos pontos cegos na rotina é o princípio de tudo. Quando a pressa tomou o volante, quando o tom ficou áspero, quando faltou aviso, quando o "não" veio sem critério?

O que costuma ferir na infância não é apenas o que se faz, mas o modo como se faz e o tempo em que se impõe. *Violência invisível* é cultural e presente, em maior ou menor grau, em todos os lares. Passa despercebida por ser ação corriqueira – viver com pressa, tom de voz duro, sarcasmo, olhares que ferem, agenda sem respiro, comparações "inocentes", mudanças sem aviso, deixar chorar "para aprender" – que, por serem socialmente aceitas, passam como normais. Sim, quando a loucura é compartilhada, ela não é percebida. Do lado de dentro, porém, elas comunicam à criança que só cabe um desejo na relação: o do adulto. Não aparece hematoma, aparece retraimento, endurecimento, oposição, agressividade, agitação, mau humor, doenças, dores, timidez ou um "funcionar" obediente que custa caro por dentro.

Há aqui um convite a um movimento anterior a qualquer técnica: perceber o clima emocional, a tensão que criamos sem notar. O chamado à consciência aqui é duplo. Primeiro, a consciência de estado, ou seja, que o adulto está educando agora – o cansado, o apressado, o inseguro, o irritado, ou o consciente? Depois, consciência de impacto, ou seja, que leitura a criança faz do meu tom, do meu ritmo, das minhas prioridades? Quando falta consciência, entra o piloto automático: sentir → agir. Quando ela chega, inauguramos o trio sentir → pensar → agir; e a relação muda de qualidade.

A Disciplina do Equilíbrio é a Pedagogia do Invisível porque trabalha justamente com o que não se vê: o tom, o tempo, a distância, a ordem dos passos, a previsibilidade, a partilha de decisões. Não se trata de "passar pano" nem de abolir limites. *Limite-guia* é superimportante e precisa vir com critérios claros, coerentes e deve chegar à criança com boa mediação. *Violência invisível* é o uso do poder sem mediação, para economizar tempo, por conta do cansaço do adulto, ou porque ele deseja impor o seu ritmo. Se uma criança vive agressiva, violenta, agitada, desequilibrada ou retraída, assustada, apressada, confusa, insegura... avalie esses quatro eixos que ajudam a mirar o invisível:

1. **Tempo:** uma vida apressada com permanentes comandos para a criança agir com mais velocidade comunica que a criança atrapalha, que ela é lenta, que não corresponde às expectativas; já o respeito ao seu ritmo infantil e previsibilidade diz "você cabe aqui, é bem-vinda, corresponde às expectativas, é adequada e merece respeito".
2. **Tom:** as palavras podem ser positivas, mas se o tom for agressivo, saiba que o vínculo ouve o tom. Um tom de voz duro, agressivo ou sarcástico comunica que a criança não está sendo validada e aprovada. Além do impacto na conexão ainda reflete na construção da autoestima da criança. O tom de voz inseguro também não traz a estrutura que a criança precisa para viver bem. É preciso treinar e encontrar tons assertivos para cada situação. Silêncios podem ser paz ou punição.
3. **Espaço:** distância física e/ou emocional, olhares e gestos que comunicam segurança ou tensão.
4. **Expectativas:** quando pedimos acima da capacidade real da criança e cobramos as coisas como se fossem óbvias, produzimos frustração, baixa autoestima e culpa, não maturidade.

O convite não é à culpa que paralisa, mas à responsabilidade que liberta.

CAPÍTULO 7

Inteligência da Emoção [i4] ou do SENTIR

Se você está dirigindo seu carro com seu filho na cadeirinha de segurança no banco de trás e um veículo muito apressado te dá uma fechada perigosa, colocando vocês em risco, o que você sente? Provavelmente, uma mistura de raiva e medo. Se for como eu era, você buzina, xinga e sente vontade de eliminar do planeta um ser que causa isso!

E você sabia que o que sustenta essa emoção de raiva e medo é um pensamento? Ele é tão instintivo que passa muito rápido pela nossa mente. Muitas vezes, nem nos damos conta. No entanto, se tivéssemos que explicar o motivo de sentirmos raiva e medo, os pensamentos que sustentam essas emoções viriam à toma. "Esse maluco quase nos matou! Eu estou com meu filho pequeno no carro. Ele cortou a minha frente feito um louco, quase causou um acidente. É um irresponsável!".

Se são esses pensamentos que sustentam as emoções de raiva e medo, o que poderia acontecer se trocássemos os pensamentos para: "Como esse motorista me fechou dessa maneira? Será que não me viu? Será que fiquei no ponto cego? Será que está em uma emergência? Melhor deixar que vá com Deus!". Será que a raiva e o medo aumentariam ou se aplacariam? (Para aprofundar e colocar isso na prática, veja a Ferramenta #50 PEPE para controle emocional.)

A base da Inteligência da Emoção [i4] é a compreensão de que nada nem nenhum evento tem sentido em si mesmo. O significado comanda a emoção. As palavras que escolhemos usar para descrever as experiências que vivemos vão associando emoções aos eventos. Um mesmo evento pode ter várias versões, e isso despertará emoções muito diferentes.

Outro aspecto que precisamos considerar é que entre o estímulo que recebemos e a resposta que damos existe sempre um espaço invisível. Muitas vezes, ele é tão breve que parece não existir, mas está lá. Nesse espaço mora a nossa verdadeira liberdade. Viktor Frankl, psiquiatra e sobrevivente dos campos de concentração, dizia que é exatamente nesse intervalo que reside o nosso poder de escolher a resposta e, portanto, a possibilidade de crescimento e liberdade[18].

Quando não reconhecemos esse espaço, nos tornamos prisioneiros do automatismo. O carro nos fecha e, antes mesmo de perceber, já estamos xingando. A criança desobedece e, sem hesitar, já estamos gritando. É como se a vida apertasse um botão e nós reagíssemos sempre da mesma maneira, sem considerar que poderíamos escolher diferente. Quando ampliamos a consciência e aprendemos a perceber esse intervalo, ainda que de poucos segundos, começamos a ter a chance de respirar antes de agir. Esse pequeno respiro é um gesto de inteligência emocional – eu paro e tomo um chá. Pesquisas em neurociência mostram que as práticas de atenção plena aumentam a ativação do córtex pré-frontal – área responsável pelo autocontrole e pela tomada de decisão – e reduzem a reatividade da amígdala, a região ligada às respostas emocionais automáticas. Em outras palavras, ao treinar a mente para perceber o espaço entre estímulo e resposta, literalmente fortalecemos o cérebro para escolher com mais liberdade.

Esse pequeno espaço também nos lembra de algo essencial: a emoção não é inimiga, é mensageira de significados. A raiva e o medo diante do motorista imprudente, por exemplo, nascem de pensamentos rápidos como "ele quase nos matou" ou "meu filho ficou em risco". Quando alteramos esses pensamentos para "será que ele não me viu?" ou "talvez esteja em uma emergência", a emoção que nos invade também se transforma. Não se trata de negar o que sentimos, mas de compreender que o significado que atribuímos ao fato é o que sustenta a emoção. E a ciência confirma que estudos em psicologia cognitiva mostram que a forma como interpretamos um evento – o chamado *appraisal cognitivo* (enquadramento na PNL) – é o principal determinante do tipo e da intensidade da emoção experimentada. O *appraisal* é o filtro mental que dá significado à experiência. Lazarus e Folkman, grandes nomes na área da psicologia das emoções, demonstraram em seus estudos[19] que as emoções não surgem automaticamente dos acontecimentos, mas da interpretação que fazemos desses acontecimentos. Ou seja, a emoção não é uma reação pura ao fato, é uma resposta ao sentido atribuído ao fato.

Se penso "esse motorista quase matou meu filho porque é um irresponsável", o resultado natural é aumentar a raiva. Se penso "talvez ele não tenha me visto, ou esteja em uma emergência", o resultado pode ser compaixão ou apenas a decisão de deixar que ele siga. O evento foi o mesmo. O que mudou foi a história interna que contei a mim mesma sobre ele. Esse processo acontece em milésimos de segundo e, por isso, raramente nos damos conta. Mas é exatamente aí que entra a Inteligência da Emoção [i4]: aprender a identificar o *appraisal* que estamos fazendo e se ele nos ajuda ou nos aprisiona. Pesquisas em neurociência emocional mostram que reestruturar cognitivamente a interpretação de um evento – técnica chamada de *cognitive reappraisal* (*reenquadramento na PNL*) – ativa áreas do córtex pré-frontal e reduz a ativação da amígdala, diminuindo a intensidade da emoção negativa. Em termos simples, mudar a história que contamos para nós mesmos muda também a emoção que sentimos.

Esse conceito é vital para a parentalidade. Uma mãe que interpreta a birra como "meu filho está me desafiando" sentirá raiva e poderá reagir com punição. Entretanto, se ela reenquadrar e interpretar como "meu filho está imaturo, não sabe lidar com a frustração e precisa de ajuda para se regular e se expressas", sentirá compaixão, responderá com acolhimento e guiará a criança a ampliar seu cardápio de comportamentos diante da frustração. A situação externa é a mesma, mas o *reenquadramento* muda completamente o resultado emocional e, consequentemente, o comportamento. É por isso que trabalhar a Inteligência da Emoção [i4] significa educar o olhar interno. Não é controlar emoções à força, mas perceber que toda emoção é sustentada por um pensamento – e que esse pensamento pode ser revisto. Quando aprendemos a trocar a narrativa, libertamos nossa energia emocional. Quando persistimos em narrativas rígidas e negativas, ficamos presos em emoções repetitivas que desgastam nossa paciência e drenam nossa vitalidade.

Essa liberdade de escolher o significado e, portanto, a emoção que a acompanha, é o que transforma nossa vida emocional. Cada vez que escolhemos não reagir automaticamente, treinamos nossa emoção e nossa consciência. É como se a vida nos entregasse dois botões, o da reação imediata e o da resposta consciente. Quando insistimos em apertar o botão da consciência, cultivamos paciência, ampliamos nossa presença e nos tornamos guias mais equilibrados para nossos filhos.

Para conseguir entrar naquele espaço curto entre o estímulo e a resposta, uma ferramenta.

Ferramenta #9 Piriri emocional

CENÁRIO: a criança não obedece de jeito nenhum; o adulto usa diversas alternativas mas ela insiste em não colaborar. O adulto está num momento difícil, um dia ruim e sua paciência está por um fio.

CONFLITO: o adulto tem poucas opções no seu cardápio de comportamentos: “Eu tento ser legal com você, mas você não colabora!”. O adulto tem pouca Inteligência Emocional [4].

TRAGÉDIA: o adulto explode e fala/faz o que não queria falar/fazer por ser tomado pela raiva. No AUTORITARISMO ele acaba desistindo de buscar uma nova forma de ser pai ou mãe e se conforma que se não for do seu jeito, não funciona. Na PERMISSIVIDADE ele se arrepende, pede perdão exageradamente, dá beijos e abraços, se pune com culpa e acaba vivendo como um pêndulo, ora explosão e grita, ora cede a tudo. Isso confunde e perturba a criança.

SOLUÇÃO DA DISCIPLINA DO EQUILÍBRIO: Ferramenta #9 Piriri Emocional.

- O adulto começa a se observar mais dia após dia e, assim, vai chegando num nível cada vez maior de autoconsciência.
- Logo ele começa a perceber os sinais de que vai perder o controle com a criança e, então, antes de gritar, bater, agredir ou surtar, o adulto corre para o banheiro como se estivesse tendo um *piriri* físico – dor de barriga, diarreia.
- No banheiro, ele vai buscar recursos para mudar o seu estado emocional. Pode ser um vídeo de humor que o faz rir ou busca uma lembrança que o conecte com o sentimento de gratidão. Isso porque, como um cérebro não se conecta à raiva e ao humor ou ao gratidão ao mesmo tempo, ao fazer isso o adulto já entra em um novo estado e, certamente, já terá uma resposta diferente diante da criança.
- E o adulto entende que precisa estudar para ter mais recursos nas próximas vezes.

Resultado: o adulto aprende a conhecer seus próprios sinais internos, ganha tempo para si, não se arrepende, busca estudar mais. A criança, por sua vez, aprende sobre autocontrole, autorregulação e inteligência emocional. A vida fica mais tranquila e, então, adultos e crianças ficam em equilíbrio.

E quando sentimos que a criança está nos desafiando? Nos manipulando? Fazendo as coisas que não deve fazer com o único intuito de nos tirar do sério? Você já se sentiu assim? Temos uma estrutura interna tão fragilizada e um conhecimento tão ínfimo sobre a estrutura mental e emocional das crianças, que absorvemos da nossa cultura a ideia de que bebês podem manipular adultos e de que crianças querem testar nossa paciência e desafiar nossa autoridade. Sem querer, entramos em situações nas quais parecemos ser outra criança, discutindo ou brigando de igual para igual com um ser muito menor do que nós. É preciso entender que a criança é, sim, infantil e imatura. É a vez dela de ser e se comportar assim. Nossa vez já passou, e é tempo de amadurecermos e crescermos – não só física, mas emocionalmente também. Não podemos ser arrastados pela imaturidade da criança, visto que precisamos aprender a guiá-la passo a passo, dia após dia, para a nossa maturidade. Um caminho longo, construído ao largo de vários anos com paciência e persistência. Então, para quando sentirmos que os comportamentos da criança são contra nós, deliberadamente, e que elas estão fazendo tudo de propósito para nos irritar, a Ferramenta #4 Não é pessoal é a recomendada.

Ferramenta #4 Não é pessoal

CENÁRIO: a criança faz qualquer coisa que parece ser de caso pensado para tirar o adulto do sério. Ela demora para pegar no sono, aperta todo o tubo de creme dental, derruba todo o suco, se contorce na hora de sentar na cadeirinha do carro etc.

CONFLITO: o adulto contava com aquele tempo de sono para colocar a vida em dia; também foi programado para evitar o desperdício. Ele tende a achar todo serviço doméstico muito pesado, além de estar sempre com pressa.

TRAGÉDIA: o adulto, com base em sua situação, cria uma expectativa com relação ao comportamento da criança. Quando esta não corresponde ao que ele espera, ele fica frustrado e, imaturamente, acaba achando que a criança está fazendo aquilo quase que por querer. Pensa que a criança já sabe o que é “certo” e o que é “errado” e que, portanto, não deveria fazer o “errado”. Também acha que ela deveria sempre pedir ajuda para as coisas que não consegue fazer ainda, para não derrubar o suco ou fazer qualquer sujeira. E que ela não deveria se opor a usar os equipamentos que já sabe que são para a segurança dela.

No AUTORITARISMO o adulto parte do pressuposto de que a criança já sabe ou que ela *tem que* aprender na marra, especialmente as questões que envolvem segurança, desperdício, sujeira, horário... Ele esquece que não é óbvio e que também levou algum tempo para aprender esses conceitos. Também não aprendeu muito a como educar sem causar dor e sofrimento.

Na PERMISSIVIDADE, o adulto parte do pressuposto de que a criança é apenas uma criança e que ainda não sabe das coisas e, por isso, tá tudo liberado, e a criança pode ficar sem dormir, acabar com o creme dental e outras coisas, derrubar o suco sempre qualquer maneira e, às vezes, vai no carro até fora da cadeirinha de segurança...

SOLUÇÃO DA DISCIPLINA DO EQUILÍBRIO: Ferramenta #4 Não é pessoal.

- Quando se encontrar em uma situação limite e perceber que vai sair do controle, o adulto se lembra do mantra NÃO É PESSOAL.
- Se o sono ainda não veio, há alguma explicação para isso, ou seria a energia alta do adulto que a criança está absorvendo e isso está poluindo a atmosfera do sono, fazendo com que ela não consiga se desligar?
- Se a criança acabou com o creme dental, ela está "pedindo" por atividades sensoriais com materiais adequados. Se ela vai colocar o suco no copo e derruba tudo, precisa treinar sua coordenação motora com jarras e copos adequados ao tamanho e à força de suas mãos e braços.
- Se a criança se contorce na hora de sentar na cadeirinha do carro, ela precisa entender o sentido de ficar presa e isso pode acontecer por meio de histórias e metáforas – aqui você pode usar a Ferramenta #13 BHIM – o idioma da criança.

Resultado: o adulto muda seu pensamento e isso faz com que acesse mais paciência. Ele também vai alcançando a perspectiva da criança e entendendo as necessidades dela, deixa de ser autocentrado achando que a criança faz as coisas de propósito para irritá-lo ou tirá-lo do sério, e a criança funciona adequadamente como criança que é, aprende sobre a vida, se acalma e entra em equilíbrio.

Mas existe algo que dificulta profundamente os adultos terem paciência com crianças: o não perdão. A raiva, a mágoa, o ressentimento e as frustrações que carregamos dentro de nós funcionam como pedras pesadas nos bolsos. Cada vez que uma situação do presente toca nesse "peso", a resposta que damos vem multiplicada. O não perdão sequestra nossa energia vital. Ele rouba a leveza necessária para viver a parentalidade com calma. A falta de perdão do passado rouba a paciência do presente.

Muitas vezes, a impaciência que explode diante de uma birra não tem origem apenas naquele momento, mas é o acúmulo de dores passadas que não liberamos e, então, se apresenta "a raiva que aproveita para sair". Uma raiva que não tem a ver com a birra da criança, mas com situações vividas no passado e que não foram bem resolvidas, elaboradas, perdoadas. Então, inconscientemente, num dia em que a pessoa está fisicamente cansada e a criança faz uma birra a mais, isso abre caminho para aquela raiva antiga que aproveita para sair. Aí vem uma reação desproporcional ao contexto e logo depois a culpa por ter tido um comportamento destrutivo com uma criança inocente. Precisamos superar traumas e injustiças do passado liberando perdão. Eu passei muitos anos sem conseguir isso mas, quando consegui, minha paciência aumentou muito!

E a ciência também confirma isso. Pesquisas na área de psicologia do perdão mostram que guardar rancor está associado a maiores níveis de estresse, pressão arterial elevada e esgotamento emocional. Um estudo publicado no *Journal of Behavioral Medicine*[20] indicou que pessoas que praticam o perdão apresentam menores níveis de cortisol, o hormônio do estresse, e maior autorregulação emocional. Outro estudo da American Psychological Association[21] revelou que liberar ressentimentos melhora significativamente a paciência e a capacidade de empatia nas relações próximas. Em termos práticos: perdoar devolve energia e paciência.

Perdoar não é concordar nem esquecer. É se libertar. É soltar a emoção estagnada que nos prende ao passado e recuperar a energia que estava amarrada ao ressentimento. Uma mãe que aprende a perdoar o próprio pai por ter sido desrespeitoso com ela, encontra uma reserva de paciência que antes parecia impossível acessar. O perdão libera espaço interno, devolve a vitalidade e abre caminho para que a emoção cumpra seu papel de mensageira, sem nos aprisionar. O mensageiro vai embora após entregar a mensagem, certo?

A Inteligência da Emoção [i4], portanto, não é anular sentimentos, mas aprender a dar novos significados, usar o espaço entre estímulo e resposta como fonte de liberdade e não permitir que mágoas antigas sequestrem nossa energia. É aprender a sentir, compreender, escolher, perdoar e liberar. Quando conseguimos viver assim, deixamos de ser marionetes em nossas reações e nos tornamos autores conscientes da nossa história emocional – ficamos mais leves, mais presentes e mais disponíveis para amar.

Eu precisei de ajuda profissional para perdoar abusos e traumas do meu passado. Achava que não era justo liberar perdão a quem havia feito tantas coisas erradas e prejudiciais a mim, meu irmão e minha mãe. Mal sabia eu que, não perdoando, prejudicava muito mais a mim, meu marido e filho do que a pessoa a quem eu direcionava minha raiva justiceira. Mas como conseguir mudar o pensamento que sustenta a raiva e que impede o perdão? No meu caso, passou por buscar conhecer a história de vida do alvo da minha dor. O que teria acontecido com aquela pessoa para que fizesse o que fez?

Em alguns casos que acompanhei, vi mães narcisistas acabarem com a saúde mental e emocional de suas filhas. Um verdadeiro *show* de horrores. Minha compaixão pelas vítimas é imensurável e ainda consigo pensar no o quanto tem que sofrer um ser humano de bem para se tornar um monstro. E então, agora, sinto compaixão também pela mãe agressora. Talvez eu mesma, se tivesse tido a história de vida que ela teve, seria exatamente como ela. Quem pode sabe?

Questionamentos como esses me levaram à humildade e me ajudaram a conseguir liberar perdão. Busco levar isso às pessoas que acompanho também. Não é fácil, mas é profundamente libertador. Não só para a pessoa que errou conosco como e principalmente para nós mesmos, para nossos cônjuges e para as crianças que vêm para nós. Isso muda até mesmo nosso diálogo interno e as nossas palavras.

Falando em palavras, existe uma relação entre vocabulário emocional e agressividade. Vamos entender melhor sobre isso a seguir.

QUANTO MENOR O VOCABULÁRIO EMOCIONAL, MAIOR A AGRESSIVIDADE

Uma pesquisa científica, realizada no Inglaterra[22] com detentos do sexo masculino, correlacionou alexitimia – dificuldade em identificar e expressar emoções – com ideação suicida e violência, bem como "duplo dano" (suicídio e agressão combinados), confirmando a associação marcante entre falta de consciência emocional e comportamentos extremos. Enquanto isso, muitas mães e pais proíbem seus filhos de expressarem suas raivas, dizendo que não podem falar o que estão sentindo (uma vez meu marido disse ao meu menino: "Não pode sentir raiva da mamãe", e eu tive que responder: "Pode, sim, é preciso ver o que vai fazer com isso, mas o sentir é permitido"), nem vontade de bater ou "matar" quando estão com raiva. É assustador ouvir algumas coisas assim das crianças (muito comum nas de temperamento predominante colérico), mas é importante saber que se a criança pode falar, ela fica aliviada e sente algo como que só de falar já diminui a vontade, se não puder falar a vontade aumenta. E, depois de falar, é preciso identificar de onde vem tamanha raiva e ir educando a emoção da criança.

No estudo citado, os participantes descreveram evitar expressar emoções por medo, regras de sobrevivência na prisão ou ausência de vocabulário emocional. E a não expressão do que sentiam conduzia à sensação de esvaziamento emocional (*void*) ou sobrecarga interna – "*emotional overload*". Ambas as condições foram relatadas como antecedentes de comportamentos violentos ou autolesivos.

É claro que não é o falar por falar e tudo acaba aí. Não! Poder falar sobre a raiva e outras emoções fortes e potencialmente destrutivas é o começo do processo. Também pode ser necessário extravasar essa energia forte que invade o corpo da criança nessas situações – socar uma almofada, por exemplo. Mas também não acaba aí. A Ferramenta #16 Liberdade guiada para sentir e expressar emoções explica o que fazer até o final do processo.

Ferramenta #16: Liberdade-guiada para sentir e expressar emoções

CENÁRIO: crianças são imaturas e podem experimentar emoções fortes e desafiadoras. Entender seu perfil de personalidade ajuda muito, pois algumas crianças podem apresentar níveis de raiva que os adultos desconhecem.

CONFLITO: a maioria dos adultos tem um nível baixíssimo de Inteligência da Emoção [i4] e acabam não sabendo conduzir adequadamente uma criança que está mergulhada numa emoção forte.

TRAGÉDIA: não sabendo o que fazer, muitas inadequações vêm à tona. No AUTORITARISMO, vem a repressão ou a confusão por parte do adulto que diz coisas como: "Não pode sentir raiva", "é feio sentir raiva", "você tem tudo e está aí, triste; você é muito ingrato(a)", "não pode bater", "não bate; faz carinho" (esse último exemplo é o pior, pois como alguém pode achar que uma pessoa com vontade de bater em alguém fará carinho só porque o adulto falou para fazer carinho?). Já na PERMISSIVIDADE os adultos dão liberdade total para a criança sentir e expressar suas emoções sem ajudar a criança a sair daquele estado. Então, as crianças xingam, batem, quebram coisas, gritam, se jogam e ficam muito tempo presas numa crise emocional desgastante.

SOLUÇÃO DA DISCIPLINA DO EQUILÍBRIO: Ferramenta #16 Liberdade-guiada para sentir e expressar emoções.

- O adulto busca aprender sobre a criança, seu perfil de personalidade (temperamentos) e o que está relacionado à sua faixa etária. Entende que diante de uma raiva forte, a energia que invade o corpo da criança pode ser muito intensa e que até ela mesma pode se assustar e não saber o que fazer.
- Pode ser necessário extravasar tudo isso. Então, o adulto pode preparar um canto com algo para esse fim: saco de pancadas, almofada, travesseiro, alvos etc.
- O adulto usa a Ferramenta #14 Dar razão para ter razão, para conseguir conversar, e a criança vai se acalmando enquanto extravasa sua energia de raiva. O adulto fica presente para que a criança não faça mal nem a ela mesma, nem aos outros, nem ao ambiente enquanto coloca a raiva dela para fora. Isso pode ser um combinado da família.
- Quando a criança for se acalmando, o adulto vai conduzindo-a para respirar, beber água e adequar sua fala e comportamento. Esse é o processo de corregulação emocional. Só então vem o processo de educar sobre o que aconteceu. Quando for o caso, use a Ferramenta #15 Use o erro do passado com foco no futuro para a criança aprender novas formas de se

comportar quando coisas similares acontecerem novamente. Ou conte uma história que seja parecida com a situação e amplie a visão da criança sobre os fatos (Ferramenta #13 BHIM).

Resultado: A criança aprende a lidar com emoções fortes, aprende a extravasar sem fazer mal a ela mesma, nem aos outros, nem ao ambiente, e o vínculo fica fortalecido com o adulto, que se mostra um aliado para ajudar na corregulação da criança. Ocorre o aumento da Inteligência da Emoção [i4]. A criança entra em equilíbrio.

A verdade é que todas as emoções precisam ter um lugar de expressão. O que não tem vez e voz fica reprimido como uma panela de pressão e uma hora ou outra explode. Até no cenário emocional o equilíbrio é muito importante. Ocorre que alguns adultos acabaram se equivocando com esse processo de acolher e dar vazão às emoções das crianças. Em vez de ajudar os pequenos a atravessarem as emoções e saírem do outro lado, acompanhei casos em que as crianças estavam sendo mergulhadas em sua raiva ou até em sua tristeza com reforço do adulto, que achava estar "acolhendo as emoções da criança". *Acolher* é só a primeira parte do *rapport*, e sem a continuidade que é o *conduzir*, pode levar à permissividade e ao desequilíbrio. Um caso, de um menino predominantemente melancólico com princípio de depressão por resultado de sua mãe acolher e validar intensamente a tristeza do filho, me impactou muito.

Isso que você está vivendo é um problema, um probleminha ou um problemão? Essa pergunta pode ajudar a criança a colocar a situação que vivencia em perspectiva e dimensionar mais adequadamente a emoção que está sentindo. Vamos a Ferramenta #60: Problema, probleminha ou problemão.

Ferramenta #60 Problema, probleminha ou problemão?

CENÁRIO: a criança está fazendo um grande drama por uma situação pequena. A criança perdeu o elástico e estava chorando muito, ou a criança entrou em desequilíbrio porque o adulto apertou o botão do elevador e ela que queria apertá-lo.

- Você até entende que, para aquela faixa etária, aquilo pode ser MUITO importante, mas ela não volta a ficar bem...
- Mesmo compreendendo que aquilo pode ser muito importante para a criança, como dar ä devida noção de problema real e ajustar o drama?

CONFLITO: o adulto não acompanha o olhar da criança sobre as questões e não sabe como ajudá-la a dimensionar adequadamente as emoções.

TRAGÉDIA: no AUTORITARISMO o adulto briga, minimiza o sentir da criança e invalida sentimentos infantis. Na PERMISSIVIDADE o adulto perde a mão ao acolher a emoção da criança e aumenta o drama.

SOLUÇÃO DA DISCIPLINA DO EQUILÍBRIO – Ferramenta #60 Problema, probleminha ou problemão?

- Quando a criança estiver fazendo um grande drama – desproporcional ao evento, avalie: Fiz algo que ela poderia ter feito por ela mesma? ...dê mais autonomia.
- Depois, faça com a criança uma lista de problemas perguntando para ela: "Quais são os problemas que existem na vida das crianças de x anos?".
- Acrescente problemas que a criança não sabe que existem, como, por exemplo, crianças que não têm onde morar; crianças que não têm mamãe; crianças que passam fome. Ajuste de acordo com a necessidade e a situação.
- Peça para a criança distribuir os problemas em três colunas: probleminha, problema ou problemão. Ajude se for necessário.
- O exercício já mostrará para a criança que existem problemas maiores e que ela pode ficar chateada, mas não precisa exagerar.
- Se for possível, encontre soluções e faça combinados para as próximas vezes em que aquela situação voltar a acontecer.
- Ajude com a Ferramenta #61 Conversas de mediação; e também Ferramenta #13 BHIM, se precisar.

Resultado: crianças aprendem sobre a vida real. Elas ganham noções e parâmetros sobre o sofrimento. Sentem empatia por outras crianças. Aprendem a viver. Crianças conseguem se acalmar. Constroem sua autoestima. Elas não ficam com raiva do adulto. A criança fica com as emoções em equilíbrio.

Outro ponto de extrema importância em relação à Inteligência da Emoção [i4] é o adulto se certificar de que ele não é a causa da raiva da criança. É muito comum receber mães que me procuram dizendo que quando sua criança está com raiva, ela não aceita nem contar até dez, nem respirar, nem abraço, nem nada! Quando fui entender cada caso, invariavelmente tínhamos mães que estavam sendo a própria causa da raiva da criança. A forma de entregar o "não" e as frustrações com pouca Inteligência da Comunicação [i2] e com baixa Inteligência do Comportamento [i1] faz com que as crianças projetem toda a sua raiva contra o adulto e, então, ela não se abre para aceitar ou seguir nada que venha desse adulto-obstáculo de quem sente tanta raiva, entende? Nesses casos é necessário que o adulto volte a revisar recursos como a Ferramenta #26 o "Não construído"; a Ferramenta #11 "Dinâmica dos Três Elementos"; a Ferramenta #28 Pode, não pode; Deixo, não deixo; e a Ferramenta #14 "Dar razão para ter razão", e não se colocar mais como o adulto-obstáculo, causador da crise de raiva da criança.

MENSAGENS IMPORTANTES: A CAUSA EMOCIONAL DAS DORES E DOENÇAS

A Inteligência da Emoção ou do SENTIR [i4] contempla também a dimensão menos visível, mas profundamente real, das dores e doenças: suas possíveis causas emocionais. A ciência já reconhece que estados emocionais prolongados de estresse alteram o sistema imunológico, a capacidade de autorregulação e até o funcionamento hormonal. Pesquisas científicas mostram que estados emocionais prolongados de estresse, tristeza ou raiva não resolvida alteram profundamente o corpo: desregulam o eixo HPA (hipotálamo-hipófise-adrenal), elevam o cortisol, fragilizam o sistema imunológico e aumentam processos inflamatórios crônicos.[23] Estudos da longevidade chegaram a constatar que a supressão de emoções ao longo dos anos eleva o risco de doenças cardiovasculares e até de mortalidade precoce.[24] Em crianças, sintomas somáticos como dores de cabeça, estômago e garganta são frequentemente a expressão corporal de sofrimentos emocionais que não encontraram ainda outra forma de se manifestar.[25] A metafísica da saúde amplia esse olhar, compreendendo que o corpo fala aquilo que a boca ainda não conseguiu expressar. Uma dor, um sintoma ou uma doença, em determinados contextos, precisam ser lidos como mensagens do corpo buscando comunicar uma necessidade para retomar o equilíbrio.

Na Disciplina do Equilíbrio, não tratamos a doença como "culpa" da criança ou da família, mas como um convite à escuta. A dor de garganta pode ser um pedido por vez e voz; a crise de asma, um sinal de que o ambiente se tornou sufocante; o eczema na pele, a metáfora de não se sentir bem "na própria pele". Cada manifestação é um chamado para um olhar além do físico, sem jamais abandonar o acompanhamento médico, só ampliando a visão para a relação entre emoção, corpo, vínculos e dinâmicas relacionais.

Essa integração entre ciência e metafísica é uma marca da Disciplina do Equilíbrio: cuidar da criança em sua inteireza – corpo, mente e emoção. É a união do visível com o invisível.

Aqui o resultado do caso da criança com eczema pela mensagem da sua mãe, Denise Dias Coy: "Os sintomas melhoraram 60%" com as técnicas da Disciplina do Equilíbrio. E na outra mensagem ela afirma: "Ouso dizer que ajudou mais que o tratamento médico!".

Denise
Online agora

O meu menino tem eczema e fazemos tratamento, percebíamos que era emocional mas não sabíamos como ajudar nisso. Depois da ajuda da comunidade e help da Isa os sintomas melhoraram em 60% só tratando as causas emocionais. Então tem um impacto muito grande e ajuda muito. ♥♥

Denise
Online agora

Meu filho está com eczema faz alguns anos e saber a causa emocional junto com o help da Isa ajudou a melhorar muito os sintomas dele, ouso dizer que ajudou mais do que o tratamento médico!

Não se trata de competir com a medicina, ok? Quero que isso fique claro. A questão é completude. Não somos apenas corpo físico. Assim, quando os adultos aprendem a decodificar as mensagens dos sintomas com respeito, paciência e curiosidade, conseguem intervir de modo mais completo: tratar a causa física com o pediatra e, ao mesmo tempo, atender ao pedido emocional que se expressa pelas dores e doenças.

Para ampliar a visão sobre as mensagens das dores e doenças, e também saber o que fazer com elas, veja o Protocolo #19 no próximo capítulo e o Apêndice 2, que traz uma lista de possíveis causas emocionais.

CAPÍTULO 8

Inteligência da Evolução ou do VIVER [i5]

A base da Inteligência da Evolução [i5] é o mapeamento do perfil de personalidade familiar + possíveis diagnósticos de neurodivergências e a metafísica da saúde. Com essa base, é possível traçar o mapa de voo – rumo à evolução – de cada componente da família e do sistema como um todo. A proposta é entender que temperamento e diagnóstico são pontos de partida e não linhas de chegada. Servem para entender cada indivíduo e mostrar possibilidades e não para justificar ações que o prejudicam e levam ao fracasso. As ferramentas associadas a essa inteligência são caracterizadas por ideias de mudança. É preciso mudar para evoluir, certo?

Após anos atendendo famílias, surgiram pais falando sobre filhos com diagnóstico de alguma neurodivergência. A frequência aumentou tanto que não sabia se acreditava em todos aqueles laudos. Nas escolas a situação também está cada vez mais crítica, com um número crescente de "crianças laudadas" e as demandas especiais que tudo isso traz. O mercado se dividiu entre profissionais que viam diagnóstico em todas as crianças e aqueles que não acreditavam em nenhum laudo, acusando o sistema de querer patologizar comportamentos normais da infância e medicalizar crianças saudáveis por não saberem lidar com elas. Minha tendência era o segundo grupo, mas não estava satisfeita com a minha incerteza sobre o que estava acontecendo – queria saber se o processo de avaliação diagnóstica era confiável. Então, resolvi me submeter a ele para tirar as minhas conclusões sobre a confiabilidade do sistema.

Antes de contar o final dessa história, vou compartilhar algumas descobertas que fiz com pesquisa. Existem mesmo muitos diagnósticos equivocados.

Um estudo realizado na Alemanha[26] avaliou 58 crianças diagnosticadas com TDAH e os resultados indicaram que mais de um terço dessas crianças não apresentava as alterações neurológicas típicas do transtorno, sugerindo erros diagnósticos.

Outro estudo realizado na França[27], analisou dados de 4,2 milhões de crianças francesas entre 5 e 10 anos. Os resultados indicaram que crianças nascidas em dezembro tinham 55% mais chances de receber prescrição de metilfenidato, um medicamento para TDAH, em comparação com aquelas nascidas em janeiro. Tal diferença sugere que a menor maturidade das crianças mais jovens dentro da mesma turma escolar pode levar a diagnósticos equivocados de TDAH.

Buscando dados científicos no Brasil, encontrei uma pesquisa realizada na Universidade de São Paulo (USP)[28] que avaliou 43 crianças previamente diagnosticadas com TDAH. Desses casos, apenas três preencheram os critérios diagnósticos para o transtorno quando submetidos a escalas específicas. A dificuldade em distinguir comportamentos típicos da infância dos sintomas de TDAH parece ser um desafio realmente significativo. A superficialidade nas análises feitas pelos profissionais e a ausência de utilização de instrumentos apropriados para as avaliações eram as justificativas para tantos equívocos.

Mas, voltando à minha busca pessoal e à minha decisão de me submeter a um processo investigativo de transtornos, descobri profissionais competentes que estavam fazendo testes, avaliações e diagnósticos sérios e assertivos. Eu me descobri, aos 40 anos, com dupla excepcionalidade: TDAH (Transtorno do Déficit de Atenção com Hiperatividade) e AHSD (Altas Habilidades Superdotação), e muitos aspectos da minha existência foram explicados com base nessa descoberta. É por isso que, para todas as famílias ou profissionais que suspeitam que uma criança possa ter algum transtorno ou alguma neurodivergência, quero dizer que tem dois elementos muito importantes a serem considerados:

- O diagnóstico – que precisa ser levado até profissionais e instrumentos sérios e experientes para não correr o risco de estar lidando com um diagnóstico equivocado que vai complicar mais ainda a vida da criança.
- O uso que se faz desse diagnóstico, que pode ser nocivo – para justificar a tragédia e os fracassos da criança – ou evolutivo, como uma ferramenta de (auto)conhecimento sobre a criança para buscar melhorias. Quero propor aqui o uso do diagnóstico-evolutivo.

A diferença no lidar com o diagnóstico pode fazer da neurodivergência uma benção ou uma maldição. Podemos olhar para as características diversas da condição da criança como portadora apenas de problemas ou até como fonte de alguns superpoderes. A Inteligência da Evolução [i5] propõe que usemos os diagnósticos e as análises de perfis de personalidade como ponto de partida rumo à melhoria.

Vamos ao meu próprio exemplo. A partir da descoberta do meu perfil de personalidade + minha dupla excepcionalidade (TDAH e AHSD), comecei a me fazer algumas perguntas:

1. Quais são os caminhos de evolução para uma pessoa que se descobre colérica-sanguínea, superdotada e com um cérebro hiperativo como eu?
2. O que preciso para ter consciência e buscar o equilíbrio?
3. Existem adaptações possíveis que facilitam a vida, o aprendizado e o desempenho?
4. O que é tranquilo para a maioria das pessoas e insuportável ou extremamente desafiador para mim? Como vou lidar com isso?
5. Quais são os pontos de atenção que preciso cuidar?
6. O que é difícil para os outros entenderem e pode prejudicar meus relacionamentos?

Perguntas como essas podem ajudar as famílias a saberem como lidar e como melhorar a vida das suas crianças, considerando seus perfis de personalidade – sejam elas neurodivergentes ou não. Vou trazer aqui as respostas a que cheguei sobre mim diante de tais questões, pois as considero relevante como modelo.

1. Evoluir em busca de paciência, humildade, foco – tive clareza para assumir essa necessidade. Silenciar minha mente para descansar e dormir. Aprender a parar mesmo quando estou com uma vontade sem limites de seguir fazendo aquilo que está me dando prazer e que se tornou o (hiper) foco do meu interesse. Também é necessário usar agenda para lembrar de compromissos, apoio para localização espacial e mecanismos para não esquecer objetos em vários lugares.
2. Saber que "'não é óbvio", mesmo que muitas coisas pareçam simples e óbvias para mim – especialmente aquelas da minha zona de genialidade.

Tomar consciência do grau de exigência interna que possuo e cuidar para não exagerar na autocobrança e na cobrança nas relações. O ritmo normal da maioria das pessoas é que é o normal, importante sempre me lembrar disso já que vivo com a constante sensação de que o mundo não me acompanha – e não acompanha mesmo!

3. Usar agenda como um padrão para absolutamente tudo, mesmo atividades rotineiras. Atividades como yoga, meditação, tomar chá, oração e respiração, para conseguir acalmar o furacão mental e organizar pensamentos e emoções. Prestar muita atenção, ficar consciente, tirar fotos e buscar referências para lembrar onde deixei o carro ou como chegar nos lugares. Aprender a criar processos simples como deixar junto com a chave do carro o que vou precisar levar na próxima saída. Usar protetores auriculares para dormir melhor, sem ficar acordando com cada ruído dos outros. Usar fones de ouvidos com música clássica para conseguir concentrar quando for ler, estudar, trabalhar ou escrever.
4. Experimentar alimentos novos e lidar com sabores ou texturas inesperadas. suportar e tirar o foco de barulhos constantes e repetitivos. Explicar as coisas com paciência e viver uma rotina sem novidades. Fazer coisas sem desafios. Preencher planilhas e lidar com burocracias. Conviver com quem não admiro. Lidar com pessoas autoritárias e ter que pedir para elas coisas que já deveriam saber que era para serem feitas. Aprender a lidar melhor com terapia, ferramentas da PNL e seguir em busca da... tal paciência.
5. Cuidar para não ser arrogante, não cair em vícios, pois tenho tendência a exagerar no trabalho – workaholic, jogos de celular, comida etc. Cuidar para não ser inconstante e abraçar mais projetos do que dou conta em cada momento.
6. Cuidar do meu hiperfoco, da minha velocidade, criatividade, irritação com barulhos, paixão por tudo o que estou interessada no momento, minha entrega de corpo e alma no que está no meu coração naquele momento, meu desinteresse por algo, que já foi uma paixão...

Olhando para perfis e diagnósticos dessa forma, aproveitamos todas as informações como ferramentas para evolução, crescimento saudável e melhora na qualidade da saúde, das relações e de todas outras questões.

A PERSONALIDADE DA CRIANÇA: TEMPERAMENTOS, DISC E *BIG FIVE*

Aqui está um dos grandes diferenciais da Disciplina do Equilíbrio: considerar o perfil de cada criança para definir a melhor maneira de educá-la. Muito se fala em personalização da educação, mas sem compreender a personalidade da criança, como vamos saber as melhores abordagens para cada uma delas?

A tentativa de compreender os diferentes modos de ser das pessoas acompanha a humanidade desde a Antiguidade. Hipócrates e Galeno, por exemplo, propuseram a teoria dos quatro temperamentos – Colérico, Sanguíneo, Fleumático e Melancólico – como formas de explicar diferenças de comportamento e emoção. Embora essa classificação tenha sido formulada de maneira empírica e sem base experimental, pesquisas recentes em psicologia do desenvolvimento mostram que ela segue sendo útil como metáfora pedagógica e como linguagem prática para pais e educadores, justamente por sua simplicidade e poder descritivo (Stelmack & Stalikas, 1991). Eu já mencionei sobre isso no início dessa obra, já publiquei um livro sobre isso[29] e vou resumir aqui um apanhado sobre as principais tendências de cada tipo para servir às ideias que quero trazer a este capítulo.

Colérico

Energia intensa, pró-ativo, orientado para resultados. Tem tendência à liderança, à tomada de decisão rápida e se motiva com desafios.

Força: determinação, coragem, objetividade.

Desafio: impaciência, tendência à agressividade, dificuldade em ouvir, dificuldade com empatia.

Na infância: a criança é decidida, gosta de mandar na brincadeira, liderar os colegas, questionar as regras. Costuma ser intensa nas emoções e se frustra facilmente quando as coisas não saem do seu jeito. Forte senso de justiça, capacidade de organizar os outros. Pode ser mandona, impaciente e querer bater ou gritar quando contrariada. Pode apresentar dificuldade para dividir suas coisas e esperar a sua vez. Na Disciplina do Equilíbrio chamamos esse perfil de *Criança-Líder.*

Sanguíneo

Extrovertido, comunicativo, entusiasmado. Gosta de novidades, diversão e interação social.

Força: alegria contagiante, criatividade, otimismo.

Fragilidade: instabilidade, dispersão, dificuldade de manter constância, pode fazer gracinha fora de hora ou exagerar nas brincadeiras.

Na infância: é uma criança animada, falante, criativa, que troca de brincadeira com rapidez e gosta de estar rodeada de amigos. Tem uma alegria contagiante, uma imaginação fértil, facilidade para se relacionar. Pode se dispersar com facilidade, ter dificuldade com foco e concentração, bem como esquecer combinados e também pode ser exagerada. É desafiante concluir o que começa, respeitar limites/regras e lidar com frustrações. Na Disciplina do Equilíbrio chamamos esse perfil de *Criança-Social.*

Fleumático

Criança calma, estável, paciente e conciliadora. Gosta de rotina, previsibilidade e harmonia.

Força: diplomacia, confiabilidade, tranquilidade.

Fragilidade: tendência à passividade, indecisão e acomodação.

Na infância: a criança mostra-se tranquila, observadora, prefere brincar em paz, sem muita agitação. Gosta de rotina e pode demorar a reagir. É paciente, possui facilidade em se adaptar e é boa ouvinte. Pode ser tímida demais, evita conflitos, tem dificuldade de se posicionar. Pode ser para ela desafiador expressar o que sente, dizer o que pensa, arriscar-se mais. Na Disciplina do Equilíbrio chamamos esse perfil de *Criança-Estável.*

Melancólico

Profunda, detalhista, sensível e idealista. Gosta de planejamento, ordem e busca por perfeição.

Força: senso estético, compromisso, capacidade analítica.

Fragilidade: crítica excessiva, pessimismo, autocobrança intensa, confia mais na avaliação dos outros do que na sua, acha que precisa de ajuda para coisas que pode resolver por si mesma.

Na infância: a criança é detalhista, organizada, gosta de brincar sempre da mesma forma, sensível a críticas e com tendência ao perfeccionismo. Costuma ter atenção aos detalhes, muita sensibilidade, capacidade de concentração e boa memória. Pode ser autocrítica, chorar facilmente, sentir-se insegura. E pode encontrar desafio em lidar com erros, ganhar leveza, se divertir sem precisar que tudo esteja perfeito. Na Disciplina do Equilíbrio chamamos esse perfil de *Criança-Sensível*.

Com o avanço da psicologia no século XX, surgiu o modelo DISC, inspirado nas ideias de William Moulton Marston (1928). O DISC organiza padrões comportamentais em quatro dimensões: Dominância, Influência, Estabilidade e Conformidade. Estudos em contextos organizacionais e educacionais apontam que o DISC é uma ferramenta útil de mapeamento comportamental, ainda que necessite de validação empírica robusta comparável a modelos de personalidade mais consolidados (Furnham, 1990). Ou seja, assim como os temperamentos, ele serve como instrumento prático, mas não é reconhecido como teoria científica definitiva.

Tabela 4 Temperamento e Perfil DISC

Temperamento	Perfil DISC	Como aparece na criança
Colérico	Dominância (D)	Criança decidida, quer liderar a brincadeira, questiona regras, reage com intensidade quando contrariada.
Sanguíneo	Influência (I)	Criança comunicativa, falante, inventa histórias, troca de brincadeira a todo momento, adora estar com amigos.
Fleumático	Estabilidade (S)	Criança tranquila, gosta de rotina, observa mais do que fala ou faz, evita conflitos, demora a reagir.
Melancólico	Conformidade (C)	Criança detalhista, organizada, sensível, busca perfeição, se cobra muito e pode chorar facilmente diante de críticas.

Fonte: Tabela desenvolvida pela autora.

A psicologia contemporânea consolidou o *Big Five* – Cinco Grandes Fatores da Personalidade – como o modelo mais aceito e validado cientificamente. Extensas pesquisas transculturais, como o estudo de McCrae & Costa (1997), mostraram que os cinco fatores – abertura à experiência, conscienciosidade, extroversão, amabilidade e neuroticismo – aparecem de forma consistente em diferentes idades, culturas e contextos, tornando o *Big Five* o padrão-ouro da ciência da personalidade (John & Srivastava, 1999).

Quando conectamos essas três linguagens – Temperamentos, DISC e *Big Five* – percebemos que, apesar das diferenças históricas e metodológicas, todas buscam descrever o mesmo fenômeno: a diversidade de modos de ser. É possível inclusive traçar paralelos. Pesquisadores como Stelmack (2004) sugerem que os temperamentos clássicos podem ser aproximados às dimensões do *Big Five*: o **Colérico** tende a se relacionar com altos níveis de extroversão e baixa amabilidade; o **Sanguíneo** corresponde a altos níveis de extroversão e abertura à experiência; o **Fleumático** aparece em perfis de maior amabilidade e estabilidade emocional (baixo neuroticismo); e o **Melancólico** mostra correlação com alta conscienciosidade e alto neuroticismo.

Esse tipo de aproximação é importante porque ajuda a criar pontes. Os temperamentos oferecem uma linguagem simples e intuitiva para as famílias. O DISC traduz comportamentos em termos aplicados e observáveis no dia a dia. Já o *Big Five* traz a base científica sólida que confirma a existência de dimensões relativamente estáveis de personalidade. Uma meta-análise de Soto (2019), por exemplo, mostrou que os traços do *Big Five* são detectáveis já na infância e tendem a se estabilizar ao longo da vida, embora possam ser modulados por experiências ambientais. Traduzindo, temperamentos não mudam, mas suas características podem se equilibrar ou se desequilibrar ao longo da vida.

No contexto da Disciplina do Equilíbrio, essa integração cumpre um papel essencial, ou seja, ajudar pais e educadores a compreenderem que traços de personalidade não são descrições fixas, mas pontos de partida para a evolução. Uma criança mais sanguínea precisa ser desenvolvida em sua concentração, uma criança melancólica necessita aprender leveza, uma criança colérica terá como alvo do seu desenvolvimento o aprendizado da paciência, e uma criança fleumática ganhará muito ao aprender a se posicionar. A ciência comprova que experiências, intervenções e ambientes educativos têm impacto direto no desenvolvimento da personalidade (Roberts *et al.*, 2017).

Isso significa que, mesmo existindo um núcleo estável, há um caminho próspero para melhora e crescimento, e os adultos são os mediadores, os guias das crianças nesse processo de amadurecimento e evolução.

Ao conectar os temperamentos com o *Big Five*, nosso objetivo é oferecer às famílias e profissionais a linguagem acessível dos temperamentos com base nas teorias científicas validadas e modernas do *Big Five*. O objetivo não é "rotular" crianças, mas oferecer um mapa inicial para que pais, mães e educadores possam conduzi-las em seu caminho evolutivo com ciência, consciência e, sobretudo, com amor.

A seguir, uma correlação entre os temperamentos e os cinco grandes fatores da personalidade segundo o *Big Five*:

Tabela 5 Temperamentos e *Big Five*

Temperamento	Extroversão	Abertura à Experiência	Conscienciosidade	Amabilidade	Neuroticismo
Colérico	↑ Alta extroversão, enérgico e assertivo	↑ Moderada-alta, gosta de inovação	↑ Moderada, é decidido, mas pode ser impulsivo	↓ Moderada, direto e competitivo	↑ Moderado, tende à impaciência e frustração
Sanguíneo	↑ Muito extrovertido, sociável e entusiasmado	↑ Alta, curioso e criativo	↓ Moderada, desorganizado e disperso	↑ Alta, caloroso e cooperativo	↔ Moderado, mas sensível à rejeição social
Melancólico	↓ Baixa-moderada, reservado e introspectivo	↑ Muito alta, reflexivo e valoriza arte	↑ Alta, perfeccionista e responsável	↓ Moderada, crítico e seletivo	↑ Alto, costuma ser ansioso e autocrítico
Fleumático	↓ Moderada-baixa, calmo e passivo afável	↓ Moderada, conservador e com interesses previsíveis	↑ Alta, organizado e confiável	↑ Muito alta, cooperativo e pacífico	↓ Moderado-baixo, equilibrado emocionalmente

Fonte: Tabela desenvolvida pela autora.

Transformando isso em um gráfico específico para cada um dos temperamentos, temos:

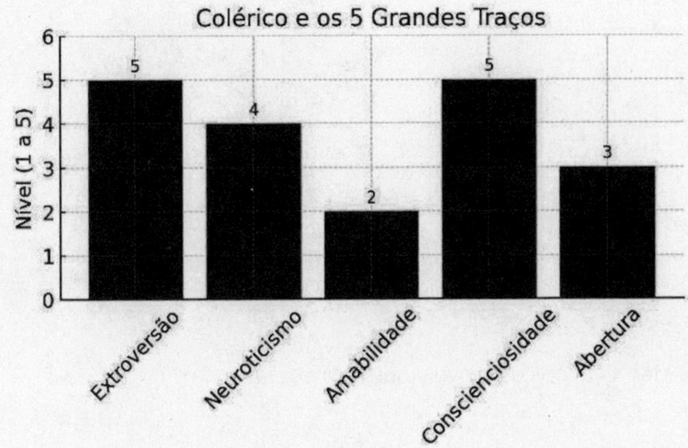

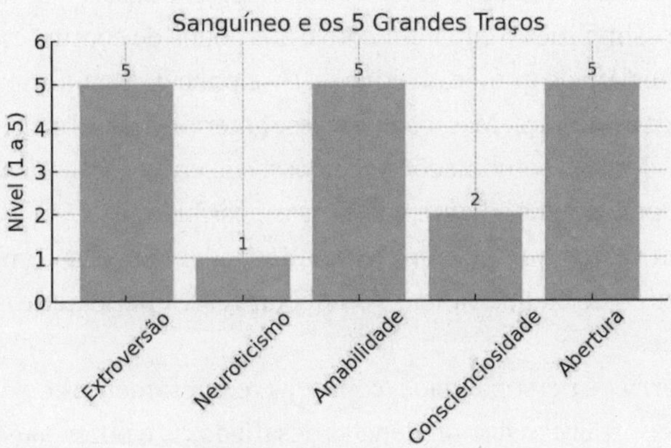

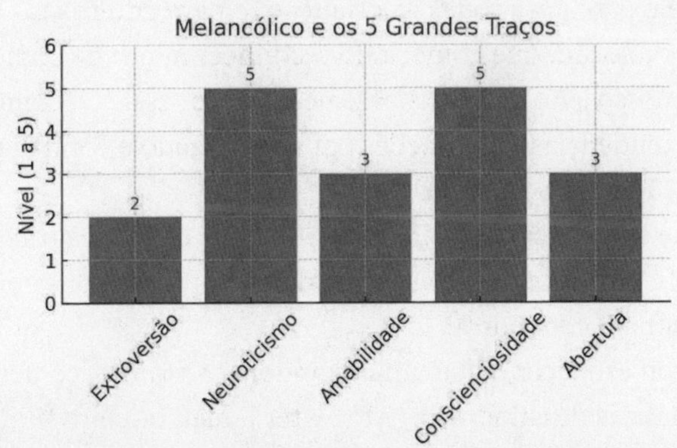

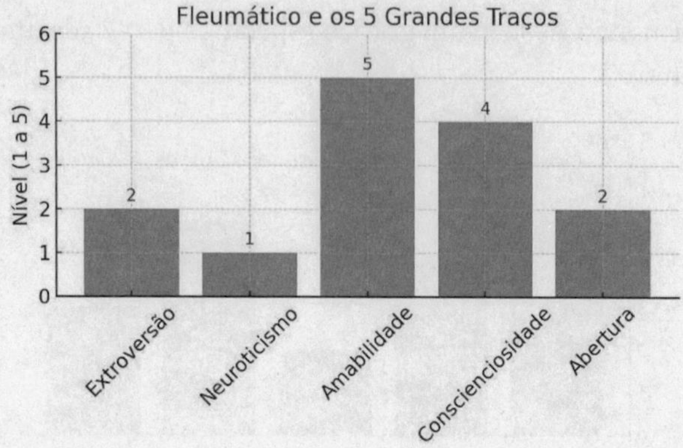

Fontes: Gráficos desenvolvidos pela autora.

Assim, sempre que nos referirmos a um dos quatro temperamentos, assumimos uma combinação aproximada a essas apresentadas aqui. Isso facilita a compreensão, simplifica o entendimento e nos poupa de confusões conceituais que nos distanciam do grande objetivo da Disciplina do Equilíbrio, o resultado prático na vida da criança. Mas, como já disse anteriormente, "gente é humanas, não exatas!". Muitas combinações são possíveis entre os elementos. Iremos explorar um pouco mais adiante sobre essas possibilidades.

Existem testes que podem nos ajudar a descobrir a combinação de temperamentos de cada criança. Vou deixar testes para adultos e crianças nos Apêndices.

Cada perfil de personalidade, com seus temperamentos e possíveis neurodivergências, traz consigo tendências desafiadoras e potenciais. Não existe perfil perfeito, assim como não existe diagnóstico que seja, por si só, condenação. O que existe para todas as crianças (e para adultos também) é um caminho de evolução, que começa no reconhecimento de como somos – a validação do nosso jeito de ser é a base de tudo – e segue no compromisso de transformar tendências e limitações em aprendizado e contribuição. VALIDAÇÃO/ACEITAÇÃO => EVOLUÇÃO.

E por que as crianças são diferentes? Por que cada uma traz consigo um perfil específico? Por que as coisas que dão bons resultados com uma nem sempre funcionam com outra?

Nunca vou esquecer o que uma seguidora, certa vez, comentou em um *post* sobre crianças desafiadoras: "Até eu ter o meu terceiro filho, eu achava que era boa mãe. Depois dele, descobri que as duas primeiras é que eram 'boas' filhas!" E ela não foi a única. Uma amiga pessoal me confidenciou: "Quando tinha só minha filha mais velha, julgava outras mães que não conseguiam educar suas crianças desafiadoras. Foi só depois do nascimento da minha mais nova que entendi o que é uma criança de personalidade forte!". E teve mais uma pessoa próxima que admitiu: "Eu não acreditava em você, Isa! Quando falava do Petrus e o trabalho que ele deu por ser uma criança de personalidade tão forte; eu pensava que era porque você tinha sido mãe de primeira viagem e inexperiente porque meus dois primeiros filhos tinham sido completamente diferentes. Só com a chegada do terceiro é que passei a acreditei em você. Uma criança assim é completamente diferente e eu nem sabia que existia".

Na Disciplina do Equilíbrio acreditamos que cada ser humano tem uma missão de vida. Sim, acreditamos em propósito. Cada pessoa tem uma entrega a ser feita para o mundo e, portanto, veio exatamente com a combinação de temperamentos perfeita para conseguir êxito na entrega que precisa fazer. Depois de já ter definido isso para essa metodologia, descobri que isso é chamado de *dharma* – que é a combinação de lei universal (a ordem da vida e do cosmos), dever ético e moral (o que se espera de cada um segundo sua posição e momento de vida) e propósito de vida (o caminho que conduz à realização espiritual). É por isso que o objetivo da educação não deve ser o de formar as pessoas na mesma forma e depois comemorar a formatura em que saem todos iguais. Não! O objetivo da educação deve ser descobrir as pessoas e ajudá-las a se descobrirem também. E, nesse processo, ir encontrando o seu chamado, se aproximando do conhecimento do que veio fazer. Guiado pelo que desperta seu interesse, pelas experiências que marcam sua vida, pelos assuntos que mexem com sua chama interior.

Sabendo disso, não devemos desejar mudar uma criança de personalidade forte ou perfil mais desafiador. Não! Também não devemos querer transformar uma criança sensível em alguém superextrovertido. Não! Devemos, sim, ajudá-las a se amar do jeitinho que são e, a partir da autoaceitação e de uma autoestima bem fortalecida, guiá-las a desenvolverem-se para que não se limitem em suas características mais marcantes. Uma pessoa firme também pode sentir tristeza e ser engraçada. Uma pessoa sensível também pode ser firme e leve. Uma pessoa divertida também pode ser profunda.

Lembro-me de uma mãe e publicitária brasileira que atendi, durante sua mudança para Portugal com os dois filhos: um menino de 6 anos, melancólico, e outro de 3 anos, predominantemente sanguíneo. Durante todo o processo de mudança, o mais velho sofria intensamente. Chorava com as despedidas, sentia saudade antecipada da avó e demonstrava toda a sua sensibilidade diante das perdas. Já o mais novo parecia viver em outro mundo: alegre, entusiasmado, não entendia por que o irmão estava tão triste. Pelo contrário, era ele quem o encorajava com frases animadas, cheio de expectativas pelo que estava por vir.

A mãe, então, criou uma certeza dentro de si: "*O mais velho vai me dar um trabalho enorme na adaptação escolar; o mais novo vai entrar na escola sem dificuldade nenhuma*".

Mas, ao chegarem em Portugal, no primeiro dia de aula, a criança mais velha de temperamento melancólico entrou tranquila e quem agarrou as pernas da mãe, chorou e se recusou a entrar foi a criança de temperamento sanguíneo de 3 anos. A surpresa foi tão grande que ela chegou a dizer: "*Mas filho, você que era o corajoso! Você que animava seu irmão! Como agora está com medo? Você não é medroso...*".

À tarde, quando foi buscá-los, o espanto aumentou. O mais velho saiu sorridente, contando que havia feito piadas, brincado com os colegas, animado a turma inteira. A mãe mal acreditava: "*Você? Engraçado? Você, o tímido, sensível, introspectivo?*".

Foi nesse momento que eu trouxe luz para que ela percebesse que estava aprisionando os filhos dentro das características principais dos seus temperamentos. O melancólico só podia ser sensível e medroso. O sanguíneo só podia ser corajoso e animado. Reducionismos perigosos que roubam a complexidade e a riqueza da experiência humana.

Na Disciplina do Equilíbrio, lembramos sempre que o temperamento não é uma sentença, é apenas tendência. Nenhuma criança é uma prisão ambulante de traços fixos. Todas carregam em si a potência de transitar entre antagônicos modos de ser, de acordo com o contexto, a fase da vida e as necessidades do momento. Quando os adultos colam rótulos e esperam que seus filhos ajam *sempre* de acordo com eles, limitam o florescimento da criança em sua inteireza.

Voltando a falar mais um pouquinho sobre propósito e pensando também em como é importante que as crianças tenham consciência da entrega que vieram fazer, quando fui abordar a questão da superdotação do meu filho, trouxe para ele aquele versículo que diz: "(...) A quem muito foi dado, muito será exigido; e a quem muito foi confiado, muito mais será pedido". (Lc 12:48) Quis dizer-lhe que a facilidade que demonstra em aprender veio com ele por alguma razão. Que a entrega que ele deve fazer ao mundo em sua vida precisa dessa habilidade e que ele deve fazer bom uso dela, honrá-la enquanto busca servir ao mundo com o que decidir realizar. Isso trouxe humildade e gratidão à parte boa da condição de AHSD.

O CAMINHO DE EVOLUÇÃO DE ACORDO COM OS TEMPERAMENTOS E DIAGNÓSTICOS

Dentro de cada ser humano existe o que eu chamo de uma piscina invisível. É nesse espaço simbólico que repousam todos os recursos emocionais e comportamentais que nos habitam – as opções disponíveis em nosso "cardápio". Alguns recursos flutuam na superfície, como boias coloridas sempre ao alcance da gente. Outros repousam no fundo da piscina, como moedas valiosas, porém esquecidas; e nós nem sequer imaginamos que as possuímos.

É assim que se revelam as características dos quatro temperamentos. Todos nós nascemos com as quatro matrizes: Colérico, Sanguíneo, Melancólico e Fleumático. O que traz a personalização é a combinação específica que cada ser humano traz em si desses quatro elementos. Não existem ausências, mas disposições diferentes. Os recursos dos *temperamentos dominante* e *subdominante* boiam na superfície da piscina, revelando o que parece mais natural em nós. Quando temos o colérico como temperamento dominante, na superfície temos energia, firmeza, garra. Quando o sanguíneo é o primeiro em nossa combinação, temos facilidade em acessar o bom humor, leveza, conexão. Na piscina em que o melancólico é dominante, os recursos que boiam e por isso facilmente alcançados são a profundidade e a sensibilidade, por exemplo. Já no caso do temperamento fleumático como dominante, temos à mão recursos como paz, constância e serenidade.

Esses aspectos boiam na piscina nos parecem natos, como se viessem de fábrica. São fáceis de acessar e de perceber como características próprias. Acessamos sem esforço. Entretanto, no fundo da piscina estão os recursos dos nossos *temperamentos de base*, aqueles que não são dominante ou subdominante em nós. Essas características estão lá no fundo da nossa piscina interna como moedas preciosas que exigem o mergulho para serem alcançadas. A paciência pode estar escondida lá, mesmo para quem sempre se julgou impaciente. A coragem pode repousar lá inerte em quem sempre viveu tomado pelo medo. O bom humor pode estar adormecido no olhar sério de alguém que sempre foi sisudo. O que não aparece na superfície continua existindo, e exige procura, busca, um mergulho profundo em si mesmo.

Posso falar de mim sobre isso. Lembro-me da primeira vez que ouvi alguém dizer: "Você tem tanta paciência". Olhei em volta, sem acreditar que aquela frase fosse dirigida a mim. Não me reconhecia nesse elogio. A paciência não boiava à tona da minha piscina. Só quando mergulhei fundo, em busca das moedas escondidas, percebi que ela estava ali. E, de repente, outros começaram a enxergá-la em mim. Foi nesse instante que compreendi: tudo o que precisamos já está dentro de nós, é necessário apenas conseguirmos encontrar e acessar.

Essa metáfora se confirma de maneira muito prática nos atendimentos. Certa vez, acompanhei uma mãe predominantemente melancólica que não encontrava o seu "poder na voz". Ela falava, explicava, pedia e, simplesmente, era ignorada pela filha. A sensação de impotência era constante, e com ela vinham tristeza, desânimo e até certo ressentimento. Trabalhamos juntas para acessar a moeda da firmeza, que estava perdida no fundo da piscina dela. No início, foi difícil. Cada tentativa de usar firmeza vinha acompanhada de dureza excessiva. Ela não conseguia distinguir a fronteira entre ser firme e ser agressiva. A voz, antes apagada, agora soava autoritária. Era como se, ao tentar sair da permissividade, fosse direto para o autoritarismo.

Porém, com prática, consciência e treino, algo extraordinário aconteceu. Aos poucos, ela descobriu que podia falar firme sem elevar o tom. Podia marcar presença sem ferir. Podia sustentar autoridade sem perder amorosidade. A moeda da firmeza, que estava escondida no fundo da sua piscina, finalmente veio à superfície. E o impacto foi imediato: a filha, que antes a ignorava, passou a escutá-la. O comportamento da criança mudou, o clima em casa se transformou, e até o humor da menina se tornou mais leve. A mãe, por sua vez, descobriu em si um recurso que nunca reconhecera.

A Programação Neurolinguística (PNL) traduz esse processo em um de seus pressupostos mais belos: todas as pessoas possuem todos os recursos necessários para qualquer mudança desejada. Não se trata de fingir ser algo que não somos, mas de mergulhar fundo internamente para acessar o que já é nosso. Quando nos comportamos como se já possuíssemos determinada característica, não estamos sendo falsos – estamos abrindo caminho para que a moeda oculta venha à tona.

Nada de novo é inventado nesse processo. Apenas despertamos o que estava adormecido. A postura que ensaiamos, as palavras que escolhemos, o olhar que sustentamos, tudo isso altera nossa fisiologia e nos aproxima do recurso que buscamos. Aos poucos, as moedas que exigiam uma apneia profunda rumo ao autoconhecimento para serem alcançadas, passam a estar cada vez mais perto da borda, disponíveis sempre que precisamos.

A vida adulta nos convida justamente a esse equilíbrio, a continuar nos apoiando nas boias que nos sustentam, mas não nos limitarmos a elas. Porque, muitas vezes, a verdadeira transformação está no fundo da piscina. É lá que se escondem as pedras preciosas capazes de equilibrar nossa vida. Não existe escassez dentro de nós. Fomos criados completos. A natureza não nos entregou pela metade e Deus não nos deu para a vida incompletos. Todas as virtudes já habitam o nosso ser, mesmo que algumas tenham sido escondidas no fundo da piscina pelas experiências que passamos. O que precisamos é de coragem para mergulhar, atravessar a água que nos separa do fundo e trazer à tona o que parecia não existir. Quando isso acontece, descobrimos que somos infinitamente mais completos do que imaginávamos.

A Inteligência da Evolução [i5], como o próprio nome sugere, convida todas as pessoas ao seu processo de melhoria contínua. O caminho de autoconhecimento e de autodesenvolvimento tem começo, meio e meio. Isso mesmo: não tem fim! É por isso que descobrir os perfis de cada membro da família, juntamente com possíveis diagnósticos, serve como um mapa para traçar o caminho de evolução de cada um e, assim, de todo o sistema familiar. Aqui vão algumas ideias gerais sobre a jornada de evolução de acordo com os perfis de personalidade.

O **colérico** nasce com a energia do líder, e sua evolução está em usar sua força com direção e potência para realizações positivas para si e para o mundo, sem se tornar tirano com os outros ou egoísta e ganancioso. Precisa acessar, no fundo de sua piscina, a paciência, trabalhar sua capacidade de escuta e desenvolver humildade. Um risco é acreditar que só seu ritmo e sua forma são válidos. Sua evolução acontece quando descobre que o poder maior não está em impor, mas em inspirar. Aprender a ter compaixão e a entender realmente a perspectiva do outro são desafios da vida.

Na infância, os adultos podem ajudar com ações como valorizar sua liderança dando pequenas responsabilidades e ensinando que liderar também significa cuidar do grupo. Propor jogos de cooperação e tarefas em equipe que ajudam muito. Permitir que a criança tome decisões, que participe das conversas e que tenha participação ativa em tudo o que os adultos estiverem fazendo. Isso traz calma e equilíbrio para essa criança. É preciso ser leal e falar sempre a verdade. Agindo assim, essa criança responderá muito bem ao combinado sem imposições. Ordens e comando criam resistência e vontade de contrariar e desobedecer. Não se esqueça que você está educando um líder, mesmo que ele só tenha 2 anos.

Colérico-Sanguíneo: Líder carismático

- Rápido, intenso e sociável.
- Pró-ativo, gosta de resolver tudo com agilidade, e ainda encanta ao fazer.
- Pode ser impulsivo demais, explodir fácil, mas se recupera logo.
- Desafio: achar que sabe tudo e passar por cima dos outros sem perceber.
- Plano de evolução: treinar escuta ativa e empatia. Criar pausas antes de reagir. Praticar colaboração com foco em processos, não só resultados. Canalizar energia para liderança ética e colaborativa.

O que trabalhar com a criança:

- Autorregulação emocional e pausa antes da ação.
- Escuta ativa e consideração da perspectiva do outro.
- Aprender a lidar com a própria impulsividade.

Colérico-Melancólico: Executor exigente

- Focado em resultados e padrões altos.
- Planeja com profundidade e realiza com intensidade.
- Racional e com fortes exigências internas.
- Desafio: autocrítica severa, rigidez emocional e intolerância com erros (próprios e alheios).

- Plano de evolução: flexibilizar padrões, aceitar o processo como parte da evolução. Trabalhar com gratidão e leveza. Liderar com excelência, sem se aprisionar na perfeição.

O que trabalhar com a criança:

- Flexibilidade mental e compaixão por si e pelos outros.
- Aprender a lidar com erros e imperfeições sem se autoagredir.
- Reduzir padrões de exigência e julgamento.

Colérico-Fleumático Líder equilibrado

- Com iniciativa e bom senso.
- Age com firmeza, mas sem perder o controle.
- Estratégico, calcula antes de agir, mas não procrastina.
- Desafio: pode parecer frio ou distante emocionalmente.
- Plano de evolução: praticar comunicação emocional, desenvolver vínculos mais espontâneos. Equilibrar firmeza com ponderação emocional.

O que trabalhar com a criança:

- Tomar consciência de possuir um acelerador e um freio dentro de si, que se ativam ao mesmo tempo, às vezes, gerando conflitos internos.
- Evitar paralisia por dúvida ou sobrecarga.
- Ativar constância sem rigidez.

O **sanguíneo** nasce com a energia da alegria e do movimento, mas precisa evoluir em foco, constância e profundidade. Sua tendência é se encantar pelo novo e abandonar o que já não emociona mais. O desafio é transformar a dispersão em criatividade disciplinada. Sua evolução é aprender não apenas a ter iniciativa, mas sustentar decisões, relações e projetos. Encontrar prazer na calma, no silêncio e na sua própria companhia é uma busca de vida. Ter coragem para encarar suas dores e seus sofrimentos mais profundos também.

Na infância, os adultos podem ajudar com ações como criar rotinas divertidas; músicas, histórias e brincadeiras faz tudo funcionar. Propor desafios curtos para manter o foco dividindo tarefas longas em blocos menores e animados ajuda a criança a se engajar nas tarefas escolares e na cooperação com os trabalhos domésticos. Sempre conectar disciplina com recursos lúdicos.

Sanguíneo-Colérico: Animador com pulso firme

- Brinca, encanta, fala alto e depois já manda fazer.
- Toma decisões rápido, mas precisa de palco e aplausos.
- Desafio: dificuldade em manter constância e foco.
- Plano de evolução: criar sistemas visuais e práticos para organização. Reforçar autorresponsabilidade com metas curtas. Cuidar com superficialidade e excesso de impulso. Focar em conectar constância com prazer.

O que trabalhar com a criança:

- Modulação do tom de voz e respeito ao tempo do outro.
- Redução de interrupções e distrações constantes.
- Observar o impacto das palavras.

Sanguíneo-Melancólico: Artista sensível

- Altamente expressivo, criativo, empático e intenso emocionalmente.
- Oscila entre euforia e melancolia, precisa de validação e beleza.
- Desafio: fragilidade emocional e medo de rejeição.
- Plano de evolução: trabalhar autoestima autônoma. Criar rituais de acolhimento e expressão (arte, música, diário). Cuidar para não cair em dramas emocionais e estagnar por medo de rejeição.

O que trabalhar com a criança:

- Autoconhecimento emocional e validação interna.

- Clareza na comunicação dos sentimentos.
- Redução da necessidade de aprovação externa.

Sanguíneo-Fleumático: Pessoa do povo

- Leve, simpático, sabe ouvir e sabe falar.
- Foge de conflito, prefere ganhar todo mundo no carisma.
- Desafio: pode evitar conversas difíceis por medo de desagradar.
- Plano de evolução: estabelecer rotina com apoio visual. Incentivar decisões autônomas. Criar vínculos fortes com leveza e compromisso. Cuidar com excessiva evitação de responsabilidades e confronto.

O que trabalhar com a criança:

- Constância, rotina e comprometimento com processos.
- Capacidade de dizer "não" sem culpa.
- Saber a hora de brincar.

O **fleumático** traz em si a paz, mas pode se esconder atrás da passividade. Seu caminho de evolução é assumir protagonismo, encontrar a sua voz e aprender que a paz verdadeira não vem de evitar o conflito, e sim de se posicionar sem perder a serenidade. Seu risco é a estagnação, e sua evolução é descobrir que pode ser firme e, ainda assim, pacífico.

Na infância, os adultos podem ajudar com ações como: dizer sempre "sim". Como essa criança pede poucas coisas, evitar dizer "não" é muito importante para que ela fortaleça o exercício da sua vontade e perceba que "querer" dá resultado; encorajar essa criança a falar o que deseja, a se defender em casos de injustiça, criar oportunidades para que se sinta protagonista e apoiar em pequenas escolhas (própria roupa, jogo ou atividade favorita) pode ser bem interessante.

Fleumático-Colérico: Calmo e determinado

- Parece tranquilo, mas sabe o que quer e não desiste fácil.

- Traz paz ao ambiente, porém sabe ser firme quando necessário.
- Desafio: quando explode, surpreende – e demora a se abrir de novo.
- Plano de evolução: criar espaços de escuta e valorização. Estimular iniciativa sem pressão. Aprender a se posicionar emocionalmente.

O que trabalhar com a criança:

- Comunicação precoce antes de explodir.
- Reconhecimento dos sinais de tensão acumulada.
- Organização emocional cotidiana.

Fleumático-Sanguíneo: Mediador alegre

- Fácil de conviver, bem-humorado, equilibrado.
- Consegue lidar com diferentes tipos de pessoas.
- Desafio: pode procrastinar e evitar responsabilidades difíceis.
- Plano de evolução: criar harmonia sem se anular. Estabelecer acordos com clareza e consistência. Desenvolver assertividade. Cuidado com a acomodação e com o medo de desagradar.

O que trabalhar com a criança:

- Autonomia emocional.
- Desenvolvimento da coragem para desagradar sem culpa.
- Capacidade de se posicionar.

Fleumático-Melancólico: Sensível e confiável

- Gosta de previsibilidade, ambientes tranquilos e profundidade nos vínculos.
- Leal, calmo e reflexivo.
- Desafio: costuma se anular para evitar conflito e poder sofre calado.
- Plano de evolução: praticar expressão emocional e limites saudáveis. Trabalhar autoestima. Conseguir amar com profundidade sem se apagar. Cuidado com repressão emocional e autossilenciamento.

O que trabalhar com a criança:

- Tomar decisões com mais leveza.
- Evitar excesso de ruminância.
- Cultivar ação sem esperar o momento ideal.

O **melancólico** carrega a profundidade e o senso de beleza, mas precisa evoluir na leveza e na confiança. Sua tendência é se perder na crítica, na autoexigência, na insegurança e na dor. Outro risco é aceitar situações ruins por pessimismo. "Aqui está ruim, mas fora daqui pode estar pior". Seu caminho é aprender que perfeição não existe e que o mundo precisa mais do seu amor sensível do que de sua cobrança. Sua evolução é descobrir que pode viver com excelência sem precisar viver com peso; que pode confiar em si e que suas ideias e falas têm grande valor.

Na infância, os adultos podem ajudar com ações como acolher a sensibilidade da criança com a consciência de não "afundá-la ou reduzi-la a isso", validar seus sentimentos e ajudá-la a atravessá-los, incentivá-la a experimentar coisas novas e mostrar que errar faz parte do aprendizado. Evitar corrigir e criticar a criança para que ela aprenda a não se cobrar tanto. Evidenciar seus pontos fortes e valorizar seu jeito profundo e sensível pode ajudá-la a formar uma autoestima fortalecida.

Melancólico-Colérico: Perfeccionista executor

- Gosta de regras e resultados, e se irrita quando não há estrutura.
- Analisa tudo antes, mas age com intensidade.
- Desafio: sofre com rigidez mental e críticas internas ferozes.
- Plano de evolução: trabalhar flexibilidade e empatia. Aceitar o erro como parte do processo. Transformar exigência em potência criativa e construtiva. Buscar desenvolver flexibilidade e perdão interno.

O que trabalhar com a criança:

- Expressar emoções sem se sentir frágil.
- Reduzir julgamentos internos.
- Reduzir cobranças externas.

Melancólico-Sanguíneo: Sentimental performático

- Vive em seu mundo interno, rico, e quer compartilhá-lo com o mundo – às vezes em arte, às vezes em drama.
- Oscila entre introspecção e busca por conexão.
- Desafio: variações emocionais intensas e tendência ao ressentimento.
- Plano de evolução: praticar a autoexpressão constante (escrita, arte, música). Cultivar vínculos seguros e verdadeiros. Cuidado com a tendência à carência afetiva.

O que trabalhar com a criança:

- Aceitação do próprio ritmo sem comparações.
- Comunicação clara de limites e necessidades.
- Desenvolvimento da autoconfiança.

Melancólico-Fleumático: Observador cuidadoso

- Profundo, reservado, gentil e extremamente fiel.
- Leva tempo para confiar, mas quando confia é fiel.
- Desafio: tende à passividade, insegurança e ruminação.
- Plano de evolução: buscar ambientes seguros emocionalmente. Estabelecer limites aos outros. Cultivar profundidade sem se esconder do mundo. Cuidar da tendência à insegurança e passividade. Buscar encorajamento e confiança.

O que trabalhar com a criança:

- Saída da passividade emocional.
- Clareza ao nomear incômodos e frustrações.
- Movimento intencional para não paralisar.

Agora, algumas sugestões de ferramentas indicadas para lidar com alguns desafios de cada temperamento. Lembre-se que todas as ferramentas podem e devem ser usadas com todas as crianças. As orientações são apenas para facilitar.

Tabela 6 Ferramentas da Disciplina do Equilíbrio por Temperamento

Temperamento	Desafios principais	Ferramentas da DdE sugeridas	Objetivo com a criança
Colérico	Impulsividade, orgulho, autoritarismo, dificuldade em ceder.	#2 NP vira CP #6 Ganha-perde vira ser feliz #7 Saldo Positivo #11 Dinâmica dos Três Elementos #14 Dar razão para ter razão #26 Dizer "não" sem dizer "não" #28 Pode, não pode; Deixo, não deixo #43 FIVE da Obediência #65 Ensine ensinando, não corrigindo	Trabalhar pausa antes da ação, escuta ativa, humildade, cooperação, canalização da energia vital para ações úteis e construtivas.
Sanguíneo	Dispersão, vaidade, busca por aprovação, inconstância.	#13 BHIM – Brincadeira, História e Música – Idioma da criança #62 Marcar o tempo #70 VPP – Vamos por partes #64 Gostar e querer antes de se comprometer e melhorar #48 Me aperta e espera #23 Amor recebido *versus* Amor percebido	Sustentar foco com leveza, equilibrar busca por aplauso, validar emoções sem drama.
Melancólico	Pessimismo, autocrítica, medo de errar, rigidez.	#49 Antecipação frente ao desafio #69 Dores e doenças trazem mensagens #23 Amor recebido *versus* Amor percebido #53 Confiança na competência #61 Objeto-âncora para saudade #45 TIC – Tornar o Invisível Concreto	Desenvolver leveza, confiança, aceitação do erro como parte do processo.
Fleumático	Passividade, acomodação, dificuldade em se posicionar.	#1 PAPA: Protagonismo, Autonomia, Participação Ativa #3 CACA *versus* DOSE #7 Saldo positivo #15 Use o erro do passado com foco no futuro #24 Mãe na fusão *versus* Mãe na função #31 Espera (particip)ativa #20 Perguntas de Exatidão	Incentivar protagonismo, coragem para se posicionar, constância sem rigidez.

Fonte: Tabela desenvolvida pela autora.

Importante:

- A combinação de temperamentos (ex.: colérico-sanguíneo, melancólico-fleumático) pode exigir mistura de ferramentas, escolhidas conforme o desafio predominante.
- Sempre considerar a idade e o contexto, visto que a mesma ferramenta se adapta de forma lúdica para crianças pequenas e reflexiva para adolescentes.
- O diagnóstico (TDAH, TEA, TOD, AHSD etc.) combinado com os temperamentos pode indicar quais ferramentas precisam de mais ênfase para equilibrar recursos internos e externos.

Agora, vamos compreender tudo isso à luz dos cinco grandes fatores da personalidade? Como ficaria uma projeção de tendências destes perfis no *Big Five*?

1. Extroversão:

- **Altíssima** nas duplas onde o **sanguíneo** está em primeiro ou segundo.
- **Moderada** quando o **fleumático** equilibra.
- **Baixa** nas duplas onde o **melancólico** predomina.

2. Abertura à Experiência

- **Alta ou muito alta** em perfis com **sanguíneo** ou **melancólico** na frente.
- **Moderada ou baixa** em fleumáticos dominantes.

3. Conscienciosidade

- **Muito alta** em combinações com **melancólico** e **colérico**, especialmente melancólico-colérico.
- **Baixa ou inconstante** quando o **sanguíneo** é dominante, mas o fleumático pode ajudar a equilibrar.

4. Amabilidade

- **Muito alta** com fleumático em destaque.
- **Média ou baixa** com colérico dominante, que tende a priorizar resultado sobre relação.

5. Neuroticismo

- **Muito alto** nas duplas com **melancólico dominante** (especialmente melancólico-Fleumático).
- **Baixo** quando o fleumático equilibra e há segurança emocional.
- **Moderado-alto** em coléricos que não lidam bem com frustração.

Juntando tudo em uma tabela, temos:

Tabela 7 12 combinações de temperamentos *versus* cinco fatores do Big Five

Combinação	Extroversão	Abertura à Experiência	Conscienciosidade	Amabilidade	Neuroticismo
Colérico-Sanguíneo	Muito alta	Moderada-alta	Alta com impulsividade	Média-baixa	Média-alta
Colérico-Melancólico	Média	Alta	Muito alta	Baixa	Alta
Colérico-Fleumático	Média	Moderada	Alta e estável	Moderada	Baixa-média
Sanguíneo-Colérico	Muito alta	Alta	Média com agilidade	Média	Média
Sanguíneo-Melancólico	Alta	Muito alta	Média	Alta	Alta
Sanguíneo-Fleumático	Alta	Média-alta	Baixa-média	Alta	Baixa-média
Melancólico-Colérico	Média-baixa	Alta	Muito alta	Baixa-média	Muito alta
Melancólico-Sanguíneo	Média	Muito alta	Moderada	Média-alta	Alta
Melancólico-Fleumático	Baixa	Média	Alta	Alta	Muito alta

(continua)

Combinação	Extroversão	Abertura à Experiência	Conscienciosidade	Amabilidade	Neuroticismo
Fleumático-Colérico	Média-baixa	Baixa-média	Alta	Média-alta	Média
Fleumático-Sanguíneo	Alta	Média-alta	Média	Muito alta	Baixa
Fleumático-Melancólico	Baixa	Média	Alta	Muito alta	Alta

Tabela desenvolvida pela autora.

Volto a lembrar que somos humanos! Não somos exatos! Então, é preciso fazer testes e entrevistas para que você tenha sua avaliação formal de personalidade, ok? Aqui, são parâmetros para te ajudar a se orientar no manejo com sua vida e com as crianças que você convive.

COMO APLICAR NA PRÁTICA PROFISSIONAL?

Para devolutivas:

- Usar o perfil temperamental (ex.: sanguíneo-melancólico) como ponto de partida.
- Validar o perfil *Big Five* por observação, escuta ativa ou teste.
- Adaptar orientações com base nas duas camadas (biotipologia + traços).

Para pais, mães ou profissionais:

- Ajudar a entender por que uma criança pode ser agitada e afetiva (ex.: sanguíneo-colérico) *versus* calma e crítica (ex.: melancólico-fleumático).
- Criar estratégias pedagógicas, emocionais e comportamentais sob medida.
- Evitar rotulações simplistas com frases como “ele é impossível” ou “ela é muito sensível” – e substituir por: “Essa combinação pede mais previsibilidade para se sentir segura” ou “Esse perfil precisa de desafio e reconhecimento”.

Assim, com base na validação de quem a criança é, exatamente do jeito que ela veio ao mundo, é possível guiá-la com autoestima fortalecida e humildade a um caminho de evolução. Essa mesma proposta de aceitação rumo à evolução é o que vivemos em relação às neurodivergências. Vamos falar mais disso no próximo capítulo.

DINÂMICAS RELACIONAIS E PADRÕES DE COMPORTAMENTOS MAPEADOS

Na Inteligência da Evolução ou do Viver [i5] olhamos para como as famílias estão conduzindo suas relações. Dinâmicas relacionais definem o equilíbrio ou o desequilíbrio do sistema.

É fato que, ao longo de mais de oito décadas, o Harvard Study of Adult Development concluiu que relações próximas, mais do que dinheiro ou fama, sustentam a felicidade e ainda protegem a saúde ao longo da vida.[30] Mas, será que qualquer tipo de dinâmica relacional sustenta a felicidade e protege a saúde? Certamente não. Alguns padrões comportamentais são a própria causa da infelicidade e de demandas de saúde física e mental.

Compartilho a seguir algumas dinâmicas relacionais e padrões comportamentais mapeados em atendimentos. São situações que se repetem em diversos núcleos familiares ao longo dos anos e que sustentam características similares. Todas trazem perdas e sofrimento e merecem um olhar cuidadoso por parte de pais e profissionais ligados à infância.

- **Desmame difícil em mães que se sentiram desamparadas/abandonadas.**

Descrição: a amamentação vira corda de salvação emocional. A mãe teme "perder o vínculo" e prolonga o mamar além do que o corpo/rotina suportam, sabota transições (copo, rotina de sono), oscila entre culpa e justificativas. O peito passa a regular não só o bebê, mas também a ansiedade materna; separações curtas viram drama; o casal discute o "até quando?".

Hipótese vincular/sistêmica: reencenação de perdas antigas no laço atual; fronteiras difusas e fusão mãe/bebê, com o subsistema conjugal ficando periférico. Baixa diferenciação do self aumenta a ansiedade de separação.

Impacto típico: criança com alta dependência para autorregulação e separação difícil, exaustão materna e ressentimento silencioso, exclusão do outro cuidador; conflitos com a família/escola sobre rotinas.

- **Ciúmes do primogênito.**

Descrição: com a chegada do irmão, o mais velho "precisa precisar" para reter o olhar da mãe. Reaparecem na fala infantil, o xixi na roupa, os "desajeitos" perto do bebê, as sabotagens discretas, entre outros. Não é maldade, é um teste. "Se eu demandar ajuda, vão me amar, então fico seguro".

Hipótese vincular/sistêmica: reorganização de subsistemas com risco de triangulação. Primogênito busca cola emocional com um cuidador contra o novo "terceiro". Na base, um pedido de base segura (apego). Triângulos e ansiedades mal distribuídas.

Impacto típico: rivalidade fraterna acentuada, regressões funcionais, culpa parental e rigidez reativa, queda de rendimento/atenção do primogênito, clima de competição por colo/tempo.

- **Roer unhas como agressividade contida contra os pais**

Descrição: a onicofagia surge como descarga silenciosa. Morder, arrancar peles, esconder as mãos, que pioram em dias de tensão com os adultos. É um "morder para dentro" quando brigar para fora não parece ser permitido/seguro. Vira ritual de autocontrole e punição de si.

Hipótese vincular/sistêmica: famílias com regra tácita de "não expressar raiva para cima" favorecem a virada da agressividade para o corpo (socialização de emoções). Apego mais evitativo (segurar, não mostrar) e fronteiras rígidas para afetos difíceis.

Impacto típico: dano físico (dor, infecções), vergonha e segredo, aumento de tensão e explosões pontuais, relação adulto-criança empobrecida em conversas honestas sobre raiva e limites.

- **Polarização parental (pai rígido *versus* mãe "mole") que escorre para crise conjugal**

Descrição: para compensar o outro, um endurece ("tem que obedecer"), o outro amolece ("coitadinho"); mensagens incoerentes, decisões desautorizadas diante da criança, ironias, queda de admiração mútua, educação como palco do conflito conjugal.

Hipótese vincular/sistêmica: padrão de coalizões e fronteiras mal definidas: cada adulto se alia à criança contra o parceiro. Ciclos coercitivos reforçam extremos. Diferenciação baixa gera escaladas complementares.

Impacto típico: a criança aprende a dividir e manipular, desenvolve ansiedade e sintomas comportamentais, desgaste conjugal com distanciamento/ataques, a escola recebe sinais contraditórios.

- **Mãe sem vez e voz → criança "validada" na falta de educação**

Descrição: história de silenciamento leva à supercorreção. "Aqui meu filho fala o que quer." A criança confunde liberdade com licença para ferir; o adulto evita pôr limite para não repetir o passado e depois se ressente.

Hipótese vincular/sistêmica: reparação intergeracional desorganizada. Há inversão de hierarquia e confusão entre respeito e submissão. Dificuldade de sustentar função parental sem cair no autoritarismo, risco de falso self na mãe – que atua agradando o filho para não reviver seu próprio não lugar.

Impacto típico: conflitos com pares/escola, rótulos de "mal-educado", aumento de rejeição social, crescendo a longo prazo – a criança tem custo relacional alto e o adulto acumula raiva e culpa.

- **Mulher cuidava do marido que sente ciúme da criança após o seu nascimento.**

Descrição: antes do bebê, o homem ocupava lugar de cuidado central. Com o recém-nascido, sente-se deslocado, compete por atenção, ironiza o cuidado, sabota rotinas ("deixa comigo", mas não faz), ou se recolhe e acusa a parceira de "só ser mãe".

Hipótese vincular/sistêmica: mudança de centralidade no sistema. O o subsistema conjugal precisa se reorganizar e muitos casais oscilam para fronteiras difusas com o bebê e desengajamento do parceiro. Triângulos e baixa diferenciação aumentam ciúme e rivalidade.

Impacto típico: conflitos velados e/ou abertos, queda de suporte à mãe, risco de depressão pós-parto, vínculo pai-bebê empobrecido, clima tenso na casa – que o bebê capta e responde com mais exigências.

- **Adaptação escolar difícil quando a mãe se sente desamparada**

Descrição: a entrada na escola reativa na mãe memórias de abandono. Microgestos de alarme aparecem: Olhar ansioso na porta, despedidas longas, checagens constantes. A criança capta o sinal de perigo e recusa separação, adoece "na hora", volta chorando.

Hipótese vincular/sistêmica: ansiedade de separação transmitida no vínculo (apego). Base segura abalada. Fronteiras escola-casa pouco confiadas. Contágio emocional mãe-criança.

Impacto típico: adaptação prolongada, recusas e somatizações, desgaste com a escola, sensação materna de culpa/fracasso, a criança associa aprender fora de casa a perigo/abandono e empobrece experiências sociais iniciais.

Muito longe de esgotar as possibilidades, os padrões apresentados aqui têm a intenção de convidar o leitor a abrir os olhos para suas dinâmicas relacionais. Quanto mais desenvolvermos consciência, mais vamos dando passos rumo ao aumento da Inteligência da Evolução [i5] e, assim, melhoramos nossa vida.

CAPÍTULO 9

Disciplina do Equilíbrio para casos específicos: Neurodiversidades, Síndrome de Down e Adoção

Recebo mensagens todos os dias de mães e pais que experimentam, pela primeira vez, um respiro em sua jornada. Uma delas já tinha buscado muitas soluções específicas para crianças dentro do espectro autista e agora fazia parte da comunidade de alunos da Disciplina do Equilíbrio. Eu lhe perguntei como estava sendo o uso das ferramentas para uma criança com esta condição ao que ela me respondeu:

Vanessa
Online agora

quando eu consigo me equilibrar e falar de forma respeitosa e vejo resultados. Não tenho mais problemas com, escovar os dentes, alimentação, banho, responder a cumprimentos, e já está saindo diálogos sobre os sentimentos. Isso é de uma grandeza que não tem preço. Sou muito grata a Deus pela sua vida. Inclusive oramos toda noite por você e sua família.

Esses depoimentos mostram, de modo fundamental, que por trás de cada diagnóstico – seja autismo, TDAH, TOD, Síndrome de Down ou AHSD – existe uma criança com necessidades únicas, mas também com potenciais que florescem quando encontram direção respeitosa, ambiente preparado e adultos conscientes.

Na Disciplina do Equilíbrio, não vemos a neurodiversidade como um obstáculo, mas como uma configuração singular do cérebro. Cada condição traz vulnerabilidades e forças específicas, e a metodologia encontra nas **cinco inteligências** – do comportamento, da comunicação, da emoção, da consciência e da evolução – caminhos concretos para acolher e guiar essas crianças.

Do ponto de vista científico, chamamos de neurodiversidade a variedade natural de configurações cerebrais e funcionais presentes na humanidade. O termo surgiu para deslocar o olhar do paradigma exclusivamente clínico-patológico para um modelo neurobiológico e social, reconhecendo que diferenças como o Transtorno do Espectro Autista (TEA), o Transtorno do Déficit de Atenção com Hiperatividade (TDAH), o Transtorno Opositivo-Desafiador (TOD), a Síndrome de Down (SD) ou as Altas Habilidades/Superdotação (AHSD) representam formas singulares de funcionamento, com vulnerabilidades, mas também com potencialidades próprias.

Estudos de prevalência recentes mostram que cerca de uma em cada 36 crianças recebe diagnóstico de TEA[31]; entre 5 e 7% da população mundial infantil apresenta TDAH[32]; e o TOD é identificado em aproximadamente 3,3% das crianças[33]. Já a Síndrome de Down ocorre em um a cada 700 nascimentos, segundo a Organização Mundial da Saúde[34]. As altas habilidades/superdotação atingem cerca de 2 a 5% da população escolar[35].

Embora cada condição apresente bases biológicas distintas – diferenças de conectividade sináptica no TEA, regulação dopaminérgica alterada no TDAH, fatores genéticos e relacionais no TOD, a trissomia 21 na Síndrome de Down, ou padrões de hipereficácia neural nas Altas Habilidades – todas compartilham uma mesma demanda, ou seja, um ambiente educativo que compreenda, respeite e saiba mediar essas diferenças, sem reduzir a criança ao rótulo que nomeia a sua condição.

É nesse ponto que a Disciplina do Equilíbrio oferece um diferencial. A metodologia atua como uma lente que traduz o funcionamento interno da criança e propõe ferramentas práticas para que pais e educadores se tornem guias atentos e equilibrados. Não se trata de "corrigir" a criança, mas de compreender como ela funciona e como pode florescer em sua singularidade.

Nas **AHSD**, cultivamos o equilíbrio entre o intelecto acelerado e a sensibilidade emocional profunda.

No **TDAH**, trabalhamos a autorregulação, o foco por blocos curtos e a valorização das conquistas que dão senso de progresso.

No **TEA**, ajudamos a criança a decodificar o mundo por meio da comunicação visual, do rapport e da previsibilidade.

No **TOD**, oferecemos segurança afetiva e ferramentas para transformar a luta por poder em conexão, cooperação e pertencimento.

Na **Síndrome de Down**, reforçamos o vínculo, a alegria afetiva e o aprendizado concreto, respeitando o ritmo próprio.

O que une todas essas trajetórias é a certeza de que nenhum diagnóstico define a totalidade de uma criança. Cada laudo pode ser utilizado com um mapa, mas nunca como uma condenação. O limite só aparece quando o adulto não aprende a enxergar além.

Crianças neurodivergentes não se desenvolvem "apesar" da neurodivergência, mas a com base nela, pois o cérebro delas veio assim. Portanto, não precisam de "correção", mas de compreensão, personalização e estratégia.

Neste capítulo, vamos olhar para cinco condições que acabam representando desafios reais para a própria criança, seus pais, professores e até para outros profissionais ligados a infância: AHSD – Altas Habilidades/Superdotação, TDAH – Transtorno do Défcit de Atenção com Hiperatividade, TEA – Transtorno do Espectro Autista, TOD – Transtorno Opositivo Desafiador e SD – Síndrome de Down.

AHSD – Altas Habilidades/Superdotação

O que é: uma configuração neurobiológica em que o cérebro apresenta alta conectividade entre regiões corticais e subcorticais, menor gasto de energia por tarefa e rapidez na integração de informações.

Características cognitivas: raciocínio rápido, pensamento abstrato, pensamento moral precoce, saltos intuitivos, facilidade para aprender sem ser ensinado diretamente.

Características emocionais e comportamentais: perfeccionismo, medo de errar, angústia existencial precoce, sensibilidade moral e estética, detalhismo, tédio frequente, cobrança interna, crise de identidade – "quem sou eu se falho?".

Sinais comuns: linguagem verbal precoce, vocabulário amplo, hipersensibilidade sensorial (sons, cheiros, toques, estímulos visuais), dificuldade com atividades rotineiras e baixa tolerância a incongruências.

TDAH – Transtorno do Déficit de Atenção com Hiperatividade

O que é: uma condição neurobiológica ligada à regulação da dopamina e noradrenalina, afetando o funcionamento do córtex pré-frontal (responsável por funções executivas como planejamento, inibição e foco).

Subtipos: desatento, hiperativo-impulsivo e combinado.

Características principais: desorganização, distração, hiperatividade mental ou corporal, impulsividade, dificuldade de iniciar e concluir tarefas.

Sinais comuns: fala excessiva, interrupções constantes, esquecimento, perda de objetos, dificuldade de manter a atenção em conteúdo não estimulante.

TEA – Transtorno do Espectro Autista

O que é: um transtorno do neurodesenvolvimento caracterizado por diferenças significativas na comunicação social e na flexibilidade cognitiva. Envolve hipersensibilidade sensorial, interesses restritos e dificuldades de interação social.

Aspectos biológicos: há evidências de diferenças na conectividade neuronal, em especial no córtex social e nos circuitos sensoriais, além de maior número de conexões sinápticas em algumas regiões.

Características principais: dificuldade com mudanças, apego a rotinas, interpretação literal da linguagem, hiperfoco prolongado em temas específicos, auto-organização por padrões e repetições.

Sinais comuns: atraso ou diferença na linguagem, falta de contato visual, movimentos repetitivos, isolamento social, crises após sobrecarga sensorial.

TOD – Transtorno Opositivo-Desafiador

O que é: uma condição comportamental frequentemente associada a desorganização emocional, histórico de relações conflituosas e uma leitura de mundo baseada na luta por sobrevivência e por poder. Pode ter causas multifatoriais (neuroquímicas, ambientais e relacionais).

Características principais: recusa ativa em obedecer a regras, comportamento provocador, discussões frequentes com adultos, facilidade em identificar falhas dos outros e rigidez em admitir os próprios erros.

Sinais comuns: irritabilidade, explosões de raiva, acusações aos outros, dificuldades em ambientes escolares e familiares onde não há segurança afetiva.

SD – Síndrome de Down

O que é: uma alteração genética caracterizada pela presença de um cromossomo 21 extra (trissomia 21). Essa configuração impacta o desenvolvimento neurobiológico e físico, trazendo diferenças na formação cerebral, na estrutura corporal e no ritmo de desenvolvimento. Apesar de apresentar desafios cognitivos e de saúde, cada indivíduo manifesta um espectro de potencialidades, sendo possível um alto grau de autonomia com estímulo e apoio adequados.

Características cognitivas: aprendizado mais lento, necessidade de maior repetição e prática, maior facilidade em aprender com recursos visuais e concretos, memória de longo prazo relativamente preservada em comparação com a memória de curto prazo, dificuldades na abstração e no pensamento lógico sequencial.

Características emocionais e comportamentais: afeto expansivo, facilidade em criar vínculos, empatia marcante, tendência à imitação social, persistência diante de desafios. Em alguns casos, pode haver teimosia, lentidão para mudanças de rotina e vulnerabilidade emocional diante de rejeições ou críticas.

Sinais comuns: atraso no desenvolvimento motor e de fala, hipotonia muscular, traços faciais característicos (olhos amendoados, ponte nasal achatada, língua protusa), maior risco de condições médicas associadas (cardiopatias congênitas, alterações na tireoide, problemas de audição e visão). No campo emocional, destacam-se a alegria contagiante e a sensibilidade às emoções do ambiente.

DIFERENÇAS E PONTOS EM COMUM ENTRE ALGUMAS DESSAS CONDIÇÕES

Cada condição apresenta suas particularidades. Eu, como uma pessoa com dupla excepcionalidade sei que as questões de se compreender e manejar não são tão simples assim, mas usar elementos didáticos como apoio para diferenciar uma condição da outra pode ajudar.

A ideia não é criar caixinhas fechadas que não se comunicam e tentam reduzir a condição àquilo que está escrito na linha tal e coluna tal. Não! Definitivamente, não é essa a ideia. Mas facilitar a visualização de características mais marcantes e diferenças mais importantes bem como apresentar, posteriormente, ferramentas e possíveis ajustes de manejo por parte dos adultos que vão facilitar a convivência e aprimorar o desenvolvimento saudável das crianças é o objetivo.

A seguir, vamos analisar as condições de AHSD, TDAH, TEA e TOD nos aspectos: tempo de foco, estímulo sensorial, estabilidade emocional, conflito com autoridade, frase típica.

Tabela 8 As condições de AHSD, TDAH, TEA e TOD nos aspectos

Aspecto	AHSD	TDAH	TEA	TOD
Tempo de foco	Longo se há desafio	Curto e oscilante	Longo (em temas específicos)	Curto e reativo
Estímulo sensorial	Intensificado	Acelerado e disperso	Doloroso e desorganizador	Explosivo
Estabilidade emocional	Fragilizada por ideal moral	Abalada por frustrações	Abalada por mudanças	Reativa e defensiva
Conflito com autoridade	Questionador ético	Impulsivo ou esquivo	Evitativo ou explosivo	Confrontador direto
Frase típica	"Isso não faz sentido."	"Esqueci."	"Por que mudou tudo?"	"Você não manda em mim!"

Fonte: Tabela desenvolvida pela autora.

É muito importante dizer que as condições são complexas e que a minha intenção não é reduzi-las a um capítulo de livro. O fato é que muitas famílias estão transformando suas vidas em cada interação rotineira com o uso das ferramentas da Disciplina do Equilíbrio em suas crianças autistas, hiperativas, superdotadas, desafiadoras e com laudos diversos. Sendo assim, minha intenção é apresentar aqui uma visão geral dessas condições e fazer uma conexão com as ferramentas da metodologia que podem ser usadas para auxiliar ao retorno dessas crianças ao seu equilíbrio natural. A vida familiar se restabelece, a vida escolar se desenvolve e a criança cresce com as melhores condições de encontrar seu caminho de crescimento e contribuição com o mundo.

A seguir, algumas tabelas que mostram o encontro e a diferença entre três condições já abordadas anteriormente: TEA, AHSD e TDAH.

Características Comuns entre TEA + TDAH + AHSD

- Guia por interesses
- Diferenças emocionais
- Diferenças sensoriais / percepção atípica
- Pensamento criativo/divergente
- Dificuldades nas funções executivas

Tabela 9 Características: TEA, TDAH e AHSD

Categoria	TEA (Transtorno do Espectro Autista)	TDAH (Transtorno de Déficit de Atenção e Hiperatividade)	AHSD (Altas Habilidades/ Superdotação)
Necessidades e Padrões	Necessidade de rotina, ordem e/ou expectativas claras (especialmente sob estresse)	Dificuldade com transições devido a desafios com troca de foco	Necessidade de desafios mentais e/ou estimulação intelectual
Atenção e Foco	Tendência a hiperfocar em poucos interesses por um longo período	Diferenças no controle da atenção (hiperfoco quando interessado e dificuldade extrema em focar quando não)	Compreensão rápida e/ou skip thinking
Processamento e Comunicação	Diferenças na comunicação verbal e não verbal e nas interações sociais	Velocidade de processamento impactada	Preferência por lógica e exatidão
Estilo de Pensamento	Tendência ao pensamento concreto / dificuldade com o abstrato	Pensamento criativo/ divergente	Tendência ao pensamento abstrato
Sensorial	Diferença na percepção sensorial (hiper ou hipossensibilidade)		
Social e Emocional	Preferência por conexões interpessoais através de interesses	Interações sociais afetadas por controle de impulso e foco	
Motricidade e Energia	Habilidades motoras impactadas	Hiperatividade (física e/ou mental)	
Comportamentos e Estímulos	Alívio/estímulo com comportamentos, movimentos, sons e pensamentos repetitivos	Necessidade de movimento ou estímulo (como fidgeting/ stimming) para ajudar na concentração	
Cognição e Padrões	Reconhecimento de padrões	Busca constante por novidades	Fascínio por teorias
Memória e Controle		Memória de trabalho prejudicada	Desenvolvimento emocional avançado para a idade

Fonte: Tabela desenvolvida pela autora.

Tabela 10 Características compartilhadas entre os perfis

Perfis	TEA + TDAH	TEA + AHSD	TDAH + AHSD
Categorias	Alexitimia (dificuldade para identificar e nomear emoções); Diferenças na interocepção e percepção do tempo; Diferenças sociais atípicas; Estereotipias ou stimming; Diferenças sensoriais; Jeitos únicos de aprender; Pensamento criativo/divergente; Dificuldades nas funções executivas.	Habilidade para notar detalhes; Necessidade de tempo em solidão/contemplação; Preferência por lógica e exatidão; Pensamento sistêmico; Preferência por expressões precisas; Desenvolvimento assíncrono; Curiosidade intensa.	Pensamento em metáforas e símbolos; Tédio com facilidade; Aprendizado de forma não linear; Grande variedade de interesses; Consciência da necessidade por complexidade.

Fonte: Tabela desenvolvida pela autora.

Tendo ampliado um pouco a compreensão sobre essas condições, o próximo passo é ligar os pontos, ou seja, é compreender como a Disciplina do Equilíbrio pode ser útil no manejo de crianças com essas condições. É o que eu chamo de Infância com PAZ+Ciência. Quando entregamos a essas famílias e profissionais um toque de ciência, a vida volta a ter paz. As famílias saem do ciclo de procurar erros e culpados e passam a focar em possibilidades e manejos que dão resultados. Saber o que fazer com as situações de desafio traz segurança aos pais e isso aumenta sua paciência e, como já aprendemos, mais paciência por parte dos adultos aumenta o amor percebido pelas crianças, o que reflete na construção de uma autoestima fortalecida e saudável. É sair do ciclo vicioso:

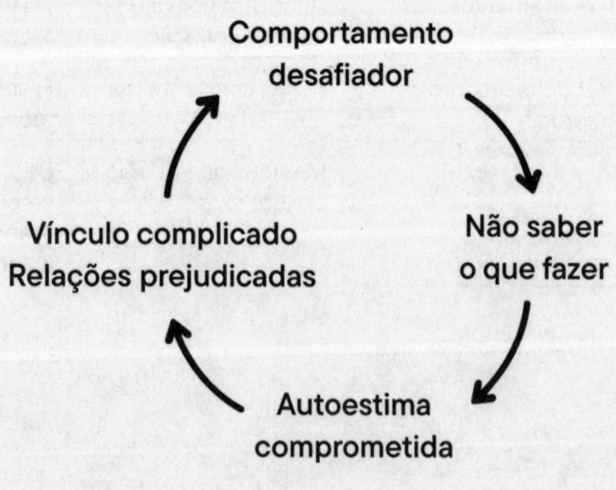

Para um caminho virtuoso:

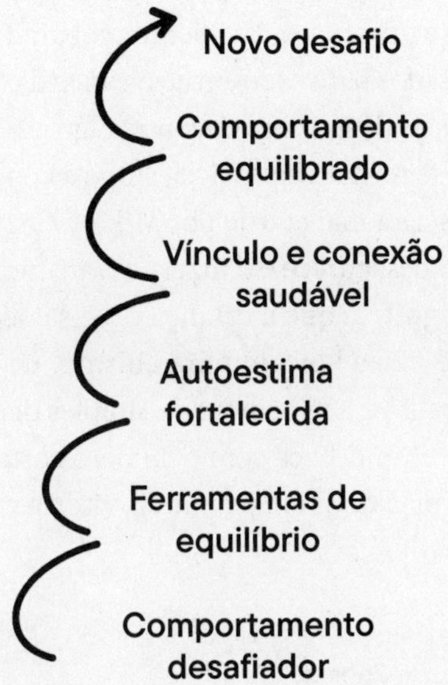

FERRAMENTAS DA DISCIPLINA DO EQUILÍBRIO PARA CADA PERFIL

A seguir, apresento dez desafios importantes de cada neurodivergência e faço a conexão com algumas ferramentas da Disciplina do Equilíbrio que podem ser usadas para lidar diretamente com aquela questão. Atenção: As ferramentas estão todas explicadas em detalhes num capítulo específico mais adiante. A ideia é que o leitor compreenda as relações e busque fazer a leitura da ferramenta indicada no capítulo específico sobre elas.

Ferramentas para AHSD

A seguir, o que vamos apresentar como sendo algo específico para o perfil da criança com Altas Habilidades ou Superdotação é, na verdade, mais intenso para elas, mas também aplicável a todas as outras.

Se o desafio é muito acima da capacidade atual, instala-se a frustração – a criança sente que não consegue, desiste e perde o interesse. Se o desafio é muito abaixo, nasce o tédio – a tarefa se torna óbvia, automática, sem estímulo para o crescimento. É nesse espaço delicado entre o excesso e a falta que mora o equilíbrio necessário para que a criança permaneça motivada. Maria Montessori já intuía esse princípio ao propor o "ambiente preparado", onde cada objeto e cada atividade são pensados para estarem ao alcance da criança em seu estágio de desenvolvimento. Quando a mente encontra algo que pode ser conquistado com esforço, mas sem se tornar impossível, surge a concentração profunda, a sensação de "*flow*" descrita mais tarde por Mihaly Csikszentmihalyi: Aquele estado em que o tempo desaparece e o fazer se transforma em prazer.

Na prática, isso significa que a criança precisa de tarefas que a puxem para a frente, mas que não a lancem num abismo. Um quebra-cabeça com peças demais pode paralisar. Um brinquedo simples demais pode ser largado em segundos. Mas o quebra-cabeça com o número certo de peças, aquele que exige foco e tentativa, mas também permite a vitória, torna-se fascinante.

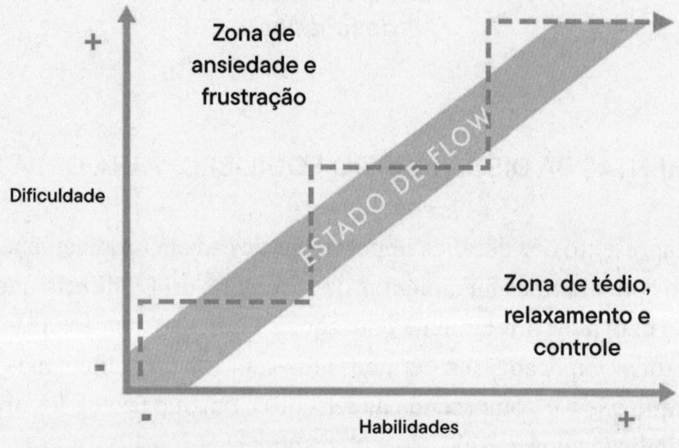

Fonte: Você já ouviu falar em flow? *Agora Entert*, [s.d.].

O mesmo se aplica às interações humanas. Uma mãe que pede à criança algo que está completamente fora de seu alcance, planta a frustração. Mas quando pede algo que exige dela um pouco mais do que ontem, estimula o crescimento. É nesse ajuste fino que se constrói o engajamento saudável. As crianças florescem quando vivem nesse espaço de equilíbrio. Nem sobrecarregadas nem subestimuladas, mas constantemente chamadas a expandir suas habilidades. É assim que o aprendizado deixa de ser uma obrigação e se torna uma aventura.

Seguindo essa compreensão, aqui estão algumas ferramentas da Disciplina do Equilíbrio que podem ter um efeito especial na vida com crianças com AHSD, com base em algumas características e desafios marcantes dessa condição.

1. Intensidade Emocional e Sensibilidade

Essas crianças, experimentam as emoções vividas de forma mais intensa, com facilidade para ansiedade, frustração ou crises emocionais. Podem ter reações exageradas a críticas ou injustiças. Apresentam também alta empatia, bom como maior vulnerabilidade a sofrimentos emocionais.

As crianças com AHSD podem apresentar experiências de emoções mais intensas e profundas mesmo sem conseguir gerenciar bem toda essa intensidade. Isso se dá pela alta conectividade entre sistema límbico (amígdalas – central emocional) e córtex pré-frontal (central racional). Um estudo de 2024[36] avaliou crianças superdotadas entre 4 e 13 anos e revelou que 82 % dessas crianças apresentam altos níveis de superexcitabilidade emocional, e quase todas, 99 %, manifestam três ou mais formas de *overexcitability* – emocional, intelectual e imaginacional.

A parte tranquilizadora dessa descoberta é que essas crianças têm o aparato biológico para aprender a lidar bem com tal intensidade se forem bem conduzidas pelos adultos; as ferramentas a seguir podem ajudar nesse processo:

Ferramenta #16 Liberdade guiada para sentir e expressar emoções: como sente com muita intensidade, a criança precisa ter liberdade para expressar e aprender a lidar com a descarga emocional que invade seu corpo. Isso a traz de volta ao equilíbrio.

Ferramenta #50 PEPE para controle emocional: essa ferramenta conecta, exatamente, pensamento e emoção – córtex pré-frontal e sistema límbico. Perfeita para ajudar a criança a entender seus processos internos até ir assumindo o controle das próprias emoções.

2. Assincronia entre capacidades cognitivas e socioemocionais

Embora seus pensamentos e vocabulário façam essa criança parecer mais velha do que sua idade cronológica, a maturidade emocional permanece sendo a da idade real. Isso pode gerar conflitos internos com a criança se sentido com a "mente avançada em um corpo/emoção infantil". Esse fenômeno pode trazer dificuldades de relacionamento.

Compartilhando uma experiência pessoal, vi meu filho bater na sua própria cabeça com menos de 2 anos quando tentava me falar uma palavra e eu não conseguia entender. Era como se ele se sentisse preso dentro do próprio corpo, ou seja, a mente já entendia, mas o aparelho fonológico e motor não acompanhava. A frustração emocional era enorme a ponto de agredir a si mesmo. Para ajudar os adultos a compreenderem e lidarem com isso, eis uma excelente ferramenta:

Ferramenta #55 Maturidade Cognitiva *versus* Maturidade Emocional: como essas crianças se expressam muito bem, os adultos tendem a supor que elas são capazes de lidar com frustrações, uma vez que já compreenderam as explicações. É comum ouvir questionamentos do tipo: "Se você entendeu, por que está chorando?". Essa ferramenta ajuda aos adultos na compreensão dessa assincronia.

3. Aprendizagem acelerada

Não apenas para "pegar de primeira" informações e conteúdos úteis, mas também para guardar para sempre traumas e situações negativas. Isso se dá pela neuroplasticidade acentuada da condição da criança com AHSD, ou seja, há uma rápida reconfiguração da rede neural a partir da entrada de uma informação nova. Isso explica o indivíduo pular para novos interesses muito rapidamente uma vez que o assunto antigo já não lhe traz mais desafios – ele já o dominou muito rápido – e agora busca por novidade. A escola pode trazer tédio e desmotivação. Com meu filho, eu sempre o orientei a levar um livro para ler enquanto precisa esperar a turma finalizar uma série de exercícios que ele já terminou, por exemplo. Alguns professores oferecem listas diferenciadas de atividades e isso pode ajudar muito também. Há um longo caminho de aprendizagem a ser trilhado pelas escolas em relação a crianças com AHSD.

Essa é uma característica boa para ser aproveitada seguindo o interesse da criança que vai ter uma tendência autodidata com base em assuntos que despertam seu interesse. E desafiadora para lidar com situações que a ferem. Para essas últimas, seguem ferramentas muito úteis:

Ferramenta #10 Reparo Emocional: pode ajudar a criança a não traumatizar ou "pegar ranço" de adultos que acabam fazendo comentários ou brincadeiras de mau gosto.

Ferramenta #47 Importar ou não importar: ajuda a criança a ter consciência e autonomia sobre o que vai "guardar" dentro de si em relação às coisas que aconteceram do lado de fora.

4. *Meltdown* e *Shutdown*

São duas manifestações do cérebro superestimulado pela intensidade cognitiva e emocional da criança superdotada e é fundamental falar de *meltdown* e *shutdown* em associação à superdotação porque muitas vezes esses estados são confundidos com birra ou até mesmo com algum transtorno (TEA, TDAH, TOD).

Meltdown: é uma explosão emocional e comportamental diante de uma sobrecarga (sensorial, cognitiva ou emocional). Caracteriza-se por choro intenso, gritos, agressividade ou descontrole motor. A criança não consegue se autorregular sozinha; o sistema nervoso entra em estado de "curto-circuito".

Em superdotados, isso acontece porque o processamento cognitivo é rápido demais, mas o emocional ainda é imaturo (assincronia). Há hipersensibilidade a estímulos (barulho, injustiça, crítica, incoerência, monotonia). Quando não são compreendidos ou encontram barreiras para expressar suas ideias, o acúmulo pode explodir em forma de *meltdown*. Mais presente em superdotados que têm a predominância dos temperamentos extrovertidos – colérico ou sanguíneo.

Shutdown: é a reação "oposta", ou seja, em vez de explodir, a criança desliga. Pode se manifestar como mutismo, isolamento, recusa em interagir ou até sintomas físicos (dores, fadiga). Funciona como uma forma de "proteção" do cérebro contra o excesso de estímulos. Em superdotados, o *shutdown* pode ocorrer após períodos de muita exigência intelectual/emocional, quando a criança sente que não será compreendida ou aceita, em contextos de descompasso social – por não encontrar pares ou ambientes em sintonia. Mais frequentemente em superdotados que têm a predominância dos temperamentos introvertidos – fleumático ou melancólico.

Apresento aqui um quadro de como identificar *meltdown* e *shutdown* em crianças superdotadas de acordo com os temperamentos dominantes:

Tabela 11 Como identificar *meltdown* e *shutdown* em crianças superdotadas

Temperamento	Como se manifesta o *meltdown*	Como se manifesta o *shutdown*	Raiz científica (superdotação)
Colérico (Criança-Líder)	Explosões intensas: gritos, raiva, querer mandar, jogar objetos. O *meltdown* vem quando não consegue controlar a situação.	Menos frequente, mas pode aparecer como "emburrar" em silêncio ou recusar-se a participar de atividades.	Alta energia psicomotora + baixa tolerância à frustração. A assincronia faz o controle emocional não acompanhar a rapidez cognitiva.
Sanguíneo (Criança-Sociável)	Choro estrondoso, dramatizações, fala sem parar, se joga no chão. Pode parecer teatral, mas é um transbordar real.	Fica quieto de repente, se desliga do grupo, evita contato, pode buscar refúgio no quarto ou se distanciando dos outros.	Alta sensibilidade social e emocional. Há um maior impacto da rejeição social em superdotados que favorece tanto explosões quanto retraimento.
Melancólico (Criança-Sensível)	Menos explosivo, mas pode ter crises de choro profundo e de duração prolongada, autocrítica dura e falar frases como "nada dá certo" e "é tudo culpa minha".	*Shutdown* pode ser forte apresentando reações como: mutismo, isolamento, recusa de contato, tristeza profunda. Pode somatizar em dores de cabeça, no estômago etc.	Hiperexcitabilidade emocional e imaginativa: vive o drama internamente. Pode sentir até mesmo dramas e sofrimentos que não são seus.
Fleumático (Criança-Estável)	Pouco frequente: quando acontece, é em forma de resistência passiva (não coopera, fica parado).	Mais comum em forma de: apatia, mutismo, desconexão. Parece "sumir" emocionalmente. *Shutdown* é uma defesa natural para essa criança.	Hiperexcitabilidade sensorial: se sobrecarrega com excesso de estímulos. Usa o *shutdown* como mecanismo de fuga – autoproteção.

Fonte: Tabela desenvolvida pela autora.

A seguir, disponibilizo algumas ferramentas que podem ajudar:

Ferramenta #4 Não é pessoal: compreender que as reações explosivas ou o recolhimento da criança não é contra o adulto muda tudo. Essa ferramenta traz um passo a passo para isso.

Ferramenta #44 PIA Pergunta Isca de Atenção: quando a criança está mergulhada na emoção forte ou no congelamento, essa ferramenta irá ajudá-la(o) a motivar a criança a fazer o que precisa ser feito para sair da crise.

Outro elemento que pode levar a criança a estes estados de crise é a forma como o adulto entrega a ela os "nãos" e as frustrações. Nesse caso, todas as ferramentas indicadas para lidar com as crianças com TOD – que serão apresentadas mais adiante – valem também para as crianças com AHSD (especialmente aquelas com predominância de temperamentos colérico ou sanguíneo).

5. Transição rápida de humor

Para quem vê de fora: não foi nada. Para a criança com AHSD, pequenos acontecimentos podem gerar picos emocionais que parecem desproporcionais ao ocorrido. Isso pode levar a rápidas transições de estados – da alegria à raiva e ao choro em poucos minutos. Ou, como diria quem não entende o que está acontecendo... "do nada". É importante lembrar que superdotados frequentemente apresentam hipersensibilidade a barulhos, críticas, injustiças ou incoerências. Esse nível de sensibilidade pode ativar respostas emocionais rápidas, como se fosse um "gatilho invisível" que levam a essas mudanças bruscas de humor.

Aqui vão algumas ferramentas específicas para lidar com essas situações:

Ferramenta #14 Dar razão para ter razão: em vez de reagir contra o descontrole da criança, dar razão ao que ela está sentindo para então poder ajudá-la a regular-se. Uma técnica baseada em *rapport* que é absolutamente útil para qualquer relação.

Ferramenta #33 A verdade da criança (modelos mentais): aqui, você vai conseguir compreender melhor as situações pela perspectiva da criança. Isso muda sua maneira de conduzir e abre os ouvidos da criança para você.

6. Perfeccionismo e autocrítica que podem levar à fuga dos desafios

Essas crianças estabelecem padrões muito elevados para si e tendem a se frustrar quando não atingem seus próprios objetivos. Experimentam essa reprovação interna com tanta intensidade que podem acabar com um enorme medo de errar que leva à procrastinação ou à recusa em tentar. É quase como se cada erro fosse um pequeno trauma em seu sistema. Ferramentas para lidar com isso:

Ferramenta #58 Perder faz parte: um treino não para que a criança aprenda a perder, mas para que ela saiba como lidar com suas emoções e seus comportamentos quando a perda for inevitável.

Ferramenta #15 Use o erro do passado com foco no futuro: passo a passo para dimensionar o peso que os erros devem ter para cada criança focando sempre no aprendizado para o futuro que aquela falha traz. Uma lição importante para toda a vida.

Ferramenta #49 Antecipação frente ao desafio: para quando a criança está querendo fugir das situações com medo de falhar.

7. Baixa tolerância à monotonia

Atividades repetitivas ou conteúdos escolares abaixo de sua capacidade são vividos como entediantes e trazem risco de desmotivação, queda de desempenho ou até problemas de comportamento em sala de aula. A criança com AHSD pode passar a não ver sentido na vida se não tiver desafios e possibilidades de exercitar sua autonomia e inteligência. Essas ferramentas são poderosas para resolver isso:

Ferramenta #1 PAPA Protagonismo, Autonomia, Participação Ativa: como essas crianças são curiosas, elas querem aprender e participar de tudo o que acontece ao redor delas. Então, essa abordagem é perfeita para incluir e dar um sentido útil à sua ação.

Ferramenta #19 Abobrinha pedagógica: nada de ir para a cozinha e ficar servindo as crianças feito garçom ou garçonete dos filhos. Importante trazer vida ativa de aprendizados na cozinha.

Ferramenta #2 NP vira CP: se tudo o que a criança pede você diz "não pode", então a vida vira uma grande coisa chata e sem graça. "Não pode!", vira "como pode?" – trata-se de uma ferramenta para abrir a mente dos adultos e ampliar as possibilidades das crianças.

Ferramenta #31 Espera particip(ativa): quando a criança precisa esperar que algo seja feito também pode ser uma situação de tédio e monotonia, mas com essa ferramenta a espera é ativa e participativa.

8. Questionamento constante

Crianças com AHSD têm a tendência de desafiar regras e autoridades, não por rebeldia e sim por necessidade de lógica e coerência. Podem ser vistas como "argumentativas", "muito questionadoras" ou "desobedientes" por adultos despreparados. Entretanto, também existem ferramentas para lidar com isso.

Ferramenta #8 Humildade é inteligência: como essas crianças são questionadoras e têm um raciocínio lógico muito exacerbado, não faz sentido ficar querendo impor as verdades dos adultos. Até porque, às vezes, o que essas crianças estão falando faz mais sentido do que o que está posto pelo mundo adulto. Então, essa ferramenta conecta os adultos de uma maneira especial com crianças com AHSD.

Ferramenta #5 Visita Guiada: em vez de simplesmente afastar a criança de algo perigoso que lhe chamou a atenção, o adulto faz com ela uma exploração conjunta. Isso faz a criança voltar ao equilíbrio.

Ferramentas #29 e #30 Peneira do "por que não?" e Peneira SET: kit para só falar "não" diante de uma real necessidade junto com os critérios para entender quando há uma necessidade verdadeira de dizer "não" a uma criança.

Ferramenta #11 Dinâmica dos Três Elementos: o adulto não se coloca contra a criança e o que ela quer, mas como uma ponte entre a criança e os objetos que lhe despertam interesse. É alguém que atende aos questionamentos da criança e não os invalida.

9. Vitimismo e passividade

Quando a criança se percebe diferente e, no sofrimento, culpa o mundo pela sua dor. Acha que ninguém sabe como é ser como ela e não age para se adaptar da melhor forma possível à vida. Também tem ferramentas para ajudar nisso.

Ferramenta #13 BHIM O idioma da criança: se a vida da criança for cheia de brincadeiras, histórias e músicas ela, dificilmente, ficará presa na sua dor de ser diferente. Até porque, pode-se usar músicas e histórias que tratem, especificamente, sobre essa questão.

Ferramenta #26 O "não" construído: quando o adulto precisa dizer "não", pode usar essa ferramenta para não ser o alvo da raiva da criança pensando pela criança e frustrando-a com suas negativas infinitas. Essa ferramenta ensina a criança a pensar e a tomar decisões, tirando-a da passividade.

Ferramenta #28 Pode, não pode; deixo, não deixo: "Você não me deixa fazer nada!", é a reclamação da criança quando não se usa essa ferramenta. A criança se sente vítima do poderio do adulto que decide tudo por ela e que tem total controle sobre tudo. Com essa ferramenta o jogo muda e a vida melhora.

Ferramenta #32 Amor Recebido *versus* Amor Percebido: que você ama sua criança eu não tenho dúvida, mas... será que ela percebe todo o amor que recebe da sua parte? Ferramenta importantíssima para a construção da autoestima da criança.

10. Isolamento social

Essas crianças podem apresentar dificuldade em encontrar pares com interesses semelhantes e, por isso, podem sentir-se "diferentes" e não compreendidas, levando à solidão. Em alguns casos, evitam interações para não parecerem "estranhas" ou "sabe-tudo" ou nivelam-se por baixo não evidenciando todo o seu potencial. Algumas ferramentas que podem ajudar:

Ferramenta #42 CLACA para lidar com telas: originalmente pensada para tirar a criança das telas, também pode ajudar a criança a se socializar por conta do isolamento social provocado pelas AHSD.

Ferramenta #61 Conversas de Mediação: para fazer a ponte entre a criança e os outros, sejam eles quem forem.

Importante: não minimizar as dores dessa criança por parecer "madura demais". Ela pode até pensar quase como adulta em muitas situações, mas sente e reage emocionalmente como criança.

Que outras ferramentas da Disciplina do Equilíbrio você incluiria para contribuir com a vida de famílias com crianças diagnosticadas com AHSD?

Tabela 12 Desafios das Crianças com AHSD *versus* Ferramentas da Disciplina do Equilíbrio

Desafio	Descrição Resumida	Ferramentas Recomendadas
1. Intensidade emocional e sensibilidade	Emoções profundas, superexcitabilidade, empatia alta, dificuldade de regulação.	#16 – Liberdade guiada para sentir e expressar emoções #50 – PEPE para controle emocional
2. Assincronia entre cognição e emoção	Cognitivo avançado *versus* maturidade emocional infantil. Gera frustração e conflitos.	#55 – Maturidade Cognitiva *versus* Maturidade Emocional
3. Aprendizagem acelerada (tédio e trauma)	Aprende rápido, perde o interesse fácil e também guarda traumas com intensidade.	#10 – Reparo emocional #47 – Importar ou não importar?
4. *Meltdown* e *Shutdown*	Explosão ou desligamento diante da sobrecarga sensorial, emocional ou cognitiva.	#04 – Não é pessoal #44 – PIA – Pergunta Isca de Atenção
5. Transição rápida de humor	Mudança emocional súbita, sensibilidade a críticas e incoerências.	#14 – Dar razão para ter razão #33 – A verdade da criança (modelos mentais)
6. Perfeccionismo e autocrítica	Medo de errar, procrastinação, recusa em tentar. Sofre intensamente com falhas.	#58 – Perder faz parte #15 – Use o erro do passado com foco no futuro #49 – Antecipação frente ao desafio
7. Baixa tolerância à monotonia	Se desmotiva com o óbvio. Precisa de desafio, autonomia e participação.	#01 – PAPA: Protagonismo, Autonomia e Participação Ativa #19 – Abobrinha pedagógica #02 – “NP” vira “CP” #31 – Espera particip(ativa)
8. Questionamento constante	Desafia regras por lógica e coerência, não por rebeldia.	#08 – Humildade é inteligência #05 – Visita guiada #29 e #30 – Peneira do “por que não?” e Peneira SET #11 – Dinâmica dos Três Elementos

(continua)

Desafio	Descrição Resumida	Ferramentas Recomendadas
9. Vitimismo e passividade	Sentimento de injustiça, culpa o mundo, sente-se diferente e impotente.	#13 – BHIM: idioma da criança #26 – O "não" construído #28 – Pode, não pode; deixo, não deixo #32 – Amor recebido *versus* Amor percebido
10. Isolamento social	Dificuldade em encontrar pares, sensação de inadequação, autoexclusão.	#42 – CLACA para lidar com telas #61 – Conversas de Mediação

Fonte: Tabela desenvolvida pela autora.

Notas de Aplicação:

- Ferramentas como o PEPE, o BHIM e a CLACA são essenciais para modular a intensidade da criança superdotada sem apagar sua potência.
- A chave não é regular a criança para caber no mundo, mas sim ajudar o mundo adulto a abrir espaço para que ela floresça com estrutura emocional.
- Muitas dessas ferramentas também se aplicam às crianças neurotípicas, porém, com o perfil AHSD elas se tornam urgentes e transformadoras.

FERRAMENTAS PARA TDAH

O que vamos apresentar a seguir como sendo algo específico para o perfil da criança com Transtorno de Déficit de Atenção e Hiperatividade (TDAH) é, na verdade, um conjunto de desafios que todos os adultos enfrentam em algum grau no convívio com crianças ativas – destaque especial para as de predominância do temperamento sanguíneo, muitas vezes confundidas com o diagnóstico de TDAH – mas que, nos casos em que realmente existe o TDAH, se apresentam de forma mais intensa e persistente.

O cérebro da criança com TDAH apresenta diferenças funcionais em regiões ligadas à atenção, ao controle inibitório e à regulação da motivação, como o córtex pré-frontal, os núcleos da base e o cerebelo. Pesquisas de neuroimagem mostram que há menor atividade dopaminérgica em circuitos responsáveis pela autorregulação, o que explica a busca constante por novidades, a dificuldade em sustentar tarefas monótonas e a impulsividade (Castellanos & Proal, 2012; Volkow *et al.*, 2009).

Além disso, estudos de revisão indicam que a variabilidade atencional – medida pela oscilação nos tempos de reação a estímulos – é um dos marcadores cognitivos mais robustos e consistentes do TDAH (Kofler *et al.*, 2013; Karalunas *et al.*, 2014). Essa característica, ajuda a compreender por que a criança consegue focar muito em algumas atividades, mas não sustenta o mesmo nível de atenção em tarefas pouco estimulantes.

Seguindo essa compreensão, aqui estão alguns dos principais desafios das crianças com TDAH e as ferramentas da Disciplina do Equilíbrio mais eficazes para cada situação.

1. Déficit de atenção sustentada

Dificuldade em manter foco por longos períodos em tarefas que exigem esforço mental contínuo como leitura, atividades escolares, relatórios. Não significa que a criança "não presta atenção em nada". Na verdade, ela até presta atenção em muitas coisas, porém de forma intermitente, fragmentada e pouco controlada. É como se o foco fosse um holofote que se acende e apaga sem que a criança consiga controlar o interruptor.

Essa oscilação acontece porque há uma disfunção nos circuitos neurais que regulam a manutenção da atenção, em especial o córtex pré-frontal dorsolateral, os gânglios da base e o cíngulo anterior, regiões responsáveis por filtrar estímulos, selecionar o que importa e sustentar o foco. Além disso, estudos de neuroimagem mostram que a hipoatividade dopaminérgica nesses circuitos reduz a capacidade de manter motivação em tarefas longas ou repetitivas (Volkow *et al.*, 2009; Castellanos & Proal, 2012).

Meta-análises recentes (Kofler *et al.*, 2013; Karalunas *et al.*, 2014) identificam que o traço mais consistente no TDAH não é a "falta de foco total" e sim a variabilidade atencional: períodos curtos de alta concentração intercalados com quedas bruscas de atenção. Isso explica porque a criança pode se mostrar "superfocada" em um jogo de videogame ou em montar Lego (hiperfoco) e, ao mesmo tempo, não conseguir terminar uma página de leitura ou um exercício escolar.

Essa dificuldade em sustentar a atenção em tarefas menos estimulantes gera queda de desempenho escolar, rótulos de "preguiçoso" ou "desinteressado", conflitos com adultos, sensação de incapacidade e comparação negativa com colegas afetando sua autoestima.

A Disciplina do Equilíbrio não vem para "forçar a criança a prestar atenção", ela vem para orientar a criação de condições ambientais e relacionais para que o foco seja possível. Isso se faz por meio de estratégias que:

- Quebram tarefas longas em blocos curtos e previsíveis.
- Transformam o passivo em ativo, aumentando o protagonismo da criança.
- Redirecionam a atenção com leveza, sem culpabilizar a distração.
- Criam âncoras de motivação ligadas ao interesse da criança.

Algumas ferramentas práticas que podem auxiliar nessa questão:

Ferramenta #70 VPP – Vamos por partes: não exigir concentração por longo período sem descanso e ajudar a criança a sustentar o foco por tempos menores e ir aumentando.

Ferramenta #31 Espera (particip)ativa: não exigir que essa criança espere sem fazer nada. Ocupá-la com inteligência enquanto precisa aguardar.

2. Facilidade de distração

Qualquer estímulo pode interromper o foco. É como se o cérebro tivesse um filtro frágil, onde tudo entra, tudo chama, nada é silenciado. Esses estímulos podem ser: Externos – barulho, movimento de colegas, uma janela aberta, alguém passando no corredor. Ou internos – uma lembrança, uma preocupação, uma emoção forte, uma ideia nova que surge. Neurobiologicamente, característica que está ligada à hipofunção da rede de controle executivo (córtex pré-frontal dorsolateral e cíngulo anterior), que deveria "fechar a porta" para estímulos irrelevantes. Em paralelo, a rede em modo padrão (Default Mode Network, DMN) – responsável por pensamentos internos espontâneos – mostra-se hiperativa no TDAH (Castellanos & Proal, 2012; Fassbender *et al.*, 2009).

Isso explica porque a criança pode estar copiando a lição e, de repente, mergulhar em pensamentos ou emoções que parecem "roubar" sua atenção. Para ajudar nessa questão, seguem algumas sugestões:

Ferramenta #44 PIA – Pergunta Isca de Atenção: quando a criança já dispersou, a PIA é um gancho para resgatar o foco com leveza. Funciona como "iscas cognitivas" que despertam interesse imediato.

Ferramenta #45 TIC – Tornar o Invisível Concreto: faz com que a criança "veja" o que precisa focar e entender o que é primordial. Pode ser adaptada para qualquer necessidade.

3. Hiperfoco seletivo

Embora haja dificuldade em manter a atenção, crianças com TDAH podem mergulhar profundamente em tarefas que despertam interesse pessoal. Nesses momentos, entram em um estado quase hipnótico, em que perdem a noção do tempo e do ambiente – o famoso estado de *flow*.

Esse fenômeno mostra que não há incapacidade de focar, mas sim um foco irregular, desproporcional e dependente da motivação intrínseca. O mesmo cérebro que "não consegue" prestar atenção em uma explicação escolar pode passar horas montando blocos de Lego, desenhando personagens ou explorando um jogo de videogame.

Estudos sugerem que esse hiperfoco está ligado à hipersensibilidade do sistema dopaminérgico de recompensa (Volkow *et al.*, 2009). A criança com TDAH precisa de estímulos mais intensos ou interessantes para manter níveis adequados de dopamina e noradrenalina no córtex pré-frontal. Quando o assunto é altamente motivador, há uma ativação intensa que sustenta o foco; quando não é, a rede de atenção cai abruptamente. É como se o cérebro tivesse um interruptor de "tudo ou nada".

Ferramenta #3 CACA *versus* DOSE: fazer a vida, o dia a dia e as relações liberarem dopamina, ocitocina, serotonina e endorfina pode ajudar a criança a ter interesse pelo que precisa ser feito.

Ferramenta #64 Gostar e querer antes de se comprometer e melhorar: ajudar a criança a pegar gosto pelo que precisa fazer para que sinta prazer ao estudar e aprender, por exemplo.

4.Hiperatividade motora e/ou mental

A hiperatividade pode se manifestar no corpo e/ou na mente.

Motora: agitação constante, dificuldade em permanecer sentado, mexer pés e mãos, correr ou subir em lugares inapropriados. É como se houvesse um "motor interno" que não desliga.

Mental: fluxo incessante de pensamentos, fala excessiva, dificuldade em silenciar a mente, o que impacta diretamente no relaxamento e no sono.

Essa característica não é apenas "falta de limites" ou "energia demais". Ela revela um cérebro que busca constantemente estímulos para se autorregular. Pesquisas de neuroimagem mostram que, no TDAH, há alterações na rede motora cortical e nos gânglios da base, responsáveis pelo controle do movimento e da inibição (Castellanos & Proal, 2012). Do ponto de vista neuroquímico, a hipoatividade dopaminérgica dificulta a sensação de saciedade mental, levando a uma busca contínua por novidades e movimento (Volkow *et al.*, 2009).

O fluxo acelerado de pensamentos também se conecta à hiperatividade da rede em modo padrão (Default Mode Network – DMN), que permanece ativa mesmo quando a criança deveria descansar. Isso explica a dificuldade em "desligar" para dormir (Fassbender *et al.*, 2009).

Ferramenta #1 PAPA: Protagonismo, Autonomia, Participação Ativa: faz com que a criança sempre tenha algo a fazer no dia a dia e inclui a participação delas nas atividades dos adultos.

Ferramenta #5 Visita Guiada: permite que a criança explore o que lhe chama a atenção para que volte a ficar em equilíbrio, evitando correr riscos de acidentes domésticos.

Ferramenta #19 Abobrinha Pedagógica: já que a criança "não para", com essa ferramenta ela terá coisas úteis para fazer e ainda desenvolver sua habilidade de foco e treinar sua concentração.

5. Impulsividade

É a tendência a agir ou falar sem passar pelo filtro da reflexão. Agem sem pensar, interrompem conversas, respondem antes da pergunta terminar, falam sem filtro, tomam decisões precipitadas ou agem sem avaliar riscos. Não é "malcriação" ou "falta de educação", trata-se de uma dificuldade real de controlar os impulsos imediatos. Pesquisas mostram que a impulsividade está ligada a alterações em regiões do cérebro responsáveis pelo controle inibitório, especialmente o córtex pré-frontal ventrolateral e os gânglios da base. Há uma menor ativação nessas áreas, reduzindo a capacidade de inibir respostas automáticas (Aron *et al.*, 2004; Castellanos & Proal, 2012). Além disso, a menor disponibilidade de dopamina e noradrenalina afeta a capacidade de "segurar" a resposta automática até avaliar melhor a situação.

A impulsividade não se corrige com bronca ou punição – isso só aumenta a vergonha e a desregulação. O caminho é criar pausas entre impulso e ação, ensinando a criança a ter consciência do que sente, pensa e faz. O que pode ajudar?

Ferramenta #17 Objeto de fala: faz com que a criança aprenda a esperar sua vez de falar sem interromper aos outros. Também leva-a a aprenda a ouvir.

Ferramenta #48 Me aperta e espera: quando a criança quiser falar, em vez de a interromper, pode apertar o adulto para que este saiba que a criança deseja participar da conversa.

Ferramenta #50 PEPE para controle emocional: quando a criança for compreendendo que pensamento sustenta emoção, vai começando a conseguir se conter.

6. Baixa tolerância à frustração

A criança com baixa tolerância à frustração reage de forma intensa e desproporcional diante de obstáculos que parecem pequenos, como perder um jogo, não conseguir encaixar uma peça, ter que esperar a vez, ouvir um "não". O que para outros seria apenas um contratempo, para ela pode se transformar em choro intenso, raiva, birras ou desistência imediata. A emoção toma conta do corpo como se fosse uma ameaça real – a depender do temperamento dominante isso pode ser mais ou menos intensificado.

Esse traço se explica pela combinação da imaturidade do córtex pré-frontal – responsável por modular emoções da hiperatividade do sistema límbico (amígdala) que dispara respostas emocionais intensas e da baixa disponibilidade dopaminérgica, que reduz a motivação para persistir diante de dificuldades.

Estudos longitudinais mostram que crianças com TDAH apresentam menor tolerância a atrasos de recompensa, preferindo ganhos imediatos a esperar por benefícios maiores (Sonuga-Barke, 2005). Isso ajuda a entender por que pequenas frustrações ativam reações explosivas – o cérebro não suporta esperar ou lidar com o "não agora".

Na Disciplina do Equilíbrio a meta não é eliminar a frustração, porque ela faz parte da vida, mas ensinar a criança a lidar com ela de forma equilibrada, construindo persistência, resiliência e confiança. Para isso, seguem algumas ideias:

Ferramenta #26 Dizer não sem dizer não – o não construído: evita uma reação impulsiva por parte de uma frustração forte diante de uma negativa dos adultos que poderia desregular a criança.

Ferramenta #7 Saldo positivo: faz com que a criança se abra para aceitar os "nãos" necessários.

Ferramenta #58 Perder faz parte: ajuda a criança a treinar para frustrações inevitáveis como perder algumas vezes em jogos e esportes.

7. Desorganização

Ambientes bagunçados, dificuldade em seguir rotinas, materiais escolares e objetos frequentemente perdidos. A criança apresenta muita dificuldade em criar e manter ordem no ambiente e nas tarefas. Rotinas simples como arrumar a mochila e seguir os passos da higiene pessoal podem se tornar um grande desafio. O adulto, muitas vezes, interpreta como "falta de responsabilidade" ou "preguiça", mas na verdade é dificuldade em planejar, sequenciar e monitorar ações. Esse traço está ligado a déficits nas chamadas funções executivas, processos cognitivos mediados pelo córtex pré-frontal dorsolateral e pelo córtex pré-frontal ventromedial. Pesquisas mostram que crianças com TDAH têm dificuldades em:

- **Planejamento:** prever os passos necessários para alcançar um objetivo.
- **Sequenciamento:** organizar a ordem correta das ações.
- **Memória de trabalho:** manter informações na mente enquanto executam a tarefa.

Um estudo de meta-análise (Willcutt *et al.*, 2005) confirmou que déficits em funções executivas são uma das marcas mais consistentes do TDAH, com impacto direto na organização do cotidiano. Para ajudar nisso, seguem mais algumas ferramentas:

Ferramenta #21 Mágica dos olhos fechados: faz tudo ir para o seu devido lugar com alegria e leveza.

Ferramenta #54 Elementos de Mediação: usar ampulhetas para marcar o tempo e quadros de rotina para ajudar a criança a "ver" o que tem que fazer pode ser um facilitador importante para pessoas com TDAH.

Ferramenta #4 Não é pessoal: faz o adulto se lembrar que a criança não provoca desordens ou esquecimentos de propósito e nem para irritá-lo.

8. Busca por estímulos constantes

A criança com TDAH sente uma necessidade contínua de novidade, mudança e excitação. Quando a tarefa é repetitiva, monótona ou previsível, ela rapidamente perde o interesse e pode até apresentar aversão. Isso não é "frescura" ou "teimosia", mas reflexo de um cérebro que precisa de variação e intensidade para se manter engajado.

O TDAH está associado à hipoatividade dopaminérgica em circuitos de recompensa (Volkow *et al.*, 2009), isso significa que tarefas rotineiras ou de baixo estímulo não geram liberação suficiente de dopamina para sustentar motivação. Por outro lado, novidades ou atividades excitantes disparam uma ativação intensa, criando a sensação de prazer e foco. Essa busca constante por estímulos é chamada de hipossensibilidade à recompensa. O cérebro precisa de "mais" para sentir o mesmo que outros sentem com atividades simples.

Como a Disciplina do Equilíbrio atua: a meta não é "acabar com a necessidade de estímulo", mas equilibrar novidade e rotina, trazendo variação dentro da estrutura. Assim, a criança aprende a lidar com o tédio de forma construtiva e a usar sua busca por novidade como potência criativa.

Ferramentas #29 e #30 Peneiras do "por que não?" e SET: permite que a criança faça as experiências, vivências e brincadeiras que despertam o interesse dela e atende sua necessidade de estímulo e novidade.

Ferramenta #13 BHIM O idioma da criança: usar de brincadeiras, histórias e músicas traz novidade para a rotina e faz com que o dia a dia seja estimulante, divertido e feliz.

9. Problemas de memória operacional

Esquece instruções, perde objetos, não lembra do que ia fazer (memória de curto prazo prejudicada). Estudos mostram que déficits na memória de trabalho estão entre os achados mais consistentes na criança com TDAH (Willcutt *et al.*, 2005; Rapport *et al.*, 2008). Neurobiologicamente, essa função está associada ao córtex pré-frontal dorsolateral e suas conexões com o córtex parietal. No TDAH, há uma menor ativação nessas áreas, o que explica a dificuldade em "segurar" informações temporárias para o uso imediato.

Na escola pode apresentar dificuldade em seguir instruções com vários passos, esquecer partes de provas, "errar por distração". A criança se sente incapaz, desorganizada e começa a acreditar que "não consegue fazer nada direito".

Com a Disciplina do Equilíbrio o objetivo não é exigir que a criança "memorize de qualquer jeito", mas criar suportes externos e estratégias visuais que ajudem a memória operacional a funcionar melhor. Com o tempo, esses suportes vão sendo internalizados.

Ferramenta #15 Use o erro do passado com foco no futuro: se esqueceu o material da escola, aprender a organizar tudo no dia anterior. Se esqueceu o compromisso, aprender a anotar e pendurar na geladeira para todos ajudarem a lembrar.

Ferramenta #11 Dinâmica dos Três Elementos: nunca fique contra a criança que se esqueceu de algo ou cometeu qualquer outro erro, junte-se a ela em busca de soluções viáveis para que a questão seja resolvida.

10. Problemas de regulação emocional

Oscilações de humor rápidas, reatividade intensa, dificuldade em "voltar ao equilíbrio" após se irritar. A criança com TDAH não apenas sente as emoções com intensidade, mas também tem dificuldade em modulá-las, ficando "presa" no estado emocional negativo por mais tempo. Um estudo de 2019 (Shaw *et al.*) reforça que a labilidade emocional (oscilações rápidas de humor) está entre os marcadores mais consistentes do TDAH, com impacto direto no funcionamento social e acadêmico.

Com a Disciplina do Equilíbrio o objetivo é ajudar a criança a reconhecer, expressar e regular seus estados emocionais. O adulto precisa ser guia, não juiz: acolher a intensidade sem medo e ensinar caminhos práticos de autorregulação à criança.

Ferramenta #14 Dar razão para ter razão: ao concordar com a emoção da criança, seus ouvidos e seu coração se abrem e o adulto pode guiá-la de volta ao equilíbrio.

Ferramenta #16 Liberdade guiada para sentir e expressar emoções: se sentir raiva, extravasar e sair "do outro lado" da emoção sem fazer mal a si, ao ambiente ou aos outros.

Importante: valorize os microprogressos. A autocrítica do TDAH é silenciosa, porém constante.

Tabela 13 Desafios das Crianças com TDAH versus Ferramentas da Disciplina do Equilíbrio

Desafio	Descrição resumida	Ferramentas recomendadas
1. Déficit de atenção sustentada	Dificuldade em manter o foco por longos períodos; oscilação da atenção.	#70 – VPP: Vamos por partes #31 – Espera particip(ativa)
2. Facilidade de distração	Qualquer estímulo interno ou externo quebra o foco.	#44 – PIA: Pergunta Isca de Atenção #45 – TIC: Tornar o Invisível Concreto
3. Hiperfoco seletivo	Consegue manter foco apenas quando o tema é altamente estimulante.	#03 – CACA *versus* DOSE #64 – Gostar e querer antes de se comprometer e melhorar
4. Hiperatividade motora e/ou mental	Agitação física e/ou fluxo incessante de pensamentos.	#01 – PAPA: Protagonismo, Autonomia e Participação Ativa #05 – Visita Guiada #19 – Abobrinha Pedagógica
5. Impulsividade	Age ou fala sem pensar; dificuldade em inibir respostas.	#17 – Objeto de fala #48 – Me aperta e espera #50 – PEPE para controle emocional
6. Baixa tolerância à frustração	Reage de forma intensa a perdas ou negativas; busca por recompensa imediata.	#26 – O "não" construído #07 – Saldo positivo #58 – Perder faz parte
7. Desorganização	Dificuldade em planejar, manter rotinas ou encontrar objetos.	#21 – Mágica dos olhos fechados #54 – Elementos de mediação (quadros de rotina, ampulhetas) #04 – Não é pessoal

(continua)

Desafio	Descrição resumida	Ferramentas recomendadas
8. Busca por estímulos constantes	Entedia-se facilmente com tarefas simples; precisa de variação para se engajar.	#29 – Peneira do "por que não?" #30 – Peneira SET #13 – BHIM: idioma da criança
9. Problemas de memória operacional	Esquece instruções, materiais, tarefas em andamento.	#15 – Use o erro do passado com foco no futuro #11 – Dinâmica dos Três Elementos
10. Problemas de regulação emocional	Reações intensas, dificuldade de voltar ao equilíbrio emocional.	#14 – Dar razão para ter razão #16 – Liberdade guiada para sentir e expressar emoções

Fonte: Tabela desenvolvida pela autora.

Notas de Aplicação:

- O foco da metodologia não é forçar a criança a se encaixar, mas preparar o ambiente e o adulto para favorecer autorregulação e autonomia.
- A estratégia principal é sempre levar em conta a neurobiologia da criança e oferecer rotas práticas de ação.

Que outras ferramentas da Disciplina do Equilíbrio você incluiria para contribuir com a vida de famílias com crianças com diagnóstico de TDAH?

FERRAMENTAS PARA TEA

O que vamos apresentar a seguir como sendo algo específico do Transtorno do Espectro Autista (TEA) é, na verdade, um conjunto de necessidades de previsibilidade, clareza comunicacional e mediação sensorial que beneficiam todas as crianças mas que, no TEA, tornam-se condições de acessibilidade para que o desenvolvimento aconteça. A lógica montessoriana do ambiente preparado ganha aqui um contorno ainda mais concreto: menos ruído, mais sinal; menos surpresa, mais roteiro; menos ambiguidade, mais instrução visual. Quando a experiência se torna legível para o cérebro autista, a energia que antes ia para "decodificar o caos" passa a ir para aprender, brincar, se relacionar.

A seguir, características marcantes do TEA e as ferramentas da Disciplina do Equilíbrio mais úteis em cada uma:

1. Dificuldade na comunicação social recíproca e leitura de sinais

No TEA, a troca social "de mão dupla" – iniciar, manter e encerrar interações, ajustar fala e corpo ao outro, partilhar atenção e interesse – é trabalhosa. A criança pode:

- Não iniciar conversas ou o fazer apenas sobre temas de interesse.
- Não manter a circularidade (pergunta–resposta–pergunta).
- Parecer não responder ao nome (sobretudo em contextos ruidosos ou quando está hiperfocada). soar literal (dificuldade com entrelinhas, gestos, tons, ironias). Isso não é desatenção "simples" nem falta de educação. Trata-se de um modo diferente de orientar a atenção e atribuir significado ao social (DSM-5-TR/ICD-11).

Com a Disciplina do Equilíbrio temos o objetivo de tornar o social legível, previsível e praticável. Em vez de corrigir, buscamos ensinar explicitamente (modelagem), concretizar (visual) e mediar (ponte adulto/pares).

Ferramenta #49 Antecipação frente ao desafio: explicar o que vai acontecer (quem, onde, por quanto tempo, qual é a sua vez e a do outro). Ensaiar as interações sociais em casa. Essa ferramenta pode ajudar em quase todos os desafios da criança no espectro, então use-a sempre que achar necessário.

Ferramenta #65 Ensine ensinando, não corrigindo: ao perceber que a criança ainda não "pegou" o manejo da comunicação/interação, não comentar, apenas reapresentar as ideias e refazer os ensaios até perceber que ela internalizou o aprendizado.

Ferramenta #61 Conversas de Mediação: o adulto traduz intenções ("ele quer te mostrar... você pode responder..."), evita ruídos, mantém o clima seguro.

Erros comuns *versus* Alternativas DdE

Ao invés de dizer: "Conversa direito!" (vago)
Trocar por: "Diga *uma* coisa sobre o seu desenho e faça *uma* pergunta".
Ao invés de cobrar: "Você nem responde quando te chamam!"
Trocar por: "Quando ouvir seu nome, faça isto: *olhe, levante a mão, diga 'oi'*".
Ao invés de: corrigir no meio da conversa em tom crítico
Trocar por: mediação discreta ("agora é a vez dele, depois volta para você").

2. Rigidez comportamental

Insistem em rotinas, rituais ou formas específicas de fazer as coisas, resistem a mudanças inesperadas: "Mesmo lugar, mesma ordem, mesmo jeito". Por exemplo, mesma caneca, mesma rota, objetos/temas fixos e regras invariáveis. Mudanças não previstas – ainda que pequenas – podem gerar ansiedade, oposição, *meltdown* ou *shutdown*. No DSM-5-TR/ICD-11 isso integra o domínio de comportamentos restritos e repetitivos (*insistence on sameness*). Na escola as transições de recreio para sala, mudanças de professor ou trabalhos "abertos" podem desestabilizar.

Na Disciplina do Equilíbrio, usamos alguns princípios-guia:

- Tornar a mudança previsível (quando, o que, quanto dura, o que vem depois).
- Dosar a mudança (pequenas variações = treino de flexibilidade).
- Concretizar a mudança com elementos-âncoras.
- Medir e reparar – microprogresso e recomposição emocional.

Ferramenta #45 TIC – Tornar o Invisível Concreto: use fotos e outros elementos para facilitar a compreensão e preparo interno para a novidade. Também é muito útil fazer quadro de transições com AGORA → DEPOIS (exemplo:  "brincar"  "almoçar").

Ferramenta #62 Marcar o tempo: ajuda a desenhar na mente começo-meio-fim das coisas; contagem regressiva de 5-2-1 minuto.

Ferramenta #54 Elementos de Mediação: ampulhetas, rotina na parede, sinais visuais, cartões com a sequência das atividades. Um, em especial, é o item-ponte que é um pequeno elemento que possa ser mantido da atividade A para B. Por exemplo, a criança está brincando com carrinho e agora precisa ir jantar. "O carrinho vai 'estacionar' na sala de jantar enquanto você come." Tudo pode contribuir para transições mais tranquilas.

Ferramenta #26 O "não" construído: quando a criança quer algo impossível, use perguntas para construir o "não" na cabeça dela sem imposições ou tensões que são gatilhos de crise.

Ferramenta #4 Não é pessoal: mesmo quando tudo parecer falhar, lembrar que a resistência é ansiedade diante da incerteza, não afronta.

Ferramenta #12 Mesa da paz: se a crise vier, a mesa da paz pode funcionar como um cantinho de regulação previamente combinado em que a criança pode ir para se acalmar.

Ferramenta #70 VPP – Vamos por partes: registrar a mudança em passos que funcionaram. Exemplo: 1. Avisar, 2. Escolher elemento-ponte (âncora), 3. Timer, 4. Ponto de chegada.

Erros comuns *versus* Alternativas DdE

Erro: surpreender com "Agora! vamos embora!"
Trocar por: aviso com AGORA/DEPOIS + marcar o tempo com contagem regressiva.
Erro: explicar demais no auge da crise.
Trocar por: condução visual/gestual breve com poucas palavras + item-ponte.
Erro: negociar infinitamente.
Trocar por: construir o não e oferecer microdecisões dentro de macrodecisões (Ferramenta #27).

3. Hipersensibilidade sensorial

- Barulhos – secador, liquidificador, campainha, pátio da escola, *shopping center* etc.
- Luzes – fluorescente, sol direto, telas muito brilhante etc.
- Texturas – etiquetas, costuras, aglomero, "mãos sujas", alimentos pastosos.
- Cheiro/Sabor – perfumes, produtos de limpeza, misturas de temperos.
- Movimento – ônibus, escadas rolantes, balanços muito rápidos.

Tudo isso pode ser percebido como insuportável. O sistema nervoso "amplifica" ou registra com mais intensidade certos estímulos que são neutros para a maioria das pessoas, mas doloroso, invasivo ou desorganizador para a criança com TEA. Não é "manha", é uma resposta neurofisiológica a diferenças no processamento sensorial (DSM-5-TR/ICD-11; Ben-Sasson *et al.*, 2009).

Algumas diferenças nos circuitos que regulam o ganho/atenuação de estímulos (filtros) tornam mais difícil "ignorar o irrelevante" (Robertson & Baron-Cohen, 2017). E, quando o cérebro não prevê bem a intensidade/duração de um estímulo, a sensação de ameaça cresce (Pellicano & Burr, 2012). A sobrecarga sensorial eleva ansiedade e pode precipitar *meltdown* ou *shutdown* (Schauder & Bennetto, 2016; Green *et al.*, 2016).

Reações comuns: evitar/escapar, cobrir ouvidos/olhos, irritabilidade, “congelar”, chorar, oposição que é, na origem, proteção.

Na Disciplina do Equilíbrio, usamos alguns princípios-guia:

- Acessibilidade sensorial não é prêmio, é condição de participação.
- Prever e dosar: antecipar, graduar, dar controle à criança.
- Concretizar: tornar visível o invisível (nível de barulho/luz/toque).
- Regular e reparar: oferecer saídas e reconstruir a segurança após sobrecarga.

Ferramenta #45 TIC – Tornar o Invisível Concreto: montar um Mapa Sensorial Pessoal (som, luz, toque, cheiro, sabor → “busco/ok/evito”). Criar um “barulhômetro” simples (ícones de 1 a 5) colocado na sala/casa. A criança consegue se perceber e sinalizar para os outros.

Ferramenta #78 VAC – Elementos-Âncora: kit sensorial com fones antirruídos, óculos/aba do boné, camiseta sem etiqueta, objeto de peso suave, cheiro âncora (saquinho com lavanda/baunilha), talheres/texturas preferidas.

Ferramenta #11 Dinâmica dos Três Elementos: adulto como ponte criança ↔ estímulo ↔ tarefa. “Eu seguro o fone; você liga o aspirador por três segundos”.

Ferramenta #5 Visita guiada: além de equilibrar a curiosidade, serve para dessensibilização lúdica e consentida. Aproximar, tocar/escutar/ver junto com o adulto mas com a criança no controle podendo fazer “pausas” sempre que sentir necessidade.

Ferramenta #44 PIA – Pergunta Isca de Atenção: perguntas curtas que desconectam o foco do desconforto para uma ação concreta, como: “Qual adesivo marca o nível de luz agora?”.

Ferramenta #21 Mágica dos olhos fechados: transformar troca de roupas ou outra questão que afete os sentidos em jogo divertido de rotina enfraquecendo o foco no desconforto.

Ferramenta #15 Use o erro do passado com foco no futuro: se a situação foi mesmo uma experiência negativa para a criança, ouvir como ela descreve o incômodo (“o barulho entra na cabeça”), e cocriar soluções (“próxima vez, fone + avisar 1 minuto antes do barulho começar”).

Ferramenta #16 Liberdade guiada para sentir e expressar emoções: canal seguro para descarregar como pressionar almofada de peso, pular dez vezes, sacudir mãos.

4. Hipossensibilidade sensorial

Em algumas circunstâncias, o "limiar" para perceber estímulos é mais alto na criança: ela parece "sentir pouco" certos sinais e, para se autorregular, buscam entradas intensas – girar, pular forte, bater, morder/cheirar objetos, encarar luzes ou padrões em movimento. A ciência mostra que pode haver a coexistência de perfis: hiper-responsividade podem aparecer na mesma criança, por exemplo, pouco reativa a dor, mas extremamente sensível a certo som. Isso pode fazer com que a criança se levante da cadeira para pular/girar na escola, queira encostar em tudo, cheirar materiais, bater forte no sofá/parede, buscar quedas/colisões, morder objetos etc.

Na Disciplina do Equilíbrio, usamos alguns princípios-guia:

- Substituir o comportamento, não reprimir – oferecer vias seguras para a mesma necessidade sensorial.
- Estruturar a busca por estímulos no tempo e no espaço (locais e regras claras).
- Dar papel ativo à criança na própria regulação. Registrar cada progresso (duração, intensidade).

Ferramenta #2 NP vira CP: ao invés de dizer que ela "não pode morder", providenciar coisas que possam ser mordidas como mordedores, cenouras. E então mostrar que "pode morder aquilo". Também pode ter travesseiro ou tambor para bater, bola de compressão, minitrampolim/colchonete, faixa elástica para pés na cadeira, saquinho de cheiro âncora e assim por diante.

Ferramenta #1 PAPA Protagonismo, Autonomia, Participação Ativa: convidar a criança a participar ativamente da vida, canalizando sua necessidade de estímulos fortes ao que se faz no dia a dia. Empurrar móveis para limpar embaixo, por exemplo.

Ferramenta #19 Abobrinha pedagógica: conectar a busca por força/cheiro/movimento a ações úteis como amassar a massa de pão, carregar sacolas de compras, varrer por 1 minuto ou mais, passar pano com rodo por 2 minutos ou mais, limpar vidro com borrifador e pano, abrir janelas para sentir "cheiro bom".

Ferramentas #15 e #16 similar ao item três.

5. Interesses restritos e fixos

A criança pode se aprofundar intensamente em temas específicos (trens, dinossauros, mapas, calendários, mecanismos, personagens) e retornar a eles repetidamente nas conversas, nas brincadeiras e nas escolhas do dia. Isso não é "teimosia", é um modo de organizar o mundo com previsibilidade, prazer e competência (DSM-5-TR/ICD-11).

De maneira prática, com esse aspecto vêm potências e riscos, como potência de aprendizagem profunda, memória impressionante, motivação intrínseca, projetos de longo prazo. Quanto a riscos, temos o monotema nas conversas, a frustração em interrupções, a dificuldade de transição e de ampliar repertório ("só quer falar disso").

Na Disciplina do Equilíbrio, usamos alguns princípios-guia:

- Usar como motor: interesse é alavanca de engajamento e autoestima.
- Criar fronteiras previsíveis: tempo, lugares, regras claras de conversa.
- Expandir por "halo": do núcleo de interesse para vizinhanças temáticas.
- Ensinar transições: entrar/sair do hiperfoco sem ruptura.

Ferramenta #63 Sequência sim, chantagem não: saia da chantagem do tipo "se fizer suas tarefas pode montar o mapa de ferrovias". Isso faz as tarefas parecerem a parte chata da história, só você ter o controle da situação e ser a pessoa chata também. Use a sequência: "Hoje, depois da lição, tem um tempo para montar o mapa de ferrovias". Percebeu a sequência? Uma diferença sutil na forma de falar que muda tudo!

Ferramenta #56 E se...: use para expandir o interesse do tema principal para halos secundários. No caso de uma criança cujo núcleo de interesse sejam os trens, pode-se trabalhar com: "E se a gente descobrisse os climas de cada região por onde essa ferrovia passa?" – para estudar geografia, por exemplo.

Ferramenta #1 PAPA – Protagonismo, Autonomia, Participação Ativa: transformar o interesse em projeto, por exemplo, fazer guia ilustrado de raças de cachorro, museu de dinossauros feito em casa.

6. Dificuldade em compreender regras sociais implícitas

A criança não "lê nas entrelinhas" do convívio: turnos de fala, "esperar a vez", tom de voz, sarcasmo/ironia, distância corporal, combinar regras "não ditas". Em TEA, isso aparece como parte dos critérios de comunicação social e dos comportamentos restritos/repetitivos (quando as regras mudam sem aviso, a previsibilidade cai e a ansiedade sobe). (DSM-5-TR/ICD-11)

Impacto na vida pode ser perder subtarefas "combinadas no ar", falar fora de hora, mal-entendidos com sarcasmo/brincadeiras, conflitos por "não perceber clima", rupturas em jogos com regras flexíveis, rótulos injustos de "mal-educado" ou "sem tato".

Ferramenta #49 Antecipação frente ao desafio: treinar em casa as interações sociais como se fosse uma aula de teatro para a criança ir "pegando" os sinais.

Ferramenta #33 A verdade da criança (modelos mentais): buscar enxergar cada situação sob a perspectiva daquela criança com esta condição, com este perfil e com essa faixa etária. Revisar com a criança "o que foi difícil/ fácil" e ajustar o roteiro com a visão dela.

7. Dificuldades no brincar simbólico

Em muitas crianças no espectro, o brincar tende a ser funcional e repetitivo (girar rodas, alinhar, classificar, abrir/fechar, montar/desmontar) e menos "faz de conta" (usar uma banana como telefone, dar voz a bonecos, encenar papéis). O DSM-5-TR e o ICD-11 descrevem isso no domínio de comunicação social e comportamentos restritos/repetitivos, pois o jogo simbólico depende de flexibilidade, da linguagem pragmática e da atenção conjunta (APA, 2022; WHO, 2019/2022).

O impacto prático disso é menor engajamento em cantinhos de faz de conta, dificuldade de "brincadeira social", rupturas por não "entrar no jogo" ou por manter um único *script*, menos oportunidades naturais de prática de turno, vocabulário social e regulação emocional por meio da história.

Ferramenta #13 BHIM Brincadeiras, Histórias e Músicas: siga um passo a passo para que a criança vá conseguindo acompanhar a abstração.

Comece pelo funcional fixo: usar o objeto "de verdade" (colher mexe panela).

Avance para o funcional variado: três jeitos diferentes de usar o mesmo objeto (colher mexe – serve – bate o ritmo).

Assim que perceber que pode subir mais um degrau, vá para a *substituição de objeto*: Colher vira telefone; caixa vira panela.

O próximo passo é a atribuição de papel: "Eu sou o cozinheiro; você é o cliente".

Então chega-se a sequência de dois passos: "chegar → cozinhar"; "comprar → pagar".

Finalmente, introduz-se a narrativa com problema e solução: "O molho caiu no fogão, pegar o pano, limpar, voltar a cozinhar".

7. Crises de *meltdown*

É uma explosão neurofisiológica diante de sobrecarga sensorial, cognitiva ou emocional. A criança perde a capacidade de se autorregular no momento e manifesta choro intenso, gritos, fuga, queda ao chão, autoagressão/autoaperto, empurrões. Não é "birra" (que é orientada a conseguir algo), é quebra de sistema. Em TEA, diferenças de processamento sensorial e comunicação social aumentam o risco de sobrecarga. (DSM-5-TR; ICD-11)

Ciclo típico – 4 fases observáveis – para prevenir a crise:

- **Pré-sinais:** cobrir ouvidos/olhos, aumentar a respiração, frases repetidas, rigidez corporal, pedidos tipo "vamos embora".
- **Escalada:** voz alta, fuga, empurrar, choramingo vira choro.
- **Explosão (meltdown):** choro/gritos, autoagressão ou violência contra os outros, arremesso de objetos, queda; não responde a conversas e explicações.
- **Pós-descarga:** cansaço, culpa/vergonha, sensibilidade aumentada; precisa de reparo e previsibilidade.

Princípios-guia na Disciplina do Equilíbrio:

- Não é pessoal: trate como questão de acessibilidade, não disciplina.
- Previna e dose: reduza gatilhos, antecipe mudanças e dê controle.
- Conduza com o corpo: no pico, menos fala, mais pistas visuais.
- Repare: após a crise, reconecte e ajuste o plano.

Ferramenta #9 Piriri Emocional: se a criança já começou a dar sinais, concorde com ela e busque aliviar a pressão saindo do ambiente ou fazendo pausa do estímulo. Haja antes da explosão.

Ferramenta #10 Reparo emocional: se houve crise, reconectar e fazer o reparo.

Outra ferramenta que já foi citada mas que também serve muito bem a essa situação é a **Ferramenta #15 Use o erro do passado com foco no futuro:** aprender sobre o que levou à crise – gatilhos – combinar sobre agir com os sinais sem chegar à explosão.

8. Episódios de *shutdown*

Fechamento e isolamento súbito como forma de se proteger de sobrecarga sensorial, cognitiva ou emocional. A criança reduz drasticamente a responsividade – pode ficar muda ou falar muito pouco, evitar olhar, encolher o corpo, isolar-se, parar de agir ou obedecer, e "desligar" da interação. Não é desobediência nem frieza, é uma resposta neurofisiológica para diminuir estímulos e recuperar equilíbrio.

Sinais frequentes:

- Respostas monossilábicas ou mutismo temporário.
- Imobilidade, olhar baixo, corpo encolhido, evita toque/contato.
- Retirada para um canto, cobrir a cabeça/rosto, "sumir" da cena.
- Dificuldade de seguir instruções, mesmo simples, até "voltar".

Como impacto prático pode perder instruções na escola, parecer "desligada", pode receber rótulos injustos como "desinteressada", perder oportunidades de jogo, passar por "antissocial".

Princípios-guia da Disciplina do Equilíbrio

- Não é pessoal: trate como acessibilidade, não como desafio de poder.
- Reduza estímulos primeiro, explique depois.
- Ofereça escolhas simples e caminhos de saída.
- Repare a relação e ajuste o plano para próximas vezes.

Ferramenta #50 PEPE – Para Controle Emocional: treinar palavras-chave/gestos para pedir pausa antes de fechar, não treinar no auge, praticar entre episódios.

Ferramenta #44 PIA – Pergunta Isca de Atenção: fazer uma pergunta sobre o que a criança está focando no momento para ajudá-la a "voltar", buscando atender a necessidade comunicada (ainda que não verbalmente) por ela.

Ainda cabe reforçar mais uma ferramenta já citada anteriormente: **Ferramenta #33 A verdade da criança** para buscar compreender a situação da perspectiva dela e fazer ajustes.

9. Vulnerabilidade emocional e social

Maior risco de isolamento, *bullying* e ansiedade devido às diferenças perceptíveis no comportamento em relação a diferenças perceptíveis na comunicação social, no processamento sensorial e na regulação emocional. Isso pode alimentar ansiedade, retraimento e crises, já que sofrem exclusão de brincadeiras em grupo, ganham "apelidos", passam por mal-entendidos que escalam, começam a ter medo de ir a eventos sociais, o que pode chegar a somatizações e alterações de sono/apetite.

Ferramenta #58 Perder faz parte: treino de frustração com jogos/competição segura para saber como chegar no ponto de "não ganhei e sigo bem".

Ferramenta #70 VPP – Vamos Por Partes: gradualismo nas exposições sociais (2 → 5 → 10 min), registrando microprogressos.

Que outras ferramentas da Disciplina do Equilíbrio você incluiria para contribuir com a vida de famílias com crianças no espectro?

Tabela 14 Desafios das Crianças com TEA versus Ferramentas da Disciplina do Equilíbrio

Desafio	Descrição resumida	Ferramentas recomendadas
1. Dificuldade na comunicação social recíproca	Dificuldade em iniciar, manter e ajustar interações. Leitura literal de sinais sociais.	#49 – Antecipação frente ao desafio #65 – Ensine ensinando, não corrigindo #61 – Conversas de mediação
2. Rigidez comportamental	Insistência em rotinas fixas, resistência a mudanças, rituais repetitivos.	#45 – TIC: Tornar o Invisível Concreto #62 – Marcar o tempo #54 – Elementos de mediação #26 – O "não" construído #04 – Não é pessoal #12 – Mesa da Paz #70 – VPP – Vamos por partes
3. Hipersensibilidade sensorial	Estímulos comuns são sentidos como invasivos (sons, luz, toque, sabor).	#45 – TIC: Tornar o Invisível Concreto (ex. Mapa Sensorial) #78 – Elementos-âncora VAC #11 – Dinâmica dos Três Elementos #05 – Visita Guiada #44 – PIA – Pergunta Isca de Atenção #21 – Mágica dos olhos fechados #15 – Use o erro do passado com foco no futuro #16 – Liberdade guiada para sentir e expressar emoções
4. Hipossensibilidade sensorial	Busca intensa por estímulos (cheirar, bater, morder, pular, girar).	#02 – NP vira CP #01 – PAPA: Protagonismo, Autonomia e Participação Ativa #19 – Abobrinha pedagógica #15 – Use o erro do passado com foco no futuro #16 – Liberdade guiada para sentir e expressar emoções
5. Interesses restritos e fixos	Monotema, hiperfoco em assuntos específicos, dificuldade de transição.	#63 – Sequência sim; chantagem não #56 – E se... #01 – PAPA: transformar interesse em projeto
6. Dificuldade em compreender regras sociais implícitas	Não percebe "entrelinhas" sociais: turno de fala, tom, ironia, clima social.	#49 – Antecipação frente ao desafio #33 – A verdade da criança (modelos mentais)
7. Dificuldades no brincar simbólico	Brincadeiras funcionais e repetitivas, menor engajamento no faz-de-conta.	#13 – BHIM: Brincadeiras, Histórias e Músicas (com progressão simbólica guiada)
8. Crises de *meltdown*	Explosão emocional por sobrecarga sensorial, cognitiva ou emocional.	#09 – Piriri Emocional (agir nos pré-sinais) #10 – Reparo emocional

(continua)

Desafio	Descrição resumida	Ferramentas recomendadas
9. Episódios de *shutdown*	Fechamento súbito, isolamento e queda de responsividade após sobrecarga.	#50 – PEPE: Controle emocional com treino prévio de sinais pessoais #33 – A verdade da criança (modelos mentais) #44 – PIA – Pergunta Isca de Atenção
10. Vulnerabilidade emocional e social	Risco de exclusão, bullying, somatização e retraimento social.	#58 – Perder faz parte (treino de frustração) #70 – VPP: Vamos por partes (exposição social gradual)

Fonte: Tabela desenvolvida pela autora.

FERRAMENTAS PARA TOD

O que vamos apresentar a seguir como sendo algo específico do Transtorno Opositivo Desafiador (TOD) é, na verdade, um conjunto de ferramentas que atendem às necessidades de controle e autonomia, típicos de quem tem em si o instinto de liderança. Essa seleção de ferramentas beneficia a todas as crianças mas nos casos de TOD ou de crianças predominantemente coléricas, tornam-se condições indispensáveis para que o pleno desenvolvimento aconteça.

O princípio da PNL de acompanhar para depois conduzir ganha aqui muita força pois essas crianças não respondem bem a ordens, comandos e imposições. Então, menos mandar, mais envolver; menos exigir, mais incentivar; menos impor, mais convidar; menos definir, mais perguntar; menos entregar conclusões, mais abrir para diálogos; menos disputa de poder, mais construção conjunta; menos regras rígidas, mais combinados feitos juntos. Quando a experiência se torna participativa, e com um nível possível de controle e autonomia para o cérebro com TOD, a energia que antes ia para "lutar por controle" passa a ir para aprender, brincar e se relacionar.

A seguir, algumas características marcantes do TOD e as ferramentas da Disciplina do Equilíbrio mais úteis em cada uma:

1. Padrão persistente de desafio a autoridades

Recusa frequente em obedecer a regras, instruções ou limites impostos por adultos. Padrão recorrente (≥6 meses) de humor irritável/zangado, comportamento argumentativo/desafiante e, às vezes, vindicativo – acima do esperado para a idade, com prejuízo em casa, escola e relações[37].

Impacto: impasses longos, escaladas de conflito, tarefas não iniciadas/abandonadas, desgaste familiar e prejuízo escolar/social.

Ferramenta #6 Ganha-perde vira ser feliz: parar de medir forças e disputar poder com a criança. A vida não precisa ser uma guerra.

Ferramenta #28 Pode, não pode; deixo, não deixo: saia do lugar do todo-poderoso. Ensine a sua criança a pensar e a conversar. Aprenda a fazer da relação de vocês uma troca positiva.

2. Discussões excessivas com adultos

Questionam tudo, retrucam ordens, transformam situações simples em longos debates.

No TOD isso integra o domínio argumentativo/desafiante (DSM-5-TR/ICD-11) e costuma ser mantido por ciclos coercitivos: o adulto debate, a criança escala.

Ferramentas #29 e #30 Peneiras do "por que não?" e SET: se a criança puder fazer o que veio ao mundo para fazer – explorar o ambiente com base no que chama a atenção dela – e se ela só receber "nãos" quando eles forem realmente necessário, ela vai voltando ao seu equilíbrio natural.

Ferramenta #5 Visita Guiada: ao invés de dizer que algo não pode porque é perigoso, explore junto com a criança em segurança.

3. Desobediência deliberada

Não é esquecimento ou distração (como no TDAH), mas uma escolha consciente de não cumprir o que foi pedido. No TOD aparece como oposição frequente a pedidos ou regras e costuma ser mantida por ciclos coercitivos adulto-criança. Tende a se acentuar quando o temperamento é forte (colérico ou sanguíneo) e o ambiente é autoritário/castrador, pois o controle rígido

37 DSM-5-TR/ICD-11; Stringaris & Goodman, 2009; Patterson – Teoria da Coerção.

aumenta a oposição e alimenta a escalada (DSM-5-TR/ICD-11; Patterson – Teoria da Coerção). Uma combinação triste e muito frequente capaz de desestabilizar famílias que chegam à separação.

Ferramenta #54 Elementos de mediação: ao invés de ser a pessoa chata que precisa fazer a criança obedecer, faça a mediação entre a criança e a rotina na parede que ela mesma fez. Ao invés de ser a pessoa desagradável que manda a criança parar a brincadeira para tomar banho, seja a pessoa mediadora entre a criança e a ampulheta que ela escolheu virar para se despedir do que está fazendo. Isso reduz muito a recusa, visto que, na maioria das vezes, a criança *não resiste ao que deve fazer*, ela *resiste a como o adulto a trata.*

Ferramenta #7 Saldo positivo: dizer mais sim do que não para criar um saldo positivo com a criança para quando precisar sacar o não. Isso muda a vida em qualquer relação, salva vínculos e a autoestima no caso específico do TOD.

Ferramenta #35 Os três ok's da obediência: se a criança não estiver ok com quem pede as coisas para que ela faça, não adianta nem tentar. Precisamos cuidar da relação para conseguir cooperação.

Ferramenta #36 O que eu faço versus O que eu fiz: ao invés de se perguntar apenas como fazer diferente para a criança obedecer, começar a se perguntar como foi que fez que gerou a recusa da criança. Toda rejeição é uma redireção. Se fizer da mesma forma, provavelmente a criança não obedecerá novamente.

4. Tendência a provocar e irritar os outros

Comportamento intencional para desestabilizar os pais, colegas, irmãos ou professores. No TOD, isso aparece como "frequentemente provoca deliberadamente os outros" (DSM-5-TR/ICD-11) e costuma ser mantido por ciclos coercitivos. Se a criança é tratada com autoritarismo – mesmo que seja do tipo "violência invisível" com tom de voz duro, olhares reprovadores, agenda muito apertada, pressa constante, rigidez, ordens e correções constantes etc. – há acúmulo de raiva e isso começa a explodir em provocações e agressões. Existe uma necessidade de recuperar controle e de se sentir respeitada, especialmente em perfis de personalidade forte como os predominantemente coléricos e sanguíneos (coerente com a Teoria da Coerção de Patterson).

Ferramenta #37 O motor do mau comportamento: sempre há algo por trás de um mau comportamento. Decodificar a mensagem, o pedido ou a necessidade não atendida e resolver esse ponto faz o comportamento indesejado se enfraquecer e desaparecer.

Ferramenta #4 Não é pessoal: não "morder a isca", responder com tom neutro e curto, cortando o reforço emocional da provocação.

Ferramenta #32 Amor recebido *versus* Amor percebido: a criança pode não estar conseguindo acessar o amor direcionado a ela e então está em uma busca desesperada por atenção, ainda que negativa. Não está em paz então quer tirar a paz dos outros. No fundo, a provocação aos outros é um pedido de socorro.

5. Baixa tolerância à frustração

Explodem com facilidade diante de negativas, espera ou contrariedades. No TOD, isso se articula ao domínio irritável/zangado (DSM-5-TR/ICD-11) e tende a escalar em contextos autoritários/rigidez e "violência invisível" (tom duro, pressa, olhares), especialmente em perfis de temperamento forte.

Ferramenta #31 Espera (particip)ativa: não fazer a criança esperar inerte, envolvê-la em ações e conversas enquanto o tempo passa.

Ferramenta #58 Perder faz parte: treino guiado de perdas/erros para a criança aprender a "como agir quando algo não dá certo".

Ferramenta #11 Dinâmica dos Três Elementos: não se colocar contra a criança que está descontrolada, mas junto com ela guiando de volta ao equilíbrio.

Ferramenta #44 PIA – Pergunta Isca de Atenção: falar o que está na ideia fixa da criança para conseguir abrir a conversa se colocando junto da criança para resolver a situação.

6. Irritabilidade crônica

Essas crianças exigem ser tratadas de forma mais respeitosa. Não respondem bem a ordens, comandos e imposições. Quando estão em relações e ambientes assim, ficam constantemente de mau humor, com limiar baixo para aborrecimentos e respostas ríspidas. No TOD isso se alinha ao domínio irritável/zangado (DSM-5-TR/ICD-11) e tende a piorar em contextos de autoritarismo e "violência invisível" (tom duro, pressa, rigidez), especialmente em perfis de temperamento forte.

Impacto: clima tenso em casa/escola, discussões recorrentes, dificuldade de aceitar limites, escaladas de conflito, baixa adesão a rotinas e autopercepção negativa – o que reflete, diretamente, em dificuldades na construção da autoestima.

Ferramenta #3 CACA *versus* DOSE: reduzir interações que levam ao estresse – críticas, correções, pressa, rigidez – e inserir doses diárias de prazer/pertencimento: microvitórias programadas, contato afetivo consentido como um abraço, rir juntos com algo engraçado, oportunizar escolhas reais, fazer tarefas em dupla adulto-criança.

Ferramenta #65 Ensine ensinando, não corrigindo: modelar o que fazer com frases curtas, mostrar e praticar junto, em vez de dar sermões. Se a criança ainda não entendeu, evite falar diretamente sobre isso, prefira aproveitar a próxima oportunidade para mostrar o que ela ainda não aprendeu.

Ferramenta #57 Desligando o piloto automático: quando algo te "tira do sério" ou a criança pede algo que suja/molha/bagunça/cansa, sair da linha reta SENTIR→AGIR/REAGIR e fazer o triângulo SENTIR→PENSAR→AGIR. Se preciso, usar #9 Piriri Emocional (pausa breve para respirar ou tomar uma água ou um chá) para conseguir pensar. Aceite mais os convites e propostas da criança.

7. Busca constante por poder e controle

Tentam inverter papéis hierárquicos: querem "mandar" nos pais, professores ou colegas. A ideia é que se a vida é feita com alguém mandando nos outros, eu quero ser esse alguém – "quem manda sou eu". Costuma piorar com ambiente rígido/autoritário e melhora quando há vias legítimas de autonomia, diálogo, espaço para a criança ter vez e voz. Sem o caminho do desenvolvimento saudável da autoestima, as disputas são sem fim, temos escaladas de conflito, baixa adesão a rotinas e desgaste dos vínculos.

Ferramenta #1 PAPA – Protagonismo, Autonomia, Participação Ativa: dar espaço para que a criança realize tarefas úteis e reais, canalizando a própria energia para a produtividade e o resultado. Quando a criança lidera algo legítimo, diminui a necessidade de "mandar" nos outros.

Ferramenta #27 Macrodecisões versus Microdecisões: o adulto define as macrodecisões – que envolvem segurança, valores, orçamento, horários. E a criança escolhe microdecisões dentro desse guarda-chuva – como a ordem de execução, a cor, o utensílio, o lugar, a sequência em uma janela de tempo.

Ferramenta #2 NP vira CP – "Não pode" vira "Como pode?": ao invés de ir no costumeiro "não pode" diante de um pedido da criança, comece a pensar com criatividade: "Como pode?". Será que existe um jeito de poder fazer isso que a criança quer?

8. Baixa autorregulação emocional

Essas crianças costumam sentir todas as emoções com muita intensidade. Em muitos casos, são perfis extrovertidos – ou seja, vertidos para fora – que deixam claro suas insatisfações. Quando o adulto não sabe o que fazer com as emoções fortes da criança, ele vai contra elas, diminuindo ou abafando e isso só piora a situação. As explosões vão sendo cada vez mais desproporcionais diante das frustrações, seguidas de dificuldade para "voltar ao eixo". Essa estratégia gera desgaste dos vínculos, rotinas travadas, sensação de culpa após o pico.

Ferramenta #14 Dar razão para ter razão: a ideia é acompanhar a criança em sua emoção, reconhecer o lado dela e, apenas depois, guiá-la para a calmaria e a resolução da questão. Validar primeiro, conduzir depois.

Ferramenta #16 Liberdade guiada para sentir e expressar emoções: criar saídas seguras e combinadas para que aquela energia de raiva que está no corpo da criança seja liberada antes de tentar "educar". Pode ser bater em uma almofada, gritar com o rosto no travesseiro, respiração guiada ou cantar para calmar. O importante é que não pode fazer mal a si, aos outros ou ao ambiente. Retomar o diálogo quando possível.

Ferramenta #12 Mesa da paz: turnos com objeto de fala para que cada um expresse seu sentir e sua necessidade para ficam bem. O adulto pode mediar se necessário.

9. Negativismo persistente

Reação automática de resistência mesmo diante de propostas neutras/positivas, sempre tendendo a dizer "não quero", "não vou". Comportamento que trava rotinas e desgasta vínculos. Tende a piorar quando há pressa e tom autoritário, comandos vagos "faz aí", "anda logo", excesso de "não" sem critério, falta de previsibilidade, tarefas longas/abertas sem passos, "violência invisível" – olhar duro, tom de voz ríspido, imposição, fome/sono, ausência de microdecisões e diálogo.

Ferramenta #13 BHIM – Brincadeiras, histórias e músicas: transformar as propostas em jogo/roteiro curto com sentido usando músicas e brincadeiras conectadas às atividades da rotina.

Ferramenta #24 Mãe na fusão versus mãe na função: passar muito tempo junto e não sair da "função" não alimenta nossos filhos de "substância materna". Eles precisam da nossa disponibilidade. Quer ser interessante? Seja primeiro interessada.

Ferramenta #43 FIVE da obediência: entender que precisa conectar o foco, o interesse ou a vontade da sua criança ao que precisa que ela faça. Isso muda tudo.

10. Comportamentos de vingança ou retaliação

Podem planejar ou executar pequenas "revanchezinhas" quando se sentem injustiçados, humilhados ou tratados com dois pesos e duas medidas. Ocorre se, por exemplo, o adulto corrige em público, adota tom autoritário ou entra em duelo de poder.

Ferramenta #22 Do conflito ao apoio: sair do "eu contra você" para "nós juntos crescendo frente aos desafios da vida".

Ferramenta #8 Humildade é inteligência: parar de querer ter sempre razão e ser o dono da verdade. Deixe espaço para a criança ser e compartilhar as ideias da cabeça imatura dela.

Ferramenta #52 Filtro da conexão: como estou me comunicando com minha criança? Que relação estou construindo para a continuidade da vida dela na adolescência?

Que outras ferramentas da Disciplina do Equilíbrio você incluiria para contribuir com a vida de famílias com crianças com diagnóstico de TOD?

TABELA 15 Desafios das Crianças com TOD versus Ferramentas da Disciplina do Equilíbrio

Categoria	Descrição	Ferramentas da Disciplina do Equilíbrio
1. Desafio a autoridades	Recusa frequente em obedecer a regras; humor irritável, comportamento desafiador e vindicativo (≥6 meses)	#6 Ganha-perde vira ser feliz #28 Pode, não pode; deixo, não deixo
2. Discussões excessivas	Questionam tudo, retrucam ordens, mantido por ciclos coercitivos; padrão *headstrong*	#29 e #30 Peneiras do "por que não?" e SET #5 Visita Guiada
3. Desobediência deliberada	Escolha consciente de não obedecer; agravada com temperamento forte e ambiente rígido	#54 Elementos de Mediação #7 Saldo positivo #35 Os três ok's da obediência #36 O que eu faço *versus* O que eu fiz
4. Provocação e irritação	Provoca deliberadamente pais, irmãos, colegas ou professores; acumula raiva	#37 O motor do mau comportamento #4 Não é pessoal #32 Amor recebido *versus* Amor percebido
5. Baixa tolerância à frustração	Explosões com negativas, espera ou contrariedades	#31 Espera (particip)ativa #58 Perder faz parte #11 Dinâmica dos Três Elementos #44 PIA – Pergunta Isca de Atenção
6. Irritabilidade crônica	Limiar baixo para aborrecimentos; piora com rigidez e ordens	#3 CACA *versus* DOSE #65 Ensine ensinando, não corrigindo #57 Desligando o piloto automático
7. Busca por poder e controle	Querem "mandar"; invertem papéis hierárquicos; melhora com autonomia e diálogo que dá vez e voz a todos	#1 PAPA #27 Macrodecisões *versus* Microdecisões #2 NP vira CP (Não pode → Como pode?)
8. Baixa autorregulação emocional	Sentem tudo com intensidade; explosões desproporcionais, dificuldade para "voltar ao eixo"	#14 Dar razão para ter razão #16 Liberdade guiada para sentir #12 Mesa da Paz
9. Negativismo persistente	Reação automática de resistência mesmo a propostas neutras/positivas	#13 BHIM (Brincadeiras, Histórias e Músicas) #24 Mãe na fusão *versus* mãe na função #43 FIVE da obediência
10. Vingança ou retaliação	Pequenas "revanchezinhas" quando se sentem injustiçados ou humilhados	#22 Do conflito ao apoio #8 Humildade é inteligência #52 Filtro da Conexão

Fonte: Tabela desenvolvida pela autora.

FERRAMENTAS PARA SD

Para falar sobre a aplicação da Disciplina do Equilíbrio para crianças com Síndrome de Down, trago um caso que marcou minha trajetória. Marcelle Alferino chegou na comunidade de alunos com Julia (T21) e um cenário conhecido: muita pressa, muitas terapias, muitas expectativas – e pouca conexão. Como ela escreveu: "Se não achasse a Disciplina do Equilíbrio já teria surtado. Porque antes tínhamos uma mãe desequilibrada, comunicação zero, uma criança que não conseguia desenvolver o máximo do seu potencial".

Ela começou pela formação da Inteligência da Emoção [i4], a Ponte Emocional. Olhou para a própria história, para o piloto automático, para o tom que levava às relações e a ficha caiu: é preciso estudar para ser mãe! Era preciso desacelerar, respirar, pensar e, então, agir. Ela me disse: "Desacelerei, parei, aprendi a respirar, a pensar, saindo do automático. Comecei a sentir, me conectar comigo mesma. Fiz alguns ajustes no casamento e, sobretudo, me conectei com a minha filha".

Assim, veio a decisão prática de reduzir a agenda, devolver infância a Julia, estudar o que faria diferença em casa e fortalecer o casal. Ao entrar mais fundo na metodologia e somar ferramentas da formação da Inteligência da Comunicação [i2] – o PNL para Pais e Profissionais, Marcelle trocou urgência por presença. "Eu abri espaço – no meio de todas as terapias de uma criança com Síndrome de Down – para a PNL entrar na minha vida e fui percebendo que os problemas iam diminuindo à medida que eu ia estudando, olhei para o que minha filha era capaz de fazer, em vez de focar no que achavam que ela não podia. Entendi que ela tem uma forma diferente de aprender e, mesmo que não coloque em palavras em alguns momentos por pensar mais rápido do que consegue verbalizar, minha filha sente e entende tudo. Aprendi na Disciplina do Equilíbrio a olhar também para o invisível. Aprendi a ter flexibilidade, disponibilidade e criatividade." – disse Marcelle. O resultado? Menos atrito, mais cooperação; menos rótulo, mais leitura fina de quem é a filha – uma criança, antes de um diagnóstico. O que mudou na prática com a utilização das ferramentas de PNL e da Disciplina do Equilíbrio? Ela conta a seguir.

- ***Rapport* antes de guiar:** em vez de "mandar, exigir e impor", eu passei a **acompanhar para depois conduzir**: ouvir de verdade, validar, convidar para o próximo passo. (Ferramenta #14).

- **Agenda enxuta e com propósito:** terapias necessárias, sim, mas com respiro; brincar real e tempo junto sem função; só fusão emocional com mãe e pai. (Ferramenta #24).
- **Comunicação que Julia entende:** linguagem concreta, visual, pausas planejadas, passos curtos. (Ferramentas #45 e #70).
- **Parceria com a escola:** menos "troca de escola" como solução rápida, mais conversa com os professores sobre adaptações simples e demonstração prática do que funciona com a Julia. (Ferramenta #61 feitas com o adulto).
- **Ambiente preparado:** em casa, cantinhos de leitura com inspiração em Montessori; menos telas, mais brincadeira ativa. A ansiedade caiu, a atenção subiu e a regulação ficou mais possível. (Ferramentas #19).

Este último ponto sobre o ambiente preparado veio com a formação da Inteligência do Comportamento [i1], o curso Montessori em Casa com o qual ela relata ter combatido o excesso de telas.

Nas palavras de Marcelle: "aqui vão alguns termos específicos da Disciplina do Equilíbrio e da PNL que funcionaram com minha filha e que recomendo aos casos de T21".

- ***Rapport*** **(PNL) + "acompanhar para conduzir":** entrar na cena de Julia, abrir os ouvidos dela e só então apresentar o próximo passo.
- **Metamodelo de linguagem (PNL):** perguntas que desfazem armadilhas como "eu não sei nada": – "O que exatamente você sente que não sabe?" – "O que você já consegue?" A situação terminou com Julia percebendo o quanto já sabia – e dormindo tranquila.
- **Âncoras (PNL) + corregulação:** Palavra-gesto-imagem combinados para estados de calma ("mão no coração + três respirações") e celebração de pequenas conquistas ("*yes*" ao fim de um desafio).
- **Combinados visíveis:** Recordar **o combinado:** "Hoje é dia?", "qual foi o acordo?", e contar **uma história** (BHIM) sobre honestidade. Sem sermão, com critério.
- **Na escola – Ensine ensinando, não corrigindo (#65):** modelar como guardar, pedir ajuda, apresentar trabalhos, treinar, repetir, reforçar. **Mágica dos olhos fechados (#21):** "Cada coisa no seu lugar" vira jogo: mochila, estojo, lanche.

- **Antecipar transições** (#49): agora/depois, quem ajuda, onde senta, quando é a pausa.
- **Pausas planejadas** (#70): entre tarefas, para a Julia retomar fôlego e atenção.

Com a formação sobre a Inteligência da Evolução [i5], o curso Temperamentos da Criança ao Adulto, Marcelle descobriu que Julia tem traços predominantes sanguíneos, com pitadas coléricas, como ela descreveu: "Comunicativa, expansiva, energética, às vezes impaciente". Em vez de continuar a lutar contra isso, a mãe canalizou: Linguagem lúdica, música, brincadeira, histórias; liderança afetiva (nem autoritarismo nem permissividade). O pai entrou no mesmo compasso. Como me Marcelle relatou: "Me tornei uma mãe cheia de poderes, tão superpoderosa a ponto de o pai querer saber mais sobre a Disciplina do Equilíbrio. Os exemplos arrastam de verdade!" – E toda a casa começou a viver em busca de equilíbrio.

Novamente usando as palavras de Marcelle: "Não há 'comportamento de T21'. Há pessoas com temperamentos, histórias e necessidades. Quando o adulto muda o tom, o tempo e a ordem dos passos, a criança mostra seu potencial. Eu queria estar cada dia mais perto da Disciplina do Equilíbrio, dos conteúdos. Chorei muito de emoção por encontrar um método que transforma a vida. GRATIDÃO SEM LIMITES".

Em síntese, o caso de Marcelle e Julia ilustra o coração da Disciplina do Equilíbrio: organizar a relação para a aprendizagem acontecer. Quando a gente sai do automático, encara o invisível (tom, tempo, jeito de dizer "não"), ajusta a agenda e ensina ensinando, a casa inteira muda de patamar em consciência e ferramentas – e a criança floresce, exatamente como ela é.

Ela continua: "Conheci uma nova criança que para pra brincar, silenciar, respirar, uma pessoa equilibrada. As birras exageradas já não fazem mais parte do nosso dia a dia e é muito comum ouvir que na T21 alguns comportamentos de agressividade são esperados. Hoje, para mim, isso é mito. Os manejos direcionados pela Disciplina do Equilíbrio para o perfil da minha criança, trouxeram uma transformação que resultou num desenvolvimento maior e uma criança mais feliz".

Crianças com Síndrome de Down costumam enfrentar uma combinação de desafios que afetam o desenvolvimento físico, emocional, cognitivo e social – cada um exigindo um olhar atento, respeitoso e adaptado. Abaixo, estão os dez principais pontos que merecem atenção e presença consciente dos adultos com algumas ferramentas da Disciplina do Equilíbrio que podem ajudar:

1. Hipotonia (baixo tônus muscular)

Desde o nascimento, a hipotonia pode dificultar o controle postural, a coordenação motora e até a articulação da fala. Por isso, muitas crianças com SD levam mais tempo para se sentar, engatinhar, andar e se comunicar verbalmente.

Ferramenta #1 – PAPA: Protagonismo, Autonomia e Participação Ativa: assim que possível, criar oportunidades para que a criança participe ativamente de tarefas reais que despertam sua curiosidade e interesse, mesmo que com apoio. Isso favorece o desenvolvimento motor, a coordenação e o senso de pertencimento. Não é sobre "ajudar por ajudar", mas trabalhar sua musculatura enquanto sente-se útil, pertencente e competente.

Ferramenta #31 – Espera (particip)ativa: aproveite os momentos em que a criança com SD precisa esperar e oportunize que ela se envolva, participe, comente e sustente a presença – isso acalma e contribui para o desenvolvimento e trabalho da musculatura.

2. Atraso global no desenvolvimento

O ritmo de desenvolvimento é mais lento em diversas áreas: motora, cognitiva, linguística e social. Isso não significa que elas não aprenderão, mas sim que precisarão de estímulos consistentes, personalizados e respeitosos ao seu tempo.

Ferramenta #2 – NP vira CP (Não pode → Como pode?): em vez de negar experiências, pensar em como adaptá-las. A criança não precisa ser limitada, precisa de alternativas. O desenvolvimento global é favorecido por um ambiente que tem por princípio oportunizar as explorações das crianças e não barrá-las.

Ferramenta #7 – Saldo positivo: quando o adulto reconhece pequenas conquistas, oferece mais "sins" ao longo do dia e valoriza tentativas – mesmo que incompletas – ele cria mais oportunidades de desenvolvimento global para a criança.

Ferramenta #19 – Abobrinha Pedagógica: Quando o adulto estiver na cozinha ou fazendo qualquer atividade em casa, pensar em formas de incluir a criança para que ela vá se desenvolvendo durante os afazeres domésticos. Além de oferecer participação, pertencimento e contribuir para uma autoestima saudável, acrescenta muito na coordenação motora e em outros aspectos da aprendizagem.

3. Dificuldades na comunicação verbal

É comum que compreendam melhor do que conseguem expressar. Isso pode gerar frustração e comportamentos desafiadores quando não são compreendidas. A escuta ativa e o uso de recursos visuais e afetivos são grandes aliados.

Ferramenta #54 – Elementos de mediação: quadro de rotina para ver o que precisa fazer, ampulhetas para acompanhar a passagem do tempo em cada atividade, canto de combinados e outras ideias podem facilitar muito o processo de comunicação.

Ferramenta #49 – Antecipação frente ao desafio: use para preparar a criança emocional e linguisticamente para o que virá. Ensaiar falas, treinar perguntas e respostas esperadas em festas, reuniões familiares ou encontros escolares, usando objetos, cartões ou dramatizações, ajuda a criança a se sentir segura, capaz e pertencente ao meio. Antecipar é respeitar, ensaiar é incluir.

Ferramenta #13 – BHIM: Brincadeiras, Histórias e Músicas: facilita a expressão e compreensão usando o idioma natural da criança – o lúdico.

Ferramenta #5 – Visita Guiada: menos fala, mais presença. Mostrar em vez de apenas dizer.

4. Comprometimentos cognitivos

A aprendizagem pode ser impactada por dificuldades de memória de trabalho, raciocínio abstrato e generalização de conteúdo. Por isso, é essencial que o ensino seja concreto, visual e com repetição significativa.

Ferramenta #45 – TIC: Tornar o Invisível Concreto: o mundo da criança com SD é mais concreto, e o nosso papel é traduzir o invisível para que ela possa compreender, participar e pertencer. Essa ferramenta nos lembra de tornar conceitos e palavras abstratas (como "respeito", "esperar", "se acalmar", "colaborar") em formas concretas.

Ferramenta #65 – Ensine ensinando, não corrigindo:ficar corrigindo a criança pode comprometer sua autoestima e isso pode complicar o desenvolvimento cognitivo em geral. Se a criança acredita que não é boa em aprender, ela realmente não será. A criança não aprende com sermões nem com repreensões. Aprende com o que o adulto mostra, repete e vivencia junto.

5. Dificuldade de autorregulação emocional

A baixa tolerância à frustração, a impulsividade e as reações intensas são mais frequentes. A criança com SD pode precisar de mais ajuda para reconhecer, nomear e lidar com as próprias emoções – e isso deve ser ensinado com afeto, exemplo e ferramentas práticas.

Ferramenta #14 – Dar razão para ter razão: validar a emoção antes de querer educar o comportamento.

Ferramenta #16 – Liberdade guiada para sentir e expressar emoções: oferecer saídas seguras para descarregar a raiva, sem machucar nem puni-la por sentir.

Ferramenta #58 – Perder faz parte: treinar a reação emocional da frustração forte quando a perda for inevitável.

Ferramenta #26 – Dizer não sem dizer não: para evitar que a forma do adulto falar seja a causa da desregulação da criança. Isso é mais comum do que se imagina.

6. Questões sensoriais

Algumas crianças com SD têm hipersensibilidades (ou hipossensibilidades) a sons, cheiros, toques ou estímulos visuais. Isso pode afetar a atenção, o sono, a alimentação e o comportamento em ambientes muito carregados.

Ferramenta #44 PIA – Pergunta Isca de Atenção: perguntas curtas que desconectam o foco do desconforto para uma ação concreta. Isso desvia o foco da parte que causa desconforto e muda a experiência da criança.

Ferramenta #11 – Dinâmica dos Três Elementos: em momentos de desregulação, o adulto não enfrenta a criança – caminha junto com ela de volta ao equilíbrio.

7. Vulnerabilidade emocional

São crianças altamente afetuosas e sensíveis. Podem sofrer intensamente com exclusões, comparações ou críticas — e ao mesmo tempo desenvolver baixa autoestima se forem excessivamente protegidas ou subestimadas.

Ferramenta #32 – Amor recebido *versus* Amor percebido: o amor que oferecemos nem sempre é o mesmo que a criança sente. Descobrir que a falta de paciência esconde o amor e trabalhar para que a criança se perceba realmente amada e valorizada, é essencial para seu equilíbrio emocional.

Ferramenta #23 – Saldo dos comportamentos indesejados *versus* Aceitáveis: a criança precisa se perceber mais amada por acertar do que criticada por errar. Essa ferramenta convida o adulto a dar mais atenção, afeto e reconhecimento aos comportamentos desejáveis do que aos indesejáveis, para que o saldo relacional seja positivo. Se a criança só recebe *feedback* quando erra, ela passa a se ver como erro. E isso é um golpe direto na autoestima da criança.

Ferramenta #10 – Reparo emocional: não há adulto que não erre com uma criança, mas há adultos que sabem reparar até os erros de outros adultos. O reparo não anula o erro, ele reconstrói o vínculo. Um pedido de desculpas, uma mediação, um momento de reconexão depois de um conflito. Isso ensina à criança que, mesmo nas falhas, o amor permanece.

Ferramenta #24 – Mãe na fusão *versus* mãe na função: estar o tempo todo ao lado não é o mesmo que estar disponível com presença real. Muitas mães de crianças com SD entram em função total com a melhor das intenções buscando as inúmeras consultas e terapias. No entanto, o que a criança precisa é da mãe na fusão – disponível, livre, entregando substância materna que é nutrição emocional.

8. Superproteção familiar

Por medo, culpa ou excesso de zelo, muitos adultos impedem a criança de errar, experimentar ou assumir pequenas responsabilidades. Isso freia a autonomia e prejudica a formação da identidade.

Ferramenta #27 – Macrodecisões *versus* Microdecisões: o adulto comanda as decisões grandes; a criança escolhe entre possibilidades. Isso organiza e emancipa ao mesmo tempo.

Ferramenta #21 – A mágica dos olhos fechados: um ritual lúdico e simbólico em que o adulto fecha os olhos e, ao abri-los, tudo deve estar guardado pela criança como se fosse mágica. Essa brincadeira transforma o momento de resistência em um jogo cooperativo e encantador, desenvolvendo a autonomia e a responsabilidade na criança.

9. Comportamentos desafiadores associados

Podem apresentar oposição, rigidez, repetição de padrões ou crises de teimosia. Mas esses comportamentos são muitas vezes uma forma de comunicação, pedidos de conexão, previsibilidade ou respeito ao próprio ritmo.

Ferramenta #37 – O motor do mau comportamento: todo comportamento difícil tem uma causa e, muitas vezes, a dor não está onde a gente acha que está.

Ferramenta #22 – Do conflito ao apoio: em vez de se posicionar no "eu contra você", o adulto se reposiciona no "nós juntos contra o desafio". Essa mudança de postura tira a criança do papel de adversária e a coloca como alguém que está tentando lidar com algo maior do que ela. O comportamento desafiador não é uma afronta – é um pedido de ajuda disfarçado. Quando o adulto se torna aliado e não rival, a rigidez se dissolve, a criança se sente segura e o vínculo se fortalece.

Ferramenta #12 – Mesa da Paz: uma estrutura prática e visual para conversas de reparo e escuta ajuda a criança a processar o que viveu e a construir acordos para "como será da próxima vez". Com turnos de fala, registro visual e gesto final de reconexão, ela oferece previsibilidade, linguagem e segurança para reorganizar vínculos.

10. Desafios na inclusão escolar e social

Apesar de muitos avanços, ainda há barreiras como despreparo das escolas, falta de adaptações reais e preconceito social. A inclusão de verdade vai muito além da matrícula, exige pertencimento, escuta, respeito e protagonismo da criança.

Ferramenta #3 – CACA versus DOSE: reduzir crítica, comparação e rigidez e aumentar as doses de prazer, afeto e competência. Isso nutre vínculos, acalma o corpo e devolve o brilho.

Ferramenta #41 – Objeto-âncora para saudade: separações podem ser angustiantes. A criança sente falta da mãe, da casa, do conhecido. O objeto-âncora atua como ponte emocional entre o lar e a escola. Pode ser um coração desenhado no pulso, uma pulseirinha combinada, uma pedrinha especial no bolso, uma foto em família, ou um bilhetinho no estojo. Isso ajuda a reduzir ansiedade e a promover uma adaptação mais segura e leve.

Ferramenta #57 – Desligando o piloto automático do adulto: sair da linha reta **sentir → reagir** e passar a **sentir → pensar → agir** muda completamente a qualidade da transição. Respirar, observar, perguntar o que a criança precisa e oferecer um minuto de conexão real antes da entrada podem transformar toda a experiência escolar.

Que outras ferramentas da Disciplina do Equilíbrio você incluiria para contribuir com a vida de famílias com crianças T21?

Tabela 16 Desafios da Criança com Síndrome de Down versusx Ferramentas da Disciplina do Equilíbrio

Desafio	Descrição	Ferramentas da Disciplina do Equilíbrio
1. Hipotonia (baixo tônus muscular)	Dificuldade no controle postural, coordenação motora e articulação da fala.	#1 – PAPA #31 – Espera (particip)ativa
2. Atraso global no desenvolvimento	Desenvolvimento mais lento em áreas motoras, cognitivas, linguísticas e sociais.	#2 – NP vira CP #7 – Saldo positivo #19 – Abobrinha pedagógica
3. Dificuldades na comunicação verbal	Compreendem mais do que conseguem expressar; isso pode gerar frustração e comportamentos desafiadores.	#54 – Elementos de Mediação #49 – Antecipação frente ao desafio #13 – BHIM #5 – Visita Guiada
4. Comprometimentos cognitivos	Dificuldades com memória de trabalho, abstração e generalização.	#45 – TIC: Tornar o Invisível Concreto #65 – Ensine ensinando, não corrigindo
5. Baixa autorregulação emocional	Reações intensas, impulsividade, baixa tolerância à frustração.	#14 – Dar razão para ter razão #16 – Liberdade guiada para sentir #58 – Perder faz parte #26 – Dizer não sem dizer não

Desafio	Descrição	Ferramentas da Disciplina do Equilíbrio
6. Questões sensoriais	Hipo ou hipersensibilidade a sons, cheiros, toques ou estímulos visuais.	#44 – PIA: Pergunta Isca de Atenção #11 – Dinâmica dos Três Elementos
7. Vulnerabilidade emocional	Sensibilidade a críticas, comparações ou exclusões; risco de baixa autoestima.	#32 – Amor recebido *versus* Amor percebido #23 – Saldo dos comportamentos indesejados *versus* aceitáveis #10 – Reparo emocional #24 – Mãe na fusão × mãe na função
8. Superproteção familiar	Medo ou zelo excessivo impedem a autonomia e o fortalecimento da identidade.	#27 – Macrodecisões *versus* Microdecisões #21 – A mágica dos olhos fechados
9. Comportamentos desafiadores	Rigidez, oposição ou padrões repetitivos como formas de comunicação.	#37 – O motor do mau comportamento #22 – Do conflito ao apoio #12 – Mesa da Paz
10. Inclusão escolar e social	Barreira à participação plena; necessidade de pertencimento, acolhimento e suporte real.	#3 – CACA *versus* DOSE #41 – Objeto-âncora para saudade #57 – Desligando o piloto automático do adulto

Fonte: Tabela desenvolvida pela autora.

A proposta da Disciplina do Equilíbrio é estimular a busca por encontrar o caminho de evolução de cada criança, mesmo que elas apresentem alguma condição de neurodivergência – aqui em casa temos minha dupla excepcionalidade (AHSD + TDAH) e meu filho (AHSD). Quando falamos de diagnósticos, o ponto de partida é sempre a consciência. A criança não se resume a um diagnóstico, ela não é a sua diferença. Não! Mas ignorar a condição de um indivíduo pode ser bastante danoso. Só quem obteve um alívio gigante de compreender o porquê funciona diferente da maioria, como eu, sabe como é libertador receber um diagnóstico e compreender uma vida inteira de funcionamento atípico. Cada condição traz desafios reais e também potenciais únicos.

O indivíduo com **TDAH – Transtorno do Déficit de Atenção com Hiperatividade** – carrega um cérebro hiperativo, veloz e muitas vezes apaixonado por desafios. Sua evolução está em desenvolver mecanismos externos de organização, rotinas claras e práticas de autorregulação. O risco é cair no caos, mas o potencial é brilhar no hiperfoco quando aprende a direcionar sua energia. (Lembrando que também tem o TDA sem a hiperatividade.)

O ser humano que apresenta **TOD – Transtorno Opositivo-Desafiador** – revela uma alma que não aceita obediência cega. O risco é se perder em rebeldia destrutiva, mas a evolução é transformar essa força em senso de justiça, em coragem de questionar, em liderança para o novo. Quando bem orientado, esse perfil se torna inovador e defensor de causas que transformam o mundo.

O indivíduo com **TEA – Transtorno do Espectro Autista** – apresenta um cérebro que funciona em padrões próprios. O desafio está nas dificuldades de interação social, mas o potencial está na profundidade do foco, na lógica diferenciada, na sensibilidade a detalhes. A evolução está em criar pontes – a criança no espectro aprende recursos sociais e comunicacionais, enquanto a família aprende a valorizar sua forma única de ver o mundo.

O ser humano com **AHSD – Altas Habilidades/Superdotação** – é a mente que voa além. O risco é se sentir deslocado, incompreendido ou arrogante. A evolução está em cultivar humildade, aprender a traduzir sua genialidade em contribuição prática e desenvolver empatia para acompanhar os ritmos diferentes ao redor. Quando consegue equilibrar intensidade e sensibilidade, floresce como alguém capaz de inspirar e iluminar.

O indivíduo com **Síndrome de Down** carrega uma biologia sinalizada por uma trissomia e uma humanidade marcada por presença, afeto e entrega. O desafio está nos atrasos cognitivos, motores e na comunicação. O risco é ser subestimado, limitado pela superproteção ou pela exclusão disfarçada de cuidado. Mas o potencial é imenso: quando encontra um ambiente que respeita seu tempo, celebra suas conquistas e aposta em sua autonomia, floresce como um ser profundamente amoroso, persistente e capaz de gerar conexões que potencializam seu desenvolvimento.

Da limitação ao propósito... o que une todos esses caminhos é a certeza de que não somos definidos pelo nosso ponto de partida, e sim pelo caminho de evolução que fazemos com base nele. Juntando as neurodiversidades com os temperamentos, o colérico pode se tornar ditador ou líder sábio. O indivíduo TDAH pode se perder no caos ou brilhar na inovação. O melancólico pode viver na dor ou transformar o mundo com sua sensibilidade. O diagnóstico e o temperamento são mapas, mas a rota é feita na consciência.

A proposta da Disciplina do Equilíbrio é convidar a uma análise de cada indivíduo a partir do encontro de dois fatores que chamamos de *análise dupla camada*: Personalidade e Peculiaridades cerebrais, ou seja, a combinação de seus temperamentos + possíveis neurodivergências.

Na tabela a seguir, podemos compreender melhor o que esses encontros trazem de desafios e, principalmente, como lidar com eles da melhor forma.

Na Disciplina do Equilíbrio, a Inteligência da Evolução [i5] não se contenta com rótulos. Pergunta da Inteligência da Evolução: O que vamos fazer com isso? Como vamos transformar o traço que hoje pesa em recurso que amanhã sustenta? Como vamos honrar a singularidade sem nos aprisionar nela?

Quando buscamos o desenvolvimento das cinco inteligências da Disciplina do Equilíbrio – Inteligência do Comportamento [i1]; Inteligência da Comunicação [i2]; Inteligência da Consciência [i3]; Inteligência da Emoção [i4]; e Inteligência da Evolução [i5], todas as nossas relações melhoram. A questão é que, geralmente, não paramos para refletir sobre como fazer, expressar, pensar, sentir e viver. Vamos apenas seguindo a vida no piloto automático, replicando alguns padrões que vivenciamos, fugindo sem alternativas seguras daquelas experiências que nos traumatizaram e não queremos repetir com a próxima geração. Mas, inconscientes de como funcionamos e de um caminho seguro para trilhar, ficamos reféns de nossos traumas, do nosso perfil, dos nossos pensamentos que vêm e vão em nossa mente como se fossem os criadores e não nossas criaturas. Sim, nós criamos os nossos pensamentos, eles deveriam estar a nosso serviço e não o contrário.

O mapa apresentado funciona como uma lente: em vez de nos fixarmos nos "desafios" ou nos "nomes" que apresentam as características que a criança traz, podemos enxergar pontos de força e pontos de atenção, abrindo espaço para agir com consciência. Ele nos lembra que cada encontro é singular e que, no fundo, nenhum traço é destino. O que faz diferença é o olhar e a ação do adulto que traduz, que sustenta, que guia.

Quando aplicamos esse olhar, as combinações deixam de ser peso e se tornam plataformas de evolução. Crianças coléricas com TDAH deixam de ser vistas como bombas-relógio e passam a ser líderes em potencial, crianças melancólicas com TEA revelam consistência, profundidade e foco extraordinário, crianças fleumáticas com T21 deixam de ser definidas pela síndrome e florescem na sua afetividade e constância.

Tabela 17 Mapa: análise dupla camada

Temperamento dominante + neurodivergência	Características principais	Características que ganham força	Pontos de Atenção	Síntese metafórica	Recomendação da DdE para a vida
Colérico + AHSD	Intenso, determinado, visão estratégica. Inteligência aguçada.	Liderança, inovação, coragem de empreender ideias. Questionador e busca autonomia.	Orgulho, impaciência, intolerância a erros alheios. Crises de raiva intensa. Questiona regras e limites.	**O líder visionário**	Direcionar energia e inteligência para projetos de vida. Desenvolver humildade e empatia.
Colérico + TDAH	Impulsivo, explosivo, busca desafios. Dedicação profunda ao que lhe interessa.	Coragem, iniciativa, mobiliza grupos.	Guerras de poder, intolerância a limites, explosões.	**O líder impaciente**	Canalizar a energia para causas coletivas, praticar autorregulação e cooperação.
Colérico + TEA	Assertivo, rígido, estruturado.	Perseverança, disciplina, rigor.	Rigidez extrema, crises diante de mudanças. Crises de raiva intensa.	**O estrategista inflexível**	Aprender flexibilidade, cultivar empatia e valorizar diferentes perspectivas.
Colérico + TOD* *perfil extremo com dupla tendência à raiva	Líder combativo, controlador, intenso, corajoso, desafiador.	Coragem para enfrentar injustiças, busca autonomia.	Conflitos crônicos, oposição intensa. Crises de raiva intensa. Questiona regras e limites. Não se submete.	**O gladiador incansável**	Transformar rebeldia em defesa de causas nobres, aprender a dialogar sem romper. Canalizar sua força para projetos de vida.
Colérico + T21	Energético, direto, afetuoso.	Capacidade de engajar, força de vontade.	Frustração com limites cognitivos, autoritarismo precoce.	**O guerreiro afetuoso**	Aprender a acolher suas limitações, equilibrar intensidade com ternura.
Sanguíneo + AHSD	Expansivo, criativo, comunicador nato, muitas iniciativas.	Carisma social, inovação, engajamento. Necessidade de falar e compartilhar ideias.	Superficialidade, dispersão, frustração com regras. Ter muitas ideias, começar muitos projetos e concluir poucos.	**O showman das ideias**	Sustentar processos até o fim, cultivar profundidade e aprender a valorizar o silêncio.
Sanguíneo + TDAH* *perfil extremo com dupla tendência a agitação, "gracinha" e falta de foco	Sociável, agitado, expressivo, divertido.	Entusiasmo contagiante, humor, criatividade, comunicação.	"Sem noção" em algumas brincadeiras. Projetos inacabados, rótulos de irresponsável. Mais legal com os "de fora" que com os "de casa".	**O animador incansável**	Cultivar foco e disciplina, transformar alegria em resiliência. Aprender a cultivar o silêncio e a profundidade.
Sanguíneo + TEA	Busca conexão, mas enfrenta barreiras sociais.	Vínculos afetivos fortes, alegria em interações.	Crises de rejeição – quer socializar mas não é hábil para isso; dificuldade em respeitar limites sociais.	**O amigo intenso**	Aprender a se conectar socialmente; respeitar espaços e sinais sociais; desenvolver equilíbrio entre vínculo e autonomia.
Sanguíneo + TOD	Expansivo, mas muito resistente a regras. Boa capacidade de comunicação.	Autenticidade, coragem de se posicionar. Busca por autonomia e liberdade.	Oposição barulhenta, instabilidade emocional. Pode se destacar e até liderar a bagunça.	**O rebelde cativante**	Aprender a transformar energia contestadora em comunicação respeitosa e ação positiva.

Sanguíneo + T21	Afetuoso, comunicativo, alegre.	Sociabilidade encantadora, vínculo imediato.	Inconstância, dependência de reforço social. Tendência a baixa autoconfiança.	**O companheiro radiante**	Valorizar sua afetividade como força e estimular constância nas rotinas.
Melancólico + AHSD	Profundo, reflexivo, perfeccionista. Inteligência penetrante, mas não exibida sem contexto.	Análises sofisticadas, criatividade estética. Exigência silenciosa consigo e com os outros.	Autocrítica feroz, isolamento, procrastinação. Não fala muito o que sente.	**O pensador exigente**	Aprender a acolher erros como parte do processo, desenvolver leveza e confiança.
Melancólico + TDAH	Profundo, mas disperso. Inconstante.	Sensibilidade artística, criatividade única.	Autossabotagem, rotina instável. Falta persistência nos projetos.	**O artista inconstante**	Unir sensibilidade à disciplina, transformar ideias em realizações consistentes.
Melancólico + TEA* *perfil extremo com dupla tendência a rigidez e perfeccionismo	Reservado, meticuloso, gosta de rotinas fixas.	Profundidade, consistência, especialização.	Rigidez, isolamento social, ansiedade.	**O guardião dos detalhes**	Desenvolver flexibilidade emocional, abrir espaço para trocas e conexões.
Melancólico + TOD	Reflexivo, crítico, resistente.	Consciência ética, firmeza em valores. Não suporta injustiças.	Teimosia, rancor, retraimento. Não fala muito o que sente.	**O crítico silencioso**	Aprender a expressar insatisfações sem se fechar, transformar resistência em propósito.
Melancólico + T21	Sensível, doce, introspectivo.	Afeto profundo, vínculos leais.	Vulnerabilidade emocional, baixa autoconfiança. Tendência a precisar dos outros.	**O coração sensível**	Estimular autonomia, fortalecer autoestima e reconhecer seu próprio valor.
Fleumático + AHSD	Constante, paciente, observador. Não demonstra sua inteligência.	Serenidade intelectual, equilíbrio em grupos.	Acomodação, falta de iniciativa. Tendência a não colocar sua potencialidade em uso se não for estimulado.	**O sábio sereno**	Aprender a ousar, usar serenidade para inovar e não apenas manter. Confiar nas próprias ideias e colocar para fora.
Fleumático + TDAH	Tranquilo, mas inquieto internamente.	Capacidade de equilibrar grupos, tolerância.	Procrastinação, esquecimentos e lentidão excessiva.	**O conciliador distraído**	Desenvolver hábitos de ação, equilibrar calma com produtividade.
Fleumático + TEA	Sereno, previsível, constante.	Porto seguro, estabilidade, confiabilidade.	Retraimento, baixa autonomia. Necessidade de estímulo externo para agir e avançar.	**O guardião da paz**	Valorizar sua estabilidade e desenvolver autoconfiança para assumir novos papéis.
Fleumático + TOD	Calmo, mas resistente passivamente.	Firmeza serena, oposição silenciosa, violência velada. Concorda com quem manda, mas faz só o que quer.	Procrastinação crônica, inércia.	**O opositor silencioso**	Aprender a se posicionar com clareza e transformar resistência em perseverança.
Fleumático + T21	Doce, afetuoso, estável.	Serenidade, vínculos fortes, ternura.	Passividade, dependência. Tendência a precisar dos outros.	**O coração tranquilo**	Estimular autonomia e iniciativa, mantendo sua doçura como força.

O mapa, portanto, é mais do que uma tabela. Ele é um convite para sair do piloto automático e escolher deliberadamente um caminho de crescimento. Não para negar a neurodivergência ou o temperamento, mas para integrar, equilibrar e evoluir. Não se trata de colecionar rótulos ou fixar identidades, trata-se de aprender a ler a mensagem da alma de cada criança – e a nossa própria – e aceitar os convites incríveis que a vida nos faz porque não existe erro, cada criança veio perfeita para o que a família que a recebeu precisava evoluir. Os desafios são convites, nunca se esqueça disso.

DISCIPLINA DO EQUILÍBRIO E OS FILHOS QUE CHEGAM PELA VIA DA ADOÇÃO

Quero começar essa conversa com um relato que me fez chorar muito, emocionada com tanta transformação em tão pouco tempo.

"Depois de quase dez anos de tentativas, quatro perdas gestacionais e mais de cinco anos na fila da adoção, nosso filho chegou. Samuel nasceu para nós com 4 anos e meio. Não era um bebê nos braços, mas um menino já marcado por muitos traumas: lutos, perdas e decepções na família de origem, no abrigo e até em uma tentativa de adoção fracassada – tendo sido devolvido após um mês com a nova mãe.

A assistente social o descreveu assim: '*Um menino doce, mas de alta demanda. Precisa de muita atenção e é muito agressivo, pois bate, morde. Está em acompanhamento psicológico e psiquiátrico e já toma três remédios.*'

Naquele instante, eu soube que o instinto materno não seria suficiente. Precisávamos estudar. Nos primeiros meses, mergulhamos em conteúdos de neurociência, cortisol, adrenalina, desenvolvimento infantil. Muitos profissionais nos ajudaram a compreender o *porquê* dos comportamentos dele. Porém, ninguém nos dizia *como agir.* Como lidar com as crises? Como apoiar um cérebro tão imaturo e cheio de feridas? Como evitar a escalada das birras?

Foram meses de dor, dúvidas e tentativas, até que conheci a Disciplina do Equilíbrio. Primeiro, devorei o conteúdo gratuito da Isa. Em seguida, mergulhei nas formações e encontrei ali algo que nenhum outro profissional havia me oferecido, pois encontrei ali ferramentas práticas, concretas, possíveis de aplicar no cotidiano.

Eu estava preparada para cuidar, dar banho, alimentar. Mas como fazer conexão? Brincar? Entrar no universo dele? Isso parecia inalcançável. Lembro do quanto era difícil trocar a roupa do Samuel – até o dia em que, pela primeira vez, cantei uma música enquanto fazia isso, inspirada na ferramenta Bhim – o idioma da criança. Algo simples, mas que transformou a cena. Hoje, cantar faz parte até da hora do cocô!

Algumas ferramentas se tornaram parte de nós:

- **Rapport**[38]: aprendi a brincar 10 minutos no parquinho antes de pedir para ir embora. A volta para casa nunca mais foi guerra.
- **PIA – Pergunta Isca de Atenção**: troquei o "só vai comer doce depois do almoço" por "quer um doce? Então vamos almoçar!". Uma mudança pequena, um resultado enorme.
- **Elementos de mediação e TIC – Tornar o Invisível Concreto:** calendários, rotinas impressas, mapas visuais deram segurança para o que antes era só caos.
- **Dinâmica dos Três Elementos:** quando me coloco ao lado dele (em vez de contra ele) para encontrar soluções para os desafios, os rompantes diminuem drasticamente.
- **NP vira CP, Peneira do SET, dizer mais 'sim' do que 'não':** aprendi que não há problema em ir para a escola com um chinelo de cada cor uma vez e outra; nem em transformar a sala em circuito de pular quando se tem uma criança na casa.

E muitas outras ferramentas que hoje já fluem de forma orgânica, porque passaram a ser parte da nossa vida.

A vida é perfeita e meu filho me obedece sempre? Não. Ele é criança – e crianças trazem desafios diários. Vão testar, contestar, dialogar. Às vezes consigo conduzir com maestria, às vezes erro. Mas agora sei reparar – peço desculpas, faço uso da ferramenta do reparo emocional e aquela em que uso o erro do passado com foco no futuro, transformando tudo em aprendizado.

38 Ferramentas da Disciplina do Equilíbrio em negrito no relato.

Dezoito meses depois, Samuel não é mais o menino de olhar triste, reativo, diagnosticado equivocadamente com TOD e com suspeita de TDAH, dependente de três medicamentos psiquiátricos. Hoje, é uma criança sorridente, colaborativa, em processo de desmame do último medicamento que ainda faz uso, sustentado pela Disciplina do Equilíbrio, pela parceria com a escola e por profissionais competentes.

Acompanho outros casos de adoção, infelizmente nem sempre com finais felizes. Isso só reforça a certeza que carrego de que a Disciplina do Equilíbrio não foi apenas um apoio, foi o divisor de águas na vida da nossa família". Bárbara Nassif, mãe do Samuca.

No Brasil, cerca de 5 mil crianças e adolescentes aguardam uma família. Em outubro de 2024, o Conselho Nacional de Justiça (CNJ) registrava 4.935 aptos; em maio de 2025, já eram mais de 5.233 meninos e meninas "sonhando em integrar uma nova família". A maioria não é bebê: incluem crianças com mais de 8 anos, grupos de irmãos e crianças com deficiência – perfis que o próprio Judiciário chama de colocação mais complexa, justamente por exigirem preparo maior dos adultos e ambientes bem estruturados.

Ao mesmo tempo, um diagnóstico inédito do CNJ sobre devolução (rupturas na fase de convivência ou após a adoção) mostrou algo desconfortável e imprescindível de ver: a maior parte das devoluções acontece no estágio de guarda provisória, quando a criança/adolescente já está na casa dos pretendentes e os motivos mais citados foram o comportamento do adotando e o despreparo dos adultos. Em síntese, faltou ponte... faltou traduzir para os adultos quem é a criança – história, perfil de personalidade e temperamentos, gatilhos, necessidades e como manejar os desafios previsíveis das primeiras e intensas semanas.

Esse descompasso fica ainda mais claro quando lembramos que "adoção tardia", frequentemente a partir de 8 anos, implica uma trama de perdas e pertenças que não se resolve com boa vontade apenas. É preciso previsibilidade, linguagem clara, reparo pós-ruptura, rotinas legíveis e, principalmente, andaimagem emocional.

"Andaimagem emocional" é aplicar a ideia de "andaimes" ao campo afetivo, organizar tempo, tom e interações para dar um suporte externo, provisório e ajustável às emoções da criança, até que ela internalize esse suporte e se autorregule. É o apoio que se dá, adapta e depois se retira gradualmente do cognitivo para o **emocional**. São **estratégias que**

sustentam experiências emocionais positivas e manejáveis para que a criança consiga engajar, persistir e aprender, por exemplo, tornar previsível uma transição difícil, validar uma emoção e oferecer direcionamento de passos curtos para algo complexo que precisa ser feito. Esse andaime é construído a partir de três pilares: cuidado **caloroso e responsivo; estrutura/ambiente previsível**, e **instrução/treino de habilidades**. Esses três pilares, oferecidos pelo adulto e ajustados à idade/necessidade, formam a base para que a autorregulação apareça, e então o suporte é "afinado" e, aos poucos, reduzido.

Por que importa especialmente na adoção? Porque muitas crianças chegam com histórias de imprevisibilidade. Ao emprestar regulação (corregulação) e tornar claras as rotinas, o adulto recalibra a estrutura emocional e cria condições para vínculo e aprendizagem de respostas mais equilibradas.

Sem isso, o que deveria ser uma festa íntima vira teste de sobrevivência para todos. A criança lê o ambiente como mais um possível abandono; o adulto, sem manejo, lê a criança como "difícil" e a si como impotente.

Aqui entra a Disciplina do Equilíbrio que, como já mencionado, também é chamada de Pedagogia do Invisível por trabalhar, exatamente, com o que não costuma estar nos autos: tom, tempo, previsibilidade, ordem dos passos, microdecisões, modo de dizer "não", mediação de conflitos e manejo de emoções. Partimos de bases que conversam diretamente com qualquer criança mas que pode fazer uma diferença muito grande no caso da adoção:

1. Condução com base na análise dupla camada: a personalidade por meio da combinação de temperamentos (quem é essa criança na forma de sentir/agir) + neurodivergências (quando existem).
2. Ferramentas para ajuste de manejo comportamental (o que o adulto faz, na prática, quando a convivência tensiona).

O maior sonho é que a Disciplina do Equilíbrio seja introduzida aos pretendentes antes mesmo de levarem as crianças para suas vidas. A ideia é ajudar os pais a justarem seu comportamento aos temperamentos das crianças e respaldá-los com ferramentas aplicáveis no dia a dia – antecipação frente aos desafio ou às transições. TIC – Tornar o invisível concreto; Dizer "não" sem dizer "não": o "não" construído; PAPA – Protagonismo, Autonomia, Participação Ativa; Macrodecisões *versus* Microdecisões; Reparo emocional etc. – e fechar a lacuna que o estudo do CNJ evidencia: nenhum ensino de manejo aos pretendentes.

O foco não é "corrigir a criança", mas organizar a relação, mapear gatilhos e sinais (do histórico e do temperamento), dar forma visível às rotinas, ensinar como atravessar picos emocionais e como reconstruir o vínculo depois das tensões. É nesse nível – o do invisível que estrutura a convivência – que a Disciplina do Equilíbrio atua para evitar devoluções por questões comportamentais, fortalecer a vinculação e ajudar a família a sair do improviso.

Quando a chegada acontece com mapa de temperamentos e ferramentas de manejo, a adoção deixa de ser um salto no escuro e vira um caminho guiado – mais justo com a criança, mais possível para os adultos e mais fiel ao que todos esperavam desde o início, ou seja, pertencer.

Aqui vai uma pequena lista com alguns dos principais desafios que passam as famílias com crianças vindas pela adoção e algumas Ferramentas da Disciplina do Equilíbrio com pequenas sugestões de adaptações para essa condição:

1. Transição de vínculos e (re)construção de base segura

A chegada inaugura um novo "mapa" de previsibilidade. Alguns sinais usuais são: Hipervigilância, testes de permanência, dificuldade com separações e rotinas. O eixo é sensibilidade + consistência.

Ferramenta #49 Antecipação frente ao desafio: tornar a vida previsível em tudo o que for possível. "O que vai acontecer agora e depois? Quem vai receber, levar e buscar a criança?".

Ferramenta #62 Marcar o tempo: estabelecer janelas curtas e previsíveis para dar segurança à criança, cumprir rigorosamente o combinado ou avisar se algo for sair diferente do planejado.

Ferramenta #10 Reparo emocional: após briga, choro, crise ou comentário de outros, aproximar com calma, nomear e validar, combinar um próximo passo simples e retomar o vínculo.

Ferramenta #32 Amor Recebido *versus* Amor Percebido: transformar o cuidado em sinais visíveis para a criança – tempo junto na fusão, rituais de chegada/saída, palavras/gestos no "idioma da criança" com a ideia de que ela se sinta, de fato, amada e segura.

2. Perdas ambíguas e narrativa de origem

Há perguntas sem resposta e sentimentos mistos. "Sou amado aqui e sinto falta de lá." Isso não é ingratidão, é luto ambíguo que retorna em marcos como aniversários, datas festivas, ambiente escolar.

Ferramenta #33 A verdade da criança: contar, escutar a história a partir da perspectiva dela, no nível de linguagem e detalhe que ela suporta, validando sentimentos mistos sem pressionar por conclusões.

Ferramenta #61 Conversas de mediação: para ajudar com situações difíceis com outros adultos ou crianças.

Ferramenta #13 BHIM – Brincadeira, história e música: usar o "idioma da criança" para simbolizar a história de origem, como narrativas, brincadeiras e canções no nível que ela suporta.

Ferramenta #50 PEPE – Para Controle Emocional: ligar pensamento e emoção, nomear "o que pensei" e "o que senti" e escolher um pequeno passo para retomar o equilíbrio.

3. Histórico de estresse precoce e corpo em alerta

Negligência/institucionalização podem deixar o organismo em "modo defesa". O eixo do estresse (HPA) fica programado para reatividade maior, o corpo aprende a priorizar defesa. Acalmar esse corpo pede cuidado sensível, previsibilidade, leitura fina de gatilhos e corregulação. É necessário "recalibrar" o corpo.

Ferramenta #78 VAC – Elementos-Âncora: há evidência de que experiências de privação e estresse inicial podem vir acompanhadas de diferenças de processamento sensorial. Estudos com crianças pós-institucionalização mostram exatamente maior reatividade a estímulos e problemas de processamento sensorial. Kit sensorial personalizado para a criança regular entrada de estímulos e sentir controle – fone/boné/óculos, objeto de peso, texturas/cheiro âncora. Usar antes e durante transições/gatilhos.

Ferramenta #16 Liberdade guiada para sentir e expressar emoções: permitir descargas seguras da emoção – pular, bater na almofada, sopro longo, com o critério claro: sem machucar a si, aos outros ou ao ambiente.

Ferramenta #3 CACA *VERSUS* DOSE: reduzir o estresse cotidiano – crítica, pressa, rigidez, cobranças, correções, ordens, exigências, imposição – e inserir doses diárias de comunicação e comportamento que liberam dopamina, ocitocina, serotonina e endorfina – diálogo para construir combinados, tempo um a um, humor, tarefas em dupla, pequenas vitórias previsíveis.

Ferramenta #57 Desligando o piloto automático do adulto: pausar antes de reagir. Aceitar mais os convites das crianças. Trocar a linha reta sentir → agir pelo triângulo sentir → pensar → agir.

4. Comportamentos de controle/hipervigilância

Querer decidir tudo, testar limites ou "comandar" pode ser uma tentativa de recuperar previsibilidade quando o passado foi imprevisível. Princípio do trauma informado: estruturar sem humilhar.

Ferramenta #27 Macrodecisões *versus* Microdecisões: adulto define os "macros" – que envolvem segurança, valores familiares – e a criança escolhe "micros" dentro disso – ordem de execução, cor, lugar, utensílio.

Ferramenta #26 O "não" construído: dizer "não" sem virar alvo da raiva.

Ferramenta #45 TIC – Tornar o Invisível Concreto: encontrar maneiras visuais de representar as coisas intangíveis.

5. Alimentação: Ansiedade/estocagem

Para quem viveu escassez/instabilidade, a preocupação com comida – que se manifesta em atos de esconder, estocar, comer rápido – não é falta de educação, é memória de sobrevivência e medo de passar pela privação novamente. Trate como pedido de previsibilidade e controle seguro.

Ferramenta #54 Elementos de Mediação: quadro de horários de lanches, local combinado dos alimentos, marcador de tempo para a próxima refeição. Tornar visível "o quê/quando/onde" para baixar a ansiedade.

Ferramenta #2 NP vira CP: não pode levar comida para o quarto? Como pode? Cestinha pessoal na cozinha, horário combinado e limpeza depois.

Ferramenta #1 PAPA – Protagonismo, Autonomia, Participação Ativa: dar papéis reais na cozinha como conferente da lista de mantimentos, guardião das compras, repositor de água. Isso dá função e controle positivo, reduzindo a necessidade de controlar por esconder.

Ferramenta #31 Espera (particip)ativa: enquanto aguarda o horário do lanche, envolver a criança em ações como lavar frutas, organizar guardanapos, pôr a mesa, trocando "espera ansiosa" por ação com sentido.

6. Padrões de vinculação atípicos (RAD/DSED) em histórias de cuidado extremo

A RAD[39] envolve retraimento/baixa busca de conforto; a DSED[40], sociabilidade indiscriminada (ir com estranhos, pouca reserva). São quadros específicos, não sinônimos de adoção, mas podem ocorrer após cuidado severamente insuficiente. A bússola aqui é estruturar sem humilhar e emprestar previsibilidade.

Ferramenta #11 Dinâmica dos Três Elementos: o adulto não fica "contra" a criança e o que ela quer, ele atua como **ponte** entre criança → pessoa/ambiente → tarefa. Por exemplo: "Eu fico do seu lado, falo com a pessoa, depois você decide se cumprimenta".

Ferramenta #70 VPP – Vamos por partes: aproximações **graduais** e combinadas (olhar de longe → dizer "oi" → ficar 1 minuto perto → brincar 3 minutos). Um degrau por vez, registrando conquistas.

Ferramenta #12 Mesa da Paz: após excessos (frieza que fere, aproximação invasiva), ritual curto de **reparo** – objeto de fala, "o que senti / do que precisei / como será da próxima vez", e combinado visível.

7. Escola: Adaptação e previsibilidade

Transições exigem confiança no adulto e no ambiente. Programas e cuidados trauma-informados[41] orientam a tornar rotinas legíveis e a oferecer pontos-seguros.

Ferramenta #5 Visita Guiada: entrar junto e explorar a escola – sala, banheiro, pátio etc.; o adulto atua como ponte para o ambiente até a criança se reequilibrar.

Ferramenta #21 Mágica dos olhos fechados: rotina leve para guardar "cada coisa no seu lugar" – mochila/estojo/lancheira.

Ferramenta #65 Ensine ensinando, não corrigindo: mostrar e praticar como fazer os deveres de casa com paciência, repetição e prazer em vez de broncas, ameaças e castigos.

Ferramenta #14 Dar razão para ter razão: validar o medo/saudade na separação ("faz sentido estar assim") e, só depois, conduzir para a ação do próximo passo combinado.

8. Contato/abertura com família de origem (quando existe)

"Quanta abertura? Quando? Como?" A literatura mostra que formas de contato (do "estrutural" ao diálogo aberto) têm efeitos diversos e requerem mediação cuidadosa e centrada na criança.

Ferramenta #22 Do conflito ao apoio: sair do "eu contra você" e construir "nós contra o problema" para tratar decisões de contato sem duelo.

Ferramenta #29 Peneira do "por que não?": evitar "não" por hábito, aplicar critérios objetivos para definir o que é negociável – forma/tempo do contato.

Ferramenta #24 Mãe na fusão *versus* Mãe na função: manter tempo de fusão em dia para não se sentir ameaçada pela conexão estabelecida com a família biológica.

Ferramenta #55 Maturidade Cognitiva *versus* Maturidade Emocional: calibrar a expectativa – ainda que a criança fale com tranquilidade sobre o tema, ela pode não ter preparo emocional para certos encontros/conversas; ajustar ritmo, tempo e linguagem ao "tamanho emocional" dela.

9. Identidade adotiva e, em alguns casos, identidade racial/cultural

Na adolescência, integrar "quem eu sou" + história de origem pode trazer dúvidas, afastamentos e testes de pertença. Em adoções transraciais, tem as demandas de pertencimento étnico/racial com risco de isolamento se o entorno for pouco diverso.

Ferramenta #8 Humildade é inteligência: o adulto não impõe "verdades", ele escuta e reconhece limites do próprio olhar para abrir portas de conversa sobre origem/pertencimento.

Ferramenta #47 Importar ou não importar: Ajuda a escolher o que "guardar": levar para dentro a respeito de comentários sobre adoção/raça/corpo/origem – e o que descartar, ganhando autonomia sobre a narrativa interna.

Ferramenta #17 Objeto de fala: nas conversas difíceis de identidade, garante turnos e voz a quem fala, reduz interrupções e escaladas, aumentando a sensação de respeito.

Ferramenta #58 Perder faz parte: treino para lidar com frustrações inevitáveis (rejeições, microagressões, não pertencimento momentâneo), focando em como sentir e se comportar quando "não deu"...sem perder o eixo.

10. Sono, regressões e "explosões": hipervigilância/lembranças sensoriais podem bagunçar sono e elevar reatividade. É importante aprender a ler sinais e a regulá-los.

Ferramenta #4 Não é pessoal: entender que a agitação/explosão noturna não é "contra o adulto". Responder mantendo o vínculo.

Ferramenta #42 CLACA para lidar com telas: acordo claro para uso de telas (tempo/lugar/encerramento e substituições), reduzindo ativação antes de dormir.

Ferramenta #15 Use o erro do passado com foco no futuro: após uma noite difícil, revisar juntos sem culpas "o que não funcionou" e registrar um ou dois ajustes práticos para hoje (ritual, horário, passo a passo).

Que outras ferramentas da Disciplina do Equilíbrio você incluiria para contribuir com a vida de famílias com crianças que chegaram pela via da adoção?

Tabela 18 **Desafios da adoção versus ferramentas da Disciplina do Equilíbrio**

Desafio	Descrição curta	Ferramentas da DdE
1. Transição de vínculos e construção de base segura	Hipervigilância, medo de abandono, dificuldade com separações.	#49 Antecipação frente ao desafio #62 Marcar o tempo #10 Reparo emocional #32 Amor Recebido *versus* Amor Percebido
2. Perdas ambíguas e narrativa de origem	Luto misto: amor aqui, saudade de lá. Surge em datas e contextos sociais.	#33 A verdade da criança #61 Conversas de Mediação #13 BHIM – o idioma da criança #50 PEPE – para controle emocional
3. Estresse precoce e corpo em alerta	Reatividade física/ emocional, dificuldades sensoriais e sono.	#78 Elementos-Âncora VAC #16 Liberdade guiada para sentir e expressar emoções #3 CACA *versus* DOSE #57 Desligar o piloto automático do adulto
4. Controle e hipervigilância	Tentativa de controlar tudo como defesa diante da imprevisibilidade.	#27 Macrodecisões *versus* Microdecisões #26 O "não" construído #45 TIC – tornar o invisível concreto
5. Alimentação: ansiedade e estocagem	Comer rápido, esconder alimentos, medo de faltar comida.	#54 Elementos de Mediação #2 NP vira CP #1 PAPA – Protagonismo, Autonomia, Participação Ativa #31 Espera (particip)ativa
6. Vínculos atípicos (RAD/DSED)	Retraimento extremo ou aproximação indiscriminada.	#11 Dinâmica dos Três Elementos #70 VPP - Vamos por partes; #12 Mesa da Paz
7. Adaptação escolar e previsibilidade	Transições difíceis, insegurança e separações dolorosas.	#5 Visita Guiada #21 Mágica dos olhos fechados #65 Ensine ensinando, não corrigindo #14 Dar razão para ter razão
8. Contato com a família de origem	Dúvidas sobre abertura, tempo e forma.	#22 Do conflito ao apoio #29 Peneira do "por que não?" #24 Mãe na fusão *versus* mãe na função #55 Maturidade Cognitiva *versus* Emocional
9. Identidade adotiva (e racial/ cultural)	Questões sobre pertencimento, origem e representatividade.	#8 Humildade é inteligência #47 Importar ou não importar #17 Objeto de fala #58 Perder faz parte
10. Sono, regressões e explosões	Acorda à noite, revivências sensoriais e crises.	#4 Não é pessoal #42 CLACA para lidar com telas #15 Use o erro do passado com foco no futuro

Fonte: Tabela desenvolvida pela autora.

No cotidiano, será natural fazer ajustes finos – adaptar a forma de aplicar cada ferramenta ao temperamento, à história e à fase da criança – e, quando fizer sentido, recorrer também a outras ferramentas buscando no capítulo específico destinado a todas elas. O essencial, porém, já está posto. Com previsibilidade, mediação clara e reparo consistente, a Disciplina do Equilíbrio oferece uma linguagem comum que organiza a relação e transforma a chegada – criando condições reais para que famílias com crianças que vêm pela via da adoção no Brasil encontrem vínculo, rota e pertencimento. Com potencial para diminuir os índices de devolução por questões de comportamento e despreparo dos adotantes, mudando para melhor o cenário da adoção no Brasil. Que se multipliquem as famílias de Bárbaras e Samucas!

CAPÍTULO 10

Disciplina do Equilíbrio para Pediatras e outros Profissionais ligados à Infância

A medicina e as profissões ligadas à infância avançaram de forma extraordinária nas últimas décadas. Os pediatras estão mais preparados do que nunca para tratar doenças, acompanhar curvas de crescimento, prevenir agravos e salvar vidas. Psicólogos, fonoaudiólogos, terapeutas ocupacionais e psicopedagogos também ganharam recursos valiosos para avaliar, diagnosticar e intervir.

A história da pediatria e da medicina preventiva revela um caminho de conquistas que pode ser lido como uma ascensão de degraus – dos mais concretos e básicos até os mais sutis e abstratos.

1. **Primeira fase: sobreviver**

No início do século XX, a mortalidade infantil era alarmante: estima-se que em 1900, nos EUA, aproximadamente uma em cada cinco crianças morria antes de completar 5 anos. Epidemias, desnutrição, falta de saneamento básico e ausência de antibióticos eram os grandes inimigos. No Brasil, em 1940, a taxa de mortalidade infantil (crianças até 1 ano) era de 146,6 por mil nascidos vivos, enquanto a mortalidade entre 1 e 4 anos era de 76,7 por mil, totalizando 212,1 por mil crianças não chegavam aos 5 anos.[42]

Foco da medicina: "não morrer" – combater doenças infecciosas e reduzir a mortalidade.

Avanços marcantes: saneamento, vacinas (varíola erradicada em 1980), antibióticos (penicilina em 1928), políticas de saúde pública etc. Em 2019, esse número despencou para 14 por mil crianças morrem antes dos 5 anos – uma redução expressiva de mais de 93% entre 1940 e 2019.

2. **Segunda fase: viver com saúde física**

Com a drástica redução da mortalidade infantil ao longo do século XX – em muitos países, queda de mais de 90% – a medicina deslocou o foco para o acompanhamento do crescimento e desenvolvimento físico saudável.

Foco da medicina: "crescer fisicamente bem" – prevenir agravos, acompanhar curvas de crescimento, vacinar seguindo o calendário, orientar sobre nutrição. Avanços marcantes: neonatologia, pediatria preventiva, ampliação do acesso a vacinas, nutrição infantil e acompanhamento das doenças crônicas.

Isso mostra um avanço impressionante. E, atualmente, estamos presenciando uma nova fase se iniciando. Há uma mudança significativa acontecendo nas consultas em clínicas e hospitais. À medida que as crianças vão crescendo e sua saúde física não apresenta demandas graves, as famílias chegam cada vez menos com perguntas sobre febre, tosse ou vacinas e cada vez mais com dúvidas sobre birras, brigas entre irmãos, desobediência, autoestima, uso de telas, ansiedade e dificuldades de convivência em casa e na escola.

- "Doutor, como faço meu filho parar de gritar comigo?"
- "Ela bate no irmão o tempo todo, não sei mais o que fazer."
- "Ele não aceita ouvir não, será que é TOD ou TDAH?"
- "Será que estou traumatizando meu filho?"

Os socos e pontapés nos adultos, o choro persistente quando ouve "não", a birra interminável diante da rotina diária, o arremessar de objetos diante das frustrações, a agressividade entre irmãos, a criança que não obedece ou que "quer mandar em casa". São famílias que chegam cansadas, perdidas e, muitas vezes, mais desesperadas por orientação de prática comportamental do que por exames físicos. E como responder? Até aqui, muitos profissionais recorrem ao senso comum, a frases prontas e conteúdos rasos das redes sociais, apelam para o que viveram em sua vida particular ou, pior, ficam numa situação desconfortável por não saber como orientar. Isso mina a autoridade do profissional e o coloca numa posição injusta: **a de ter que orientar sobre algo para o qual nunca foi preparado.**

Estudos confirmam essa virada. Uma pesquisa nacional revelou que 81% das perguntas dos pais aos pediatras envolvem questões psicossociais, e não apenas questões médicas tradicionais[43]. Outro levantamento mostrou que entre 33% e 65% das consultas pediátricas incluem preocupações comportamentais, sendo que em 35% delas esse é o foco principal. Os pediatras relataram gastar, em média, 37% do tempo da consulta discutindo comportamento e desempenho escolar.[44]

Esses números revelam uma realidade incontestável: as famílias estão procurando no pediatra e em outros profissionais da infância respostas que sua formação não os preparou para dar.

O que nos leva à compreensão de que chegamos a uma terceira fase:

3. **Terceira fase: o invisível, a saúde física e emocional**

Hoje, com mais crianças sobrevivendo e com a saúde física em dia, emerge uma nova fronteira: o sofrimento emocional e comportamental. Questões como ansiedade, depressão, dificuldades de aprendizagem, TDAH, TOD, AHSD, TEA, transtornos alimentares, birras, brigas entre irmãos e problemas de convivência ocupam cada vez mais espaço nas consultas pediátricas. *Foco da medicina*: "viver plenamente com saúde física e emocional" – apoiar o desenvolvimento físico, emocional e relacional da criança.

Avanços marcantes: integração entre pediatria, parentalidade e neurociência; compreensão dos impactos dos estilos parentais no desenvolvimento cerebral; abordagens como a Disciplina do Equilíbrio, que traz protocolos práticos para lidar com os novos desafios invisíveis, mas profundamente reais.

É possível fazer uma analogia nessa ascensão como a proposta por Maslow em sua famosa pirâmide da hierarquia das necessidades humanas:

- Base: garantir a sobrevivência (fisiologia e segurança).
- Meio: fortalecer corpo e saúde física.
- **Topo**: atender às necessidades de vínculo, autoestima e autorrealização – o terreno do **emocional e relacional,** onde a próxima grande revolução da infância acontece.

PIRÂMIDE DE MASLOW

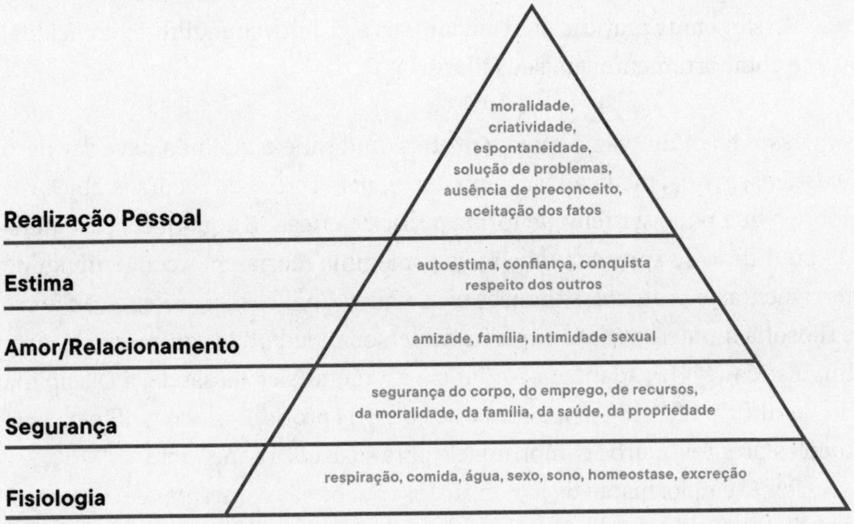

Assim como no aprendizado infantil, que começa pelo concreto e evolui para o abstrato, a medicina veio caminhando do visível e palpável, na luta contra a mortalidade, até o invisível e intangível, o cuidado com a vida emocional e mental.

A LACUNA DA FORMAÇÃO ACADÊMICA DOS PROFISSIONAIS LIGADOS À INFÂNCIA

As faculdades de Medicina, Psicologia, Fonoaudiologia ou Terapia Ocupacional formam profissionais de excelência na técnica. Ensinam a diagnosticar, medicar, intervir. Mas nenhuma formação tem preparado para o cenário que vemos hoje: Consultórios lotados de crianças que não apresentam apenas sintomas clínicos, mas sim comportamentais e emocionais. A formação médica e multiprofissional tem excelência em diagnósticos, protocolos clínicos e abordagens biomédicas. No entanto, raramente contempla a fundo temas como:

- Diferenciação entre perfis de personalidade, temperamentos e transtornos.
- Protocolos de convivência familiar (como lidar com birras, brigas entre irmãos).

- Orientação parental estruturada, baseada em ciência.
- Ferramentas práticas para ajudar pais a promover equilíbrio emocional e comportamental em seus filhos.

Isso deixa um vazio, pois o profissional sabe o que não deve ser feito (castigos, gritos, medicalização precoce), mas carece de recursos objetivos sobre o que pode ser feito de forma prática e eficaz. É aqui que a Disciplina do Equilíbrio se apresenta não mais como uma teoria, mas como um kit de ferramentas e protocolos prontos para o uso. Com base na integração entre a filosofia montessoriana, os perfis de personalidade, a Programação Neurolinguística (PNL), adaptada à infância e a metafísica da saúde, a Disciplina do Equilíbrio oferece ao pediatra e aos demais profissionais da infância protocolos prontos, claros e imprimíveis para situações concretas.

Por exemplo: diante de pais exaustos com brigas constantes entre irmãos, o pediatra pode entregar imediatamente o protocolo de Amor Entre Irmãos, orientando como aplicar, com instruções passo a passo. Não é preciso improvisar respostas vagas ou generalistas. Outro exemplo: em casos de birras persistentes, o profissional pode oferecer o protocolo do Fim da Birra, ajudando os pais a se conectarem com a criança de forma eficaz e respeitosa.

São mais de 90 ferramentas e protocolos validados, que podem ser aplicados de forma rápida e acessível pelo profissional, sem exigir dele anos de estudo adicional ou especializações fora da sua área de origem. A proposta é que a metodologia seja um divisor de águas. Na verdade, já tem sido, como você pode conferir na experiência da Dra. Lívia:

Dra. Lívia
Online agora

Isa, vou deixar aqui meu depoimento. Sou cardiologista pediátrica, estou aqui no grupo por ser mãe, não pelo lado profissional. Porém, há 6 meses comecei a trabalhar no Hospital das Clínicas da Universidade Federal de Minas Gerais. Atendo consultas agendadas (ambulatório) somente na especialidade de cardiologia pediátrica. Muitos consultas são motivadas por: dor torácica, pressão alta, palpitações, etc.
Quando vou investigar, percebo que na graaande maioria dos casos os sintomas não são de origem cardíaca, mas sim uma resposta do corpo aos comportamentos, conflitos, falta de consciência parental, etc. E percebo que os desafios das famílias são muito parecidos com os nossos. Minha consulta de cardiologia dá lugar à educação parental de Isa Minatel. Tenho conseguido orientar e conscientizar muito melhor os pais e pacientes com a sua ajuda. Muito obrigada! Disciplina do equilíbrio dentro do consultório de cardiologia!

O depoimento da cardiologista pediátrica que percebeu, em meio a dores torácicas e palpitações, que o coração das crianças não clamava apenas por exames, mas por escuta, traduz o espírito deste novo tempo. O corpo fala, mas muitas vezes o que ele diz não é doença, é a tradução de conflitos, da falta de consciência parental, do ambiente emocional que pulsa ao redor da criança.

É nesse ponto que a Disciplina do Equilíbrio se revela. Ela não apenas é um conjunto de protocolos impressos, mas uma nova forma de cuidar. Porque cuidar de uma criança é cuidar da vida inteira que a rodeia – suas relações, seus medos, seus vínculos.

Para o pediatra e para outros especialistas da infância, a Disciplina do Equilíbrio representa:

- **Segurança**: respostas embasadas em ciência e prática, sem precisar recorrer a improvisações e "achismos".
- **Agilidade**: protocolos claros que podem ser entregues aos pais na própria consulta.
- **Autoridade**: posicionamento diferenciado no mercado, por oferecer soluções completas além do eixo biomédico.
- **Humanização**: conexão mais profunda com as famílias, que passam a enxergar o pediatra como parceiro no desenvolvimento integral da criança.
- **Valorização profissional**: aumento da confiança dos pais e ampliação do impacto social de sua atuação.
- **Praticidade**: não precisa estudar psicologia da infância em profundidade; a metodologia já condensou tudo em protocolos aplicáveis.
- **Autoridade ampliada**: você não é apenas o médico que cuida da saúde física, mas o profissional completo, capaz de apoiar a família também nos desafios comportamentais.
- **Fidelização**: pais que se sentem acolhidos e resolvidos voltam... e recomendam.

Quem escolheu a pediatria, a psicologia, a fonoaudiologia, a terapia ocupacional ou qualquer outra profissão ligada à infância, não fez apenas uma escolha de carreira. Fez uma escolha de missão. E missões não se sustentam em diagnósticos frios, mas em propósitos vivos. A Disciplina do Equilíbrio é a ponte entre o conhecimento técnico e o chamado profundo de quem sabe que cada consulta é também um ato de amor pelo amanhã.

No fim, não se trata apenas de protocolos que resolvem birras ou brigas entre irmãos. Trata-se de restaurar a confiança das famílias, de oferecer clareza onde há medo, de semear esperança onde há dor. Trata-se de devolver ao profissional a alegria de ser não apenas médico ou terapeuta, mas guardião de futuros, alguém que ajuda a escrever histórias de equilíbrio, saúde e amor.

E talvez seja essa a verdadeira razão de estarmos aqui, isto é, lembrar que a infância não é apenas a fase inicial da vida, mas o lugar onde o futuro começa.

PSICÓLOGOS E OUTROS PROFISSIONAIS LIGADOS À INFÂNCIA

Muitos psicólogos se veem hoje numa encruzilhada: possuem sólida base teórica, sabem diagnosticar e explicar, mas quando chega o momento de orientar famílias de forma prática e cotidiana, falam coisas do senso comum ou orientações vazias cheias de "mais do mesmo" que pouco funcionam. A família espera clareza: *"O que eu faço quando meu filho grita?"*, *"como lidar na hora da birra?"*, *"como conduzir quando ele agride o irmão?"*. O profissional improvisa, gera dúvida e acaba vendo sua autoridade enfraquecida.

Pesquisas brasileiras confirmam essa lacuna:

- Psicólogos atuantes na Atenção Básica relataram que a graduação não os preparou para criar intervenções psicoeducativas estruturadas, com tarefas práticas e acompanhamento de famílias.[45]
- Em um estudo sobre orientação parental online, pais relataram que, embora houvesse boa fundamentação teórica, faltava clareza sobre como aplicar as sugestões em casa, o que resultava em baixa adesão e abandono das sessões.[46]
- Uma revisão sobre programas de orientação parental destacou que a eficácia depende da entrega de protocolos passo a passo, e não apenas de explicações gerais. Muitos programas falham exatamente por não oferecer recursos aplicáveis no dia a dia da família.[47]
- Experiências em grupos de orientação parental mostraram que os maiores desafios eram a falta de continuidade pela dificuldade dos profissionais em adaptar recomendações gerais à realidade concreta das famílias.[48]

Essa lacuna não é apenas teórica, ela tem consequências reais.

Um exemplo ilustra isso com clareza. Uma mãe recebeu ligação da escola sobre falas graves de seu filho de 4 anos, que dizia frases como: *"Vou te matar"* ou *"vai sangrar até morrer"*. Desesperada, buscou orientação em um grupo de mães. Outra mãe relatou ter passado por algo parecido, e ter tido o seguinte retorno da psicóloga que acompanhava a criança:

> **Cláudia**
> Online agora
>
> Eu fiquei bem preocupada no início, mas levei isso na psicóloga dele e ela deu risada como se fosse algo não importante, aí comecei a achar isso tb. Mas manda sim, quero ler a respeito.

Os pais passaram a minimizar falas que expressavam forte raiva e sofrimento, perderam tempo precioso de intervenção e ainda se sentiram descredibilizados em sua dor. Temos, no mínimo, três graves consequências aqui: minimização de uma questão grave, atraso na orientação/intervenção e enfraquecimento da confiança no profissional.

O ponto central é que não basta ter a teoria. As famílias precisam de **protocolos práticos**, ferramentas que possam usar no calor da rotina, orientações claras que deem segurança. Quando o psicólogo oferece isso, torna-se referência. Quando não, corre o risco de perder credibilidade diante de pais que chegam cheios de perguntas e saem com ainda mais dúvidas.

É justamente nesse espaço que a Disciplina do Equilíbrio se apresenta como uma aliada indispensável, oferecendo não apenas conceitos novos e diferenciados, mas também um verdadeiro kit de ferramentas e protocolos aplicáveis, capazes de transformar sessões de orientação em experiências resolutivas para famílias.

Como isso se dá na prática? Eis aqui o estudo de caso de uma psicóloga da comunidade de profissionais vinculados à Disciplina do Equilíbrio.

Caso Clínico – Simone Borges, Psicóloga

"Atuando como psicóloga em atendimentos clínicos e parentais, percebi que ao aplicar as ferramentas da Disciplina do Equilíbrio ficou ainda mais claro que nem todo comportamento desafiador está necessariamente relacionado a um diagnóstico em saúde mental. Esse olhar ampliado se confirmou em muitos atendimentos, mas um caso em especial me marcou. O de um casal brasileiro que me procurou por causa de seu filho de 3 anos de idade, vivendo em contexto intercultural na Alemanha.

Os pais estavam preocupados com o comportamento da criança, que descreviam como "desafiador" e de constante oposição. Com base em informações encontradas na internet, já levantavam a hipótese de um possível Transtorno Opositor Desafiador (TOD).

Durante nossas conversas, trouxeram um episódio em que um momento de refeição, a criança olhou para o pai e jogou o suco no chão. O pai explodiu em raiva, gritando. A mãe, sem concordar com a reação do marido e temendo uma "nova crise" do filho, retirou a criança da cena, brigando com o pai. O resultado foi que o pai acabou limpando o chão sozinho.

Essa dinâmica revelava não apenas o comportamento da criança, mas também os padrões de comunicação entre os pais. O pai com uma postura mais autoritária, a mãe mais permissiva, e ambos sem clareza de como lidar com as consequências do comportamento do filho.

Inicialmente, trabalhei com psico-orientação sobre o desenvolvimento infantil já tinha o conhecimento prévio da minha formação, mas a formação da disciplina do equilíbrio com a PNL e Manual da mãe (que mesmo não tendo finalizado) contribuiu ainda mais para construir uma nova narrativa conjunta com essa família longe de uma patologização tão precoce infantil.

Aos poucos, fomos além do comportamento em si e chegamos ao que estava por trás dele. A escola mostrava uma criança mais reservada e silenciosa, em processo de adaptação a um novo idioma e contexto cultural. Já em casa, era o único espaço em que podia exercer algum controle e se expressar com mais intensidade.

Assim, o que os pais interpretavam como "oposição" revelava-se, na verdade, como a busca da criança por um espaço seguro para se manifestar, diante das complexidades de ser bilíngue e estar em um ambiente intercultural.

Com o uso das ferramentas da Disciplina do Equilíbrio, os pais passaram a compreender que o comportamento não era "pessoal" contra eles, mas uma manifestação legítima do momento de vida do filho. Mais do que rotular a criança, compreenderam a importância de:

- alinhar primeiro a comunicação entre eles como casal;
- ajustar suas posturas educativas para oferecer consistência;
- criar um ambiente em que a criança pudesse se desenvolver sem interpretações patologizantes.

Esse caso me marcou porque mostrou o quanto é fundamental olhar para além do sintoma. Muitos profissionais poderiam ter encaminhado essa criança para uma série de investigações diagnósticas e terapias. No entanto, com um olhar cuidadoso e instrumentalizado, foi possível evitar uma narrativa patologizante e oferecer uma compreensão mais ajustada ao desenvolvimento infantil e ao contexto cultural. Atendendo os pais sem nem precisar intervir diretamente com a criança.

"A Disciplina do Equilíbrio tem sido essencial na minha prática com famílias interculturais. E transformou também meu olhar pessoal com a minha própria filha que claro eu também tenho meus próprios." – Simone Borges – Psicóloga.

O que emerge, portanto, é um novo horizonte para pediatras, psicólogos e todos os profissionais ligados à infância: não basta apenas diagnosticar ou explicar, é preciso instrumentalizar as famílias com recursos concretos, capazes de transformar a rotina. Nos próximos capítulos, você terá acesso direto a esses protocolos e ferramentas passo a passo, desenhados para situações concretas como birras, brigas entre irmãos, desobediência, crises emocionais, desmame, desfralde e tantas outras. Protocolos que não apenas explicam, mas mostram exatamente *como agir*, tornando possível ao adulto guiar a criança com firmeza, afeto e equilíbrio.

Parte III:

DISCIPLINA DO EQUILÍBRIO: PROTOCOLOS E FERRAMENTAS

CAPÍTULO 11

Protocolos da Disciplina do Equilíbrio

> **Nota de aplicação profissional**
> Diante de qualquer protocolo: personalize pelo perfil – temperamentos + etapa de desenvolvimento + diagnóstico e neurodivergência (se for o caso).

PROTOCOLO #1 — O FIM DA BIRRA

Contexto: crises de choro/raiva/rigidez comportamental em situações de frustração.

PASSO A PASSO (ACILOVE)

1. **A – Aproximação**

- Vá até a criança com postura calma, rosto aberto, voz baixa.
- Ação: aproxime-se e se abaixe à altura dos olhos.

2. **C – Conquista**

- **Pergunta isca de atenção:** "Você quer muito o brinquedo?" / "Você não quer emprestar a bola, né?" – Uma pergunta em que você repete, exatamente, o que a criança quer ou não quer.

3. **I – Interesse**
- Demonstre interesse genuíno e convide para vir com você.
- **Ação:** "Se você quer o brinquedo, vem aqui comigo um instante".
- Contato físico adequado à idade: pegar a mão ou pegar a criança no colo.

4. **Lo – Logar (conectar por fora e por dentro)**
- Por fora: mão/colo; Por dentro: empatia + validação emocional.
- Ação verbal: "Faz sentido ficar chateada quando algo que a gente quer não acontece. Eu já senti isso quando... (conte uma história sua)".
- Não corrigir comportamento neste momento.

5. **Ve – Vetor (escolha estratégica de direção)**
- Conduza fisicamente para longe do gatilho, contando a história iniciada.
- **Ação:** caminhe/afaste, combine quando e como aquilo poderá acontecer (se couber).

6. **Depois da tempestade (ensinar)**
- Retome a situação na calma: amplie o cardápio de comportamentos (opções futuras).
- **Ação:** conte uma história dando duas ou três alternativas para ampliar o cardápio de comportamentos da criança.

OBSERVAÇÕES CLÍNICAS
- Em TEA/TDAH, acrescente apoio sensorial (fone/pressão profunda/cheiro).

RESULTADO ESPERADO

Queda de duração e intensidade das crises; aumento de cooperação e repertório.

Se desejar aprofundar: Curso Help "O Fim da Birra" e Formação "Manual da Mãe" + Curso "Ferramentas da Disciplina do Equilíbrio".

PROTOCOLO #2 — INCRÍVEIS 2 ANOS

Terríveis 2 ano: O que todo mundo faz (e não deveria).

Contexto: o adulto faz um convite simples, de rotina, mas a criança responde "não":

Adulto: “Filho, vamos escovar os dentes!”.
Criança: “Non, qué bincaaa!”.
Adulto: “Primeiro vamos escovar os dentes, depois brincar!”.
Mensagem implícita: “*O seu brincar é menos importante que o meu escovar os dentes*”.

Só que, para a criança de 2 anos, brincar é trabalhar – é ali que ela aprende, experimenta e se organiza internamente.

Agir querendo primeiro o que o adulto quer, gera como resultado uma disputa de poder: quem vai ganhar? quem vai renunciar ao seu querer? Se a criança tem temperamento forte, pode até reagir com agressividade (empurrar, bater), e o adulto, assustado, conclui que ela é “ruim, difícil, terrível”. Na verdade, a criança está apenas defendendo sua identidade em formação.

PROTOCOLO DA DISCIPLINA DO EQUILÍBRIO

Invisível que você precisa saber: o “não” da criança não é sobre comida, banho ou escovar os dentes em si. É sobre algo mais profundo. É a individuação em ação. “Eu não sou você”.

PASSO A PASSO

1. **Entenda o sentido do “não”**

- O “não” nessa fase não é, necessariamente, oposição à mamãe/papai, é afirmação de identidade.
- **Ação mental do adulto:** “Ela não está negando o escovar o dente/banho/comida. Está apenas mostrando: eu não sou você, sou uma pessoa diferente de você”.

2. **Não ofereça resistência → valide a individuação**

- **Ação verbal:** “Você não está com fome agora? Entendi. Eu estou, então vou começar aqui. Quando você sentir fome, você vem, ok?”
- O adulto reconhece a diferença, sem ceder à confusão de papéis. Mantém sua rotina e abre espaço para a escolha da criança.

3. **Aguarde a criança vir ou convide novamente**

- Ao se sentir respeitada por ser ela mesma, a criança relaxa.

- Logo, por vínculo e curiosidade, tende a se juntar ao adulto de forma espontânea.
- Caso ela não venha, convide novamente com criatividade.

DESTAQUES

- Linguagem de validação curta e simples: "Você não está com fome agora... entendi".
- Narrativa sobre o adulto: "Eu estou com fome e vou comer agora".
- Quadro de Rotina: pode ajudar a dar segurança visual de que comer, escovar ou dormir fazem parte do dia a dia.

OBSERVAÇÕES CLÍNICAS

- O "não" nessa fase é esperado, saudável e marca a individuação.
- O adulto precisa sustentar segurança interna e flexibilidade externa: firmeza no rumo (a rotina acontece), mas liberdade para a criança viver sua individuação.
- Quanto mais o adulto entrar em disputa, mais a criança aprende a se opor por defesa; quanto mais o adulto validar, mais a criança coopera por vínculo.

RESULTADO ESPERADO

- A criança afirma sua identidade sem conflito destrutivo.
- O adulto preserva vínculo e rotina, com menos brigas e mais harmonia.
- A cooperação passa a surgir espontaneamente. A criança se volta para o que precisa ser feito, com alegria de ser ela mesma.

SE DESEJAR APROFUNDAR

Curso Help "Incríveis 2 Anos" e Formação "Manual da Mãe" + Curso "Ferramentas da Disciplina do Equilíbrio".

PROTOCOLO #3 — AMOR ENTRE IRMÃOS

Contexto: as crianças brigam por tudo e por nada, como quem vai apertar o botão do elevador? Quem se sentou no lugar do outro na mesa que não tem lugar marcado?

PROTOCOLO DA DISCIPLINA DO EQUILÍBRIO

Invisível que você precisa saber: a maioria das brigas entre irmãos, na realidade invisível, não é sobre brinquedos, turnos ou espaço físico. A raiz está numa disputa emocional pelo território da mãe: "Será que ainda sou amado e importante para ela?". Sem perceber, os adultos acabam reforçando esse conflito quando agem com base em cinco crenças culturais equivocadas.

PASSO A PASSO: CINCO CRENÇAS *VERSUS* SOLUÇÕES DA DISCIPLINA DO EQUILÍBRIO

1. **Crença 1: "Tenho mais de um filho, preciso me dividir entre eles".**

- **Erro:** dividir gera escassez de atenção e competição.
- **Solução:** multiplicação.
  → Quando estiver com uma criança e a outra chamar, não peça para esperar e não diga que não pode atender por estar com o irmão (isso piora tudo!).
- Dê o seu olhar, vire o rosto, e responda: "Ah, você precisa de mim ou quer que eu vá aí ver o que fez? Eu vou, sim... Venha até aqui me ajudar a finalizar isso com seu irmão e nós vamos todos lá ver o que você quer mostrar".
- Inclua o outro no cuidado do primeiro, convide-os a se ajudarem e a estarem juntos.
  → Ensine que vocês são um time e não adversários: O problema de um é problema de todos. Nos juntamos para tentar resolver.

2. **Crença 2: "Preciso defender o mais novo (ou mais frágil) do filho mais velho (ou mais forte)".**

- **Erro:** tomar partido cristaliza papéis e reforça injustiça. O mais novo/frágil ocupa sempre o lugar de vítima e o outro é sempre o agressor. Essa configuração pode seguir para a vida escolar e até conjugal. É um risco sério.

- **Solução: Orientação.**
  → Ajude o mais novo (ou mais frágil) a se defender e o mais velho (ou mais forte) a aprender a dialogar, ceder e negociar, cada um conforme seu temperamento. Algumas conversas e histórias podem ser realizadas no "dia do filho único" que você terá com cada um, pois o que um filho precisa ouvir é diferente do que o outro necessita.→ O adulto não defende uma criança da outra, o adulto orienta todas e ensina recursos relacionais.

3. **Crença 3: "Tenho que punir o culpado".**

- **Erro:** adulto se coloca como juiz soberano, toma partido de uma das crianças que entende ser a vítima e afasta-se do vínculo com a outra que julga ser quem iniciou a confusão ou o culpado. Isso provoca raiva e cria mais rivalidade entre as crianças.

- **Solução: Mediação.**
  → Convide todos para a Mesa da Paz (Ferramenta #12) e use objeto de fala (Ferramenta #17), fazendo perguntas abertas: "Como começou para você? E para você, como foi? O que precisa para ficarem bem? Vocês conseguem fazer o que o outro precisa para ficar bem? Ainda não? Vocês precisam de mais um tempo antes de conversar?".
  → Caso não tenham conseguido chegar a um acordo, marque alguns minutos (Ferramenta #62) e depois voltem para continuar com foco na solução.

4. **Crença 4: "Dois pesos, duas medidas".**

- **Erro:** exigir demais de um – "você já tem 4 anos, já é grande, seu irmão só tem 2!". e proteger demais o outro. Ocorre que dois anos depois, a frase muda: "você já tem 6 anos, já é grande, seu irmão só tem 4!". Ou seja, 4 já era grande para um e ainda é pequeno para o outro, percebe?

- **Solução:** Igualdade.
  → Amor, pertencimento e reconhecimento **iguais** para todos. Isso pode significar incluir o maior nas brincadeiras com o bebê. Às vezes, vai até soar ridículo fazer cosquinhas numa criança tão grande como está fazendo com o bebê, mas é importante que ele saiba que não está sendo deixado de lado.
  → A entrega afetiva sempre deverá ser equilibrada.

5. **Crença 5: "Criei os filhos da mesma maneira, por que deu errado com um deles?".**

- **Erro:** ignorar que crianças diferentes precisam de manejos diferentes.

- **Solução:** Personalização.
→ Observe suas crianças em suas particularidades: Temperamentos, neurodivergências, gostos, jeitos, afinidades, interesses.
→ Ajuste a forma de orientar: o colérico precisa de autonomia, o melancólico precisa de apoio para confiar em si, o sanguíneo precisa de diversão e o fleumático precisa de estímulo respeitando seu ritmo.
→ Observe o contexto sob a perspectiva da criança (Ferramenta #33 A verdade da criança): não é só idade, é também o pedido que cada criança faz em cada situação.

OBSERVAÇÕES CLÍNICAS

- Atenção especial ao teste emocional invisível: quando uma criança pede ajuda para algo que já sabe fazer, pode estar testando "será que ainda sou amado?" Deixe claro o quanto cada criança é amada do jeitinho dela.

RESULTADO ESPERADO

- Queda drástica na frequência e intensidade das brigas destrutivas.
- Irmãos desenvolvem parceria e empatia em vez de rivalidade.
- Cada criança cresce com autoestima e segurança relacional, sem papéis fixos de vítima/agressor.
- A família ganha clima de time "um por todos e todos por um" e abundância emocional "o problema de um é problema de todos".

SE DESEJAR APROFUNDAR

Curso Help "Amor Entre Irmãos" e Formação "Manual da Mãe" + Curso "Ferramentas da Disciplina do Equilíbrio".

PROTOCOLO #4 – CHEGADA DO IRMÃOZINHO

Contexto: chegada de um novo bebê na família com teste emocional inconsciente da criança maior: "Será que ainda sou amada?".

PASSO A PASSO

A) Antes do bebê chegar

1. Reparo emocional (Ferramenta #9): a cultura já começa a criar ciúme e rivalidade entre os irmãos com comentários do tipo "Ihh, vai perder o colo". Cabe aos adultos já fazerem o reparo emocional: "Cabe todo mundo no meu colo e no meu coração".
2. Antecipação frente a desafios (Ferramenta #49): faça ensaios narrativos realistas sobre a chegada do bebê que está por vir. Como será? Com quem a criança maior ficará quando a mamãe for ganhar o bebê? Quando eles vão se encontrar?
3. Presentes baratinhos: o bebê receberá visitas e presentes. Algumas pessoas não se lembrarão de trazer algo também para a criança maior. Faça um estoque de presentes baratinhos (para a criança maior) enquanto o bebê ainda não nasceu.

B) Durante a chegada do bebê

1. Encontro especial: se possível, mãe recebe o mais velho de braços livres, sem o bebê no colo.
2. Presentes especial: o mais velho pode receber algo especial "trazido pelo irmão que chegou" tornando esse momento muito significativo. (Ferramenta #78 Elementos-âncoras VAC)
3. Pertencimento: o bebê é "filho dos pais, mas é irmão dele". Se ele desejar pegar no colo ou fazer carinho no bebê, os adultos permitem e orientam sem afastar ou defender.

C) Depois da chegada do bebê

1. Atendimento prioritário emocional ao mais velho: isso é contraintuitivo, eu sei, mas não terceirize sempre o mais velho, terceirize os cuidados com o bebê quando der – quando não for amamentação, por exemplo.
2. Incluir o mais velho em elogios/visitas/rotinas. Até em brincadeiras fofas que parece que ele já passou da fase, dê um jeito de incluir.

3. Responder ao teste invisível: atenda pedidos "desnecessários" (Ferramenta #37) por um período, para curar a insegurança. Não diga "você não precisa de ajuda" ou "você já sabe fazer isso sozinho". Nunca mande o pai, a vó ou a babá. Ele quer saber se você – mãe – ainda o ama. Atenda sua criança e vá dizendo a ela sobre como também é bom ser uma criança maior.
4. Estoques de lembranças: quando alguma visita trouxer presente só para o bebê, faça aparecer na cena um presentinho baratinho para a criança mais velha também.

OBSERVAÇÕES CLÍNICAS

- Se a criança maior começar a rejeitar a mãe – adulto primário – pode ser pedido desesperado de atenção. Acolha correndo. Crie momentos de "filho único".
- Peça aos cuidadores que evitem comparações e rótulos tipo "esse é bonzinho e aquele é o que bate". Não crie "caixinhas" que aprisionam as crianças.

RESULTADO ESPERADO

Reatividade decrescente do mais velho, vínculo fraterno crescente.

SE DESEJAR APROFUNDAR

Curso Help "Incríveis 2 Anos" e Formação "Manual da Mãe" + Curso "Ferramentas da Disciplina do Equilíbrio".

PROTOCOLO #5 — PAIS DE PRIMEIRA VIAGEM

Contexto: a chegada do primeiro bebê abre um campo emocional totalmente novo. A mãe, biologicamente programada, entra em modo interno, vivendo a fusão emocional com o bebê - um mergulho invisível, profundo e instintivo. Já o pai é chamado a permanecer no modo externo, sustentando o mundo concreto para que essa fusão seja possível.

Invisível que você precisa saber: o risco está nas dinâmicas prévias do casal:

- Se a mulher já vivia no perfil SuperMulher – que faz tudo sozinha e dá conta de tudo – ou Mãe Vida que Segue – que pretende continuar a fazer tudo na vida e na carreira como era antes de ter o bebê – pode ter dificuldade em se entregar à fusão e tenta seguir como antes.

- Se era do perfil Cuido do Marido – que trata o marido como filho, cuida dele, marca consultas, faz as refeições ou outras práticas do tipo – pode acontecer que o pai continue esperando ser cuidado, e que a mãe não saiba pedir ajuda ou que peça e não seja atendida.
- Se o homem já era imaturo, dependente ou centrado em si, a chegada do bebê expõe e amplia essa imaturidade. Com ele exigindo que a mulher "volte ao normal", pressionando para sexo, rotina e trabalho, como se nada tivesse mudado. Ou foge para distrações; e a mãe, sem apoio e com medo da fusão emocional com o bebê, também foge para atividades externas ou redes sociais.

RESULTADO ESPERADO

O bebê fica sem referência emocional segura.

PASSO A PASSO

1. **Reconheça os Modos Diferentes**

- A mãe: modo interno, fusão emocional com o bebê (exterogestação).
- O pai: modo externo, sustentando a mãe e a casa em logística, finanças (tanto quanto possível) e proteção.
- Não é desigualdade, é complementaridade necessária.

2. **Apoie a Fusão da Mãe com o Bebê**

- O bebê precisa da mãe em modo interno.
- O pai não deve competir pela fusão com o bebê, mas fundir-se emocionalmente com a mãe, percebendo suas necessidades e cuidando para que ela se sinta segura nesse mergulho.

3. **Organize o Entorno Concreto**

- O pai cuida do "mundo fora", contas, comida, casa, rede de apoio.
- Se a mãe sabe que há quem sustente o externo, pode mergulhar no interno sem medo.

4. **Evite Fugir da Dor**

- Muitas mães fogem da fusão porque ela desperta dores da própria infância.

- Muitos pais, imaturos, reforçam essa fuga.
- O protocolo pede: sustentar o desconforto, buscar apoio e não terceirizar o vínculo essencial da criança.

5. **Pratique Intimidade Emocional no Casal**

- O nascimento pode gerar crises – cobranças, carências, rejeição sexual.
- Em vez disso, o caminho é intimidade emocional – conversar sobre vulnerabilidades, expressar medos, reconhecer limites.

6. **Reveja Papéis Culturais**

- Perfis inconscientes de mãe e mulher[49] determinam como a dinâmica começa.
- O convite é ressignificar, sair da lógica de "divisão de tarefas" e entrar na lógica de **rede de consciência e apoio.**
- **Mapa de Perfis:** identificar se o casal vinha de uma dinâmica de CM, SM ou CR[50], e readequar para que o bebê não pague a conta.

OBSERVAÇÕES CLÍNICAS

- Pais imaturos buscam satisfação própria antes de sustentar o campo emocional da família. O resultado é desconexão.
- Maturidade significa que eu sustento você para que você sustente nosso bebê.
- Bebês de casais imaturos desenvolvem sintomas físicos ou emocionais precocemente: choros incessantes, doenças recorrentes, dificuldade de vínculo.

RESULTADO ESPERADO

- A mãe sustentada, entregue ao vínculo com o bebê.
- O pai fortalecido, consciente de seu papel de guardião da díade mãe-bebê.
- O bebê em ambiente seguro, sem precisar adoecer ou se desequilibrar para garantir amor e pertencimento.
- O casal mais consciente, vivendo a parentalidade como portal de amadurecimento, não como motivo de ruptura.

Tabela 19 Subprotocolos Pais de Primeira Viagem

Cenário	Contexto	Risco dos Extremos	Passo a Passo	Resultado Esperado
A. Pai imaturo	Pai age como "filho", não sustenta o mundo externo.	Autoritarismo: mãe critica e infantiliza. Permissividade: mãe faz tudo sozinha.	1. Nomear imaturidade. 2. Dar responsabilidades concretas. 3. Estabelecer acordos claros. 4. Evitar papel de "mãe do marido".	Pai amadurece pela prática. Mãe pode se entregar ao bebê.
B. Mãe foge da fusão	Mergulhar no vínculo ativa dores da infância, ela foge (celular, trabalho precoce).	Autoritarismo: obrigar a dar conta sozinha. Permissividade: terceirizar totalmente o bebê.	1. Nomear a fuga. 2. Oferecer apoio emocional. 3. Estimular mergulhos progressivos (pele a pele, amamentar em silêncio). 4. Pai sustenta sem cobrar "volta ao normal".	Mãe se entrega gradualmente à fusão. Bebê sente segurança afetiva.
C. Avó(mãe ou sogra) protagonista	Avó assume papel central, casal perde liderança.	Autoritarismo: expulsar avó → guerra. Permissividade: mãe entrega protagonismo.	1. Reconhecer importância da avó. 2. Estabelecer limites claros. 3. Pai assume papel de sustentador. 4. Casal fala em uníssono.	Avó integrada como apoio, não líder. Casal fortalecido.
D. Crise conjugal pós-nascimento	Cobranças, rejeição sexual, distanciamento.	Autoritarismo: críticas agressivas. Permissividade: silêncio que afasta.	1. Nomear a crise como normal. 2. Criar Reunião de Casal semanal. 3. Usar Empatia Escrita. 4. Investir em intimidade emocional.	Casal amadurece junto. Bebê cresce em ambiente estável.

Fonte: Tabela desenvolvida pela autora.

SE DESEJAR APROFUNDAR

Formação "Ponte Emocional" também chamada carinhosamente de o "enxoval emocional do bebê" + Curso "Ferramentas da Disciplina do Equilíbrio".

PROTOCOLO #6 — RECEBER DIAGNÓSTICO

Contexto: criança é diagnosticada com alguma neurodivergência: TEA/TDAH/AHSD etc. Alguns, logo negam ("não existe isso", "é frescura"); outros reduzem a identidade ao rótulo ("ele é assim por causa do...", "não tem jeito").

PROTOCOLO PASSO A PASSO

1. **Garantir que o diagnóstico está correto (pré-condição)**

- Quem avalia: profissional/ equipe experiente na condição (preferir avaliação multiprofissional).
- Como avalia: entrevista clínica estruturada + testes padronizados + observação (casa/escola/clínica) + história evolutiva.
- Diferenciais/comorbidades: Checar sono, audição/visão, linguagem, contexto escolar, estresse, telas, fatores sensoriais.
- Entrega: relatório escrito com critérios utilizados, gravidade, hipóteses diferenciais e recomendações.
- Dúvida persiste? Busque segunda opinião especializada antes de planejar intervenções intensas.

2. **Usar o diagnóstico como bússola, não sentença**

- Linguagem-guia: "É e pode evoluir" (substituir o "mas" por "e").
- Sentença proibida: "Agora tudo é por causa do diagnóstico".
- Sentença-chave: "O diagnóstico não muda quem a criança é; muda como nós vamos guiar".

3. **Aprender o manejo adequado**

- Entender as características do diagnóstico + o perfil de personalidade da criança = permite clarear o que é / o que não é, as forças típicas e os desafios.
- Importante evitar estigma e expectativas irreais.
- Ajustar o manejo – jeito de fazer as coisas e falar com a criança – usando as Ferramentas da Disciplina do Equilíbrio, começando por aquelas específicas para o caso diagnosticado.

4. **Plano integrado com escola**

- Reunião de alinhamento escola-família.

- Alimentar a escola com as ferramentas para o ajuste de manejo de acordo com o perfil + diagnóstico.

OBSERVAÇÕES CLÍNICAS

- Evitar: "Agora tudo é por causa de...".
- Perfil temperamental + diagnóstico + etapa do desenvolvimento modulam manejo e expectativas.
- Sempre ensinar depois da emoção e proteger autoestima (validar emoção, conduzir comportamento).

RESULTADO ESPERADO

Família sai do luto/culpa para ação competente e esperançosa; criança aumenta participação, autonomia e bem-estar; escola, família e clínica atuam alinhadas; diagnóstico vira ponto de partida para possibilidades de evolução, não teto de limitações.

SE DESEJAR APROFUNDAR

Formação "PNL para Pais e Profissionais" + Curso "Ferramentas da Disciplina do Equilíbrio".

PROTOCOLO #7 – SUSPEITA DE TDAH/TOD/TEA/AHSD

Contexto: muitas crianças recebem diagnósticos equivocados em relação a neurodivergências.

Invisível que você precisa saber: em muitas situações, comportamentos intensos, imaturos ou desafiadores das crianças são interpretados como sinais de transtorno. Porém, antes de considerar um diagnóstico, é fundamental mapear o perfil de personalidade – combinação de temperamentos e ajustar o manejo dos adultos com base no perfil identificado aplicando as ferramentas da Disciplina do Equilíbrio. Só então será possível verificar se permanecem sintomas para uma investigação clínica especializada.

Riscos: apressar-se em rotular ("é malcriado", "é hiperativo"), reforçando estigma e punindo sem compreender; ou aceitar qualquer comportamento como “normal”, “fase” e nunca intervir, atrasando apoios necessários – ou ainda medicalização precoce sem observar a criança no contexto e sem ajustar primeiro o manejo.

PASSO A PASSO

1. Mapeamento do perfil de personalidade: Identificar a combinação de temperamentos da criança, especialmente o seu dominante: Colérico, Sanguíneo, Melancólico ou Fleumático.

- **Observar reações típicas:** Intensidade emocional, ritmo de adaptação, busca de autonomia, sensibilidade, persistência. Diante da frustração vai para raiva ou tristeza? Fica muito tempo ou sai da emoção rapidamente?
- Ferramenta: diários de observação + entrevistas com pais e professores.

2. **Ajuste do manejo**

- Adultos se comprometem a aprender sobre os perfis e ferramentas na Disciplina do Equilíbrio. Aplicar ferramentas específicas de acordo com o perfil: ver tabela abaixo.
- Reunião de família semanal para fazer e rever combinados claros.

Tabela 20 Ferramentas da DdE sugeridas a partir dos temperamentos

Temperamento	Desafios principais	Ferramentas da DdE sugeridas	Objetivo com a criança
Colérico	Impulsividade, orgulho, autoritarismo, dificuldade em ceder.	#2 NP vira CP #6 Ganha-perde vira ser feliz #7 Saldo Positivo #11 Dinâmica dos Três Elementos #14 Dar razão para ter razão #26 Dizer "não" sem dizer "não" #28 Pode, não pode; Deixo, não deixo #43 FIVE da Obediência #65 Ensine ensinando, não corrigindo	Trabalhar pausa antes da ação, escuta ativa, humildade, cooperação, canalização da energia vital para ações úteis e construtivas.
Sanguíneo	Dispersão, vaidade, busca por aprovação, inconstância.	#13 BHIM – Brincadeira, História e Música – Idioma da criança #62 Marcar o tempo #70 VPP – Vamos por partes #64 Gostar e querer antes de se comprometer e melhorar #48 Me aperta e espera #23 Amor recebido *versus* Amor percebido	Sustentar foco com leveza, equilibrar busca por aplauso, validar emoções sem drama.
Melancólico	Pessimismo, autocrítica, medo de errar, rigidez.	#49 Antecipação frente ao desafio #69 Dores e doenças trazem mensagens #23 Amor recebido *versus* Amor percebido #53 Confiança na competência #61 Objeto-âncora para saudade #45 TIC – Tornar o Invisível Concreto	Desenvolver leveza, confiança, aceitação do erro como parte do processo.
Fleumático	Passividade, acomodação, dificuldade em se posicionar.	#1 PAPA: Protagonismo, Autonomia, Participação Ativa #3 CACA *versus* DOSE #7 Saldo positivo #15 Use o erro do passado com foco no futuro #24 Mãe na fusão *versus* Mãe na função #31 Espera (particip)ativa #20 Perguntas do Exatidão	Incentivar protagonismo, coragem para se posicionar, constância sem rigidez.

Fonte: Tabela desenvolvida pela autora.

3. **Verificação pós-ajuste**

Após dois ou três meses de estudo dos adultos + manejo consistente, registrar:

- Quais queixas iniciais desapareceram ou diminuíram.
- Quais sinais ainda se mantêm, em frequência e intensidade significativas.
- Registro estruturado: diário com gatilho ativador – mau comportamento; frequência, intensidade, duração.

4. **Encaminhamento especializado (quando necessário)**

Se, após ajustes consistentes, persistirem sintomas intensos e frequentes que impactam vida escolar, social ou familiar:

- Encaminhar para avaliação multiprofissional com profissional qualificado e experiente, usando instrumentos padronizados.
- Solicitar relatório que inclua critérios diagnósticos + recomendações práticas, não apenas rótulo.

Observações clínicas

- Muitas vezes o "sintoma" é expressão do temperamento em desequilíbrio.
- Diagnóstico verdadeiro só é válido se feito por profissional experiente + testes adequados + múltiplos contextos.
- Cuidado com a explicação única, como "tudo é por causa do diagnóstico".

Resultado esperado

- Família e escola desenvolvem clareza sobre o temperamento da criança.
- Manejo adulto ajustado diminui comportamentos desafiadores.
- Se persistirem sintomas, a avaliação profissional se torna mais precisa, porque já considera o que é traço de personalidade e o que é necessidade clínica real.
- Criança segue vista como sendo muito maior que qualquer diagnóstico.

SE DESEJAR APROFUNDAR

Formação "PNL para Pais e Profissionais" + Curso "Ferramentas da Disciplina do Equilíbrio".

PROTOCOLO #8 – CULPA MATERNA

Contexto: a culpa é uma emoção frequente na maternidade. Pode vir de fora (cobranças, comparações, julgamentos) ou de dentro (a bússola interna sinalizando que algo precisa ser diferente). Entender essa diferença é o primeiro passo para transformar a culpa em poder de evolução.

RISCO DOS EXTREMOS

- **Autoritarismo:** autopenalização, rigidez, chicotear-se com exigências impossíveis.
- **Permissividade:** paralisar na autopiedade, usar a culpa como desculpa para não agir.

PASSO A PASSO

1. **Distinguir a origem da culpa**

- Culpa externa: fruto da cobrança alheia e de expectativas sociais (comparações, críticas, redes sociais). Pode vir da mãe, sogra, amigas, cônjuge etc. Essa culpa não é sua, deixe fora de você.
- Culpa interna: bússola legítima que aponta para algo que você fez ou deixou de fazer e que precisa ser revisto. Essa merece escuta e ação sob pena de sofrer com arrependimentos no futuro. "Nem vi minha criança crescer...".

2. **Virar a moeda**

- Se sinto culpa é porque estou afetando negativamente.
- Se você aprender a afetar positivamente, então a culpa se transforma em poder. Culpa e poder são dois lados da mesma moeda: a mesma energia que hoje gera dor pode ser transformada em força de impacto positivo quando você aprender a fazer diferente.

3. **Acessar o poder**

- Pergunte-se: "*O que preciso aprender para afetar positivamente meu filho agora?*".
- Transforme a culpa em ação concreta: Carinho, presença, palavra, reparo. Ou alguma tomada de decisão que precisa ser realizada: Diminuição de trabalho, mais tempo junto, troca de escola ou de horário escolar. Ou o uso de alguma ferramenta da metodologia.

- O foco não é no erro passado, mas no poder de reconstrução presente.

4. **Plano de reparo imediato**

- Um ato concreto hoje: Pedir desculpa, oferecer colo, brincar 10 minutos exclusivos, ouvir sem pressa.
- A criança não precisa de perfeição, precisa de reparo e reconexão.

5. **Compromisso de evolução**

- Escolha um hábito semanal que evite repetir o motivo da culpa.
- Exemplo: Se a culpa foi gritar, o compromisso é treinar respiração antes de responder. Pode lançar mão da Ferramenta #9 Piriri Emocional também.

FERRAMENTA DE APOIO

- Ferramenta #12 Mesa da Paz (quando culpa vem de conflito).
- Ferramenta #9 Piriri Emocional.

OBSERVAÇÕES CLÍNICAS

- Ao lidar com a culpa de forma saudável, a mãe ensina a criança sobre humildade, reparo e crescimento.
- O poder está em transformar dor em evolução.

RESULTADO ESPERADO

- Mãe sai da paralisia e encontra direção.
- A relação com a criança é reparada com atos concretos.
- A culpa deixa de ser peso e vira parceira sinalizadora de oportunidade de evolução.

PROTOCOLO #9 — DESFRALDE EM EQUILÍBRIO

Contexto: o desfralde não é uma meta coletiva na agenda escolar, mas um processo de maturação neurológica, corporal e emocional. O período pode ir de 18 meses a quatro anos, variando conforme cada criança. Comparações e pressões externas costumam gerar mais ansiedade do que benefícios para a criança.

RISCO DOS EXTREMOS

- Autoritarismo: impor a retirada da fralda na idade "certa", comparando com outras crianças, gerando medo, vergonha, insegurança e até distorções na autoimagem.
- Permissividade: adiar indefinidamente, por insegurança dos adultos, reforçando a falta de autonomia.

PASSO A PASSO

1. **Respeitar o tempo da criança**

- O desfralde é um processo, não um evento. Observe os sinais individuais, sem pressão e sem comparações.

2. **Reconhecer os estágios de consciência**

- Primeiro: a criança percebe depois que já fez.
- Depois: a visa durante o ato.
- Finalmente: avisa antes de fazer (pronta para o desfralde).

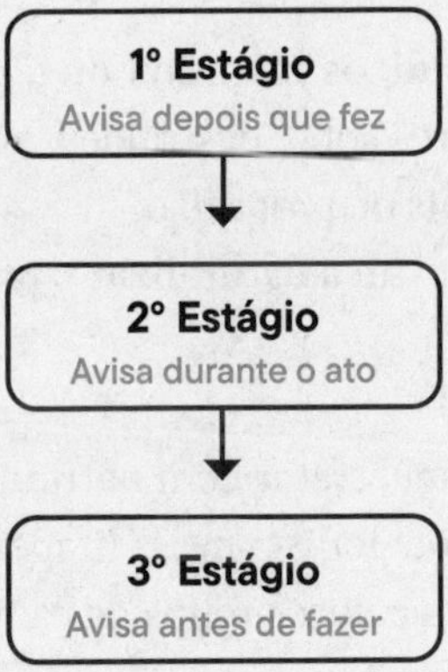

3. **Preparar o ambiente**

- Adaptar o banheiro ao tamanho da criança: redutor de vaso, penico, banquinho para alcançar a bancada/torneira, adaptador de pia e espelho na altura da criança.
- Tornar o espaço acessível e seguro, para que a criança se sinta dona de si.

4. **Acompanhar com linguagem e consciência**
- Nomear o que está acontecendo: "Você está fazendo cocô", "Olha, xixi vai no vaso".
- Trazer consciência sem pressa, transformando em aprendizado natural.
- Deixar que a criança veja você usando o vaso.

5. **Conectar desenvolvimento cognitivo × emocional**
- Saber falar ou compreender não significa estar pronto fisiologicamente. Entender é uma coisa, conseguir viver o que a mente já entendeu, é outra.
- Cada área do desenvolvimento (cognitivo, motor, emocional) amadurece em ritmos diferentes.

6. **Recuar quando necessário**
- Se o processo foi iniciado e a criança não estava pronta, desistir não é retrocesso, é sabedoria.
- Pausar alguns meses e retomar mais tarde preserva a autoestima e evita traumas.

7. **Introduzir recursos lúdicos quando houver sinais**
- Histórias, músicas e livros sobre desfralde fazem sentido apenas quando a criança já mostra sinais de prontidão.
- Brincadeira e leveza ajudam a naturalizar o processo.

8. **Consequência natural**
- Quando acontecer escape, tratar com naturalidade: "aconteceu, vamos limpar" e a criança é protagonista nessa limpeza. Ela leva a roupa molhada na lavanderia, ajuda a colocar roupa de cama seca.
- Podemos demonstrar que não era esse o objetivo, mas que acreditamos que vamos conseguir. Sem ironia, sem peso emocional. Apenas ação prática.

9. **Empurrãozinho**
- Use combinados visuais: Se a criança estiver chegando aos 4 anos e o processo ainda estiver muito lento, desenhar ou colar imagens simples que reforcem o processo, como usar o vaso antes de sair de casa, colar

um adesivo no espelho sempre que conseguir acordar de fralda seca, sem sobrecarregar de exigências.

FERRAMENTAS DE APOIO DA DISCIPLINA DO EQUILÍBRIO

- #65 Ensine ensinando, não corrigindo: ensinar sem bronca, modelando com calma.

OBSERVAÇÕES CLÍNICAS

- Ambientes com autoritarismo que geram medo podem estar ligados a enurese noturna.
- Não existe criança saudável que "ficará para sempre de fralda".
- Ansiedade dos adultos atrapalha mais que ajuda; "desfralde coletivo" em escolas pode desrespeitar a individualidade.
- Evite focar demais: quanto mais se fala, mais a criança associa cocô a atenção. Nem exagero positivo, nem negativo.
- Frustração, broncas e humilhações durante o processo podem marcar a autoestima.
- Recuar é sinal de maturidade dos pais, não de fracasso.
- Trate traumas com paciência: algumas crianças passaram pela experiência de dor ao evacuar e se recusam a fazer cocô. Conte histórias de animais que passaram pela mesma experiência e vá explicando sinais do corpo – dor na barriga, pressão no bumbum – como sinal de cocô chegando, ajude a relaxar, e mostre que agora não dói mais.
- Se precisar da fralda como ponte, use sem culpa: melhor transição do que trauma. A meta é migrar aos poucos, sem desespero.
- Conexão acima do controle: esteja presente, abrace, mostre segurança. Uma criança só libera o que é dela (até o cocô) quando se sente segura.

RESULTADO ESPERADO

- Criança adquire autonomia no controle dos esfíncteres em seu tempo, com segurança e confiança.
- O desfralde acontece com leveza, sem traumas, e fortalece a autoestima e a sensação de competência da criança.

PROTOCOLO #10 — DESMAME EM EQUILÍBRIO

Contexto: mãe deseja encerrar a amamentação, quer fechamento com foco em desmame consciente, amoroso e firme, que preserva vínculo e promove autonomia.

RISCO DOS EXTREMOS

- Autoritarismo: corte brusco e frio, desamparo, vergonha ("você já é grande!").
- Permissividade: adiar indefinidamente, mantendo dependências (comer/dormir/acalmar só no peito).

PASSO A PASSO

1. **Alinhamento interno da mãe (pré-condição)**

- Pergunte-se: *"Está difícil para quem?"*. Se a criança já não precisa nutricionalmente, mas a mãe hesita, investigue ganhos secundários e medos. Um padrão é o registro de abandono/desamparo (ainda que inconscientemente) e sentir que ao deixar de amamentar está desamparando o filho ou sendo desamparada/desconectada dele.
- Decida com serenidade: desmame é uma decisão adulta. Quando a mãe está segura, a criança sente a borda emocional.

2. **Preparação simbólica (7-14 dias)**

- Histórias – Ferramenta #13 BHIM: conte diariamente histórias de filhotes que cresceram e mudaram de fase – "o bezerro que agora come e não mama mais na vaquinha, a borboletinha que agora voa e não fica mais no casulo...".
- Certifique-se de que a criança compreenda: "Seu corpo cresceu, você já come e bebe outras coisas. O peito foi importante e agora vamos nos despedir dele com amor".
- Calendário visual – Ferramenta #45 TIC Tornar o Invisível Concreto: desenhe e faça contagem regressiva até o "Dia da Despedida do Tetê (ou o nome que a criança usa para o peito)".
- Elementos-Âncoras VAC – Ferramenta #78: escolha com a criança um objeto (pelúcia/almofada) para abraçar quando der saudade. Pergunte: "O que você sente de mais gostoso mamando? O que mais te dá essa sensação? Abraçar esse ursinho? Vamos testar?" Procure alternativas viáveis.

3. **Ajuste de rotinas antes do Dia D**

- Comece a descolar a associação sono-peito: incluir banho morno, história, música baixa, respiração com a mãe; se possível, quem coloca para dormir é outro cuidador que não amamenta.
- Inclua a âncora: quando pedir para mamar fora dos combinados, valide "eu entendi que você quer sentir igual o tetê" e ofereça o elemento-âncora. Se precisar pode ceder, avisando que o dia D chegará e aí vai ser despedida definitiva.

4. **O Dia D – Ritual de Despedida**

- Faça algo especial: carta/desenho de gratidão ao "tetê", foto simbólica, caixa-memória.
- É preciso que a criança entenda: "O peito cumpriu sua missão. Agora o nosso carinho continua em abraços, histórias e beijos".
- À noite, manter o combinado: sem oferecer/sem ceder ao peito. Acolha com muito carinho + elemento-âncora.

5. **As primeiras três noites**

- Espere pedidos e choro. Acolha sem voltar atrás.
- "Eu te escuto, estou aqui. Sente saudade? Vamos abraçar a (pelúcia) e respirar comigo".
- Ciclos de conforto: água, xixi, abraço, embalo, música suave.
- Se houver possibilidade, outro adulto lidera o acalento nas janelas mais difíceis.

6. **Substituições consistentes**

- Para sono: rotina previsível, história curta, respirações conscientes, música.
- Para conexão diurna: "Tempo de colo exclusivo" (10-15 min), brincar de pele a pele (cavalinho, cosquinha, sanduíche em cima da mamãe); sempre com camiseta; leituras no colo.

7. **Comunicação clara e amorosa**

- Repetir a ideia central sem negociar o núcleo:
- "Entendo seu desejo e te amo. Agora o peito acabou, e eu fico com você de outro jeito".

- Evite: "Você já é grande" (pode soar como vergonha). Prefira: "Você cresceu e ganhou novas formas de carinho. Deixamos as coisas de bebê para os bebezinhos".

8. **Manutenção e recaídas**

- Se houver doença/viagem, mantenha acolhimento + sem retorno ao peito.
- Caso a mãe vacile, retomar o passo 1 – alinhamento interno e verificar necessidade de apoio terapêutico.

9. **Ferramentas de apoio**

- #45 TIC (calendário/contagem regressiva).
- #13 BHIM (histórias/metáforas para transição).
- #78 Elementos-Âncoras (saudade/segurança).

OBSERVAÇÕES CLÍNICAS

- Preparar sem cortar: a preparação simbólica regula o sistema nervoso e evita sensação de abandono.
- Firmeza amorosa não é frieza: acolher o choro sem desfazer o combinado.
- É comum uma ou três noites mais difíceis. Com consistência e colo, a curva cai rapidamente.
- Se a amamentação sustentava alimentação/sono/autorregulação em excesso, planeje substituições para ganho de autonomia antes do Dia D.

RESULTADO ESPERADO

- Transição respeitosa, com vínculo preservado e ganho de autonomia da criança para comer/dormir/acalmar.
- Mãe aliviada e segura, sem culpa, por ter honrado a história da amamentação e conduzido o fechamento com amor.
- Família com rotinas estáveis e novas formas de conexão.

PROTOCOLO #11 – ADEUS CHUPETA

Contexto: a chupeta atende a uma necessidade legítima, o reflexo de sucção, essencial na sobrevivência do bebê e que pode permanecer até 6/7 anos de idade, mesmo sem objeto. Quando usada apenas para dormir, ela ainda cumpre papel de autorregulação. Porém, o momento da transição é importante para não gerar dependência prolongada, prejudicar a arcada dentária e, ao mesmo tempo, não transformar a retirada em trauma.

RISCO DOS EXTREMOS

- Autoritarismo: vergonha/ameaça → apego aumenta ou retirar à força – "vamos jogar no lixo" – causando apego ainda maior, sensação de perda e insegurança.
- Permissividade: manter sem planejamento até idades avançadas, dificultando a autonomia e fortalecendo padrões de dependência.

PASSO A PASSO

1. **Preparar o terreno**

- Se a criança tem menos de 3 anos e resiste muito, aguarde: por volta dos 3 anos ela já entende símbolos, histórias e combinados.
- Apresente a ideia central: *"Bebês usam chupeta; crianças crescidas encontram outras formas de dormir e se acalmar. Qual será a sua forma? Vamos descobrir?"*.
- Use BHIM (#13): livros e histórias de personagens que crescem e deixam chupeta/fralda/mamadeira. Pode ir contando histórias todas as noites sobre animais que vão crescendo e deixando as coisas de bebê para ganhar e usar coisas de crianças crescidas.
- **Meta:** fazer a criança querer deixar a chupeta por estar crescendo. Algo positivo. Um ganho, não uma perda.

2. **Voto de silêncio**

- Durante esse processo, não falar da chupeta na frente da criança. Isso evita aumento de apego.
- Evite frases como "vamos jogar no lixo" ou ameaças. Mantenha o foco nos ganhos do crescimento e não na perda.

3. **Ocultar estímulo**
- Retire da vista qualquer chupeta. Minimize gatilhos visuais até o Dia D. Mas se ainda usa para dormir, entregue se a criança pedir apenas na hora de dormir.

4. **Substituir é sempre mais fácil que eliminar**
- Conduza a criança para a escolha de um Elemento-Âncora VAC (#78) pelúcia/almofada/manta para abraçar. "O que te faz sentir a mesma coisa que a chupeta? Vamos descobrir?" Tudo numa atmosfera de conquista, crescimento, positividade.
- Reforce rotinas de sono (história, música suave, respiração) + objeto escolhido sem chupeta. Se ainda não conseguir, ceder e lembrar que no dia D que está marcado lá no calendário, aí não terá mais como voltar.

5. **Calendário de despedida**
- Associe a uma data significativa. Por exemplo, o dia do aniversário, para um ritual simbólico que a criança vai escolher sempre pensando em deixar a chupeta para bebezinhos.
- Defina data combinada e crie contagem regressiva diária.
- Use #45 TIC – Tornar o Invisível Concreto (calendário visual) para marcar os dias até a despedida.

6. **Dia D – ritual de despedida**
- Realize um marco simbólico: Entregar a chupeta a um personagem querido – bombeiro, caixa para "bebês pequenos", deixar ir para os bebezinhos com balões.
- Registre com fotos/desenho/certificado de "criança crescida".

7. **Sustentação por uns dias – um a três**
- Espere pedidos/choros; acolha sem devolver.
- Frases-guia: *"Eu sei que você sente falta. Agora você tem a (pelúcia) para abraçar. Eu estou aqui com você"*.
- Envolva o outro cuidador no acolhimento.
- Mantenha a decisão (mesmo em doença/viagem); após esses dias, a curva tende a cair.

Tabela 21 Quadro-Resumo – Protocolo Adeus Chupeta:

Etapa	O que fazer	Objetivo
1. Preparar o terreno	Mostrar, com histórias/visuais, a diferença entre coisas de bebê *versus* coisas de criança.	Criar sentido positivo para a transição.
2. Voto de silêncio	Evitar falar da chupeta na frente da criança até o processo de preparação.	Impedir apego maior pelo excesso de foco.
3. Ocultar estímulo	Retirar chupetas da casa e do ambiente.	Quebrar gatilhos visuais e reduzir ansiedade.
4. Substituição	Introduzir elemento-âncora de conforto alternativo (pelúcia, almofada, manta).	Oferecer nova fonte de segurança sem prejuízo oral.
5. Calendário de despedida	Marcar data especial (exemplo: aniversário). Fazer contagem regressiva diária.	Concretizar no tempo e gerar expectativa positiva.
6. Ritual de despedida	Criar um marco simbólico: entregar ao bombeiro que levará a bebês que precisam, pendurar na "árvore da chupeta" ou guardar em caixa de memórias.	Transformar a despedida em conquista, não em perda.
7. Sustentação (dias 1–3)	Acolher choro e pedidos com presença, colo e frases-guia, sem devolver a chupeta.	Ensinar autorregulação, consolidar a decisão.

Fonte: Tabela desenvolvida pela autora.

FERRAMENTAS DE APOIO (DISCIPLINA DO EQUILÍBRIO)

- #45 TIC – Tornar o invisível concreto – calendário visual e contagem regressiva.
- #13 BHIM – histórias, músicas e brincadeiras sobre crescimento.
- #41 Objeto Âncora – substituir a chupeta por outro recurso afetivo.

OBSERVAÇÕES CLÍNICAS

- Discurso "faz mal" costuma piorar; evite.
- Jogar no lixo é contraproducente: gera apego maior ("não se joga fora algo que amamos").
- O segredo é fazer a criança querer. Conduzir o processo de dentro para fora, com sentido simbólico e desejo construído.

- Se a criança se joga para trás ou reage com intensidade, muitas vezes é sinal de temperamento forte + manejo autoritário. Mudar a abordagem para "convencer pelo interesse" ajuda a reduzir resistências.

RESULTADO ESPERADO

- Criança compreende a despedida como um marco de crescimento, não como punição.
- Famílias atravessam o processo sem traumas, com a criança aprendendo novas formas de autorregulação.
- Consolidação de modelo mental saudável: não viver o crescimento como fonte de perdas e, sim, como conquistas e como a passagem das etapas naturais da vida.

PROTOCOLO #12 — QUANDO A SEPARAÇÃO/DIVÓRCIO É INEVITÁVEL

Contexto: o divórcio é uma das experiências mais desafiadoras da vida familiar. Para os adultos, significa o fim de um vínculo conjugal; para a criança, pode parecer o fim da própria estrutura de mundo. É um processo que pode se tornar campo de destruição ou oportunidade de amadurecimento. A forma como é conduzido determina se deixa cicatrizes de insegurança ou sementes de resiliência e confiança.

RISCO DOS EXTREMOS

- Autoritarismo: transformar a separação em batalha, usar os filhos como armas, espalhar acusações. Isso arranca da criança o direito de amar livremente ambos os pais, produzindo lealdades divididas e dores invisíveis. E comprometendo sua autoestima já que ela é parte dos dois.
- Permissividade: negar o impacto, esconder a verdade, deixar os filhos sem explicações. Nesse vazio, a criança cria narrativas próprias, muitas vezes piores que a realidade.

PASSO A PASSO

1. **Escolher e nomear uma metáfora de passagem**

- O evento da separação é um acontecimento que poderá ser vivido pela criança embalado nas mais diversas narrativas, como batalha, guerra, disputa, luta são as mais comuns. Mas não precisa ser assim. A escolha consciente de uma metáfora de passagem pode trazer alívio e esperança para o processo.

- As imagens podem ajudar a compreender rupturas. Se o divórcio é chamado de "guerra", ela internaliza medo, insegurança, sofrimento, dor. Se é envolto na ideia de que estão atravessando uma "ponte", ou escalando uma "montanha", ou iniciando uma nova fase no "game da vida", a narrativa se torna um mapa de esperança.
- Escolher conscientemente essa metáfora é o primeiro ato de cuidado parental: dar um contorno de sentido transitório para aquilo que poderia ser apenas dor e caos para sempre.

2. **Comunicar com verdade**

- Crianças percebem mais do que os adultos acreditam. Silenciar ou mentir as coloca em estado de alerta constante e quebra a confiança quando já estão vivendo uma situação de insegurança.
- Explicar juntos, em linguagem clara e adequada à idade, mostra que, embora o casal se separe, a parentalidade continua. Não entre em detalhes. Mas a verdade é base de uma relação de confiança. E sem confiança não tem educação.
- A criança acaba achando que pode também perder o amor dos pais já que um deixou de amar o outro ou coisa do tipo, então a ideia é fazer a criança entender que: "*Nosso amor como seus pais nunca termina. Amor de pai e mãe é para sempre*".

3. **Culpa zero para a criança**

- Muitas crianças se sentem culpadas pela separação dos pais. Outras projetam a raiva em um dos genitores por achar que a culpa é dele (quando essa postura é validada por algum adulto – ainda que esse adulto acredite nisso como verdade – pode ser muito nocivo para a criança). Essa questão precisa ser trabalhada, conversada, mediada por terapeuta, se possível.
- Cada criança reage de forma singular: uma pode regredir, outra pode se tornar agressiva, outra se fechar em silêncio. O adulto precisa observar com lupa e perguntar: "*O que este filho está me dizendo com este comportamento?*".

- A partir disso, construir uma rede de recursos – rotinas estáveis, presença afetiva, escola informada, ferramentas de vínculo, apoio terapêutico profissional.

4. **Autocuidado do adulto**
- Não existe divórcio saudável para os filhos sem autocuidado dos pais.
- Elaborar a própria dor em espaços adultos (terapia, grupos, espiritualidade) é o que permite estar presente para os filhos.
- A criança não pode se tornar confidente ou terapeuta dos pais. É injusto e devastador para ela carregar esse peso.

5. **Criar rituais de segurança**
- O divórcio mexe no chão da criança. Rituais trazem chão novo.
- Histórias antes de dormir, refeições conjuntas fixas, ou até uma rotina de mensagens no mesmo horário – pequenos gestos constroem previsibilidade e confiança.
- O que está em jogo não é apenas a rotina, mas a estabilidade e o sentimento de pertencimento.

6. **Evitar triangulação e alienação parental**
- A criança não pode ser correio, juiz ou espiã. Cada vez que é colocada nessa posição, perde parte da sua infância e da sua autoestima.
- Separar o conflito conjugal da parentalidade é um ato de maturidade emocional sim, mas é, sobretudo, um ato de amor. Mesmo que você tenha motivos, não fale mal do outro genitor para a criança ou para outra pessoa quando ela estiver presente. Ela não tem que participar disso dessa forma.
- O vínculo parental deve ser preservado como sagrado, mesmo quando o conjugal não existe mais. E indivíduos que não foram bons como cônjuges, podem ser melhores como pais ou mães. Dê chance à criança de não tomar as dores do casal e ficar só com as questões dela como filho(a).

7. **Revisão contínua**
- O divórcio não é um evento, é um processo. Requer reavaliação constante: Como eu estou? Como estão as crianças? O que precisa ser ajustado?
- Sintomas como insônia, regressões, tristeza ou raiva persistente não podem ser ignorados. E, sim, tem tudo a ver com as questões do casal.

- Rever o plano parental, buscar apoio escolar e a intervenção terapêutica garante que o processo continue a ser vivido como travessia, e não como queda. Tudo passa, até o momento mais difícil e doloroso.

Tabela 22 Quadro-Resumo – Protocolo Quando a Separação/Divórcio é Inevitável:

Etapa	Ação Prática	Profundidade / Sentido
1. Metáfora de passagem	Escolher uma imagem simbólica (ponte, travessia, nova fase).	Molda a experiência: "guerra" gera medo, "ponte" gera esperança. A palavra escolhida como metáfora sobre o divórcio será a lente da criança.
2. Comunicar com verdade	Falar juntos, em linguagem simples e adequada à idade. Frase-chave: *"Nosso amor como seus pais nunca termina"*.	O silêncio ou a mentira destrói confiança. A verdade dá chão e segurança mesmo no meio da dor.
3. Culpa zero	Observar comportamentos (regressão, agressividade, silêncio etc.) como mensagens. Garantir rotinas, presença afetiva, escola informada, se possível apoio terapêutico.	Culpa internalizada corrói autoestima. Mostrar que a separação é decisão dos adultos protege a identidade da criança.
4. Autocuidado do adulto	Buscar terapia, espiritualidade, grupos de apoio. Nunca usar a criança como confidente.	Autocuidado é também cuidado parental. Só um adulto íntegro pode sustentar o filho com firmeza e amor.
5. Rituais de segurança	Criar repetição significativa: mesma história à noite, refeição fixa, mensagem no mesmo horário.	O ritual cria previsibilidade e senso de pertencimento. Mostra que, apesar das mudanças, algo permanece.
6. Evitar triangulação	Não usar a criança como correio, juiz ou espiã. Preservar vínculo com ambos os pais.	A criança é metade de cada um. Atacar o outro genitor é atacar também a identidade dela.
7. Revisão contínua	Reavaliar regularmente: como estão as crianças? Quais ajustes são necessários? Incluir escola e especialistas quando preciso.	O divórcio é processo, não evento. A revisão constante evita que a dor se cronifique e transforma queda em travessia.

Fonte: Tabela desenvolvida pela autora.

FERRAMENTAS DE APOIO

- #13 – BHIM: histórias e músicas para dar linguagem simbólica à mudança.
- #41 – Objeto Âncora: para criar sensação de segurança em transições.
- #45 – TIC (Tornar o Invisível Concreto): calendário para marcar dias de convivência, dando previsibilidade.

OBSERVAÇÕES CLÍNICAS

- Trocas muito frequentes de domicílio desorganizam – minimizar o quanto for possível.
- O trauma não nasce do divórcio em si apenas, mas, principalmente, do modo como ele é vivido. É possível minimizar os dados embalando em uma metáfora de transição.
- O maior presente que os pais podem dar é a liberdade da criança amar ambos sem culpa. Nunca faça uma criança escolher um lado, isso não é justo com ela que é parte dos dois.
- A separação pode ser o momento em que o adulto ensina, na prática, que rupturas também podem ser vividas com respeito e dignidade.

RESULTADO ESPERADO

Crianças atravessam a separação com sentido, segurança e amor preservado, reconhecendo que, mesmo em formatos diferentes, continuam pertencendo a uma família.

PROTOCOLO #13 — GRANDES MUDANÇAS (CASA/CIDADE/PAÍS)

Contexto: Mudar de casa, cidade ou escola é um dos eventos mais impactantes na vida da criança. Desestrutura rotinas, desfaz ou afasta vínculos e desperta inseguranças. Para o adulto, pode também ser desafiador, mas, para a criança, pode ser como tirar seu chão. Mesmo sabendo disso, quando o processo é conduzido com consciência, torna-se uma oportunidade de desenvolver resiliência, adaptação e fortalecimento dos vínculos familiares.

RISCO DOS EXTREMOS

- Autoritarismo: impor a mudança sem diálogo, ignorar medos, invalidar sentimentos. Resultado: resistência, regressões, agressividade, fechamento, isolamento.
- Permissividade: evitar falar do assunto, esconder informações, deixar a criança sem explicações ou critérios.

RESULTADO

Fantasias piores que a realidade, insegurança prolongada.

PASSO A PASSO DA DISCIPLINA DO EQUILÍBRIO

1. **Respeitar o tempo de assimilação**

- Explique sem pressa, mas também sem esconder. Crianças percebem tudo – melhor dar palavras do que deixá-las criar narrativas imaturas, fantasiosas ou irreais.
- Dar tempo e espaço para dúvidas, tristezas, raivas e conversas, muitas conversas.

2. **Construir imagens positivas**

- Use fotos, vídeos, mapas para apresentar o novo lugar.
- Faça um "marketing positivo" sem negar os desafios – pesquisem se há parques, restaurantes, praia, escola, amigos.
- Mostre que não se trata de "perder", mas de "expandir, somar".

3. **Envolver nas escolhas**

- Se for possível, leve a criança para visitar o novo imóvel antes da mudança.
- Permita que ela opine em detalhes do quarto ou da decoração.
- Envolver = dar pertencimento. Quando participa, ela se sente parte, não vítima de decisões que nunca pôde opinar em nada.

4. **Criar vínculos antecipados**

- Sempre que possível, apresente a nova escola, vizinhos ou amigos antes da mudança.
- Mostre que antigos vínculos continuam – faça videochamadas, resgate as cartas, troque mensagens, promova encontros – e que novos serão somados.

5. **Validar despedidas e emoções**

- Não minimize frases como "vou sentir falta dos meus amigos". Acolha e diga que também sentirá saudades de alguém, que isso é normal e verdadeiro.
- Crie rituais: carta de despedida, álbum de fotos, festinha de "até logo".
- Use a Mesa da Paz para lidar com conflitos entre irmãos que podem se intensificar nesse período. Ajuda a transformar rivalidade em diálogo e acordo.
- Mostre que terão um ao outro e podem se dar força pois um sabe o que o outro está passando já que estão vivendo isso juntos. E que, se não tivessem um ao outro, estariam indo completamente sozinhos em relação a pessoas de idade próximas.

6. **Ajustar rotinas e cuidados a cada ser**

- Cada criança reage diferente, uma pode precisar de mais pausa, outra de previsibilidade, outra de extravasar fisicamente.
- Use objeto de conforto ou algum elemento que mantenha conexão com o espaço anterior, por exemplo: mesmo quadro no quarto. (Ferramenta #68)
- A ideia é não esperar que todos reajam igual. Observe o que cada criança "pede" mesmo que seja um pedido que chegou pro meio de um mau comportamento.

7. **Sustentar o emocional dos pais**

- A criança capta o estado interno dos adultos. Pais inseguros geram filhos inseguros.
- Buscar suporte (terapia, espiritualidade, rede de apoio) é parte do cuidado com os filhos.
- Lembre-se: Nenhuma decisão é definitiva. Mudança pode ser revista, adaptada e reajustada conforme a vida evolui.

8. **Desconto comportamental**

- por quatro ou oito semanas, pegar mais leve com mau humor ou comportamentos indesejados; dar tempo para a criança ir processando a mudança gradualmente.

RESULTADO ESPERADO

A criança aprende que mudança não significa perda absoluta, mas sim transição com apoio e novos começos. A experiência, em vez de trauma, se torna treino de flexibilidade, confiança e resiliência – competências para a vida inteira.

PROTOCOLO #14 – PAIS EM DESACORDO NA EDUCAÇÃO DAS CRIANÇAS

Contexto: Quando pai e mãe têm estilos diferentes de educar, vão se distanciando cada vez mais, pois um vê o outro "duro demais" ou "mole demais" e, quase sem perceber, entra em modo de compensação – um endurece ainda mais porque se incomoda com a moleza do outro; e o outro amolece ainda mais porque o primeiro endureceu. Esse afastamento progressivo gera polarização, mina a admiração no casal e confunde a criança, que passa a não saber em que padrão confiar. Muitas vezes, o mais duro é visto como inimigo pelo mais mole junto com a criança e isso é nocivo para a dinâmica familiar. Não estamos em lados opostos. O desafio é transformar a divergência em oportunidade de crescimento mútuo, oferecendo ao filho um modelo de cooperação equilibrada.

RISCO DOS EXTREMOS

- Autoritarismo: endurecer em excesso para "garantir firmeza", tornando-se agressivo. A criança aprende medo, não respeito.
- Permissividade: suavizar tanto que se transforma em omissão. A criança perde referência e cresce sem parâmetros claros.

PASSO A PASSO DA DISCIPLINA DO EQUILÍBRIO

1. **Reconhecer a polarização**

- Reconhecer o ciclo: *"Eu estou mais permissiva(o) porque você está mais autoritário(a); você está mais autoritário(a) porque eu estou mais permissiva(o)"*.
- Entender que esse mecanismo é inconsciente e precisa ser trazido à consciência para ser trabalhado. Filhos são convites para a família crescer não apenas em número, mas também em amadurecimento emocional.

2. **Calçar as sandálias da humildade**

- Questionar-se: *"E se houver uma parte de razão na visão do outro? Que preocupações são pertinentes na visão dele? O que a forma como o outro foi criado traz?"*.
- Acolher que cada um enxerga e reage de forma diferente. O desafio não é eliminar a diferença, mas integrá-la, aprender com ela e crescer como família.
- Ataque ao estilo do outro é ataque à história dele. Use curiosidade.

3. **Separar valores centrais de preferências pessoais**

- Nem tudo precisa ser batalha. Escolher com critério em quais pontos vale insistir (valores e princípios) e em quais é possível flexibilizar (hábitos, detalhes). Essa triagem diminui desgastes desnecessários.
- Elencar os top 10 valores familiares em relação a educação dos filhos. Cada um faz os seus 10 e, depois, conversam para terem uma lista conjunta dos 10 selecionados pelo casal. Esses valores são o objetivo da educação de vocês para as crianças. Voltem sempre a essa lista para saber o que vale a pena conversar mais e o que podem deixar passar. Geralmente, algo que fere um valor entre os top 5 deve ser pauta de conversa e estabelecimento de combinados entre os adultos.

4. **Criar o "nosso jeito"**

- Mais do que escolher quem está certo ou quem tem razão, mais do que decidir seguir com o jeito de um ou de outro, a ideia é buscar "Como nós dois decidimos educar".
- Para isso, consumam juntos um livro, um curso ou um conteúdo sobre educação e dialoguem após a leitura/aula sobre o que concordam, discordam e o que levarão para o "nosso jeito". Sugestão: Curso "Manual da Mãe" da Disciplina do Equilíbrio.
- Se o outro for muito resistente, deixar o vídeo pausado no ponto que ele(a) precisa ouvir e dar o play sem fones num momento que ele(a) esteja perto. Dessa forma, a informação vai entrando quase que sem querer.
- Encontrar uma faixa de comportamentos aceitáveis: definir o que nunca, o que sempre, o que depende. Isso exige negociar, ceder e lembrar que educar é construir terreno comum. Aquilo que um faz e que o outro se sente muito mal ou desrespeitado, deve entrar na coluna do "nunca". Coisas que um faz e o outro não faria, mas consegue suportar, entra na coluna do "depende". Aquilo que ambos validam, entra na coluna do "sempre".

- Quando uma divergência grande acontecer, buscar usar uma linguagem que o outro entenda e acredite: buscar estudos, dados, casos práticos, profissionais de confiança para ajudar o outro a entender os motivos daquele comportamento precisar ser revisto.

5. **Reforçar unidade diante da criança**

- Divergências são resolvidas entre adultos.
- Na frente do filho, prevalece a unidade: se um disse "não", o outro sustenta – e depois o casal revisa em privado.

6. **Firmeza sem agressividade, amor sem moleza**

- Muitas vezes, fomos programados a colocar na mesma caixa mental a firmeza e a agressividade e não conseguirmos ser firmes sem ser agressivos. Isso é um problema enorme porque impacta no vínculo que criamos com as crianças e nos leva ao autoritarismo. Ser firme não é gritar, humilhar ou punir. É sustentar direção clara com afeto e respeito. Muitas ferramentas da Disciplina do Equilíbrio nos ajudam nisso.
- Acontece o mesmo com o amor e a moleza. Muitas pessoas foram programadas a acreditar que amar significa ser mole: ceder a tudo, deixar passar, não frustrar, não contrariar. Só que isso não é amor, é insegurança disfarçada. O verdadeiro amor orienta com conexão. O problema de confundir amor com permissividade é que, sem perceber, criamos filhos que não encontram referência nem direção, e acabam inseguros.
- O equilíbrio é "afetividade + firmeza". Agressividade não cabe; moleza também não. Por isso o convite é cada um conseguir ser firme sem ser agressivo e ser afetivo sem ser mole.

7. **Direcionar em vez de podar**

- Crianças precisam explorar o ambiente e sentir que a casa também é delas. É por meio da interação com o ambiente que elas se desenvolvem. Se as crianças tiverem personalidade forte como as coléricas ou crianças-líderes, a negativa constante pode criar o mecanismo de mola encolhida. O risco é explosão na adolescência.
- O manejo equilibrado substitui o "não pode" pelo "como pode". Buscar alternativas seguras para a exploração infantil.

8. **Ensinar valores de dentro para fora**

- Se sua tendência é o autoritarismo, a criança pode usar as "palavras mágicas" – por favor, desculpa – apenas como estratégia para evitar sua repreensão.
- Seja gentil e respeitoso ao lidar com ela e então a criança internaliza o valor real do respeito, da gratidão, da cordialidade genuína. Isso se ensina com exemplos e conversas constantes.

9. **Revisar as próprias projeções**

- Se sua tendência é a permissividade, perguntar-se: *"Será que inconscientemente eu estou segurando meu filho no lugar de bebê porque preciso desse vínculo?"*
- Reconhecer que desejos ocultos dos adultos (exemplo: apego prolongado, dificuldade em soltar) existem e podem travar o desenvolvimento da criança. Apoio terapêutico para o adulto pode ajudar.

10. **Investir no autodesenvolvimento**

- Os filhos pagam um preço muito alto pelas questões dos pais não resolvidas. Investir no autoconhecimento, por meio de cursos e terapia é um ato de amor.
- Quanto mais desenvolvemos recursos internos, mais conseguimos ter flexibilidade externa e mais saúde mental tem o núcleo familiar.

RESULTADO ESPERADO

Salva o casamento e aumenta a saúde mental da família. O casal deixa de funcionar em polos opostos e aprende a agir como equipe parental. A criança cresce com a segurança de pais alinhados no essencial. O modelo transmitido não é de disputa, mas de cooperação. Assim, o lar se torna um espaço de referência saudável: firme sem ser rígido, afetuoso sem ser permissivo.

PROTOCOLO #15 — ADAPTAÇÃO ESCOLAR

Contexto: a entrada na escola é um dos primeiros grandes ritos de passagem da infância. Para os pais, pode ser um misto de orgulho e culpa; para a criança, um rompimento do conhecido – casa, colo, rotina segura – em direção ao novo. A forma como esse processo é conduzido pode transformar-se em trauma, com aversão à escola, ou em conquista, gerando confiança, autonomia e prazer em aprender.

RISCO DOS EXTREMOS

- Autoritarismo: forçar a criança a "engolir" a separação, minimizar seus medos, empurrá-la aos prantos para dentro da escola. O resultado é a sensação de abandono e insegurança.
- Permissividade: ceder ao choro e desistir da adaptação, deixando a criança sem referências claras e sem apoio para atravessar a transição. Os resultados são o reforço da ideia de que "a escola é uma ameaça mesmo" e o atraso no desenvolvimento de autonomia da criança.

PASSO A PASSO DA DISCIPLINA DO EQUILÍBRIO

1. **Se a criança recusar ir, investigar o motivo real**

- Diferenciar vontade de ficar em casa ou com os pais de problemas reais – *bullying*, ambiente tóxico, professor despreparado.
- Perguntar com clareza: "Você não quer ir à escola ou não quer ficar longe da mamãe/papai ou de casa?".

2. **Revisar mudanças recentes**

- Nova professora, turma, escola ou rotina podem desestabilizar a criança.
- Sintomas regressivos como xixi na cama, nervosismo e choro antecipado sinalizam que algo precisa de atenção. Também podem aparecer sintomas físicos como dor de barriga, dor de cabeça, febre leve. O autoritarismo do educador pode ser a causa.

3. **Garantir segurança interna dos pais**

- A criança sente quando o adulto está inseguro, culpado ou dividido.
- Antes de cobrar segurança da criança, alinhar-se emocionalmente: "Estou segura com a escola que escolhi? Acredito que meu filho está em

boas mãos? Ou estou insegura? Me sinto culpada por deixá-lo na escola? Eu tenho ferida de abandono? Sinto que estou abandonando a criança quando a deixo na escola?". Em alguns casos mais complexos, pode ser indicado apoio terapêutico aos pais.

4. **Estender o tempo de adaptação, se necessário**

- Cada criança tem um ritmo. Protocolos rígidos ("cinco dias de adaptação") nem sempre funcionam. Cuide disso ao escolher a escola da criança.
- Permitir mais tempo de convivência gradual pode evitar rupturas traumáticas. Mas claro que precisamos também cuidar de não sermos nós o obstáculo do processo de adaptação da criança – releia o tópico anterior, se necessário. Reforço que pode ser importante a ajuda terapêutica ao adulto se identificar que tem questões emocionais envolvidas.

5. **Usar ferramentas e recursos de vínculo e engajamento**

- **Ferramenta #41 Objeto Âncora Para Saudade:** objeto, desenho, coração na mão, foto, chaveiro – vale qualquer coisa que conecte a criança ao afeto dos pais quando eles não estão fisicamente presentes.
- **Ferramenta #13 BHIM – Brincadeira, História e Música:** transformar a rotina em um verdadeiro *game* com fases, desafios, conquistas: "Todos ganham mil moedas de ouro assim que colocarmos os cintos de segurança. *Uhuuuuuu*! Mais mil moedas quando entrarmos no portão da escola. *Uhuuuuu*!"
- **Ferramenta #62 Marcar o tempo:** quando a criança não quer entrar na escola e diz que quer ficar com mamãe, ofereça dar um abraço demorado. Peça que a criança escolha de quantos minutos e abrace forte, sem soltar, marcando os minutos. A própria criança vai querer sair do abraço antes do tempo acabar. E se sentirá acolhida ao mesmo tempo.
- **Ferramenta #49 Antecipação frente ao desafio:** explicar claramente o que acontece na escola e quando o reencontro vai ocorrer.
- **Ferramenta #45** TIC – Tornar o Invisível Concreto: jogar uma bola na parede e mostrar que ela vai e vem, assim como a criança na escola e os pais no trabalho.
- **Ferramenta #54 Elementos de Mediação:** construir uma rotina visual (cartaz com horários, quem busca, sequência do dia).

6. **Considerar o temperamento da criança**

- Crianças introvertidas podem precisar de visitas prévias, conhecer professora e sala antes do início, ensaiar trajetos e interações. (reforçar a Ferramenta #49)
- Monitorar: tempo para acalmar pós-entrada.
- Ensinar estratégias sociais simples: procurar rostos amigáveis, reconhecer quando é sua vez e quando é do outro.

Esse protocolo ensina que adaptação não é apenas "ficar na escola sem chorar", mas aprender a atravessar mudanças com apoio, segurança e autonomia.

Oito recomendações valiosas:

1. Mapear modus operandi da escola (acolhimento, tempos, adulto de referência).
2. Visita e vínculo prévio (se possível).
3. Antecipações – fotos de espaços/rotina; histórias de "primeiro dia".
4. Plano de despedida (curto, repetível, com símbolo/âncora).
5. Quem leva/quem busca: escolha o adulto mais seguro emocionalmente.
6. Saída feliz – entrada perfeita (qualidade do reencontro).
7. Gamificar é criar um caminho divertido como um *game*.
8. Âncora da saudade (objeto/carimbo/foto).

RESULTADO ESPERADO

- A criança desenvolve segurança emocional para se separar dos pais sem sentir abandono.
- Passa a ver a escola como um lugar de pertencimento, aprendizado e vínculos positivos, e não como ameaça.
- O choro inicial, quando houver, diminui progressivamente até dar lugar à confiança e autonomia.
- Os pais encontram tranquilidade interna para sustentar o processo, sem culpa e sem autoritarismo.
- O vínculo familiar se fortalece: a criança entende que, mesmo distante, o amor dos pais continua presente.

- A experiência da adaptação se torna um ensaio para a vida: atravessar mudanças, lidar com saudade e conquistar novos territórios com apoio e coragem.

PROTOCOLO #16 — TELAS EM EQUILÍBRIO (CLACA)

Contexto: o uso de telas explodiu nos últimos anos e crianças que deveriam explorar o mundo com corpo, sentidos e criatividade, acabam gastando muito do seu tempo acordadas diante de dispositivos digitais. Isso compromete sono, atenção, linguagem, vínculos sociais e autoestima. O perigo não está apenas no excesso, mas na passividade, ou seja, jogos e algoritmos decidem metas no lugar da criança, roubando dela a chance de construir crenças de capacidade e identidade. O desafio dos pais não é demonizar a tecnologia, mas transformar tela em ferramenta, não em muleta.

RISCO DOS EXTREMOS

- Autoritarismo: cortar telas de forma abrupta e impositiva. A criança se rebela, cria estratégias de omitir, mentir e o vínculo se rompe. A criança deseja ainda mais as telas.
- Permissividade: deixar uso livre e irrestrito. A criança mergulha em dependência, isola-se do convívio e perde oportunidades de experiências reais que sustentam sua saúde integral.

PASSO A PASSO - CLACA

1. **C – Consciência**

- Você sabe coisas sobre as telas que a criança não sabe. Ela precisa ganhar consciência para QUERER fazer um uso adequado e saudável das telas.
- Assista ao documentário "Dilema das Redes" ou leia um livro como *Tecnologia na Infância e Meu filho tá online demais* junto com a criança e vá explicando, em linguagem simples, o impacto do uso excessivo das telas (sono ruim, falta de foco, tristeza, menos tempo junto).
- Façam juntos um quadro de combinados e metas: Quantas horas/dias, para quê, quando.

2. **L – Leitura**

- Outras opções de atividades devem ser oferecidas à criança, e novos hábitos e prazeres precisam ser cultivados. Ler é, sem dúvida, um legado valioso que você pode deixar para a vida dela.
- Introduza de 15 a 30 minutos diários de leitura em material físico. Façam isso juntos. Você lê para ela, ela lê para você. Cada um lê o seu. Nunca deve ser cobrança e sempre deve ser fonte de prazer.
- O livro é "tela viva", ele amplia o vocabulário, a imaginação e o vínculo.

3. **A – Autonomia (vida prática)**

- Se o adulto faz tudo para a criança por ser mais rápido, mais prático e por gastar menos coisas, a criança fica desocupada e vai para a tela.
- Substitua parte do tempo de tela por tarefas reais desenvolvendo autonomia. Preparar o próprio lanche, arrumar a cama, ajudar no mercado, guardar as compras, colocar a mesa, limpar com borrifador e pano. As crianças amam trabalhar. Isso nunca deve ser colocado como um peso, mas como oportunidade de participar.
- Isso gera crença de capacidade: "Eu consigo", desenvolve a concentração e a coordenação motora, faz a criança se sentir pertencente e fortalece sua autoestima.

4. **C – Corpo**

- "O Sol é prioridade." – deixe a tela para usar mais em dias chuvosos.
- Garantir de 45 a 90 minutos diários de atividade física. Praticar algum esporte, correr, pular, pedalar, brincar ao ar livre, dançar, nadar, subir escadas, fazer circuitos com obstáculos mesmo que seja dentro de casa... Tudo o que coloque o corpo em movimento é bem-vindo.
- Lembre-se sempre de que é muito importante: "Gastar mais energia do que bateria".

5. **A – Amizades**

- "As pessoas são prioridade." – não pode ficar nas telas se tem pessoas no ambiente. Busque interagir.
- Promova encontros presenciais para jogos de tabuleiro, cabaninha de lençol, brincadeiras coletivas, festas do pijama, guerra de travesseiro.

- Planeje finais de semana com intencionalidade para parques, natureza, *pic-nic*, esportes, até atividades culturais como teatro ou tarefas criativas em casa.

PRÁTICAS DE HIGIENE DIGITAL

- Sem telas de 1 a 2 horas antes de dormir.
- Defina locais da casa "sem tela" (mesa, quartos).
- Retire notificações automáticas.
- Perfis monitorados e conversas abertas sobre segurança digital.
- Uso protagonista > recreativo: priorizar aprender, produzir, se conectar em família no lugar de jogos, vídeos curtos e redes sociais.

FERRAMENTAS DE APOIO

- Contrato de Telas (regras visíveis e combinadas).
- Quadro de Metas (progressos marcados pela criança).
- Reunião de Família (ajustes periódicos e celebração de conquistas).

OBSERVAÇÕES CLÍNICAS

- O que é combinado deve ser cumprido, evitando barganhas constantes.
- Sintomas de alerta (insônia, isolamento, irritabilidade intensa) indicam necessidade de acompanhamento especializado.

RESULTADO ESPERADO

- Sono e humor regulados.
- Maior foco, atenção e disposição para aprender.
- Crença de capacidade fortalecida pela prática de atividades reais.
- Vínculos familiares mais sólidos, com tempo de qualidade substituindo a solidão digital.
- Relação saudável com a tecnologia, isto é, a tela como aliada, não como refúgio.

PROTOCOLO #17 — QUANDO E COMO DAR MESADA

Contexto: Desde cedo, a criança percebe que quem tem dinheiro decide, escolhe, realiza – e quem não tem precisa pedir ou esperar. A mesada não é sobre dar dinheiro à toa, mas sobre ensinar a administrar recursos, tomar decisões e lidar com consequências. Feita de forma consciente, transforma-se em uma ferramenta para desenvolver responsabilidade, gratidão, generosidade e autonomia.

RISCO DOS EXTREMOS

- Autoritarismo: usar o dinheiro como forma de punição ou recompensa. Isso distorce valores, ensina obediência por interesse e não por consciência, e gera relação de poder desigual. A criança aprende que suas ações e seus comportamentos podem ser comprados.
- Permissividade: dar dinheiro sem critérios, ceder a todos os pedidos ou financiar consumismo. Nesse cenário, a criança cresce acreditando que o dinheiro é infinito e sem relação com esforço, escolhas e conquistas.

PASSO A PASSO DA DISCIPLINA DO EQUILÍBRIO

1. **Introdução gradual**

- A mesada deve começar quando a criança já pede coisas com frequência ou demonstra interesse em comprar coisas. Não é questão de idade, mas de maturidade de compreensão. Geralmente, entre 5 e 7 anos.
- Pode-se iniciar com valores simbólicos – e aumentar progressivamente.

2. **Clareza de propósito**

- Explique que a mesada é um dinheiro dela para aprender a lidar com ele e fazer escolhas financeiras. Nunca vincule como prêmio ou pagamento por tarefas domésticas.
- Jamais faça a conexão entre rotina pessoal ou colaborar em casa com dinheiro. Isso toda pessoa deve fazer por consciência, respeito e dignidade.
- A mesada é campo de aprendizado econômico.

3. **Cálculo e progressão**

- Valor pode ser simbólico, associado à idade (exemplo: 7 anos = R$ 7/semana).
- Crie combinados sobre guardar parte, gastar parte e planejar desejos maiores.

4. **Liberdade com responsabilidade**

- A criança deve poder escolher o que comprar, mesmo que o adulto não concorde totalmente. O erro faz parte do aprendizado.
- Se gastar tudo cedo, aprende a lidar com a falta. Se guardar, experimenta a conquista.

5. **Experiência com crédito e limites**

- Empréstimos simbólicos podem ser feitos dos adultos para as crianças, mas com regras claras - só após quitar o anterior pode pedir outro.
- Isso ensina noções de crédito, dívida e responsabilidade.

6. **Exercício da generosidade**

- Incentive, mas não obrigue, a reservar uma parte para presentear, doar ou compartilhar.
- Valorizar experiências de generosidade fortalece caráter e senso de comunidade. Ir doar cestas básicas, brinquedos ou presentes para pessoas menos favorecidas ensina gratidão.

7. **Revisão periódica**

- Avaliar se os combinados estão funcionando, se os valores precisam ser ajustados e o que foi aprendido.
- Reforce que mesada é sobre educação da autorresponsabilidade.

FERRAMENTAS DE APOIO

- **Ferramenta #54 Elementos de Mediação: quadro de gestão da mesada** (guardar, gastar, doar).
- **Ferramenta #59 Lista de desejos:** anotar pedidos e revisitar em datas especiais.

OBSERVAÇÕES CLÍNICAS

- O modo como a criança lida com dinheiro revela traços de temperamento (colérico = quer decidir rápido; melancólico = calcula muito; sanguíneo = gasta impulsivamente; fleumático = tende a poupar).
- Acompanhar esses sinais é uma oportunidade de personalizar a educação financeira.

- É importante que os pais mantenham coerência, que não cedam a todo pedido fora da mesada, senão o aprendizado perde força.

RESULTADO ESPERADO

- Criança desenvolve noção de valor do dinheiro, de planejamento e de escolhas.
- Aprende a diferenciar desejo de necessidade.
- Constrói crença de capacidade ao perceber que pode juntar e conquistar.
- Relaciona-se de forma saudável com o consumo, sem exagero nem escassez.
- Desenvolve caráter equilibrado – responsável, generoso e consciente.

PROTOCOLO #18 — HOME OFFICE SAUDÁVEL COM CRIANÇAS

Contexto: o trabalho remoto trouxe a possibilidade de estar mais perto da família, mas também p dilema que é a ilusão do home office. Muitos acreditam que, estando em casa, poderão ser excelentes profissionais e pais presentes ao mesmo tempo. No entanto, no fim do dia, a sensação é de estar devendo nas duas funções: Improdutividade no trabalho e ausência afetiva com os filhos. A criança, sobretudo, não entende a lógica do "a mamãe está, mas não está". Se o adulto está fisicamente presente, espera disponibilidade e envolvimento emocional. Por isso, a chave é clareza de fronteiras, blocagem inteligente de horários e rituais de conexão.

RISCO DOS EXTREMOS

- Autoritarismo: exigir silêncio absoluto, como se a criança pudesse "desaparecer". Gera medo e ressentimento.
- Permissividade: estar sempre disponível, sacrificando a produtividade e gerando frustração crônica.
- Multitarefa ilusória: tentar atender criança e trabalho ao mesmo tempo → falha em ambos.

PASSO A PASSO DA DISCIPLINA DO EQUILÍBRIO

1. **Mapa visual de disponibilidade**
- Verde = disponível, Amarelo = ocupado mas acessível, Vermelho = indisponível.
- Ajuda a criança a ter previsibilidade e reduz estresse.

2. **Blocos de dedicação 4x4**
- Estruture o dia em dois blocos principais:
  4 horas de foco total no trabalho: idealmente com a criança em outro espaço – brinquedoteca, escola, passeio com outro cuidador.
  4 horas de foco total na criança: atendendo a emergências do trabalho.
- Reuniões e entregas críticas devem ser marcadas no bloco "sem criança".
- Esse arranjo gera mais rendimento e mais vínculo, sem sobreposição desgastante.

3. **Rotinas paralelas com criança na vida prática**
- Enquanto o adulto trabalha, a criança deve já ter atividades esperando por ela: desenho, leitura, jogos independentes e, especialmente, atividades de vida prática – um borrifador e um paninho podem entreter uma criança por horas; ovos cozidos para serem descascados é outra excelente opção. As atividades da vida prática é um universo a ser descoberto que desenvolve autonomia e acalma a criança.
- Evita que o tempo vire "espera ociosa com frustração" ou que seja totalmente preenchido por telas.

4. **Encontros-âncora**
- Momentos de conexão exclusiva (5 a 10 minutos) em transições.
- Previnem a sensação de "fui ignorado o dia todo".

5. **Cesta de emergências**
- Brinquedos e recursos especiais para reuniões críticas.
- Só usados nessas ocasiões, mantendo o fator novidade.

6. **Sinal de transição**
- Sino, alarme ou gesto simbólico para marcar a volta do adulto ao tempo da criança.
- Cria clareza para ambos os lados.

7. **Pós-reunião: minirritual de reconexão**

- Abraço, história curta ou brincadeira rápida.
- Repara a ausência e devolve segurança emocional.

OBSERVAÇÕES CLÍNICAS

- A clareza reduz a testagem inconsciente da criança, que muitas vezes interrompe para "verificar" se ainda é prioridade.
- Ajuste conforme idade e temperamento. As crianças sanguíneas precisam de mais movimento; melancólicas, de previsibilidade; coléricas, de desafios; fleumáticas, de segurança.

RESULTADO ESPERADO

- Mais produtividade profissional em menos tempo (4 horas focadas rendem mais do que 8 horas se dividindo).
- Menos culpa e sensação de falha dupla – cada papel vivido em seu momento.
- Previsibilidade e segurança emocional para a criança.
- Vínculo preservado e fortalecido.
- Adulto sente-se inteiro, ainda que imperfeito, em vez de dividido e esgotado.

PROTOCOLO #19 — CAUSA EMOCIONAL DE DORES E DOENÇAS

Contexto: queixas físicas recorrentes ou que pioram em contextos específicos. A metafísica da saúde entende que o corpo fala quando a emoção não encontra voz. A PNL ajuda a dialogar com a parte doente, reconhecendo sua intenção positiva e integrando-a de forma saudável.

RISCO DOS EXTREMOS

- Autoritarismo: chamar de "manha" ou negar a dor → agrava e silencia a mensagem.
- Permissividade: usar o sintoma como fuga → cristaliza dependência e repete o padrão.

PASSO A PASSO DA DISCIPLINA DO EQUILÍBRIO

1. Cuide do corpo físico. Sempre leve a criança ao médico, siga o tratamento clínico se for recomendado. A leitura metafísica é complementar.
2. Mapa de Padrões (7 a 14 dias). Registre quando/onde aparece, com quem, antes/depois de quê, intensidade (0 a 10) e emoção associada.
3. Consulte a simbologia do órgão (segundo a Metafísica da Saúde[51]. Use como bússola para nomear áreas da vida ligadas ao sintoma (exemplo: garganta = voz não ouvida; pele = aceitação de si).

4. **Negociação de Partes (PNL)**

- Acolha a parte doente: "Obrigado por me avisar".
- Pergunte pela intenção positiva: "O que você está tentando me proteger/ensinar?"
- Informe que compreendeu: "Entendi a mensagem, já estou cuidando disso".
- Convide à transformação: "Você pode descansar ou se expressar de outra forma que não machuque meu corpo".
- Agradeça e integre: imagine luz/calor envolvendo a parte.

5. **Dois trilhos simultâneos**

- Trilho Corpo: tratamento médico + autocuidado (sono, movimento, alimentação).
- Trilho Vida/Relacionamento: Tomada de decisão e ajustes coerentes com o tema (exemplo: expressar sentimentos, negociar limites).

6. **Histórias e metáforas**

- Recurso lúdico (especialmente com crianças) para ensinar alternativas ao "escape pelo sintoma".

OBSERVAÇÕES CLÍNICAS

- Hipótese ≠ sentença. É uma bússola de reflexão, nunca um diagnóstico.
- Use linguagem suave com crianças ("vamos ouvir o que seu corpinho quer dizer").

---

51 Há um apêndice nessa obra com diversas doenças e suas possíveis causas emocionais relacionadas.

- Atenção aos ganhos secundários: se a dor resolve algo (atenção, fuga), busque atender a necessidade de outra forma.

RESULTADO ESPERADO

- Redução da frequência/intensidade dos sintomas.
- Adulto/criança mais capaz de nomear e pedir necessidades sem adoecer.
- Maior senso de autonomia, paz interna e relação de parceria com o corpo.

CAPÍTULO 12

Ferramentas da Disciplina do Equilíbrio

FERRAMENTA #1 PAPA: PROTAGONISMO, AUTONOMIA, PARTICIPAÇÃO ATIVA

CENÁRIO

As crianças nascem com uma potente energia vital. São seres de vida, seres animados (não inanimados). Essa energia é extrovertida, ou seja, orientada para fora, em direção ao ambiente, às pessoas e aos objetos. Por quê? Porque as crianças precisam aprender, se desenvolver, sobreviver, pertencer e trabalhar (no sentido de colaborar com a vida).

Quando essa energia é bem conduzida, é potência pura, a criança encontra equilíbrio interno, processo que Montessori chamou de normalização. Energia bem conduzida ilumina, cria, transforma. A criança se acalma e entra em equilíbrio quando seu movimento e sua vontade são bem direcionados.

CONFLITO

Sem condução, a energia vital se torna como um fio desencapado, ela está lá, cheia de potência, mas descarregando de modo perigoso e desordenado. É "a criança agitada, que não para", "que dá trabalho", "que parece insaciável".

TRAGÉDIA

O fio desencapado causa estragos, pois a criança quebra, derruba, desorganiza, agride, danifica, desafia. Corre sem rumo, esbarra em tudo, não se porta bem. Muitas vezes é chamada de "chata", "insuportável" ou "cansativa". O adulto, tomado pela exaustão ou pela culpa, oscila entre o autoritarismo (mandar parar, punir, gritar) e a permissividade (deixar solto para não enlouquecer): ambos os caminhos só aumentam o desequilíbrio.

SOLUÇÃO DA DISCIPLINA DO EQUILÍBRIO

Em todos, o adulto precisa aprender a guiar a energia vital, e não a sufocar. A criança precisa de **PAPA**:

- **Protagonismo:** do grego *protagonistes* ("papel principal"): a criança sente que tem lugar e voz, que faz parte de verdade.
- **Autonomia:** de *autós* ("próprio") + *nomos* ("leis"): aprender a seguir suas próprias regras internas, adequadas à fase.
- **Participação Ativa**: ela não é espectadora da vida, mas parte integrante da cena, com tarefas e responsabilidades possíveis.

Exemplos de como a criança pode ser protagonista, ter autonomia e ter participação ativa:

- Ao invés de "cozinha não é lugar de criança"; experimente "separe esses legumes"; "lave essa batata"; "descasque esses ovos cozidos". (Ferramenta #19 Abobrinha pedagógica)
- Ao invés de, na troca de fralda, dizer "deita e fica quieto"; experimente "tira a fralda, joga no lixo, me passa o lencinho".
- Ao invés de "não suba nessa mesa de vidro"; experimente "use esse pano e esse borrifador para limpar essa mesa de vidro".

RESULTADO

A criança se acalma, aprende, coopera e entra em equilíbrio. Ela se sente pertencente, desenvolve disciplina natural e fortalece sua autoestima. O que antes era caos vira potência. O ambiente deixa de ser palco de guerra e passa a ser espaço de crescimento. A criança encontra ordem interna quando tem lugar, atividade e sentido. E é também por isso que essa metodologia se chama Disciplina do Equilíbrio.

FERRAMENTA #2 NP VIRA CP: "NÃO PODE!" VIRA "COMO PODE?"

(Já apresentada anteriormente no capítulo 6)

FERRAMENTA #3 CACA *VERSUS* DOSE

CENÁRIO

O jeito como o adulto fala, olha e lida com a criança altera diretamente a química do cérebro dela. Cada interação dispara hormônios e neurotransmissores.[52] A maioria dos adultos não tem consciência desse poder invisível e acaba liberando na criança uma "química" que atrapalha o convívio, em vez de ajudar.

CONFLITO

Quando o tratamento do adulto ativa muito estresse, o corpo da criança despeja cortisol e adrenalina na corrente sanguínea, as iniciais CACA. Quando isso acontece a criança se recusa a colaborar pois o cérebro entra em modo de sobrevivência: lutar ou fugir.

- A criança fica agitada, pois o fluxo sanguíneo migra para braços e pernas, pronto para ataque ou fuga.
- A criança não pensa direito, pois o cérebro racional desliga; o basal assume o comando.
- Não é uma escolha, os "gabaritos emocionais" são primitivos e, às vezes, as reações emocionais são desproporcionais.

RESULTADO

A criança entra em crise e não consegue seguir instruções, mesmo que sejam simples.

TRAGÉDIA

Se isso se repete com frequência, instala-se o estresse tóxico, que reduz a capacidade de aprendizagem, diminui a colaboração da criança, pode afetar a imunidade e fazer as demandas emocionais refletirem no corpo. Exemplo: um menino que vivia com dores de garganta recorrentes – expressão física de tensão emocional não resolvida em um ambiente que não lhe dava vez e voz; ou o menino que vivia há anos com eczema – expressando o desagrado dos pais em relação ao seu jeito de ser, ele não se sentia aprovado na própria pele.[53]

Dois extremos alimentam o problema:

- AUTORITARISMO: gritos, castigos, palmadas, humilhações e ameaças. → Liberam *CACA* em excesso: Cortisol, Adrenalina. → Geram medo, vergonha, raiva, vingança, insegurança, desconfiança, agitação.
- PERMISSIVIDADE: a criança pode tudo e percebe intuitivamente que não deveria ter essa responsabilidade. → Resultado: revolta contra os adultos, agressividade, descontrole, quebra de vínculos. → Também libera *CACA* e, em outro polo, pode gerar tédio e desinteresse pela vida.

SOLUÇÃO DA DISCIPLINA DO EQUILÍBRIO

Os adultos encontrarem maneiras de se relacionar com a criança liberando **DOSE – Dopamina, Ocitocina, Serotonina e Endorfina – H**ormônios e neurotransmissores que equilibram corpo e mente

- **Dopamina**: usar o lúdico – brincadeiras, histórias e músicas (Ferramenta #13 BHIM); criar expectativa positiva "adivinha qual livro vamos ler ao chegar em casa hoje?"; "vem aqui pertinho de mim e fala baixinho que eu vou te contar um segredo".
- **Ocitocina**: oferecer abraço; contato pele a pele; brincar de cabaninha; fazer cavalinho nas pernas ou nas costas; olhar/fala de conexão e compreensão genuína.
- **Serotonina**: fazer orações com a criança; meditar com ela; estimular pela arte; estabelecer uma relação de confiança.
- **Endorfina**: cultivar bom humor, rir, dar gargalhada; dançar, correr, cantar, movimento; fazer caridade, ajudar o próximo.

O adulto precisa substituir os velhos padrões de gritos, ameaças e castigos – que enchem o corpo da criança de CACA – por práticas conscientes que liberem DOSE no relacionamento.

RESULTADO

A criança se sente amada e feliz, se acalma, aprende e coopera. Não fica desesperada por telas ou outros "atalhos de prazer", porque já encontra alegria e regulação nas próprias relações. Os vínculos familiares se fortalecem, ou seja, pais deixam de ser vistos como chatos ou estraga-prazeres e passam a ocupar, no imaginário da criança, o lugar de porto seguro e de fonte de prazer e confiança.

FERRAMENTA #4 NÃO É PESSOAL

Já apresentada anteriormente no capítulo 7.

FERRAMENTA #5 VISITA GUIADA

Já apresentada anteriormente no capítulo 4.

FERRAMENTA #6 GANHA-PERDE VIRA SER FELIZ

Já apresentada anteriormente no capítulo 6.

FERRAMENTA #7 SALDO POSITIVO

CENÁRIO

A criança demonstra naturalmente interesse em participar do mundo adulto. Quer ajudar na cozinha, fazer experiências com o shampoo no banho, passar pano no chão, usar maquiagem, esmalte ou creme. Essa curiosidade não é "invasão", mas o desejo de aprender pela imitação e pela prática — uma das formas mais potentes de desenvolvimento.

CONFLITO

Muitas vezes, o adulto responde com uma sequência de "nãos" automáticos:

- "Não, cozinha não é lugar de criança".
- "Não, esse shampoo é caro, não é de brincar".
- "Não, você está mais sujando do que limpando".
- "Não, isso é coisa de adulto".

Ao negar constantemente, o adulto não percebe que está fechando o canal de comunicação e que a energia vital da criança, em vez de ser direcionada, fica desordenada.

TRAGÉDIA

- Autoritarismo: não, não, não = fecha o canal de comunicação com a criança; obstaculiza o desenvolvimento; criança não aceita o não; criança se desequilibra.
- Permissividade: sim, sim, sim = o adulto começa a querer dizer sim para tudo de qualquer jeito e daqui a pouco não aguenta as consequências e tem rompantes de autoritarismo.

SOLUÇÃO DA DISCIPLINA DO EQUILÍBRIO

O adulto consciente sabe que precisa preparar o ambiente para que a criança viva suas experiências de forma segura e produtiva. Por isso:

1. **Planeja o envolvimento**: pensa antecipadamente em como incluir a criança nas atividades do dia a dia (mexer em ingredientes, ajudar a limpar, escolher objetos adequados).
2. **Usa ferramentas complementares**:
   - #29 Peneira do "por que não?" (avaliar se há real necessidade de negar).
   - #30 Peneira SET (segurança, eventos, terceiros).
   - #2 NP vira CP (transformar "não pode" em "como pode").
   - #26 Não construído (negar de forma que abre caminho, não que bloqueia).
3. **Cria um saldo positivo:** e então ele entrega muito mais SIM do que NÃO, criando um saldo positivo, um crédito relacional, para as situações em que precisar "sacar" o NÃO.

RESULTADO

O adulto mantém o canal de comunicação aberto, fortalece o vínculo e facilita o aprendizado. A criança sente que pertence, coopera e direciona sua energia vital para experiências úteis e seguras, fortalecendo sua autoestima. O ambiente deixa de ser de guerra de vontades para se tornar um espaço de equilíbrio, confiança e crescimento mútuo.

FERRAMENTA #8 HUMILDADE É INTELIGÊNCIA

CENÁRIO

A criança te fala uma coisa absurda como "o Sol é gelado"; ou a criança te pede algo impossível, como "quero aquele galho mais alto de todos"; ou a criança fala ou faz algo que você "sente" que está te testando como, por exemplo, ela pede uma coisa e depois diz que não quer mais.

CONFLITO

O adulto tem o costume de querer responder tudo certo como é a realidade. Vai explicar que o sol não é gelado ou que não alcança o galho mais alto; vai explicar que a criança pediu então não dá para trocar etc.

TRAGÉDIA

Muitas vezes a criança reage muito mal e o adulto fica acreditando que precisa fechar a situação de alguma forma.

- Autoritarismo: o adulto "enfia a verdade goela abaixo" da criança e briga com ela.
- Permissividade: o adulto fica perdido, refém da criança e não sabe o que responder, criança dá um *show*.

SOLUÇÃO DA DISCIPLINA DO EQUILÍBRIO

Adultos responderem entrando na ideia da criança e não puxando a corda para o lado oposto, por exemplo, "é mesmo, o Sol é gelado? me conta mais... é o Sol da imaginação? Como é por dentro?". Ou, no caso do galho: "Você quer aquele lá do alto? Como que a gente pode alcançar?". Ou ainda: "Você pediu esse e agora não quer? que pena, eu também já me arrependi, o que você quer fazer agora?".

RESULTADO

Agir assim abre a conversa; abre espaço para imaginação e brincadeira = o lúdico; exercita a flexibilidade cognitiva; a criança aprende a ser humilde; entra em equilíbrio.

FERRAMENTA #9 PIRIRI EMOCIONAL

Já apresentada anteriormente no capítulo 7.

FERRAMENTA #10 REPARO EMOCIONAL

CENÁRIO

Criança ouviu algo inadequado de algum familiar ou mesmo de alguém na escola: "A tia falou que eu sou tímido"; ou alguém diz que quando o irmãozinho nascer acabou o colo da mamãe; ou o caso da minha avó que falou pro meu filho aos 3 anos: "Fio, criança não pode pegar coisa de vidro porque quebra!".

CONFLITO

A criança fica mal e a gente não concorda com o que aquele adulto disse/fez.

TRAGÉDIA

Vamos tirar satisfação com a pessoa, viramos a cara, deixamos de conversar, arrumamos confusão; ou deixamos de lado e a criança fica com o trauma ou crença equivocada.

- Autoritarismo: ficamos autoritários com os adultos que pensam e agem diferente da nossa visão de educação respeitosa. Incoerência.
- Permissividade: compensamos exageradamente a criança, defendendo-a do mundo mau e polarizando.

SOLUÇÃO DA DISCIPLINA DO EQUILÍBRIO

o adulto sabe que a maioria dos outros adultos não tem base de uma educação respeitosa; entende que o outro normalmente não fez por maldade, e sim por cultura e *mindset* limitado. Se tiver contexto dá um toque ao outro adulto ou mesmo conversa com ele. Sabe que o outro adulto não é responsabilidade dele, mas a sua criança, sim. Faz com ela o Reparo Emocional que é retomar a questão e dar novas e adequadas informações.

RESULTADO

Vínculo fortalecido; criança aprende empatia e entra em equilíbrio.

FERRAMENTA #11 DINÂMICA DOS TRÊS ELEMENTOS

Já apresentada anteriormente no capítulo 4.

FERRAMENTA #12 MESA DA PAZ

CENÁRIO

Conflitos, irritações e desentendimentos entre crianças que não sabem se acalmar sozinhas nem como resolver brigas. O ambiente familiar acaba ficando muito tenso, e faltam recursos concretos para transformar o conflito em aprendizado.

CONFLITO

Quando as emoções sobem, é comum que todos falem ao mesmo tempo, gritem, acusem ou simplesmente se afastem sem resolver a situação. Sem um espaço de acolhimento e diálogo, as crianças aprendem que o conflito é algo a ser temido ou escondido, em vez de enxergá-lo como oportunidade de crescimento e reconexão.

TRAGÉDIA

- Autoritarismo: o adulto tenta impor soluções gritando, punindo ou assumindo o papel de juiz. A criança não aprende a se autorregular nem a negociar, apenas obedece por medo ou se revolta por sentir injustiças.
- Permissividade: o adulto não intervém, deixa que os conflitos se arrastem ou que as crianças "se resolvam sozinhas", resultando em mágoas acumuladas, agressões físicas ou emocionais e vínculos fragilizados.

SOLUÇÃO DA DISCIPLINA DO EQUILÍBRIO

Criar e cultivar a Mesa da Paz, um espaço físico e simbólico para restaurar o equilíbrio emocional e resolver conflitos de forma respeitosa.

- Preparação: com as crianças, organizar um cantinho especial da casa, com mesa e cadeiras ou almofadas, um objeto de fala (como uma almofada de coração), um objeto de calma (desenhos, massinha, plástico bolha, brinquedos antiestresse), uma ampulheta e um sininho. O adulto explica como se pode usar a mesa da paz sozinho ou em conjunto.

- Uso individual: quando alguém perceber que está ficando nervoso ou irritado, pode ir para a Mesa da Paz. Sempre que alguém está sozinho na Mesa da Paz, todos devem fazer o possível para deixar a pessoa tranquila. Quem vai sozinho para a Mesa da Paz está pedindo um tempinho para si.
- Uso coletivo: quando surgir um conflito que não se resolve com facilidade, alguém convida para a Mesa da Paz – pode ser uma das crianças ou um adulto. Quem deseja falar segura o objeto de fala (se tiver briga também para isso, tirar na sorte). Cada um deve falar de si e não do outro, com a seguinte combinação: o que estou sentindo + o que preciso para ficar bem. Ao terminar de expor, entrega ao outro o objeto de fala pois já sabe que após falar é a sua vez de ouvir. Vão falando e ouvindo com o objetivo de resolver a situação (foco na solução) e o adulto faz a mediação sempre que necessário. O adulto atua como mediador – nunca como juiz – ajudando a manter o foco na escuta e na solução.

CONCLUSÃO

Quando todos chegam a um acordo, as crianças tocam juntas o sininho, simbolizando que a paz foi restabelecida.

CUIDADOS

- A Mesa da Paz nunca deve ser usada como ameaça ou castigo. "Se vocês não se entenderem vão ter que ir para a Mesa!". A Mesa da Paz é um refúgio de calmaria e solução de conflitos e não um castigo ou algo do qual desejamos fugir.
- Nunca assuma o lugar de juiz quando for ajudar as crianças a se entenderem na Mesa da Paz. Você é um mediador. Não escolhe lados, não toma partidos, apenas ajuda as crianças a se ouvirem e encontrarem soluções.
- A ideia é que você use essa ferramenta para educar as crianças de forma que elas aprendam a dialogar.

RESULTADO

A criança aprende, na prática, a autorregulação e o diálogo respeitoso. Os conflitos deixam de ser fonte de medo ou de mágoa para se tornarem oportunidades de aprendizado. A família fortalece vínculos, desenvolve habilidades de comunicação e cria uma cultura de cooperação e paz dentro de casa.

FERRAMENTA #13 BHIM, O IDIOMA DA CRIANÇA

Já apresentada anteriormente no capítulo 5.

FERRAMENTA #14 DAR RAZÃO PARA TER RAZÃO

Já apresentada anteriormente no capítulo 5.

FERRAMENTA #15 USE O ERRO DO PASSADO COM FOCO NO FUTURO

Já apresentada anteriormente no capítulo 6.

FERRAMENTA #16 LIBERDADE-GUIADA PARA SENTIR E EXPRESSAR EMOÇÕES

Já apresentada anteriormente no capítulo 7.

FERRAMENTA #17 OBJETO DE FALA

CENÁRIO

Crianças querem falar ao mesmo tempo, elas brigaram e você está tentando mediar a situação, mas elas ficam falando uma por cima da outra. Caso da mãe de dois que tinha desespero de buscar na escola, porque as brigas eram recorrentes sobre quem ia contar primeiro para ela o que aconteceu no dia...

CONFLITO

O adulto da nossa cultura sempre acha que tem que atuar como juiz da situação e vai acabar escolhendo alguém para ouvir primeiro...

TRAGÉDIA

A criança que não foi escolhida já fica com raiva da outra e do adulto...

- Autoritarismo: o adulto sempre acha que precisa ter o controle, acaba escolhendo alguém e determinando como as coisas devem ser. Se o outro fica bravo, ele fica bravo de volta. E pode até acabar não ouvindo ninguém:

"se vocês não sabem conversar (se respeitar), não vou escutar nenhum dos dois!". E fecha o canal de comunicação.

- Permissividade: o adulto não quer gritar e também não sabe o que fazer; as crianças vão escalando a confusão. Por falta da condução do adulto, as crianças podem chegar a agressões físicas ou a agressões de boca mais pesadas; quando realmente decide agir, se não tiver recursos acaba sendo autoritário e funciona como um pêndulo... Vai da permissividade para o autoritarismo com gritos e violência. Fecha o canal de comunicação.

SOLUÇÃO DA DISCIPLINA DO EQUILÍBRIO

Ferramenta #17 Objeto de fala (mencionado na Ferramenta #12 - Mesa da Paz)

Quando o adulto percebe que as crianças estão sob forte emoção e não conseguem se organizar para

Falar, seja sob euforia do dia que querem contar, seja por disputa pela atenção da mãe, seja porque brigaram e estão com raiva. O adulto estabelece o uso de um objeto de fala. Que pode ser qualquer coisa, até improvisado. Explica para as crianças o funcionamento: Quem estiver segurando o objeto de fala, está com a palavra. Então os outros envolvidos devem ouvir. Assim que terminar de expor o que deseja, deve entregar o objeto de fala ao outro, pois então será sua vez de escutar. – Atenção aos simbolismos, o ato de entregar o objeto ao outro é super importante.

Lembrando que as crianças estão em processo de avanço do concreto para o abstrato e o objeto de fala tangibiliza essa arte de falar e ouvir com respeito. Se tiverem dificuldade para definir quem vai ficar com o objeto de fala primeiro, podem tirar na sorte do par ou ímpar. Se for uma vivência de rotina de voltar da escola e querer contar o que aconteceu, pode ter os dias da semana separados.

RESULTADO

Crianças aprendem a se ouvir, vínculo fica fortalecido, pois adulto não escolhe ninguém, acalmam suas emoções, aprendem a conversar, autoestima é preservada, caráter é formado, a criança entra em equilíbrio.

FERRAMENTA #18 CAIXA DE TESOUROS

CENÁRIO

Crianças que não querem emprestar suas coisas para irmãos, primos ou colegas.

CONFLITO

A maioria dos adultos simplesmente obriga a criança a emprestar, mesmo que eles escolham não emprestar algumas de suas coisas pessoais em vários contextos.

TRAGÉDIA

- Autoritarismo: crianças são desrespeitadas e obrigadas a emprestar tudo ao outro, ficando com raiva do adulto e do outro. Podem se tornar mais egoístas, esconder as coisas, comer rápido etc. Com medo de ter que dividir/emprestar. Emprestar e dividir vira algo do qual as crianças querem fugir.
- Permissividade: crianças não emprestam e arranjam problemas sociais. Conviver exige aprender a partilhar, brincar junto, emprestar suas coisas, se eu "respeito" a criança e permito que ela nunca empreste suas coisas, ela pode ter problemas de convívio e também se tornar egoísta. Emprestar e dividir acabam não sendo aprendidos pelas crianças.

SOLUÇÃO DA DISCIPLINA DO EQUILÍBRIO

O adulto orienta cada criança envolvida a criar a sua caixa de tesouros – pode ser até uma caixa de papelão. Ele a orienta explicando que temos coisas das quais gostamos tanto que não queremos emprestar. Explica que cada uma vai escolher suas coisas principais (até dez itens) que serão seus tesouros e ficarão nessa caixa de tesouros e esses objetos podem até não ser emprestados.

Os demais objetos podem e devem ser emprestados, podem marcar o tempo de uso de cada criança, trocarem algum objeto por certo tempo e buscarem seus acordos...

RESULTADO

Criança aprende a emprestar e também é respeitada em sua privacidade, aprende a conversar e a negociar; vínculo fica fortalecido com o adulto e fortalecido com terceiros. Criança em equilíbrio.

FERRAMENTA #19 ABOBRINHA PEDAGÓGICA

CENÁRIO

Você precisa fazer a comida e coloca a criança na tela. Você tem uma reunião e coloca a criança na tela. Conclusão: A criança está passando tempo demais na tela.

CONFLITO

O adulto da nossa cultura esqueceu como vivia sem as telas, chama a tela de rede de apoio, ignora outras possibilidades e as necessidades do cérebro em desenvolvimento.

TRAGÉDIA

O excesso de telas está provocando danos irreversíveis nas estruturas cerebrais, corporais e emocionais das nossas crianças. O adulto enxerga qualquer avaria com alimentos como desperdício e não abre a cabeça para o aprendizado da criança.

- Autoritarismo: o adulto dá as telas e se justifica. Briga com quem diz que isso não é saudável, com a criança porque está passando muito tempo nas telas.
- Permissividade: o adulto tenta não oferecer as telas, mas a criança faz um escândalo e o adulto cede. Tenta não dar as telas, mas não sabe como conduzir outras atividades sem virar uma grande bagunça, e acaba voltando às telas.

SOLUÇÃO DA DISCIPLINA DO EQUILÍBRIO

Quando o adulto vai cozinhar ou ter uma reunião, ele já busca algo que a criança possa fazer que vai ocupar um bom tempo, picar uma abobrinha, por exemplo. Ele pensa antes e se prepara com o utensílio adequado e com o ambiente favorável à atividade e à supervisão. A abobrinha é só um exemplo, pode ser o ovo cozido pedagógico, a banana pedagógica...

RESULTADO

Crianças vivem a vida real. Aprendem a viver; acalmam, constroem sua autoestima, desenvolvem concentração, aprimoram coordenação e se sentem pertencentes e importantes. Criança em equilíbrio.

FERRAMENTA #20 PERGUNTAS DE EXATIDÃO

Já apresentada anteriormente no capítulo 5.

FERRAMENTA #21 MÁGICA DOS OLHOS FECHADOS

CENÁRIO

A criança deixou as roupas sujas no chão; ou deixou os brinquedos espalhados pela casa; ou fez algo na cozinha/banheiro e não guardou o que usou.

CONFLITO

O adulto não entende o processo de aprendizagem de uma criança muito menos as necessidades da infância, ele não sabe ser sensível nem falar o idioma da criança BHIM – Ferramenta #13.

TRAGÉDIA

- Autoritarismo: o adulto briga com a criança ou não deixa que ela faça as coisas; criança aprende que guardar, limpar é algo negativo, desenvolve aversão ao serviço de casa, fica com neura de ter tudo sempre limpo e arrumado. A criança fica com raiva do adulto, se comporta mal, fica agressiva. A vida fica chata e pesada, difícil de conviver.
- Permissividade: o adulto deixa a bagunça e negligencia a educação já que “ela ainda é criança”. Criança não aprende a guardar, limpar e organizar. Ela acha que o adulto tem a obrigação de servi-la e fazer toda a limpeza e organização do que ela suja/usa. Criança fica com raiva do adulto, numa relação desequilibrada, se comporta mal, fica agressiva ou preguiçosa. A vida fica caótica, confusa, difícil de conviver e o adulto fica sobrecarregado.

SOLUÇÃO DA DISCIPLINA DO EQUILÍBRIO

Quando o adulto percebe que a criança esqueceu de guardar o que usou, seja brinquedo ou qualquer outro objeto, ou quando vê roupa suja fora do lugar... Ele pode dizer: “O que é isso aqui fora de lugar? Meu Deus, acho que estou vendo coisas... Mas eu sei que aqui existem poderes mágicos. Vou fechar os meus olhos, contar até dez e uma mágica vai acontecer...”.

RESULTADO

As crianças guardam, limpam, arrumam e organizam as coisas. Aprendem a conviver e ficam felizes e calmas. Constroem sua autoestima, se sentem pertencentes e importantes. Criança em equilíbrio e amor incondicional.

FERRAMENTA #22 DO CONFLITO AO APOIO

CENÁRIO

A criança faz qualquer coisa que você desaprova.

CONFLITO

O adulto aprendeu a adestrar e não sabe a diferença entre adestramento e educação.

TRAGÉDIA

- Autoritarismo: o adulto briga, censura, reprova, critica, corrige a criança que faz algo que ele desaprova. Conflito.
- Permissividade: o adulto tenta conversar, mas não consegue ser efetivo e a criança continua fazendo o que já foi dito para não fazer. Efeito pêndulo, conflito, culpa.

SOLUÇÃO DA DISCIPLINA DO EQUILÍBRIO

Quando o adulto vê que a criança fez algo que ele desaprova, ele busca entender...

- Qual a mensagem por trás desse comportamento?
- Qual era a intenção positiva da criança ao fazer isso?
- Qual foi a perspectiva da criança nessa situação?
- Quais opções aceitáveis a criança pode usar na próxima vez?

O foco sai da crítica para a solução é usar a Ferramenta #15 só que oferecendo ou pedindo ajuda. Em vez de brigar ou só conversar, mas sem ser efetivo, o adulto acompanha a criança para depois conduzir Ferramenta #14 "Dar razão para ter razão" e depois decide se vai OFERECER ou PEDIR APOIO.

Se a criança fez algo inadequado por não saber ou não conseguir, o adulto oferece ajuda para lembrá-la na próxima vez, tenta acalmá-la se for o caso, ou qualquer coisa que faça sentido: Esqueceu o dever de casa.

Se a criança fez algo inadequado que fere algum valor do adulto ou que ele sente que precisa de cooperação, o adulto pede a ajuda da criança para encontrar uma solução ou aplicar algo juntos: Não ajudou a tirar a mesa, a guardar as compras.

RESULTADO

Criança aprende a conviver e a se acalmar. Constrói sua autoestima. Desenvolve *mindset* de apoio, desenvolve *mindset* de foco no resultado. Criança em equilíbrio.

FERRAMENTA #23 SALDO DOS COMPORTAMENTOS INDESEJADOS VERSUS ACEITÁVEIS

CENÁRIO

A criança erra feio no final do período/dia.

CONFLITO

O adulto não tem a consciência do saldo e reage na emoção.

TRAGÉDIA

- Autoritarismo: o adulto briga com a criança ignorando tudo o que foi positivo.
- Permissividade: o adulto não reage ou tem o efeito pêndulo e briga com a criança ignorando tudo o que foi positivo.

SOLUÇÃO DA DISCIPLINA DO EQUILÍBRIO

Quando a criança tem um mau comportamento, o adulto adia sua reação e faz uma pequena análise de saldo: quantos acertos a criança já teve hoje ou nos últimos dias? Ela está evoluindo? Está se esforçando? Com base nessa análise, o adulto define com consciência (não na emoção) o peso que deve dar para a situação e o que fazer com ela: Deixar passar, ou aplicar alguma ferramenta anterior.

RESULTADO

Aprendem a conviver. Ficam felizes e calmas e constroem sua autoestima. Criança em equilíbrio.

FERRAMENTA #24 MÃE NA FUSÃO VERSUS MÃE NA FUNÇÃO

CENÁRIO

A criança parece insaciável e quer a mãe a todo momento. Não serve o pai, a vovó ou a babá, tem que ser a mamãe. A mãe dedica todo o tempo disponível para a criança, mas a criança ainda fala/demonstra que não está suficiente.

CONFLITO

O adulto não tem a consciência da diferença de fusão e função, ele faz a conta de quanto tempo dá para a criança a partir da sua perspectiva e não da necessidade do pequeno. Precisa trabalhar, produzir, pagar as contas e seu tempo é limitado.

TRAGÉDIA

- Autoritarismo: o adulto avalia assim: “se está vivo e fisicamente bem, tá de manha, mimimi, frescura...”, Não precisa de mim de verdade, pode muito bem ficar com a babá, vovó, escola, pai etc. Está me sugando.
- Permissividade: o adulto - mãe - entrega, entrega, entrega e se sente sugada, exausta e a criança continua insatisfeita, manhosa, birrenta...

SOLUÇÃO DA DISCIPLINA DO EQUILÍBRIO

Quando a criança está muito demandante, a mãe faz a análise do tempo que passa com ela: quanto desse tempo está na FUSÃO e quanto tempo na FUNÇÃO?

- MÃE NA FUSÃO: Disponível para o que a criança quiser. Sem telas, preferencialmente, sem se preocupar com o “fazer”, mais foco no “ser”, não precisa preencher o tempo. Sugestões: cabana de cobertor com leitura, brincar de personagens, começar um história para a criança continuá-la etc.
- MÃE NA FUNÇÃO: Disponível para o que a criança TEM QUE fazer – tarefa, consulta, higiene, alimentação, deslocamentos... Disponível fisicamente, mas com a mente indisponível – está mas não está. *Home office* ou com os olhos nas telas ou interagindo com outro adulto.

COMO ESTÁ O SEU TEMPO DE FUSÃO E DE FUNÇÃO?

O que alimenta e nutre a criança em relação a substância materna é o tempo de fusão. Depois de entender isso, é preciso redimensionar o tempo de fusão com a criança para que ela possa ser alimentada emocionalmente.

RESULTADO

Criança bem alimentada emocionalmente, menos carente, menos vulnerável, menos manhosa, menos doente, menos consumista, mais feliz e calma. Constrói sua autoestima. Criança em equilíbrio.

FERRAMENTA #25 DISSOCIAR PARA NÃO SURTAR

CENÁRIO

Cena do ovo que a criança derrubou no chão. Cena das crianças no supermercado.

CONFLITO

O adulto não quer surtar, mas não consegue se controlar. Não estudou para ser pai e mãe e precisa fazer a vida funcionar, tem horários e compromissos.

TRAGÉDIA

- Autoritarismo: a mãe surta e acredita que tem que ser chata mesmo.
- Permissividade: a mãe não surta, mas a vida fica muito difícil, pois não consegue fazer a criança funcionar. A mãe se segura o máximo que pode até explodir e voltar ao autoritarismo – modo pêndulo – e se encher de culpa = CICLO DA MÃE CONFUSA.

SOLUÇÃO DA DISCIPLINA DO EQUILÍBRIO

Quando a mãe percebe sinais de que está para surtar, ela usa a projeção mental. Busca se olhar lá de cima, como se fosse uma expectadora de um filme e então vê a si mesma + a criança na cena. Como a raiva precisa de corpo, fisiologia etc., lá de cima, está só a mente, então a gente sai da raiva e consegue raciocinar: "O que eu realmente quero como desfecho para essa situação?". A partir dessa resposta, a mãe se pergunta: "Como posso fazer agora para me aproximar disso que eu quero?". Então faz/fala aquilo que conseguiu pensar na dissociação.

IMPORTANTE

A maioria de nós não está acostumado a usar o pensamento dessa forma, então não desista se não for muito bem no começo. Rapidinho você pega o jeito!

RESULTADO

Fica mais feliz e calma. Permanece com o vínculo. Constrói sua autoestima. Vive menos instabilidades. Criança em equilíbrio.

FERRAMENTA #26 DIZER NÃO SEM DIZER NÃO: O NÃO CONSTRUÍDO

CENÁRIO

Criança que surta ao ouvir um "não".

CONFLITO

Antigamente, o adulto dizia não e a criança obedecia. O adulto não entende de perfil de criança, acha que porque a criança já entende, ela também já "aguenta" – cognitivo *versus* emocional. O adulto não tem ideia de como dizer não sem dizer não. A internet diz para você dizer não e explicar o porquê, mas se tiver uma criança difícil... já era!

TRAGÉDIA

- Autoritarismo: a mãe diz não e briga com a criança até ela se calar. Se não aprender agora, na vida vai ser pior.
- Permissividade: a mãe começa a pisar em ovos com medo da reação da criança. A mãe se segura o máximo que pode até explodir e voltar ao autoritarismo – modo pêndulo – e se encher de culpa = CICLO DA MÃE CONFUSA.

SOLUÇÃO DA DISCIPLINA DO EQUILÍBRIO

Quando a mãe vai diz "não" para a criança, ela tem vários motivos em sua cabeça. Uma criança-líder, não aceita que pensem por ela, então a mãe faz a criança pensar por meio de perguntas. Cada motivo que a mãe tem em mente para dizer "não" vira uma pergunta que ela faz para a criança e, a partir disso, vai construindo o "não" com a criança. E pode fechar com um combinado sobre quando farão/comprarao o que a criança queria agora.

RESULTADO

Fica mais feliz e calma. Aprende a pensar, avaliar, tomar decisões. Permanece com o vínculo. Constrói sua autoestima. vive menos estresse e brigas. Criança em equilíbrio.

FERRAMENTA #27 MACRODECISÕES VERSUS MICRODECISÕES

CENÁRIO

A criança vive irritadiça e mal-humorada, quer tomar decisões que cabem a ela como ir almoçar fora no domingo ou não. A criança verbaliza que não pode fazer nada porque a mãe não deixa e vai para a fantasia para poder viver coisas que os adultos não deixam ou para poder não ter que obedecer o tempo todo. Ela toma decisões erradas como roupas inadequadas às situações.

CONFLITO

O adulto não sabe que só se aprende a decidir... decidindo! O adulto não sabe ensinar a criança a tomar decisões, não sabe que tem crianças com perfil de líder. Vivemos na cultura do "manda quem pode, obedece quem tem juízo!" O adulto tem uma autoridade tão frágil que sente medo de perder essa autoridade se a criança tomar alguma decisão.

TRAGÉDIA

- Autoritarismo: a mãe toma todas as decisões e diz que quando a criança pagar a própria conta e tiver a casa dela, então ela poderá decidir. Assim, a criança não aprende a decidir e vai fazer testes com decisões importantes. Criança não vê a hora de se livrar dos pais, podendo até se envolver em relações imaturas para sair de casa o quanto antes.
- Permissividade: a mãe começa a deixar que a criança decida coisas que não cabem a ela. A criança sente raiva e fica agressiva com a mãe. Esses adultos ficam como serviçais da criança.

SOLUÇÃO DA DISCIPLINA DO EQUILÍBRIO

Macrodecisões: de grande porte. impactam todos ou vários membros da família. Envolvem saúde e segurança.

Microdecisões: de pequeno porte, dizem respeito a somente um membro da família diretamente. Não impactam saúde e segurança.
Dentro de uma macrodecisão podem ter inúmeras microdecisões. Ela consegue achar uma forma de envolver a criança no processo de tomada de decisão com microdecisões dentro das macrodecisões.

RESULTADO

Fica mais feliz e calma. Aprende a pensar, avaliar, tomar decisões. Permanece com o vínculo e aumenta o seu autoconhecimento. Constrói sua autoestima. Vive menos estresse e brigas. Criança em equilíbrio.

FERRAMENTA #28 PODE, NÃO PODE; DEIXO, NÃO DEIXO

CENÁRIO

A criança fica com raiva quando a mãe diz que algo "não pode" ou que ela "não deixa". Então a criança verbaliza: "Você não deixa eu fazer nada, você é muito chata...". A criança diz que quer ser adulto para poder fazer as coisas.

CONFLITO

O adulto não sabe que está pensando pela criança. Não sabe que dá para ensinar sem "pode, não pode, deixo e não deixo".

TRAGÉDIA

- Autoritarismo: mãe tem que ser chata mesmo.
- Permissividade: não queria ser a chata da história, mas eu tento falar com jeito, me abaixo, olho nos olhos e digo que não pode e tento explicar o porquê não pode e aí a coisa já desandou.

SOLUÇÃO DA DISCIPLINA DO EQUILÍBRIO

Quando a criança pede algo, o adulto primeiro passa na ferramenta #29 Peneira do "por que não?".

#30 Peneira SET. Se a coisa realmente for "não", então ele pensa no quanto a criança já sabe sobre aquilo e começa a fazer perguntas do tipo: "SABE... ACHA... SUGIRA...- O que você já SABE sobre isso? – Aqui você pode colocar informações novas sobre segurança, saúde etc.

- O que você ACHA dessa ideia nesse cenário? – Aqui você pode trazer informações sobre tempo, horários, roupas, grana etc.
- O que você SUGERE para que a gente faça isso? – Aqui você chega num combinado sobre quando ou como aquilo poderá ser feito e coloca na agenda.

RESULTADO

A criança fica mais feliz e calma. Aprende a pensar, avaliar, tomar decisões e permanece com o vínculo. Ela aumenta o seu autoconhecimento. Constrói sua autoestima. Vive menos estresse e brigas. Criança em equilíbrio.

FERRAMENTAS #29 E #30 PENEIRA DO "POR QUE NÃO?" E PENEIRA SET

Já apresentadas anteriormente no capítulo 6.

FERRAMENTA #31 ESPERA (PARTICIP)ATIVA

Já apresentada anteriormente no capítulo 5.

FERRAMENTA #32 AMOR RECEBIDO *VERSUS* AMOR PERCEBIDO

Já apresentada anteriormente no capítulo 5.

FERRAMENTA #33 A VERDADE DA CRIANÇA

Já apresentada anteriormente no capítulo 6.

FERRAMENTA #34 AS ZONAS CIA: CONTROLE, INFLUÊNCIA E ACEITAÇÃO

CENÁRIO

A criança fica muito frustrada quando algo não sai do jeito que ela queria.

CONFLITO

O adulto não sabe muito bem como lidar com as próprias frustrações nem com as frustrações da criança.

TRAGÉDIA

- Autoritarismo: o adulto acha que a criança tem que se frustrar mesmo e pronto.
- Permissividade: o adulto tenta fazer qualquer coisa para acabar com a frustração da criança.

SOLUÇÃO DA DISCIPLINA DO EQUILÍBRIO

Quando a criança está diante de uma frustração, ela se desespera, se descontrola, aquilo parece muito grande para ela. Na Disciplina do Equilíbrio, o adulto vai guiando a criança pelas três zonas:

- Zona de CONTROLE: tem algo que você possa fazer sobre isso?
- Zona de INFLUÊNCIA: alguém pode te ajudar ou fazer algo por você?
- Zona de ACEITAÇÃO: se não há nada a ser feito, é melhor aceitar...

RESULTADO

Fica mais feliz e calma com o vínculo fortalecido. Amplia a visão de mundo e o repertório da criança. Constrói sua autoestima. Vive menos estresse e brigas. Criança em equilíbrio.

FERRAMENTA #35 TRÊS OK'S DA OBEDIÊNCIA

CENÁRIO

A criança se recusa a obedecer ao adulto.

CONFLITO

O adulto precisa que a criança obedeça, mas não entende como o cérebro processa a obediência.

TRAGÉDIA

- Autoritarismo: o adulto obriga a criança a obedecer pela força.
- Permissividade: o adulto acaba não conseguindo a obediência da criança.

SOLUÇÃO DA DISCIPLINA DO EQUILÍBRIO

Ferramenta #35 três ok's da obediência

O adulto sabe que, para uma criança obedecer, ela processa o pedido em três níveis inconscientes:

- Conexão: como está a relação com essa pessoa?
- Compreensão: entendi o que foi pedido? Tenho informações suficientes?
- Desejo: quero fazer isso por alguma razão?

Então, o adulto começa a fazer os pedidos que conseguem os três OK's da Obediência.

RESULTADO

Fica mais feliz e calma com o vínculo fortalecido. Amplia a visão de mundo e o repertório da criança. Constrói sua autoestima. Vive menos estresse e brigas. Criança em equilíbrio.

FERRAMENTA #36 O QUE EU FAÇO VERSUS O QUE EU FIZ

CENÁRIO

A criança apresenta um mau comportamento direcionado ao adulto: desobedece, grita, desafia ou até parte para agressões físicas e verbais.

CONFLITO

O adulto quer resolver o problema do mau comportamento dali para a frente, sem olhar para trás. Ou seja, ignora que a atitude atual da criança pode estar ligada a maneira como ele está tratando a criança, a forma como entrega as frustrações, a padrões anteriores de interação, mágoas não resolvidas, falhas de conexão ou até repetições de situações em que a criança se sentiu injustiçada.

TRAGÉDIA

- Autoritarismo: o adulto usa força, gritos ou coerção para obrigar a criança a obedecer. Isso gera medo, rompe o vínculo, ativa rebeldia e mina a confiança.
- Permissividade: o adulto perde o controle, não consegue sustentar a autoridade saudável e, em alguns casos, ocorre até a inversão de papéis – a criança agride física ou emocionalmente o adulto, e este se cala ou se submete.

SOLUÇÃO DA DISCIPLINA DO EQUILÍBRIO

A ferramenta "O que eu faço *versus* O que eu fiz" propõe uma mudança de lente, isto é, ao invés de o adulto colocar o foco em responder o que eu faço? O convite é para ele pensar sobre o que eu fiz?

- Como foi que eu falei com a criança? (Eu sei entregar frustrações para crianças de temperamentos forte? Tenho ferramentas para isso?)
- Teve violência invisível? (Eu sei identificar isso?)
- Que emoções a minha forma de falar despertou na criança? Era isso o que eu queria? Como falar para despertar emoções diferentes na próxima vez?
- Como está o histórico de interações? Estamos bem? Ou a criança já está chateada, ferida ou irritada comigo?

Ao assumir essa perspectiva, o adulto compreende que parte do que a criança expressa é uma resposta direta a como ele está interagindo com ela – comportamento é resposta de comportamento. Isso traz consciência e abre espaço para uma postura mais equilibrada – menos julgamento e mais responsabilidade adulta sobre o processo.

RESULTADO

A criança se sente mais compreendida e menos atacada, o que facilita sua regulação emocional. O adulto fortalece o vínculo, constrói a autoestima da criança e diminui o ciclo de brigas e estresse. A convivência torna-se mais harmoniosa, e a criança passa a agir em equilíbrio, aprendendo a reparar e evoluir em vez de repetir padrões de confronto.

FERRAMENTA #37 O MOTOR DO MAU COMPORTAMENTO

CENÁRIO

A criança tem um mau comportamento – não quer ir para escola, não quer fazer tarefa, fala palavrão, não quer se apresentar com a turma na festa da escola, voltou a pedir ajuda para coisas que não precisa de apoio etc.

CONFLITO

O adulto quer resolver o comportamento sem saber sua causa/origem/mensagem.

TRAGÉDIA

- Autoritarismo: o adulto obriga a criança a obedecer por força, ameaça e perde o controle.
- Permissividade: o adulto acaba não conseguindo a obediência da criança e inverte os papéis.

SOLUÇÃO DA DISCIPLINA DO EQUILÍBRIO

O comportamento pode ter duas origens: OU é resposta a estímulos sociais OU é resposta a uma necessidade interna.

Quando é um "mau comportamento", sempre traz consigo uma MENSAGEM/PEDIDO/INTENÇÃO POSITIVA = esse é o motor do mau comportamento.

O adulto não deve simplesmente tentar eliminar o mau comportamento, deve desligar seu motor respondendo a sua mensagem.

- Não quer ir para escola – Possível motor: quer ficar com a mamãe. – Desligar o motor é combinar quantos minutos vão ficar abraçados antes de entrar na escola / passar mais tempo com a criança.
- Não quer fazer tarefa – Possível motor: sensação de sempre fazer tudo errado. – Desligar o motor é entender o objetivo da tarefa de escola nessa faixa etária e não ficar corrigindo.
- Falou palavrão – Possível motor: está sentindo raiva da forma como está sendo tratado. – Desligar o motor é buscar perceber a violência invisível na rotina ou no manejo.
- Não quer apresentar com a turma na festa da escola – Possível motor: introvertido e não teve preparo, antecipação suficiente. – Desligar o

motor é criar bastante antecipação e preparo para a criança até o dia do evento.

- Voltou a pedir ajuda para coisas que não precisa de apoio – Possível motor: tem uma criança mais nova por perto e entende que "precisa precisar". – Desligar o motor é: atender aos pedidos da criança mesmo que eles sejam "desnecessários" do ponto de vista físico, até que a criança fique segura.

RESULTADO

A criança é realmente atendida em suas necessidades. Ela fica mais feliz e calma. O vínculo é fortalecido e o mau-comportamento realmente se vai. Constrói sua autoestima. Vive menos estresse e brigas. Criança em equilíbrio.

FERRAMENTA #38 MODO ESTRELA-CADENTE VERSUS MODO ESTRELA-GUIA

CENÁRIO

A criança tem um mau comportamento e você tem uma reação desproporcional. A criança fica com medo e você sente culpa pela maneira que reagiu. Você sente que está sobrecarregada.

CONFLITO

O adulto não costuma ter muito autoconhecimento e não sabe manejar-se quando não está bem.

TRAGÉDIA

- Autoritarismo: o adulto coloca a culpa na criança.
- Permissividade: o adulto explode e depois beija e abraça e faz tudo o que a criança quiser para reconquistá-la.

SOLUÇÃO DA DISCIPLINA DO EQUILÍBRIO

O adulto busca autoconhecimento e percebe quando não está bem, quando está no Modo Estrela-Cadente. Com essa consciência, ele vai buscar APOIO para o momento atual: Parceiro, se tiver. Rede de apoio, filme ou outra atividade de menor interação. Conversar com a criança, dependendo da faixa etária ajuda. AÇÃO para se restabelecer e voltar ao Modo Estrela-Guia.

- Respiração - MãeDitação - Yoga - Terapia - Massagem - Conversa com amiga - Decisão - Chá.

RESULTADO

A criança é poupada, fica mais feliz e calma. O vínculo é fortalecido. Constrói sua autoestima. Vive menos estresse e brigas. Criança em equilíbrio.

FERRAMENTA #39 SUPERMERCADO COM CRIANÇAS

CENÁRIO

Você precisa ir ao mercado e não tem como não levar a criança. Ela começa a querer coisas que você não ia comprar, não para quieta, corre, mexe em tudo.

CONFLITO

O adulto não sabe como lidar com uma criança em um supermercado.

TRAGÉDIA

- Autoritarismo: o adulto obriga a criança a ficar quieta sob ameaças.
- Permissividade: o adulto deixa a criança "causar" no mercado e acaba dando o que não compraria só para conseguir ir embora.

SOLUÇÃO DA DISCIPLINA DO EQUILÍBRIO

Toda atividade da vida é oportunidade da criança aprender a viver, se a gente souber preparar o ambiente. Tripé: Adulto consciente + Ambiente preparado + Criança.

O que o adulto faz no mercado? – Olha as coisas, escolhe, coloca as coisas no carrinho.

A criança é programada para copiar o adulto mas... quando ela... – Olha as coisas, escolhe, coloca as coisas no carrinho... O ADULTO DIZ QUE ELA NÃO PODE FAZER ISSO!

Aí ela não entende nada!

A solução é preparar uma lista de compras com itens que a criança conhece e combinar que ela vai colocar tudo aquilo no carrinho. Uma variação é deixar um ou dois espaços em branco na lista para a criança escolher algo por conta própria.

RESULTADO

Aprende para a vida e fica mais feliz e calma. O vínculo é fortalecido. Constrói sua autoestima. Vive menos estresse e brigas. Criança em equilíbrio... Adulto em equilíbrio.

FERRAMENTA #40 PEPAPI: PERSISTÊNCIA, PACIÊNCIA E PIVOTAR

CENÁRIO

Você não consegue fazer a sua criança se alimentar adequadamente. Não quer gritar, mas sente que sua criança só funciona quando você grita. Ou qualquer outra coisa que você ainda não consiga com a criança.

CONFLITO

O adulto para de buscar muito facilmente e acha que não tem solução.

TRAGÉDIA

- Autoritarismo: brigas, broncas, gritos, castigos, ameaças, barganhas...
- Permissividade: não encontra saída e aguenta situações completamente constrangedoras...

SOLUÇÃO DA DISCIPLINA DO EQUILÍBRIO

Diante de uma situação que não teve sucesso com a criança, o adulto pode aplicar PEPAPI de PERSISTÊNCIA, PACIÊNCIA, PIVOTAR.

- PERSISTÊNCIA: não desistir, desanimar, se conformar ou justificar... Seguir buscando! Com inteligência, foco não no que você está passando, mas no que está tentando. Procurar estudar, perguntar, buscar...
- PACIÊNCIA: a falta de paciência esconde o amor e gera resistência. Busque alcançar a perspectiva da criança, pois não é pessoal = Ferramenta #4; Tome um chá e sinta o chá-mado que a criança está fazendo; faça algo por você...
- PIVOTAR: pivotar é um termo que se refere a uma mudança significativa na direção ou propósito de um negócio, mantendo a base o que já

existia. O termo vem da expressão em inglês *pivot*, que significa girar ou mover-se em torno do próprio eixo. Saia do lugar de vítima! Somos protagonistas criando protagonistas. Para de chorar, deixe a infantilidade para a criança. Está na vez dela. Você é o adulto da relação; cresça e foque em solução. Decida o que você vai fazer no lugar do que está fazendo e não está funcionando. Prepare-se mental, emocional e fisicamente. Faça. Avalie os resultados sem drama. Comemore os resultados ou... Repita o processo até poder comemorar os resultados.

RESULTADO

Aprende persistência para a vida. Constrói sua autoestima sem rótulos ou crenças equivocadas sobre ela mesma e vive menos estresse e brigas. Fica mais feliz e calma. O vínculo é fortalecido. Criança em equilíbrio... Adulto em equilíbrio.

FERRAMENTA #41 OBJETO ÂNCORA PARA SAUDADE

CENÁRIO

A criança sente saudade quando está longe da mãe na adaptação escolar, ou durante uma viagem da mãe, ou quando foi dormir na casa de alguém. Ela chora, recusa-se a participar e pede insistentemente para ir para casa.

CONFLITO

O adulto tenta "explicar" ou "distrair", mas a saudade é uma emoção legítima e concreta para o cérebro infantil. Sem recurso tangível, a criança perde o eixo no pico emocional.

TRAGÉDIA

- Autoritarismo: "para de manha, engole o choro, você já é um(a) mocinho(a)". A criança aprende a reprimir a emoção, o vínculo esfria e o comportamento dela piora.
- Permissividade: o adulto volta atrás em combinados, interrompe rotina/atividade, vira refém da saudade. A criança depende cada vez mais da presença física imediata para se regular.

SOLUÇÃO DA DISCIPLINA DO EQUILÍBRIO

Escolher um objeto-âncora: um símbolo portátil de vínculo que a criança possa acionar quando a saudade vier como uma foto da mãe, um chaveiro da mãe, um lenço com o cheiro da mãe, marca de beijo com batom no braço, pulseirinha combinada etc.

Dar o significado: "Este é o nosso beijo-âncora. Ele guarda o nosso amor para quando a saudade apertar".

> Como algumas estrelas sabem, eventualmente eu viajo a trabalho e normalmente é um momento difícil para mim e para minha filha.
>
> Hoje estou indo para uma viagem rápida è comuniquei à Dora ontem à noite e ela acordou umas 3x à noite e pela manhã bem na hora em que iria tomar banho e não voltou a dormir por nada, mesmo devendo umas 2h de sono noturno ainda.
>
> Ela já começou a chorar, um choro tristinho que queria a mamãe, etc e eu acolhendo, mas atenta à hora que avançava.
>
> Resumindo fui tomar banho com ela ainda chorando e fui conversando com ela (estava no racional ainda), fiz um respira mãe para a culpa não tomar conta de mim, pensei, pensei e lembrei da ferramenta da ancoragem.

> E já saí do banho falando que tinha uma coisa para mostrar pra ela... fui ao armário e procurei uma foto minha impressa, aí o choro já estava quase zero... senti com ela e falei que durante aquele dia toda vez que ela sentisse saudade da mamãe que ela poderia pegar a foto e dar um beijinho ou abraçar: Zero choro e muita atenção agora.
> (Lidamos com a saudade no campo emocional)
>
> Peguei meu cel e falei a ela: sabe o que eu vou fazer neste dia quando tiver saudade de você? Mostrei meu papel de parede (dela rsrs) que vou dar um beijinho na sua foto tb!!!
>
> Ganhei um sorriso nessa hora!!!
>
> Gente parece mágica, mas foi técnica, ferramenta 41 da DdE.
> Gratidão @isaminatel
>
> Depois disso eu me arrumei, ela se trocou e começou a programar o dia dela com o pai, me deu tchau tranquilamente... e a mamãe saiu pra trabalhar em paz, sem culpa. Criança ficou tranquila, segura, assistida e regulada!

Orientar: "Se a saudade vier, o que você faz?".

"Toca no beijo. Assim você me sente pertinho e segue brincando.".

RESULTADO

A saudade é validada e regulada (não negada), a criança ganha um recurso concreto, mantém-se engajada nas atividades, reduz chamadas emergenciais, fortalece senso de pertencimento e autonomia afetiva. Vínculo preservado e rotina mais leve. Criança em equilíbrio.

FERRAMENTA #42 CLACA PARA LIDAR COM AS TELAS

Já apresentada anteriormente no capítulo 4.

FERRAMENTA #43 FIVE DA OBEDIÊNCIA: FOCO, INTERESSE, VONTADE CONECTADA A EVENTO

CENÁRIO

A criança não obedece ou parece "surda seletiva" quando o adulto pede algo simples – guardar brinquedos, tomar banho, se arrumar para sair. O adulto sente que já falou mil vezes e a criança ignora, resiste ou demora para agir.

CONFLITO

O adulto acredita que a obediência é só questão de força de vontade ou disciplina, mas ignora que a criança precisa de condições internas específicas para processar e aceitar um pedido. Sem compreender essas condições, o adulto pede sem considerar o que está acontecendo no ambiente.

TRAGÉDIA

- Autoritarismo: o adulto obriga, ameaça, grita ou castiga para conseguir obediência imediata. A criança obedece por medo, mas acumula ressentimento, raiva ou sensação de injustiça.
- Permissividade: o adulto se cansa de insistir e faz ele mesmo, ou deixa para lá, ou troca o pedido por barganhas e chantagens. A criança aprende que só precisa resistir para que o adulto desista.

SOLUÇÃO DA DISCIPLINA DO EQUILÍBRIO

A obediência eficaz não é resultado de imposição ou de desistência, mas de um processo que conecta **quatro chaves internas da criança**, sintetizadas no acrônimo **FIVE:**

F - **Foco:** a criança precisa estar atenta ao adulto. Sem contato visual, toque suave no ombro ou chamada clara pelo nome, o pedido "passa batido".

I - **Interesse:** o pedido precisa ter relevância para o momento da criança. Se está mergulhada em uma brincadeira, a chance de obedecer sem mediação cai muito. O adulto precisa conectar o pedido ao interesse dela ou dar um **gancho de transição.**

V - **Vontade:** a criança precisa perceber **razão** ou **benefício** no que está sendo pedido, seja pelo vínculo, pelo lúdico ou pelo senso de utilidade. Isso conecta com o "desejo" já explorado nos três *ok's da obediência.*

Os três elementos se conectando ao...

E - **Evento:** aquilo que você precisa que a criança faça.

RESULTADO

A criança se sente compreendida, envolvida e parte ativa do fluxo familiar. Obedece sem ressentimento, constrói autonomia, fortalece vínculo e internaliza a lógica de cooperação. Rotina mais leve. Criança em equilíbrio.

FERRAMENTA #44 PIA - PERGUNTA ISCA DE ATENÇÃO

CENÁRIO

A criança quer alguma coisa e faz birra. Ela está agitada demais por querer algo ou você precisa que ela faça algo e não consegue sua atenção.

CONFLITO

O adulto leva para o lado pessoal quando a criança não ouve e acaba caindo no autoritarismo ou então deixa pra lá e justifica, caindo na permissividade.

TRAGÉDIA

- Autoritarismo: o adulto briga e grita.
- Permissividade: o adulto aceita ser ignorado pela criança repetidas vezes.

SOLUÇÃO DA DISCIPLINA DO EQUILÍBRIO

Quando o adulto precisa da atenção da criança, ele precisa conduzir o cérebro dela. Se ela está fazendo birra porque quer alguma coisa ou se está agitada, apressada por querer algo e você precisa que ela te escute, a isca é falar exatamente o que a criança quer. Na PIA, você vai repetir, exatamente, o que a criança acabou de dizer que quer em forma de pergunta:

- "Você quer bolo de chocolate?"
- "Você quer esse brinquedo?"

Se não há um querer claro, o adulto direciona o cérebro da criança para algo que sabe que ela gosta:

"O que você acha de brincar com seu caminhão azul?"

Isso serve para que ela saiba que foi ouvida, que você entendeu, que estão juntos. E então ela se abre para ouvir o que você tem a dizer.

RESULTADO

A criança se sente respeitada e compreendida, se acalma, aumenta a autoestima e entra em equilíbrio.

FERRAMENTA #45 TIC: TORNAR O INVISÍVEL CONCRETO

CENÁRIO

A criança está no carro em uma viagem e começa a perguntar: "Tá chegando? Quanto falta? Vai demorar?" Você vai viajar sem a criança e ela começa: "Mas quando você volta? Vai demorar muito? Tô com saudade!". Você precisa que a criança siga uma rotina e está cansada(o) de repetir 100 vezes as mesmas coisas. A criança pergunta: "De onde vem os bebês?".

CONFLITO

O adulto se prepara internamente e já tem dados para abstrações. A criança precisa ser levada a compreender o abstrato, pois ainda precisa dos conceitos de forma concreta.

TRAGÉDIA

- Autoritarismo: o adulto briga ou grita diante da insistência.
- Permissividade: o adulto repete indefinidamente sem mudar a forma de explicar.

SOLUÇÃO DA DISCIPLINA DO EQUILÍBRIO

Quando o adulto percebe a dificuldade da criança em compreender uma ideia abstrata, ele pensa numa maneira de torná-la concreta:

- Visual: criar recursos simples como uma régua com um carrinho que vai se deslocando para mostrar a distância até o destino da viagem.
- Temporal: usar um calendário para marcar os dias até a volta, ou uma ampulheta para mostrar a passagem do tempo em atividades.
- Rotina: montar quadros com figuras ou checklists visuais, que tornam claro o que já foi feito e o que ainda falta.
- Explicações complexas: lançar mão de desenhos e exemplos para explicar de onde vêm os bebês, como funciona o corpo ou o sentido dos valores.

RESULTADO

A criança é respeitada, compreende melhor a realidade, se acalma, fortalece a autoestima e entra em equilíbrio.

FERRAMENTA #46 COMBINADO DO JEITO CERTO

CENÁRIO

Pais relatam que os filhos não aceitam “combinados”.

CONFLITO

Na prática, usam a palavra “combinado” para disfarçar. O adulto muda o nome, mas mantém a intenção de manipular. O resultado é que o combinado perde credibilidade. A intenção de manipular acaba com qualquer ferramenta nobre de educação.

TRAGÉDIA

- Autoritarismo: o adulto chama de “combinado”, mas continua dando ordens.

- Permissividade: o adulto transfere a decisão à criança sem conduzir.

SOLUÇÃO DA DISCIPLINA DO EQUILÍBRIO

1. **Antecipar** situações já vividas ou previsíveis. Ferramenta #15 Usar o erro do passado com foco no futuro. Por exemplo, criança não quis cumprimentar quando chegou. Situações que podemos prever.
2. **Atender ao adulto:** explicar o porquê das coisas, mostrar como a vida funciona, educar sem entrar no ego.
3. **Atender à criança:** empatia para trocar de posição perceptiva e ver o mundo sob a perspectiva da criança – Ferramenta #33 A verdade da criança; usar as ferramentas #29 e #30 peneiras do "por que não?" e SET; Ferramenta #32: Amor recebido *versus* Amor percebido. Ouvir a criança que pode ter uma ideia diferente e até melhor do que a nossa.
4. **Usar elemento externo:** despertador, ampulheta, quadro de rotina, lista de afazeres, quadro de combinados. Ferramenta #54 Elementos de mediação.
5. **Transformar em regra, se for o caso:** nesse caso precisa ser registrado num cantinho de regras e combinados. A regra pode até ter sido feita pelo adulto, porém quando for comunicar à criança, faça em forma de combinado. Vá fazendo perguntas que levem a criança à regra desejada. Registre ou peça à criança para registrar, desenhar.
6. **Horizontalidade:** fazer junto para viver melhor, em vez de impor verticalmente. Uma regra que vem de um combinado com a criança que participa do processo, tem muito mais chances de ser seguida.

RESULTADO

A criança é respeitada, participa, entende os motivos e coopera. Desenvolve crenças de identidade como sou importante, tenho valor, pertenço; Relação mais calma, autoestima fortalecida, criança em equilíbrio.

FERRAMENTA #47 IMPORTAR OU NÃO IMPORTAR?

CENÁRIO

Outros adultos dizem coisas que você não aprova para a criança, ou a criança, em crise, fala coisas que não deveria.

CONFLITO

O adulto não reflete sobre o que deve ou não "guardar para si" nessas situações.

TRAGÉDIA

- Autoritarismo: o adulto importa tudo de ruim, reagindo com peso.
- Permissividade: o adulto não importa nada, deixando passar informações ou mensagens que precisam ser guiadas.

SOLUÇÃO DA DISCIPLINA DO EQUILÍBRIO

Diante de um desaforo, adulto aplica o Filtro Mental:

- "Vou trazer isso para dentro?"
- "O que preciso fazer com isso?"
- "Isso é mesmo sobre mim?"
- "Isso diz mais sobre o outro do que sobre mim?"

RESULTADO

O adulto filtra com consciência, a criança é protegida sem ser superprotegida, todos se acalmam, vínculo e autoestima se fortalecem, criança em equilíbrio.

FERRAMENTA #48 ME APERTA E ESPERA

CENÁRIO

Adultos estão conversando e a criança fica interrompendo a todo momento. O adulto está ao telefone e a criança falando alto, querendo ser atendida. A criança fica fazendo perguntas no meio da conversa dos adultos: "É o quê, mãe?" Disputa a atenção do adulto com os outros.

CONFLITO

Adultos muitas vezes não entendem que a criança está apenas em busca de pertencimento, de atenção e de compreensão do que acontece, mas ainda não sabe como conseguir isso de outra forma.

TRAGÉDIA

- Autoritarismo: o adulto afasta e repreende: “sai pra lá, isso é conversa de adulto!”; Intrometido! Xereta!
- Permissividade: o adulto cede sempre, interrompendo sua própria conversa.

SOLUÇÃO DA DISCIPLINA DO EQUILÍBRIO

- Orienta a criança: “Quando eu estiver conversando e você quiser falar, aperta meu braço e espera meu sinal”.
- O adulto sinaliza quando pode dar a palavra.
- Sempre que possível, responder às perguntas da criança dentro do adequado e torná-la participante dos acontecimentos.

RESULTADO

A criança aprende a se regular em conversas, sente-se respeitada, autoestima se fortalece, vínculos melhoram e todos entram em equilíbrio.

FERRAMENTA #49 ANTECIPAÇÃO FRENTE AO DESAFIO

CENÁRIO

Criança vai trocar de escola, ou vai ser pajem ou daminha em um casamento. Vai fazer uma apresentação pública pela primeira vez, ou vai se mudar de casa, vai a um velório, vai enfrentar qualquer situação nova ou de desafio, ou simplesmente é uma criança de perfil mais introvertido.

CONFLITO

Adultos não entendem que existe um preparo invisível para cada situação e fazemos isso de maneira automática. A criança está vivenciando cada experiência pela primeira vez. Ela pode se dar melhor quando sabe o que se espera dela.

TRAGÉDIA

- Autoritarismo: brigas, cobranças, rótulos e broncas porque a criança não se saiu bem.
- Permissividade: \braços e proteção exagerada que não desenvolvem a criança.

SOLUÇÃO DA DISCIPLINA DO EQUILÍBRIO

Sempre que a criança for passar por uma situação nova ou por um desafio, o adulto pode ajudar: Ensaiando com a criança o que vai acontecer e as possíveis respostas. Explicando com detalhes como vai estar o local – quantidade de pessoas, barulho, luzes etc. Se possível, ir ao local antes do evento desafio propriamente dito.

Caso real: "Quando a criança precisa fazer algum exame mais tenso, deve-se levá-la ao local, conversar com os profissionais, mostrar como será o exame , mostrar no YouTube como funciona. Fiz isso com a minha filha quando ela tinha 5 anos e precisou fazer uma ressonância magnética. A profissional falou que ela não poderia se mexer e esse exame é muito barulhento, a máquina é grande, o local é gelado e para piorar, minha filha é colérica. Primeira coisa que pensei: "lascou, não vai dar certo". Depois pensei em como que funciona para mim, o que me tranquiliza, o que me deixa segura: saber o que vai acontecer, passo a passo. E assim foi feito. Deu supercerto, colocaram a música da frozen no fone e ela até dormiu durante o exame. Fiquei impressionada. Hoje ela tem 15 anos e diz que vai ser médica".

RESULTADO

Criança tende a conseguir se sair melhor nos desafios. Aumenta a autoconfiança da criança. Constrói sua autoestima e é respeitada. Criança em equilíbrio.

FERRAMENTA #50 PEPE – PARA CONTROLE EMOCIONAL

CENÁRIO

Você chega em casa e vê que a criança tirou todos os sapatos de dentro do armário. A criança vai querer deitar na sua cama pela terceira vez na mesma noite, ou não quer guardar os brinquedos que ela espalhou...

CONFLITO

Adultos não sabem que existe um pensamento que sustenta a emoção que sentem nestas situações.

TRAGÉDIA

- Autoritarismo: brigas e broncas que acabam com a conexão, com o vínculo e geram desamparo.
- Permissividade: omissão.

SOLUÇÃO DA DISCIPLINA DO EQUILÍBRIO

Esse tipo de Emoção tá conectada a um Pensamento. Então a pergunta é: que outro Pensamento também é verdade sobre isso? Mudando o Pensamento, a Emoção também muda.

Pensamento => Emoção PEPE.

RESULTADO

Criança mais tranquila e com vínculo e conexão preservados. Aumenta a autoconfiança da criança. Constrói a própria autoestima. A criança é respeitada e você também. Criança em equilíbrio.

FERRAMENTA #51 QUEBRA DE ESTADO

CENÁRIO

Petrus esqueceu a cueca e o clima fechou no hotel... balangadã. Você está no limite e começa a brigar com a criança que reage mal a algo que você falou e você percebe que a coisa vai "desandar". Duas ou mais crianças começam a se desentender e uma confusão se inicia. Petrus pequeno, a gente saindo para ir na casa do Gustavo, e Petrus pensou que fosse na casa do vô do Gustavo.

CONFLITO

Adultos não sabem entender como a mente funciona, não costumam ser criativos, não costumam usar o humor para educar...

TRAGÉDIA

- Autoritarismo: brigas e broncas que acabam com a conexão, com o vínculo, e geram desamparo.
- Permissividade: ciclo da mãe confusa.

SOLUÇÃO DA DISCIPLINA DO EQUILÍBRIO

Diante de uma confusão, uma perda de controle, uma briga ou uma reação inesperada... Assim que o adulto se der conta do que está acontecendo e de que a situação foi por um caminho que não acaba bem, ele pode lançar mão da Ferramenta #51: Quebra de estado.

Ela consiste em falar ou fazer algo completamente inesperado, novo, engraçado, ridículo ou sentimental que leve as pessoas a uma pequena confusão. A ideia é "bugar" um pouquinho a mente dos envolvidos e conduzir todos a um novo estado interno de forma que possam continuar ou recomeçar a situação. Pode ser uma piada, uma música, um grito intencional e não um de descontrole, uma dança, um chacoalhar, mudança de assunto, uma pergunta etc.

Com o tempo, vocês podem até já ter algumas "quebras de estado" ancoradas entre vocês. Por exemplo: 1204.

Depois da quebra de estado, todos podem voltar para a situação e buscar formas de resolver sem brigar.

RESULTADO

Criança mais tranquila e com vínculo e conexão preservados, bom humor, alegria e paz aumentam a autoconfiança da criança. Constrói sua autoestima, pois a criança é respeitada e você também. Criança em equilíbrio.

FERRAMENTA #52 FILTRO DA CONEXÃO

CENÁRIO

A criança desobedece, faz algo que não devia fazer e te decepciona.

CONFLITO

O adulto não lida nada bem com o erro. Em vez de concluir que a criança não assimilou aquilo ainda e que, portanto, ele precisa ensinar, conclui que a criança merece ser punida pelo erro.

TRAGÉDIA

- Autoritarismo: o adulto briga, bate, pune. A mãe que fez a criança tomar um monte de suco kapo porque passou vergonha na casa da tia. Adolescente quer distância, esconde as coisas, contraria e desafia como mola encolhida.

- Permissividade: o adulto fica omisso ou pisando em ovos com medo de perder a conexão. Adolescente manda nos pais e envergonha com seu comportamento.

SOLUÇÃO DA DISCIPLINA DO EQUILÍBRIO

Quando o adulto se depara com um erro cometido pela criança e decide que precisa corrigir, deve passar a correção na Ferramenta #52 Filtro da Conexão: De que forma eu entrego essa correção para que seja um aprendizado e não um castigo? Teve o peso suficiente para gerar consciência? Por exemplo, o vídeo do suicídio no caso de quase *bullying*. Ou foi leve demais que não produz nem castigo nem aprendizado? Dessa forma, alarga ou fecha o canal de comunicação?

RESULTADO

Aprendem a viver e o respeito é conquistado. Constroem sua autoestima. A conexão é alargada e prepara o terreno para a adolescência. Criança em equilíbrio.

FERRAMENTA #53 CONFIANÇA NA COMPETÊNCIA

CENÁRIO

A criança quer carregar algo pesado ou quer varrer, aspirar, limpar a casa. Quer colocar a roupa na máquina ou quer tirar as compras do carro.

CONFLITO

O adulto acredita que a criança ainda não consegue fazer essas coisas ou que não vai aguentar e quer protegê-la, impedindo-a de continuar.

TRAGÉDIA

- Autoritarismo: se a criança chora, grita, fica brava ou insiste, o adulto briga, grita, dá castigo.
- Permissividade: o adulto deixa tudo, até quebrar, estragar e correr riscos sérios.

SOLUÇÃO DA DISCIPLINA DO EQUILÍBRIO

Quando a criança se interessa em fazer alguma coisa, o adulto entende que não deve avaliar apenas... - capacidade da criança; - resultado da criança; - bagunça/sujeira eventual da criança. deve entender também que antes de fazer bem-feito, vem o desenvolvimento do querer fazer e o querer fazer desenvolve-se: seguindo o interesse da criança; dando liberdade a criança; incluindo a criança; valorizando a ação da criança independente do resultado.

Não corrigir, não criticar, não refazer na frente dela, não interromper.

Então, sempre que uma criança quiser fazer algo que você acredita que ela não seja capaz, apenas certifique-se da sua segurança, prepare o ambiente e... confie na competência da criança, dando um tempo de observação.

Muitas vezes, você vai se surpreender com a capacidade das crianças. Muitas oportunidades de aprendizagem surgirão e também muito tempo sem tela será ocupado.

RESULTADO

Crianças participam da vida real, aprendem a viver, se acalmam. Constroem sua autoestima. Desenvolvem concentração, aprimoram coordenação, se sentem pertencentes e importantes. Criança em equilíbrio.

FERRAMENTA #54 ELEMENTOS DE MEDIAÇÃO

CENÁRIO

Criança resiste à rotina do dia a dia, não quer parar uma atividade legal para ir para a próxima, não cumpre combinados.

CONFLITO

O adulto entende que deve CONVENCER A CRIANÇA A FAZER o que precisa ser feito. Geralmente, tem poucos recursos para isso e acaba se tornando um "chato" que assume o lugar de estraga-prazeres, sendo um grande obstáculo entre a criança e as coisas que ela quer.

TRAGÉDIA

- Autoritarismo: se a criança resiste, o adulto briga, grita, dá castigo. Se conforma que é seu papel ser chato. Perde em vínculo e preocupa na adolescência. Pode colher mentiras, coisas escondidas etc.

- Permissividade: o adulto perde o controle, passa vergonha, inverte papéis e decisões.

SOLUÇÃO DA DISCIPLINA DO EQUILÍBRIO

Quando a criança resiste a fazer o que precisa ser feito no dia a dia e o adulto percebe que a vida não está fluindo com paz e alegria, o adulto busca elementos de mediação.

- Quadro de Rotina: Em vez de ficar sendo o portador das más notícias e o estraga-prazeres do rolê, o adulto media a criança com a rotina que ela ajudou a fazer. Educa a criança para o uso da agenda.
- Ampulhetas: Em vez de ser o senhor do tempo, o adulto usa um elemento mediador que permite a criança, literalmente, ver o tempo passar (Ferramenta #45 TIC Tornar o Invisível Concreto). Educa a criança para o uso do relógio.
- Canto dos combinados: Em vez de repetir "nós já conversamos sobre isso", o adulto media a criança com os combinados que ficam visíveis em um canto da casa. Educa a criança para seguir regras e fazer acordos.
- Caixa de sorteio: Em vez de determinar o que a criança fará para ajudar em casa, coloca as tarefas ali e sorteia. Educa a criança a colaborar com prazer.

RESULTADO

Crianças aprendem sobre a vida real, aprendem a viver e se acalmam. Constroem sua autoestima. Não ficam com raiva do adulto. Criança em equilíbrio.

FERRAMENTA #55 MATURIDADE COGNITIVA VERSUS MATURIDADE EMOCIONAL

CENÁRIO

Você vai levar a criança num parque de diversões e já avisa que ela só poderá ir nos brinquedos que tiver altura. Ela entende e concorda. Chegando lá, no primeiro brinquedo que não tem altura para ir... CHORA!

CONFLITO

O adulto não entende o que está acontecendo. Para ele, não tem lógica na situação: se a criança entendeu e concordou antecipadamente, por que está chorando agora?

TRAGÉDIA

- Autoritarismo: adulto briga, ameaça, vai embora, dá castigo.
- Permissividade: adulto passa vergonha ao acolher a frustração sem direcionar.

SOLUÇÃO DA DISCIPLINA DO EQUILÍBRIO

O adulto entende que maturidade cognitiva e maturidade emocional não andam, necessariamente, juntas. Muitas vezes a criança desenvolve a capacidade cognitiva (ENTENDER) antes da capacidade emocional (LIDAR COM/AGUENTAR) a frustração.

- Checar se a criança entendeu.
- Se a criança já entendeu (racional), mas ainda assim está chorando (emocional), não adianta ficar repetindo argumentos racionais.
- Acolher a emoção usando a Ferramenta 14 Dar razão para ter razão – dou razão à emoção da criança, mas em seguida posso compartilhar algo da própria vida que também ficou chateada de não poder fazer/ir. Isso acontece com todo mundo.
- Redirecionar a criança para algo possível. Lembrando sempre que substituir é mais fácil que eliminar.

Lembre-se: a criança nunca deve ser punida por SENTIR. Estamos buscando criar seres emocionalmente saudáveis. Ela pode ser acolhida, guiada, redirecionada e até ajustada na proporção do seu SENTIR, mas não punida.

RESULTADO

Crianças aprendem sobre a vida real com frustrações, aprendem a viver e se acalmam. Constroem sua autoestima. Não ficam com raiva do adulto. Criança em equilíbrio.

FERRAMENTA #56 E SE...

E se...? Para resolução de problemas ou comportamentos inadequados que voltam a acontecer, para usar na reunião de família.

- E se... você conseguisse fazer diferente? Uma ferramenta para ativar a criatividade dos adultos.

CENÁRIO

A criança está empacada em uma situação qualquer. Você está empacada em uma situação qualquer. Você está na reunião de família e percebe que o clima se perdeu. Está enfrentando um desafio recorrente com a criança que ainda não conseguiu resolver. Você está enfrentando um desafio com outro adulto que ainda não conseguiu resolver.

CONFLITO

O adulto está programado para fechar questões e possibilidades. Muitas vezes se coloca no lugar daquele que tem que resolver todos os problemas e ter todas as respostas, fazendo com que a criança espere que ele resolva absolutamente tudo.

TRAGÉDIA

- Autoritarismo: o adulto briga, grita, dá castigo.
- Permissividade: o adulto fica como serviçal da criança, perde o controle, passa vergonha, inverte papéis e decisões.

SOLUÇÃO DA DISCIPLINA DO EQUILÍBRIO

Quando você, a criança ou outro adulto estiverem empacados em uma situação de desafio, a ideia é abrir a mente com a pergunta: "e se..?"

A partir do "e se..." devemos buscar as mais variadas possibilidades para ampliar a capacidade da nossa mente de encontrar alternativas novas para aquela situação...

- Para você mesmo: E se eu tivesse *x* anos?; E se eu soubesse mais sobre isso/essa fase? E se eu tivesse tido a mesma história de vida dessa pessoa? E se alguém pudesse me ajudar com isso? E se eu pudesse receber o conselho de algum mentor?

Em todas essas alternativas, tudo o que você vai obter serão projeções suas e, certamente, irão levá-lo(a) mais longe e para opções novas do que ficar na estagnação.

- Para a criança ou para o outro adulto: E se você tivesse uma ideia para resolver isso, qual seria?

Cai sempre bem por soar como uma sugestão e não imposição.

RESULTADO

Crianças aprendem sobre a vida real. *Mindset* de abundância, cheio de possibilidades e se acalmam. Constroem sua autoestima. Não ficam com raiva do adulto. Criança em equilíbrio.

FERRAMENTA #57 DESLIGANDO O PILOTO AUTOMÁTICO DO ADULTO

CENÁRIO

A criança faz algo que tira o adulto do sério. Ela chama o adulto para brincar ou faz qualquer outro convite, pede para fazer algo que "não pode" porque suja, molha, bagunça, cansa.

CONFLITO

O adulto se acostumou a funcionar no piloto automático querendo fazer tudo no modo mais rápido, mais prático e mais barato. Piloto automático: sentir –> agir ou reagir (em linha reta).

TRAGÉDIA

- Autoritarismo: adulto tende a não permitir que a criança faça quase nada, briga, grita, dá castigo.
- Permissividade: adulto deixa tudo sem pensar, inverte papéis e decisões.

SOLUÇÃO DA DISCIPLINA DO EQUILÍBRIO

Quando a criança fizer algo que deixe você fora do sério, ou te fizer um convite ou pedir algo que "não pode" porque suja, molha, bagunça, cansa...

Lembre-se de transformar a linha reta num triângulo: Em vez de ir direto do SENTIR para o AGIR ou REAGIR, vá do SENTIR para o PENSAR e, depois, para o AGIR. Se precisar, use a Ferramenta #9 Piriri Emocional, ou apenas respire, tome um chá ou uma água e... Pense!

PENSAR é a única componente humana das três ações – sentir e agir todo ser vivo faz. Pensar é exclusividade do ser humano. Sair da linha reta e ir para o triângulo resgata a nossa humanidade; faz a decisão sair do cérebro emocional (límbico – que sente) e ir para o cérebro racional (neocórtex – que pensa).

O PENSAR muda o SENTIR que muda o AGIR.

PENSAR: por que eu me irritei com isso? O que isso diz sobre mim? Como estou hoje? Como quero que essa situação continue? Será que eu posso aceitar esse convite? O que significaria para ela? Será que eu não estava mesmo precisando disso? Se pudesse, como seria? A infância passa muito rápido, ela não vai te querer para sempre... Use a Ferramenta #2 "Não pode" vira "como pode?".

RESULTADO

Crianças aprendem sobre a vida real, aprendem a viver e se acalmam. Constroem sua autoestima. Não ficam com raiva do adulto. Criança em equilíbrio.

FERRAMENTA #58 PERDER FAZ PARTE

CENÁRIO

Criança fica brava quando perde no jogo, reage mal, quebra tudo, joga as cartas, bagunça as peças, quer mudar as regras do jogo quando percebe que vai perder... Chora quando perde e não consegue voltar a ficar bem. Evita participar de alguns jogos, esportes para não ter a chance de perder.

CONFLITO

O adulto não conhece que existe um processo interno de aprendizagem para lidar com perdas e frustrações. Muitos acham que a criança tem que "aprender a perder". Na verdade, ela precisa aprender a lidar com suas emoções quando a perda é inevitável.

TRAGÉDIA

- Autoritarismo: adulto briga, grita, dá castigo para a criança que se comportou mal por ter perdido.
- Permissividade: adulto acaba deixando sempre a criança ganhar e ela não aprende a lidar com as perdas.

SOLUÇÃO DA DISCIPLINA DO EQUILÍBRIO

Quando a criança reagir mal por ter perdido, o adulto consola com empatia e já se planeja para os próximos passos. Propõe um jogo que a criança possa ver quando vai perder. Exemplo: Damas.

Quando estiver se aproximando da jogada final em que o adulto vai ganhar, ele pergunta para a criança: "Se você fosse eu, nessa situação, o que você faria?". A criança já pode ver que o adulto pode ganhar.

O adulto calibra os sinais da criança – observa se os olhos enchem de lágrima, se ela faz expressão de raiva ou tristeza – para perceber como ela reage. Então o adulto não ganha desta vez. Ele faz a criança perceber que ele a deixou ganhar. Isso é um TREINO EMOCIONAL DE COMO REAGIR QUANDO A PERDA FOR INEVITÁVEL.

Então, o adulto propõe jogar novamente e, quando estiver na última jogada, repete o procedimento de perguntar o que a criança faria. Dessa vez o adulto ganha, ajudando a criança a perceber que é chato perder mas que isso faz parte e que acontece com ele também... Aqui pode contar histórias sobre perdas que ele também viveu com a ideia de que "estamos juntos".

Na sequência o adulto pode trazer o conceito de campeonato. Quem perde e para de jogar, já perdeu de vez. Quem perde e continua jogando, pode virar ou pode ganhar o campeonato. Perde mesmo quem desiste.

Frases para colar pela casa e adotar como lema: "Quem aprende alguma coisa quando perde, nunca perde!". "Eu nunca perco – ou eu ganho, ou eu aprendo". "Quem perde e não aprende, perde duas vezes."

Então o adulto repete todo o procedimento e ganha da criança já emendando a pergunta: "Qual foi o aprendizado? Lembra que a gente nunca perde se aprende alguma coisa?".

RESULTADO

Crianças aprendem sobre a vida real, aprendem a se comportar diante de perdas e frustrações, se engajam mais em esportes e competições e se acalmam. Constroem sua autoestima. Não ficam com raiva do adulto. Criança em equilíbrio.

FERRAMENTA #59 LISTA DE DESEJOS EM CINCO PASSOS

CENÁRIO

Consumismo infantil. Acriança pede para comprar muitas coisas, quer algo que você não vai comprar agora, ou fica atraída por todas as propagandas que vê, ou quer algo que outras crianças têm. Você vai com a criança comprar um presente para o aniversário de alguém e ela quer algo também.

CONFLITO

O adulto não sabe educar a vontade da criança. Acaba mentindo dizendo: "Na volta a gente compra", ou "não tenho dinheiro"... Isso mina a confiança da criança em nós. Outro conflito é quando o adulto que não teve o que quis na infância agora exagera com a criança, ou ainda o caso do adulto que sente culpa e quer compensar com presentes.

TRAGÉDIA

- Autoritarismo: o adulto mente, engana, briga, grita, dá castigo e acaba criando um monte de crenças limitantes na criança sobre dinheiro – escassez.
- Permissividade: o adulto perde o controle, passa vergonha, inverte papeis e decisões. Compra o que não pode. Cria crianças sem noção.

SOLUÇÃO DA DISCIPLINA DO EQUILÍBRIO

Quando a criança começar com "eu quero", "eu queroooo", o adulto a conduz por cinco passos:

1. Faz *rapport* com o querer e com a vontade da criança (Ferramenta #14): "Ah, você quer tal coisa? Uau! É muito legal mesmo! Você tem bom gosto, heim! Deixa eu ver? É muito interessante!".
2. Então o adulto começa a fazer perguntas importantes sobre o que a criança quer, com foco em educar a vontade da criança: "Você sabe quanto isso custa? Pergunte para a pessoa que vende... Esse preço é caro ou barato? Quando é que compramos presentes mais caros? E hoje é (ou está perto do) aniversário de quem?" (Ferramenta #26)
3. A seguir o adulto sugere: "Vamos colocar isso na sua lista de desejos? Quer tirar uma foto?".
4. Depois explica que sempre que for uma data especial, vão comprar algo da lista, aquilo que a criança ainda quiser. Assim a criança aprende que desejos podem passar também mas que aqueles que ficam merecem ser realizados
5. Para fechar, contar sobre um desejo seu por algo que ainda não comprou ou que não comprou na hora. Lembre-se que a criança só vê o que a gente compra, né? Ela não vê as análises mentais que você fez e não comprou algo que queria.

RESULTADO

Vínculo... Crianças aprendem sobre a vida real, aprendem a viver e se acalmam. Constroem sua autoestima. Não ficam com raiva do adulto. Criança em equilíbrio.

FERRAMENTA #60 PROBLEMA, PROBLEMINHA E PROBLEMÃO

Já apresentada anteriormente no capítulo 7.

FERRAMENTA #61 CONVERSAS DE MEDIAÇÃO

CENÁRIO

A criança não aceita ficar com a babá, fica brava com o papai, vovó ou professora, se magoa com colegas que riram de algo que ela tem de diferente (às vezes características de neurodiversidades como AHSD, TEA, TDAH).

CONFLITO

O adulto não sabe muito bem como reagir a essas recusas ou mágoas da criança.

TRAGÉDIA

- Autoritarismo: o adulto força a criança a aceitar a ficar com quem precisa que ela fique ou a pune e a critica por sua reação. No caso de colegas rirem, costuma ir "pra cima" da escola, exigindo retratação, punição.
- Permissividade: o adulto apenas acolhe a raiva da criança, sem dar recursos para lidar com a relação. No caso de colegas rirem, costuma cair no efeito pêndulo e também exige respostas da escola.

SOLUÇÃO DA DISCIPLINA DO EQUILÍBRIO

O adulto busca ajudar a criança a entender que cada pessoa tem uma história, uma bagagem, uma forma de ser e agir. Que, muitas vezes, o jeito do outro não tem muito a ver com a criança e diz mais sobre ele mesmo.

Mostra diferentes perspectivas: "A vovó cresceu em outra época e aprendeu assim...", "Seu amigo não sabia que isso ia te machucar...". A ideia é blindar a criança de ser tão vulnerável aos desajustes dos outros.

Com pai, babá, vovó, professor sempre verificar se está tudo bem (às vezes existem questões mais sérias que precisam de intervenção) e ir fazendo com que a raiva se transforme em compreensão. Às vezes até chega na compaixão.

Com outras crianças maldosas, verificar a necessidade de intervenção da escola e até dos outros pais. Trabalhar para fortalecer a autoestima da sua criança de forma que a crítica externa não encontre eco internamente. Mostrar que o que os outros dizem sobre nós é a opinião deles e não, necessariamente, a verdade. Ajudar a criança a descobrir também as potências e os poderes de ser quem é e da condição que tem.

RESULTADO

A criança amplia sua visão, fortalece vínculos, aprende a mediar diferenças e entra em equilíbrio.

FERRAMENTA #62 MARCAR O TEMPO

CENÁRIO

A criança não quer parar o que está fazendo, não quer ir para a próxima atividade da rotina, não quer ir embora de algum lugar – perde a noção do tempo quando está se divertindo.

CONFLITO

O adulto, apenas porque ele decidiu que está na hora, quer que a criança obedeça na hora.

TRAGÉDIA

- Autoritarismo: pede para a criança parar ou ir embora "agora" sem oferecer previsibilidade ou noção de tempo, o que gera resistência. O adulto arranca a criança da atividade ou do local à força, gerando choro, birra e mágoa.
- Permissividade: o adulto cede sempre, adiando indefinidamente a saída ou mudança de atividade, deixando a rotina confusa e sem consistência.

SOLUÇÃO DA DISCIPLINA DO EQUILÍBRIO

- Quando chamar a criança para ir embora ou para a próxima atividade e encontrar resistência. Perguntar: "Precisamos ir (pode usar Ferramenta #54 Elementos de Mediação) quantos minutos você deseja continuar?".
- Se a criança falar um número inviável, responder: "Pode ser qualquer número entre 1 e 10".
- Confirmar antes do final do tempo: "Já se passaram 8 minutos. O que vamos fazer quando o alarme tocar?" – fazemos em forma de pergunta porque se a criança não responder, sabemos que não aderiu ao combinado e precisaremos parar tudo e conversar novamente.
- Marcar concretamente: Usar ampulheta, despertador, timer, música. Não mentir – relações devem ser baseadas na verdade e na confiança.
- Quando o relógio despertar, fazer a criança ver/ouvir e já direcionar para a próxima ação: "Depois que guardarmos, vem o lanche".
- Permitir microdecisões (Ferramenta #27): A criança pode escolher como vai guardar ou em que ordem finalizar a atividade ou se quer fazer uma despedida especial.

RESULTADO

A criança entende o tempo de forma concreta, se organiza emocionalmente para a transição, coopera com menos resistência, fortalece sua autoestima e entra em equilíbrio.

FERRAMENTA #63 SEQUÊNCIA SIM; CHANTAGEM NÃO

CENÁRIO

Criança se recusa a se despedir das pessoas, quer comer o doce e não a comida, quer qualquer coisa que não pode ser feita no momento.

CONFLITO

O adulto ameaça ou barganha. Foi programado para isso. Por exemplo: Diz que só vão embora se ela der tchau.

TRAGÉDIA

- Autoritarismo: a vida está sempre em clima de ameaça. Se ainda assim a criança não cede, então vêm brigas, castigos, punições. Se ela cede, os "preços" vão ficando cada vez maiores. Isso não constrói uma educação baseada em valores e princípios.
- Permissividade: o adulto deixa que a criança não se despeça das pessoas, que coma o doce quando quiser e acaba não conseguindo educar. A criança apresenta ataques de birra mesmo quando já é maior, pois não aprendeu a ser sociável.

SOLUÇÃO DA DISCIPLINA DO EQUILÍBRIO

Quando a criança se recusa a dar tchau, o adulto explica como a vida funciona: "Para ir embora, primeiro nos despedimos". Não é chantagem, é sequência lógica de acontecimentos.

Se ainda assim a criança se recusar, o adulto pensa em algo que a criança se interesse sobre a próxima atividade e direciona a mente dela para lá. Por exemplo: "Lembra seu caminhão azul, vamos brincar com ele quando chegarmos em casa?".

Assim que a criança manifestar interesse de ir para casa, o adulto reforça a sequência dos acontecimentos: "Para ir embora, primeiro nos despedimos".

A diferença é sutil. Se falarmos: "Quer brincar com seu caminhão azul que está lá em casa? Então tem que dar tchau para as pessoas". Virou chantagem. Precisamos ter consciência e fazer ajustes finos na comunicação para conseguir educar um ser humano.

RESULTADO

A criança aprende regras sociais, ordem, previsibilidade e responsabilidade sem manipulação. Relação mais leve e criança em equilíbrio.

FERRAMENTA #64 GOSTAR E QUERER ANTES DE SE COMPROMETER E MELHORAR

CENÁRIO

A criança resiste a deveres escolares, leitura, tarefas domésticas ou outras responsabilidades.

CONFLITO

O adulto exige desempenho sem despertar interesse ou motivação prévia. Ele quer fazer a criança fazer o que precisa ser feito. enquanto na disciplina do equilíbrio queremos fazer a criança querer fazer o que precisa ser feito.

TRAGÉDIA

- Autoritarismo: o adulto obriga a criança a fazer as coisas atropelando seu desejo. Ameaças, cobranças, broncas e punições acontecem e acabam gerando aversão da criança ao que ela deve fazer.
- Permissividade: o adulto deixa de cobrar e a criança não aprende hábitos importantes.

SOLUÇÃO DA DISCIPLINA DO EQUILÍBRIO

Diante de algo que é necessário, mas está sendo um desafio para a criança, o adulto busca maneiras de envolvê-la e encantá-la, despertando seu interesse pela tarefa.

Isso pode ser feito por meio de jogo, teatro, história, exemplo prático, brincadeira, música. Por exemplo: Transformar leitura em algo divertido de escutar, depois uma aventura conjunta e, só então, chegar na leitura individual.

Para conseguir descobrir ou ativar o interesse da criança, é preciso observá-la, conhecê-la, ouvi-la... Então juntar esses interesses ao que precisa ser feito pela criança.

Não obrigar, ameaçar, impor. Não prometer recompensas. Não se preocupar tanto com prazos, com a qualidade nem com o fato de as respostas estarem certas ou erradas. num primeiro momento é importante que a criança queira e goste de fazer o que quer que seja. importante: não corrigir. o ato de o adulto ficar corrigindo a criança tira dela o prazer de fazer, o gostar e o querer. por favor, não corrija. Na etapa inicial o importante é apenas fazer, gostar e querer.

Se o Gostar e o querer forem trabalhados de maneira satisfatória, naturalmente, a criança vai se comprometer e melhorar. agora, quem consegue se comprometer e melhorar sem gostar e querer?

RESULTADO

A criança desenvolve gosto pelas responsabilidades, se compromete com mais leveza e progride com autoestima preservada. Se comprometer e melhorar vêm como consequência natural. A criança fica em equilíbrio.

FERRAMENTA #65 ENSINE ENSINANDO, NÃO CORRIGINDO

CENÁRIO

A criança erra ao fazer algo, como tarefa escolar, atividade doméstica, comportamento social.

CONFLITO

O adulto aprendeu que deve corrigi-la e não sabe que a correção que vem de fora para dentro (em relação a uma criança) pode gerar humilhação, vergonha, medo de tentar de novo e insegurança.

TRAGÉDIA

- Autoritarismo: corrige achando que está ajudando, mas, na verdade, está minando a autoestima.
- Permissividade: deixa o erro passar, sem ensinar e negligencia a responsabilidade de educar.

SOLUÇÃO DA DISCIPLINA DO EQUILÍBRIO

Diante de algo que a criança fez errado, o adulto evita "corrigir", substituindo por "ensinar de novo".

A ideia é que a própria criança chegue ao ponto de perceber seu erro e que ela mesma se corrija. A correção que vem de dentro pra fora não humilha e aumenta a autoestima.

Então, o adulto foca em mostrar como se faz; apresentar novamente, com calma e em detalhes. Por exemplo: Se a criança errou no dever, o adulto mostra o caminho correto sem comparações ou críticas. Apenas fazendo, mostrando e explicando. Deixa que na próxima vez a criança faça por ela mesma e mostre se aprendeu. Se ela ainda não tiver aprendido, o adulto mostra de novo e de novo e... quantas vezes forem necessárias.

RESULTADO

A criança mantém a autoestima, continua tentando sem medo de errar, aprende com segurança, desenvolve a confiança em si e a independência. Ela entende o erro como parte da conquista, deixando as relações afetivas mais fortes e tendo um crescimento equilibrado. Os vínculos ficam preservados. Criança em equilíbrio.

FERRAMENTA #66 OUTRA VERDADE

CENÁRIO

A criança reclama de algo e mantém a mente fixa em uma ideia negativa como "O Kumon é chato!", "Não gosto de matemática", "Minha professora foi injusta".

CONFLITO

O adulto tende a querer rebater ou minimizar o que a criança está dizendo e isso só aumenta a resistência da criança ao adulto e faz com que ela se agarre ainda mais a sua opinião rígida e negativa.

TRAGÉDIA

- Autoritarismo: o adulto quer obrigar a criança a sentir e pensar como ele acha certo. Sua expressão mais frequente é "tem que". Por exemplo: "tem que gostar sim, porque é importante!". Isso só complica o vínculo e a conexão.
- Permissividade: o adulto foge do conflito e evita falar sobre, permitindo que a visão limitada se cristalize.

SOLUÇÃO DA DISCIPLINA DO EQUILÍBRIO

Diante de uma reclamação da criança, o adulto concorda com sua emoção (Ferramenta #14).

Depois de fazer *rapport*, o adulto convida a criança a expandir sua percepção sem ter que abrir mão da ideia inicial com a pergunta: "Isso é verdade. O que mais é verdade sobre isso?" Por exemplo: Se a criança diz que a professora foi injusta numa situação, pode-se ampliar a ideia: "É verdade que ela não conseguiu ser justa nesse caso. O que mais é verdade sobre ela?".

A partir daí, vai conduzindo para chegar a pontos positivos sobre a questão. Isso vai tirando a força do ponto negativo e abrindo opções para a criança pensar sobre a questão por outras perspectivas.

RESULTADO

A criança amplia repertório, desenvolve flexibilidade cognitiva e emocional, fortalece autoestima e entra em equilíbrio.

FERRAMENTA #67 O QUE GANHA FOCO, AUMENTA

CENÁRIO

Uma criança insiste em não comer direito, apresenta doenças recorrentes, resiste a vestir roupas na hora de sair ou agride o irmão repetidamente. Esses comportamentos acabam ocupando grande parte da energia e da fala dos adultos no dia a dia.

CONFLITO

O que muitos adultos não percebem é que, quando um mau comportamento recebe atenção constante – mesmo que negativa – ele tende a se intensificar. A criança entende, inconscientemente, que esse é um caminho para se conectar e ser vista. Assim, pode se instaurar uma modalidade vincular inconsciente, como: *"Quando fico doente, mamãe sempre está comigo"* ou *"Quando bato no meu irmão, minha mãe me vê!"*

TRAGÉDIA

- Autoritarismo: o adulto repreende de forma repetitiva, reforçando sem querer o comportamento que deseja enfraquecer. A criança acumula raiva, impotência e distância.
- Permissividade: o adulto conversa indefinidamente, porém sem efeito prático, mantendo o foco sobre o problema e o ciclo ativo.

SOLUÇÃO DA DISCIPLINA DO EQUILÍBRIO

A ferramenta "O que ganha foco, aumenta" ensina que o adulto precisa retirar intencionalmente o foco do comportamento indesejado por um período de dois a três meses. Isso não significa abandonar a criança, mas sim mudar o olhar:

- Passar a observar se existe um pedido oculto por trás daquele comportamento (Ferramenta #37).
- Quando o comportamento indesejado se repetir, redirecionar a energia para atitudes positivas, valorizando discretamente os comportamentos desejados.
- Criar oportunidades de atenção positiva para que a criança não precise buscá-la por vias negativas.

RESULTADO

Com o tempo, o comportamento enfraquece naturalmente. A criança descobre que há outras formas mais saudáveis de receber atenção, sente-se validada em suas necessidades reais, fortalece sua autoestima e passa a agir de forma mais equilibrada.

FERRAMENTA #68 PALAVRÃO TEM CONTEXTO

CENÁRIO

A criança começa a repetir palavrões que escutou em casa, na escola, em filmes ou nas redes sociais. Muitas vezes, ela ainda não entende o peso dessas palavras, apenas percebeu o contexto em que são usadas e saiu repetindo.

CONFLITO

O adulto ignora quando o palavrão vem de outro adulto, mas reage de forma exagerada quando vem da criança.

TRAGÉDIA

- Autoritarismo: a reação é brigar, punir ou até expor a criança em público, gerando vergonha e ressentimento.
- Permissividade: a reação é rir, achar graça ou ignorar completamente, o que valida, mesmo que sem intenção, o uso.

SOLUÇÃO DA DISCIPLINA DO EQUILÍBRIO

A ferramenta **"Palavrão tem contexto"** mostra que o adulto precisa, antes de tudo, **investigar a raiz.** Por que ela se conectou com o palavrão?

- Foi apenas repetição de algo ouvido?
- Ou a criança encontrou no palavrão uma forma de extravasar raiva reprimida?

Essa parte é muito importante. Se a criança está com raiva reprimida, pode ser necessário mudar sua dinâmica com ela. Passe a usar mais as seguintes opções: Ferramenta #1 PAPA; Ferramenta #11 Dinâmica dos Três Elementos; Ferramenta #53 Confiança na Competência; Ferramenta #28 Pode, não pode; Deixo, não deixo.

Depois, é importante explorar para descobrir: Onde ela aprendeu? Vai continuar aprendendo?

O adulto ensina que as palavras têm peso e contexto: *"Essa palavra existe, mas não usamos em qualquer lugar. É pesada"*. Para crianças pequenas, até uma expressão facial de susto pode ajudar a comunicar essa ideia.

Mostrar onde e quando uma palavra pode ou não ser usada, por exemplo, num estádio assistindo a um jogo pode ser que a família aceite o uso de palavrões.

O próximo passo é ensinar alternativas para expressar raiva, surpresa ou humor, como "*caraca*!", "*puxa*!" ou até palavras engraçadas inventadas em família.

RESULTADO

A criança entende que não está proibida de falar, mas aprende discernimento, autocontrole e boas maneiras sociais. Passa a se comunicar de forma mais respeitosa, desenvolve inteligência emocional e entra em equilíbrio.

FERRAMENTA #69 DORES E DOENÇAS TRAZEM MENSAGENS

CENÁRIO

A criança apresenta sintomas, dores ou doenças.

CONFLITO

O adulto olha apenas para o sintoma físico, ignorando que possam existir pedidos e mensagens emocionais. A doença ou dor pode estar sendo a forma encontrada por ela para expressar uma necessidade emocional que ainda não conseguiu colocar em palavras.

TRAGÉDIA

- Autoritarismo: o adulto acusa de "manha", força a rotina, ignora o pedido emocional e pode intensificar o sintoma.
- Permissividade: o adulto superprotege, reforçando o padrão de adoecer como recurso de atenção ou fuga, enfraquecendo a autonomia.

SOLUÇÃO DA DISCIPLINA DO EQUILÍBRIO

A ferramenta "Dores e doenças trazem mensagens" propõe uma integração entre a escuta da metafísica da saúde e a técnica da negociação entre partes da PNL.

1. **Respeito ao corpo físico:** sempre seguir a orientação médica.
2. **Acolhimento da dor como mensageira:** o adulto ajuda a criança a olhar para a dor como parte dela que traz uma intenção positiva.
- Dor de garganta recorrente → talvez um pedido por vez e voz.
- Eczema → talvez um pedido para se sentir aceita no próprio jeito.
- Asma → talvez um pedido por mais espaço e menos sufocamento no ambiente.
3. **Negociação entre partes:** o adulto guia a criança em uma conversa simbólica com a dor:
- *"Dor de garganta, eu entendi sua mensagem: preciso ser ouvida. Vou buscar mais espaço para minha voz. Você pode descansar agora, porque o recado já chegou".*
- A intenção positiva é reconhecida e integrada, abrindo caminho para que o sintoma não precise mais insistir.
4. **Compromisso consciente:** a pessoa comunica para a dor/doença qual decisão tomará para atender a necessidade por trás dela, mostrando que a mensagem foi recebida e que existe um caminho de mudança. E que, portanto, ela pode ir embora.

RESULTADO

A criança se sente cuidada por inteiro – corpo e alma. Aprende que até as dores podem ser mensageiras, mas que não precisa mais aprisionar-se nelas quando encontra outras formas de se expressar. O vínculo com o adulto se fortalece, a confiança aumenta e a saúde integral encontra espaço para se restabelecer em equilíbrio.

FERRAMENTA #70 VPP – VAMOS POR PARTES

CENÁRIO

A criança precisa fazer tarefas longas (dever de casa, guardar brinquedos, arrumar quarto) e se recusa, fica dispersa ou se desorganiza.

CONFLITO

O adulto quer que tudo seja feito de uma vez, do seu jeito, como um adulto faria.

TRAGÉDIA

- Autoritarismo: o adulto exige que faça tudo de uma vez, gerando estresse, choro e aversão.
- Permissividade: o adulto faz pela criança ou a deixa fazer quando e como quiser, e nada é concluído.

SOLUÇÃO DA DISCIPLINA DO EQUILÍBRIO

Diante de uma tarefa que está sendo recusada ou é desafiadora demais para a criança, o adulto propõe a divisão em blocos curtos e possíveis. Por exemplo: Três tempos de 15 minutos são mais eficazes do que 45 minutos seguidos. Para crianças pequenas: guardar brinquedos de cinco em cinco, em vez de pedir para organizar tudo de uma vez. Também vale descobrir quanto conseguimos guardar no tempo de uma música.

Vale dividir o tempo, o espaço, a quantidade, os passos... qualquer coisa que faça sentido.

Cria ritmo, alternando esforço e pequenas pausas.

RESULTADO

A criança sente a tarefa como algo possível, aprende disciplina com leveza, mantém autoestima positiva, conclui responsabilidades e permanece em equilíbrio.

FERRAMENTA #71 TÁ NA HORA DA MESADA

CENÁRIO

A criança começa a pedir coisas constantemente, como brinquedos vistos em propagandas, itens que amigos possuem, guloseimas, novidades no mercado etc. Os pais ficam inseguros: *"Será que devo dar tudo? Ou negar tudo?"*. E percebem que a criança ainda não tem noção do valor do dinheiro, do que pode comprar, guardar ou esperar.

CONFLITO

O adulto se vê pressionado entre dois riscos: de criar uma criança consumista, sem noção da realidade, ou, ao contrário, de bloquear totalmente os pedidos e gerar frustração sem aprendizado. Muitas vezes, o diálogo vira repetição infinita: "isso é caro", "não dá", "não posso". A criança insiste cada vez mais, e a relação com o dinheiro vira uma disputa.

TRAGÉDIA

- Autoritarismo: o adulto responde com broncas ou crenças de escassez: "dinheiro não dá em árvore!", Fechando o diálogo e criando insegurança.
- Permissividade: o adulto compra tudo que a criança pede, alimentando o consumismo, ou nega sem saber como conduzir, deixando a criança perdida na frustração.

SOLUÇÃO DA DISCIPLINA DO EQUILÍBRIO

A ferramenta "Tá na hora da mesada" propõe usar a mesada como um instrumento pedagógico para educar a relação da criança com dinheiro – e nunca como recompensa por tarefas domésticas.

1. **Valor fixo e periódico:** o adulto define um valor proporcional à idade e realidade familiar. Pode começar por volta dos 6 anos, quando a criança já entende noções básicas de quantidade, ou quando os pedidos para comprar coisas se tornarem constantes.
2. **Custo-benefício desde cedo:** a criança aprende a comparar e fazer escolhas. Exemplo real: dois caminhões de R$ 30 ou um carrinho pequeno de R$100? Mostrar fisicamente a diferença ajuda a criança a pensar no que vale mais a pena.

3. **Listas e datas especiais:** em vez de comprar a todo momento, o adulto estimula a criança a fazer uma lista de desejos (Ferramenta #59). Em aniversários ou Natal, revisam se os itens da lista ainda fazem sentido e, assim, aprendem que nem todo desejo dura muito e que aqueles que permanecem são os que realmente devemos buscar satisfazer.
4. **Guardar, gastar e doar:** a mesada pode ser dividida em três partes: para uso imediato, para poupar visando algo maior e para doar, cultivando generosidade.
5. **Experiência com crédito:** se a criança pedir adiantamento, pode receber como "empréstimo" e depois aprender a lidar com a ausência do valor até quitar. E se ela pedir mais "empréstimo" antes de terminar de quitar o anterior, explicar que ela está sem crédito. Isso ensina limites de crédito de forma lúdica.
6. **Gratidão e parâmetro:** além do uso do dinheiro, é essencial oferecer experiências de caridade e contato com outras realidades para que a criança compreenda seus privilégios e desenvolva gratidão, evitando a postura de *"eu mereço tudo porque é meu aniversário"*. Visite crianças em situação de vulnerabilidade, doe cestas básicas, leve a sua criança para conhecer e impactar positivamente outras realidades.
7. **Rotina de contribuição ≠ dinheiro:** a criança participa das tarefas de casa porque faz parte da família, não porque será paga. Dinheiro é para aprender a administrar a vida, não para "comprar" colaboração ou notas boas.
8. **Trabalho como dignidade:** conforme crescem, os filhos podem ser incentivados a buscar formas próprias de ganhar dinheiro (vender algo, oferecer um serviço), para experimentar autonomia e valorizar o esforço.

RESULTADO

A criança aprende que dinheiro tem valor, desenvolve disciplina, tomada de decisão, adquire paciência, generosidade e responsabilidade. O adulto deixa de ser o "vilão que diz não" e passa a ser guia de aprendizado. A relação com dinheiro deixa de ser fonte de briga e vira caminho de autonomia e equilíbrio.

FERRAMENTA #72 LIMITE-GUIA

CENÁRIO

A criança pequena se desorganiza em ambientes adultos (igreja, restaurante, festa, consultórios etc.), porque esses lugares exigem comportamentos que ainda não estão maduros nela, como esperar, falar baixo, permanecer sentada, não mexer em tudo. O adulto, exausto, oscila entre exigir demais ou ceder a tudo, e a convivência se torna tensa.

CONFLITO

O adulto acredita que limite significa endurecer ou punir. Então ou exige comportamento adulto demais da criança, ou, com medo de ser autoritário, solta demais, sem dar direção. Mas sem direcionamento a criança se perde, e com dureza ela se revolta.

TRAGÉDIA

- Autoritarismo: o adulto exige silêncio e imobilidade absolutos, obriga a criança a se comportar como um indivíduo maduro, gerando explosões emocionais, vergonha e resistência.
- Permissividade: o adulto deixa a criança solta, atrapalhando os outros, correndo riscos e ficando ainda mais desorganizada.

SOLUÇÃO DA DISCIPLINA DO EQUILÍBRIO

A ferramenta "Limite-Guia" ensina o adulto a ressignificar o conceito de limite. Não é punição, grito ou repressão. É ficar com a parte boa do limite, ou seja, a regra que orienta a convivência e a boa conduta em cada ambiente.

1. **Preparar antes:** explicar para a criança, de forma breve e concreta, o que vai acontecer e como nos comportamos ali:
- "Na igreja, falamos baixinho".
- "No restaurante, esperamos sentados até a comida chegar."
2. **Kit de sobrevivência:** oferecer recursos proporcionais ao tempo de espera – levar um livrinho, um brinquedo pequeno, folhas para desenhar, ou permitir pequenas saídas (ir beber água, dar uma volta curta etc.).
3. **Orientações curtas e objetivas:** transformar o limite em um guia simples, possível de seguir:

- "Agora ficamos 10 minutos quietinhos, depois nos levantamos juntos".
- "Podemos brincar nesse espaço, ao invés daquele."

4. **Modelo do adulto:** lembrar que a criança aprende observando. Se o adulto respeita as regras e vive o limite com naturalidade, a criança internaliza que ele não é um peso, mas uma referência de segurança.

RESULTADO

A criança passa a entender o limite não como castigo, mas como guia para se organizar em diferentes contextos. Isso preserva sua autoestima, fortalece sua disciplina interna e permite que ela coopere de forma mais tranquila. O adulto, por sua vez, sente-se firme sem ser agressivo, oferecendo direção clara com afeto. O vínculo se mantém forte, a convivência em sociedade melhora e a criança cresce equilibrada, com regras que a orientam, e não que a oprimem.

Tabela 23 Limite-Castigo versus Limite Guia

Aspecto	Limite-Castigo (Autoritarismo)	Limite-Guia (Disciplina do Equilíbrio)
Intenção	Controlar, punir, reprimir o comportamento.	Orientar, educar e dar direção de convivência.
Forma	Gritos, broncas, ameaças, repressão.	Regras claras, linguagem simples, combinados prévios.
Clima emocional	Medo, vergonha, raiva, resistência.	Segurança, clareza, confiança, cooperação.
Exemplo no restaurante	"Fica quieto agora ou vamos embora!"	"Esperamos sentados até a comida chegar. Trouxe um livrinho para passar o tempo."
Exemplo na igreja	"Se falar mais uma vez, vai apanhar quando chegar em casa."	"Na igreja falamos baixinho. Pega seu livro de pintar."
Impacto na criança	Obedece pelo medo, mas sente-se desvalorizada; pode reagir com rebeldia.	Aprende regras sociais de forma positiva; sente-se capaz de se autorregular.
Efeito no vínculo	Rompimento, distanciamento, desconfiança.	Fortalecimento da relação, cooperação, respeito mútuo.
Resultado a longo prazo	Criança rígida, submissa ou revoltada.	Criança consciente, equilibrada e com disciplina interna.

Fonte: Tabela desenvolvida pela autora.

FERRAMENTA #73 NÃO É SOBRE MIM

CENÁRIO

Os adultos, ao se tornarem pais, trazem consigo marcas da própria infância, como faltas, privações, medos ou experiências traumáticas. Esses registros acabam influenciando, mesmo sem consciência, a forma como educam os filhos. Assim, um pai que sofreu com carência afetiva, pode exagerar nas concessões; uma mãe que viveu perigo ou abuso, pode tolher a autonomia do filho em excesso.

CONFLITO

O problema surge quando o adulto confunde passado com presente, projetando suas dores não curadas na educação do filho. Em vez de enxergar a criança real que tem diante de si, enxerga o reflexo da criança que foi um dia –e responde mais à própria memória emocional do que às necessidades atuais do filho.

TRAGÉDIA

- Autoritarismo: o adulto impede a criança de viver experiências saudáveis por medo de repetir o que viveu: *"não vai ao passeio porque pode ser perigoso"*. A criança cresce limitada, com receios que não são seus.
- Permissividade: o adulto compensa suas próprias carências oferecendo em excesso aquilo que lhe faltou, sem perceber se é adequado ou necessário.

RESULTADO

A criança pode ficar mimada, insegura ou com baixa tolerância à frustração.

SOLUÇÃO DA DISCIPLINA DO EQUILÍBRIO:

- Quando uma criança manifestar desejo de algo, antes de tomar qualquer decisão, passe no checklist das sete perguntas:
  - **De onde vem meu medo?**
    Essa preocupação tem base na realidade atual ou é reflexo de algo que vivi no passado?
  - **Estou reagindo ao meu filho ou à minha própria infância?**
    Estou olhando para ele como criança real ou para a criança que eu fui?

- **Isso é proteção ou projeção?**
  Essa atitude protege de um risco real ou apenas repete a minha dor?
- **Qual é a necessidade do meu filho agora?**
  Ele precisa mesmo ser privado disso ou precisa ser acompanhado de forma segura?
- **O que estou tentando evitar?**
  Estou evitando que meu filho sofra ou evitando sentir novamente uma dor antiga?
- **Estou educando pelo medo ou pela confiança?**
  Minha ação nasce do receio de repetir um trauma ou da confiança no crescimento do meu filho?
- **Se eu estivesse curado dessa dor, faria diferente?**
  Se a resposta for sim, é um sinal de que não é sobre ele – é sobre mim.
- Compreenda e explore o quanto aquilo é importante para a criança. Olha para o filho como ele é hoje, com seu temperamento, idade e necessidades reais e pergunte:
- "O que uma criança desse perfil e com essa faixa etária precisa, deseja, pede?".
- Experimente perguntar diretamente a ele sobre suas necessidades, desejos e o que lhe deixa feliz.
- Ouça, ouça e ouça.
- Observe, observe e observe.

Esse processo de conseguir tirar o foco de si e da criança que foi um dia envolve curar a criança interior. Pode ser necessário buscar terapia ou práticas de autoconhecimento para que a educação deixe de ser sobre "o que me faltou" e se torne sobre "o que meu filho precisa para florescer".

RESULTADO

A criança passa a ser vista em sua singularidade e não como extensão da dor do adulto. Ganha autonomia, confiança e liberdade para viver experiências alinhadas à sua fase de desenvolvimento. O adulto, por sua vez, encontra mais leveza, porque deixa de lutar com fantasmas do passado e consegue se conectar de forma genuína com o presente. O vínculo se fortalece e a relação permanece em equilíbrio.

FERRAMENTA #74 MANIPULAR, NÃO; USAR ESTRATÉGIA, SIM

No dia a dia, o adulto precisa conduzir a criança a colaborar em diversas situações, como hora de tomar banho, sentar-se para fazer a lição, desligar a tela, colocar o cinto de segurança na cadeirinha no carro. Porém, muitos pais e educadores sentem receio de "manipular" a criança, e acabam confundindo dois conceitos distintos: manipulação e estratégia. Essa confusão paralisa ou endurece a condução, deixando a criança sem direção clara.

CONFLITO

A manipulação carrega uma intenção egoísta – quando o adulto conduz para atender apenas aos próprios interesses, ignorando as necessidades da criança. Já a estratégia, quando usada com consciência, tem intenção educativa – ajuda a criança a aprender, se desenvolver e viver em harmonia com o mundo. A falta dessa diferenciação pode fazer com que o adulto se sinta culpado ao usar recursos criativos, ou então force a obediência de forma rígida.

TRAGÉDIA

- Autoritarismo: o adulto recorre à força bruta ou à imposição seca: *"vai porque eu mandei!"*. A criança obedece por medo, mas perde confiança e vínculo.
- Permissividade: o adulto, com medo de manipular, evita conduzir. A criança fica sem direcionamento, sem guia e sem referências para aprender a conviver.

SOLUÇÃO DA DISCIPLINA DO EQUILÍBRIO

A ferramenta propõe clareza:

- Manipular: conduzir para atender a si próprio, sem considerar a criança.
- Estratégia: conduzir para educar, fortalecer vínculo e ensinar a viver.

O adulto consciente usa estratégias pedagógicas para ajudar a criança a cooperar com leveza:

- Criar heróis e narrativas: mandar um e-mail "do super-herói" recomendando crianças a comerem verduras, para motivar a criança a experimentar. Por exemplo: Hulk falando sobre a couve, Homem-de-Ferro sobre a beterraba etc.

- Redirecionar pela curiosidade: quando a criança resiste a desligar a tela, convidá-la a participar de algo misterioso: "Vem ver a surpresa que preparei na cozinha".
- Propor duas verdades e uma invenção: para descobrir como foi o dia da criança na escola se ela não responder quando você perguntar "como foi seu dia?".
- Estratégia indireta entre adultos: quando alguém resiste a ouvir ou estudar sobre algo, você pode assistir a um vídeo sobre o tema sem fones de ouvido, permitindo que o outro ouça de forma indireta e sem confronto.

Essas estratégias não tiram a autonomia da criança (ou do adulto), pelo contrário, criam pontes de cooperação e conexão que tornam o processo mais leve e efetivo.

Tabela 24 Estratégias pedagógicas

Aspecto	Manipulação	Estratégia
Definição	Conduzir para atender apenas ao interesse do adulto, ignorando a criança.	Conduzir com consciência para educar, fortalecer vínculo e ensinar a viver.
Intenção	Egoísta, imediatista, busca conveniência do adulto.	Educativa, a longo prazo, busca desenvolvimento da criança e harmonia na relação.
Exemplo com criança	"Se você não comer tudo, a mamãe vai ficar triste." (usa medo ou chantagem).	Enviar um e-mail de super-herói recomendando que a criança coma verduras, transformando a refeição em experiência positiva.
Impacto na criança	Obedece por medo ou chantagem, perde vínculo e confiança.	Coopera de forma leve, aprende recursos de convivência, mantém autoestima e confiança no adulto como guia.
Exemplo indireto	Impor o próprio jeito de educar a outro adulto, independentemente de quem ele seja ou o que pense em relação a isso.	Colocar um vídeo aberto na sala sobre um tema que o outro adulto resiste em ouvir, permitindo que ele absorva o conteúdo sem confronto.
Resultado a longo prazo	Gera ressentimento, desconfiança, dependência e até rebeldia.	Gera autonomia, consciência, vínculo forte e equilíbrio nas relações.

Fonte: Tabela desenvolvida pela autora.

RESULTADO

A criança coopera de forma espontânea e se sente respeitada, aprendendo recursos de convivência e entendendo que viver em sociedade é feito de acordos, não de imposições. Mantém autoestima e vínculo fortalecidos. O adulto, por sua vez, sente liberdade para ser criativo, sem medo de "manipular", porque sabe que sua intenção é educativa. A relação se torna mais leve, funcional e equilibrada.

FERRAMENTA #75 OTIMISMO PARA CRIANÇA DESAFIADORA

CENÁRIO

A criança apresenta comportamentos difíceis, intensos ou desafiadores; o adulto se sente exausto e descrente.

CONFLITO

O adulto acredita que otimismo seria "fingir" que a criança é fácil, e não vê alternativas.

TRAGÉDIA

- Autoritarismo: rotula a criança como "difícil" e se endurece.
- Permissividade: desiste de buscar soluções, deixando a criança sem condução.

SOLUÇÃO DA DISCIPLINA DO EQUILÍBRIO

- O otimismo verdadeiro é acreditar que sempre existe uma maneira mais fácil de lidar com a criança:
- O adulto mantém postura investigativa: "Que outra forma ainda não tentei?".
- Substitui o julgamento pelo olhar de possibilidades.
- Confia no potencial de mudança e na plasticidade da criança.

RESULTADO

O adulto mantém esperança ativa, encontra novos caminhos, fortalece o vínculo, preserva a autoestima da criança e conduz a relação para o equilíbrio.

FERRAMENTA #76 NÃO FAÇA NADA

CENÁRIO

Muitos adultos, ao conhecerem novos caminhos de educação, querem abandonar imediatamente os antigos hábitos autoritários ou permissivos e adotar de uma vez as estratégias equilibradas. Porém, no dia a dia, na pressão, ainda travam. O grito escapa, a ameaça volta, ou o cansaço fala mais alto. Isso gera frustração e sensação de fracasso, como se não fossem capazes de aplicar a Disciplina do Equilíbrio.

CONFLITO

O adulto acredita que, para ser um bom educador, precisa mudar do jeito "antigo" para o "novo" de forma instantânea e definitiva. Ao não conseguir, sente-se incapaz, reforçando a culpa e, muitas vezes, desistindo de continuar.

TRAGÉDIA

- Autoritarismo: o adulto, pressionado pela própria cobrança, recai em gritos, ameaças ou punições, acreditando que só assim terá resultado.
- Permissividade: por medo de errar de novo, o adulto paralisa, evita conduzir ou simplesmente "larga mão", deixando a criança sem direção clara.

SOLUÇÃO DA DISCIPLINA DO EQUILÍBRIO

Mostrar que a mudança acontece em etapas. Antes de dominar as estratégias certas, o adulto precisa primeiro interromper o padrão errado.

Esse passo já é uma vitória, porque:

- Rompe a repetição automática do erro.
- Abre espaço para novas respostas, mesmo que ainda não venham na hora.
- Dá tempo para o adulto respirar, observar e pensar antes de agir.

Exemplo prático:

- Antes: o adulto gritava quando a criança demorava para sair do banho.
- Não fazer nada – Agora, o adulto respira fundo, não grita, mas também ainda não consegue aplicar a estratégia lúdica.
- Depois, com prática, o adulto já consegue conduzir com leveza: "Vamos ver se conseguimos pôr o pijama em menos de 5 minutos?".

A consciência de que parar de errar já é progresso diminui a frustração e fortalece o adulto para seguir praticando até que as novas ferramentas se tornem naturais. Quando o adulto consegue interromper o padrão anterior, mesmo que ainda não saiba aplicar o novo, o cérebro já começa a criar novos caminhos neurais. Isso porque cada vez que uma situação acontece (o estímulo) e a pessoa reage de forma diferente (ainda que seja só *não repetir o erro*), o cérebro registra uma nova resposta possível.

A repetição desse processo vai fortalecendo o novo caminho, como se fosse uma trilha que vai sendo aberta e pisada até virar estrada. Com o tempo, o que era difícil se torna natural: o adulto deixa de gritar automaticamente e passa a acionar com mais facilidade as ferramentas corretas.

Ou seja, cada vez que você não faz o antigo e tenta algo diferente, mesmo imperfeito, você está treinando o cérebro para responder de um jeito novo.

RESULTADO

O adulto se sente mais confiante, pois percebe a evolução gradual em vez de exigir perfeição imediata. A criança já experimenta um ambiente menos tenso, com menos gritos ou permissividade, e começa a confiar mais no adulto como guia. A convivência ganha leveza e o processo de mudança se torna sustentável.

FERRAMENTA #77 SUBSTITUIR É MAIS FÁCIL QUE ELIMINAR

CENÁRIO

A criança usa palavrões, palavras inventadas ou expressões inadequadas; ou mantém hábitos indesejados como jogar prato no chão.

CONFLITO

O adulto tenta simplesmente proibir ou eliminar o comportamento sem dar alternativa.

TRAGÉDIA

- Autoritarismo: exige que a criança pare "na marra", mas ela repete ainda mais.
- Permissividade: tolera e deixa a criança consolidar o hábito inadequado.

SOLUÇÃO DA DISCIPLINA DO EQUILÍBRIO

Com base na Inteligência do Comportamento [11] (11), o adulto usa o princípio da substituição:

Em vez de tentar eliminar diretamente, oferece alternativa aceitável.

Por exemplo: trocar o "palavrão feio" por uma palavra engraçada inventada; ensinar a colocar prato na pia em vez de jogá-lo no chão.

Substituir canaliza energia de forma criativa e funcional.

RESULTADO

A criança muda hábitos de forma mais leve, sem sentir repressão ou humilhação. Mantém autoestima, aprende novos comportamentos e entra em equilíbrio.

FERRAMENTA #78 ELEMENTOS-ÂNCORAS VAC

CENÁRIO

Muitas crianças têm dificuldade de manter atenção ou de compreender instruções porque cada uma processa melhor a informação por canais diferentes: visual (V), auditivo (A) ou cinestésico (C). Um adulto fala "vai escovar os dentes" (auditivo), mas a criança precisa ver uma sequência de imagens (visual) ou ser conduzida pela mão até o banheiro (cinestésico) para compreender e agir.

CONFLITO

O adulto espera que a criança aprenda apenas pelo canal predominante dele. Se é um adulto mais auditivo, tende a falar e repetir. Se é mais visual, insiste em mostrar. Mas a criança pode ter outra forma de apreender o mundo, o que gera ruídos constantes na comunicação.

TRAGÉDIA

- Autoritarismo: o adulto exige que a criança aprenda "do seu jeito", repreendendo quando ela não entende, rotulando-a como "desatenta" ou "desobediente".
- Permissividade: o adulto cede, faz no lugar da criança ou deixa para lá, perdendo a oportunidade de ajudá-la a desenvolver atenção e autonomia.

SOLUÇÃO DA DISCIPLINA DO EQUILÍBRIO

A ferramenta "Elementos-Âncoras VAC" convida o adulto a identificar qual canal de aprendizagem está mais ativo na criança e a transformar instruções em âncoras concretas que combinem visão, audição e movimento:

- **Visual (V):** quadros de rotina, cartões ilustrados, símbolos ou *checklists* com desenhos simples.
- **Auditivo (A):** músicas curtas, rimas, frases de efeito que a criança memorize e repita.
- **Cinestésico (C):** movimentos do corpo, gestos, objetos concretos que representem a tarefa (escova de dentes na mão, mochila entregue para arrumar).

Ao usar âncoras combinadas, o adulto torna o abstrato visível, audível e palpável, facilitando a compreensão da criança e criando segurança no processo de aprender.

RESULTADO

A criança entende melhor o que se espera dela, consegue se organizar com menos esforço e ganha autonomia. O adulto sente mais clareza na condução, diminui frustrações e fortalece o vínculo, porque passa a se comunicar no "idioma sensorial" da criança.

FERRAMENTA #79 MINHA VEZ, SUA VEZ

CENÁRIO

Em tarefas cotidianas como escovar os dentes, guardar brinquedos, tomar banho, vestir-se ou arrumar a cama, muitas crianças resistem. O adulto pede, insiste, e a criança trava, enrola ou faz birra. A cena vira uma queda de braço.

CONFLITO

O adulto acredita que a criança já deveria assumir sozinha certas responsabilidades, mas sem apoio ou ludicidade, a criança se recusa.

TRAGÉDIA

- Autoritarismo: o adulto força a execução, arrasta a criança, escova os dentes contra a vontade dela, veste à força. A criança obedece por medo, mas perde autonomia e vínculo.
- Permissividade: o adulto desiste da condução e faz pela criança, ou simplesmente deixa sem fazer. A criança não aprende a responsabilidade e reforça a fuga da tarefa.

SOLUÇÃO DA DISCIPLINA DO EQUILÍBRIO:

A ferramenta "Minha vez, sua vez" introduz o conceito de alternância. O adulto transforma a tarefa em uma parceria dinâmica, ou seja, ora ele faz, ora a criança faz. Essa troca cria ritmo, ludicidade e engajamento.

Exemplos práticos:

- Escovar os dentes: "Minha vez de escovar seus dentes, vou escovar o lado de cima; agora é a sua vez de escovar o de baixo".
- Guardar brinquedos: "Minha vez de guardar um carrinho (guarda), sua vez, vai guardar qual/quantos?"
- Vestir-se: "Minha vez de colocar seu braço na manga, sua vez de colocar o outro."
- Arrumar a cama: "Minha vez de começar a arrumar a cama, eu ajeito o travesseiro; sua vez de puxar o lençol."

Essa alternância reduz a sensação de obrigação pesada e cria uma ponte para que a criança se sinta capaz. Aos poucos, o adulto vai diminuindo a própria participação até que a criança consiga realizar a tarefa sozinha.

RESULTADO

A criança passa a ver a tarefa como um jogo de cooperação, não como imposição. Sente-se acompanhada, valorizada e capaz. Desenvolve autonomia de forma progressiva, fortalece o vínculo com o adulto e associa rotina a um clima de parceria, entrando em equilíbrio.

Parte IV:

JORNADA, COMUNIDADE E CONTINUIDADE

A formação na Disciplina do Equilíbrio

A esta altura, você já percebeu que a Disciplina do Equilíbrio não é apenas um conjunto de protocolos e ferramentas. É uma nova forma de olhar para a infância, para a família e para si mesmo. É uma linguagem que traduz o invisível em clareza, que transforma caos em caminho, que ilumina as sombras herdadas de gerações anteriores para que possamos criar uma nova história.

Essa metodologia nasceu da integração de três pilares – os temperamentos, a PNL aplicada à infância e a filosofia montessoriana – e se expandiu nas cinco inteligências que sustentam toda vida humana: **Comportamento – Fazer, Comunicação – Expressar, Consciência – Pensar, Emoção – Sentir e Evolução – Viver**. Cada inteligência é como uma ponta da estrela-guia, quanto mais você as desenvolve em si e na criança que convive com você, mais luz se acende no seu próprio caminho.

Uma luz que orienta. Quando um adulto se ilumina, não o faz para brilhar sozinho, torna-se um adulto estrela-guia, alguém que carrega dentro de si a coragem de se conhecer e a generosidade de iluminar a vida da criança. Esse é o sentido maior da Disciplina do Equilíbrio: gerar adultos conscientes que não apenas educam, mas guiam com amor e sabedoria.

Já existe uma comunidade viva de mães, pais e profissionais estrelas-guias, uma grande constelação que caminha junto. Pessoas que decidiram romper com o piloto automático, trocar heranças de gritos e culpas por legados de paz e consciência. Estar nessa comunidade é experimentar que não estamos sós. Cada história compartilhada, cada protocolo aplicado, cada transformação vivida se soma a um movimento que já não pode mais ser parado, o movimento infância com paz+ciência.

Para famílias, a formação acontece nos ciclos e formações que desenvolvem cada uma das cinco inteligências:

- **Comportamento (Fazer)** – Montessori em Casa.
- **Comunicação (Expressar)** – PNL para Pais e Profissionais.
- **Consciência (Pensar)** – Manual da Mãe.
- **Emoção (Sentir)** – Ponte Emocional.
- **Evolução (Viver)** – Temperamentos da Criança ao Adulto.

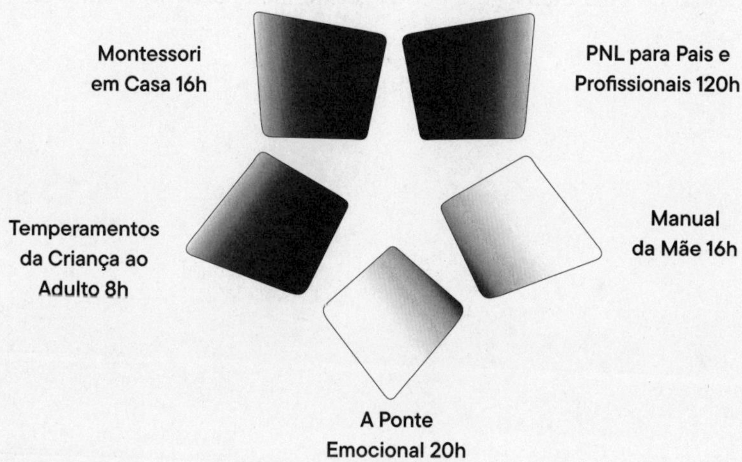

É daí que vem a metáfora das cinco pontas da estrela-guia. Uma vez que você desenvolva as cinco inteligências em si e na criança com quem convive, você é um adulto estrela-guia, que se ilumina em (auto)conhecimento e ilumina a vida da criança ao eliminar as sombras da ignorância.

Para profissionais, a jornada se aprofunda no programa de pós-graduação em Neuroeducação Parental com ênfase na Disciplina do Equilíbrio. É a oportunidade de transformar não apenas atendimentos, mas sistemas inteiros, como escolas, consultórios, comunidades etc.

Chegar até aqui, ao fim deste livro, é como estar diante de um portal. Você pode fechar estas páginas e seguir como antes, ou pode ouvir o chamado que pulsa em cada capítulo. O chamado de se tornar parte dessa constelação como a mais nova estrela. A Disciplina do Equilíbrio não é sobre perfeição, mas sobre processo. Não é sobre pais ou profissionais que nunca erram, mas sobre pessoas que escolhem aprender, reparar e evoluir. É sobre uma comunidade que se ilumina junto.

Se você sentiu seu coração arder ao longo da leitura, é porque essa estrela já começou a brilhar em você. Não deixe essa chama se apagar. Venha conosco. Entre para a comunidade. Torne-se também um adulto estrela-guia. Porque a infância não pode esperar, e o futuro agradece cada adulto que escolhe iluminar o caminho. Porque, agora você já tem certeza de que criança é sintoma, adulto é causa.

Você pode obter mais informações pelo email contato@isaminatel.com.br ou mandando uma mensagem por direct no meu perfil @isa.minatel.

APÊNDICE 1

Causas emocionais de dores e doenças – Metafísica da saúde

Dentro da Inteligência da Emoção [i4] na Disciplina do Equilíbrio também consideramos as questões relacionadas à saúde da criança como um fator importante a ser levado em consideração. Dores e doenças são recebidas como mensageiras que trazem comunicados, pedidos e solicitações para todo o sistema familiar. O corpo fala. Ele sempre encontra maneiras de expressar aquelas necessidades que ainda não foram atendidas. Ser emocionalmente alfabetizado e inteligente nos permite receber e compreender as mensagens que dores e doenças manifestam e a fazer mudanças nas dinâmicas relacionais para voltar o corpo e a saúde ao seu equilíbrio original.

Para tornar o assunto um pouco mais prático, aqui vai um caso real. Uma mãe buscou ajuda porque seu filho de 4 anos não aceitava passar pomada nos braços para tratar um eczema que já persistia por anos. Ele tirava a pomada recém-aplicada e se irritava muito. Em vez de buscar apresentar para a mãe alguma forma de fazer a criança aceitar a pomada, a orientação foi olhar para o invisível e buscar entender o que uma pele ferida e irritada poderia estar trazendo como mensagem: o que fazia aquele menino não se sentir bem na própria pele? Ele era validado em ser quem era?

A mãe me contou que a primeira filha era uma criança dócil e fácil de lidar e que esse menino era o oposto, bravo e difícil. Nas palavras dela com a menina tudo fluía e com o menino tudo travava. Ao entregar para a mãe a mensagem da doença que se manifestava no filho, o convite foi para que ela passasse alguns dias buscando o que conseguia admirar no jeito de ser do menino. O que tinha de bom em ser como ele era? O que ela considerava positivo no fato dele ter uma personalidade tão forte e intensa?

Quando a mãe mudou o olhar, passou a valorizar as qualidades do filho em vez de só enxergar o que era difícil. O resultado veio. Recebi um *Whatsapp®* da mãe afirmando que os sintomas que acompanhavam a criança desde bebê tinham diminuído em uns 60% como nenhum tratamento havia conseguido até a nossa intervenção. Disse que o menino parou de se coçar e até cresceu em estatura. O problema de saúde era, em sua parte invisível, uma questão de aceitação e conexão.

Na Disciplina do Equilíbrio, compreendemos que o corpo da criança é um canal de expressão tão legítimo quanto suas palavras, seus comportamentos e suas emoções. E, muitas vezes, o corpo precisa se manifestar quando os outros canais foram ignorados.

Ao observarmos a doença sob essa lente mais ampla, percebemos que há três camadas a serem acolhidas:

1. A doença em si, que exige cuidado médico e respeito à ciência.
2. A causa emocional, que aponta para necessidades não vistas ou atendidas no campo invisível das emoções.
3. A relação que se estabelece com a doença, que pode ser curativa, libertadora ou aprisionadora.

Vamos explorar essa terceira camada com mais profundidade.

Tem pessoas que, quando a doença chega, a recebem com tanto apego que a convidam para entrar, sentar e ficam agarrados a ela sem deixar que vá embora. Isso porque, muitas vezes, a doença traz um ganho secundário ou permissões que a pessoa não teria sem estar doente. Essa relação com a doença é estabelecida desde a infância. Se a doença oferece algo que a criança não estava conseguindo por outros meios – pode ser atenção exclusiva, descanso permitido, redução de exigências, ou até mesmo acolhimento emocional – então, inconscientemente, vão se criando associações importantes entre ficar doente e obter esses ganhos secundários. Essas seriam as intenções positivas das doenças. Quando as relações não atendem as necessidades emocionais, a criança pode, sem intenção, fazer o corpo adoecer como uma estratégia inconsciente de sobrevivência emocional. O sintoma vira um bilhete silencioso pedindo socorro. E se esse bilhete for ignorado ou tratado apenas na camada física, o corpo encontra outros papéis para continuar escrevendo sua dor. Pior ainda quando o entorno começa a rotular a criança pela doença: "Ele tem asma", "ela vive doente", "ele é o alérgico da casa", "ela é frágil", corre-se o risco de cristalizar uma identidade baseada no sintoma. A criança passa a se ver, se sentir e se comportar como alguém doente. E o corpo, obediente ao que a mente acredita, continua a manifestar o que é coerente com essa narrativa. NECESSIDADE – DOENÇA – CRENÇA

É por isso que, na Disciplina do Equilíbrio, dizemos que o corpo manifesta aquilo que, para o sistema emocional, ainda não foi atendido. A saúde, no nosso entendimento, não é a ausência de sintomas, mas o **retorno ao equilíbrio**. É o corpo, a mente e as relações voltando a um estado de alinhamento. Por isso, sempre que uma criança adoece, o convite é para perguntar:

- O que este sintoma está tentando me contar?
- O que minha criança não está conseguindo expressar por palavras?
- Que necessidades emocionais estão sendo atendidas por meio da doença?
- O que essa doença "pede", obriga ou permite? – Descanso? Ajuda? Colo? Alimentação especial?
- Eu me apego ao papel de cuidador de uma criança doente porque isso me dá controle, atenção ou sentido?
- Eu permito que a saúde volte, ou, inconscientemente, a doença está sendo mais funcional?
- A criança está expressando alguma necessidade não atendida de algum adulto do sistema familiar?

Essas perguntas são delicadas, e não devem ser respondidas com culpa, mas com consciência e coragem. Porque toda doença traz uma oportunidade de reconexão com o corpo, com a criança e com a verdade emocional da família. Ao enxergarmos as doenças como mensageiras – e não como inimigas –, podemos escutar o que precisam nos dizer, agradecer pela mensagem e, então, deixá-las partir.

Outro ponto essencial da metafísica da saúde dentro da Inteligência da Emoção [i4] é compreender que "criança é sintoma, adulto é causa". Isso não significa culpa, mas responsabilidade ativa. Muitas vezes, ao cuidarmos da criança, descobrimos que quem precisa de cura é o adulto. A criança sente o que a mãe não nomeia. Ela expressa o que o pai ignora. Ela manifesta no corpo aquilo que os adultos não tiveram recursos para acolher. E quando os adultos se colocam em posição de escuta e transformação – não tentando consertar a criança, mas se realinhando internamente – o sintoma infantil muitas vezes se dissolve como um sinal de quc o sistema familiar voltou ao equilíbrio.

Também é preciso considerar cada doença e cada parte do corpo afetada por ela. Além do caso já relatado sobre eczema – da criança que tinha a pele toda irritada por se sentir bem na própria pele; e da outra que tinha dor de garganta porque não tinha vez e voz no sistema familiar, lembra-se? Quero apresentar mais um caso. A família brasileira morava na Itália pois o pai era jogador de futebol em um time italiano. Nas férias, iam a *resorts* onde o pai trabalhava na escolinha de futebol do hotel e a família desfrutava dos espaços de lazer. Estavam nesse contexto quando a mãe me procurou dizendo que o menino de 10 anos começara com um tique nervoso de piscar os dois olhos de maneira forte e expressiva, involuntariamente. Ela não conseguia identificar nenhuma fonte de estresse, visto que estavam de férias numa situação tranquila e favorável. Como o sintoma era relacionado ao fechamento involuntário dos olhos, pedi que a mãe se colocasse no lugar do menino por um tempo para tentar identificar: "O que pode estar sendo muito ruim ou difícil de ver?" Se os olhos estão se fechando sozinhos, deve ter algo que não querem ou se recusam a ver. Passado um tempo, a mãe me falou que o pai estava muito empolgado com o desempenho de um menino na escolinha de futebol do hotel e que o filho poderia estar "não querendo ver" isso. Orientei que trouxesse isso à consciência do pai para que esse mudasse sua atitude quando o filho estivesse por perto dele e da outra criança. E que dedicasse um tempinho exclusivo ao seu filho. O sintoma se foi.

É muito importante deixar claro que o convite não é para negligenciar dores e doenças e as orientações e os tratamentos médicos relacionados ao corpo físico. Não. Isso deve ser feito. O convite é para ir além do corpo físico. Cuidar também do emocional. Fazer um esforço para conseguir compreender a mensagem que cada sintoma traz.

Buscando facilitar a compreensão dessas mensagens, eis aqui uma relação das principais doenças que já atendemos com a Disciplina do Equilíbrio e suas possíveis causas emocionais. Longe de esgotar o assunto, esse apêndice é apenas uma abordagem introdutória que pretende despertar você para o assunto. Então, além de cuidados médicos que todos devem fazer, busque acrescentar a informação da mensagem que essa doença tem para você ou sua criança neste momento:

AFTA

1. **Autopunição por autodesaprovação:** a pessoa se arrepende da forma como agiu ou se colocou em determinada situação. Esse estado interno de recriminação pode trazer a afta, como forma de autopunição. Pode surgir de forma secundária a ferimentos na língua (como mordidas), quando o corpo "aproveita" a brecha física para expressar o conflito emocional.
2. **Negação da própria capacidade**: medo de encarar situações para as quais a pessoa está preparada, mas não acredita que está. Apesar de possuir todos os requisitos, sente-se despreparada, apavorada e insegura diante de desafios.

CAMINHO DE EVOLUÇÃO

- Desenvolver autocompaixão, trocando a crítica interna pelo aprendizado.
- Confiar nas próprias capacidades e permitir-se arriscar, sem exigir perfeição.
- Usar a fala como canal de expressão positiva, ou seja, dizer com clareza o que pensa e sente, em vez de calar ou punir a si mesmo.

ASMA

1. **Sentimento de inferioridade disfarçado:** sensação profunda de inadequação que a pessoa não admite nem para si nem para os outros. Compensa tentando mostrar-se superior, comunicativo ou sentimental, numa tentativa inconsciente de esconder sua fragilidade.
2. **Desejo de controlar o ambiente**: para sentir-se seguro, busca dominar os outros ou o meio em que vive. Quando não consegue exercer tal poder, ou quando é dominado, pode entrar em crise como forma inconsciente de chamar atenção e retomar o controle.
3. **Busca de atenção e afeto em excesso**: inspira com força, simbolizando o desejo de absorver tudo (atenção, cuidado, amor), mas encontra dificuldade em expelir (trocar, doar, liberar etc.). A crise funciona como um mecanismo inconsciente de monopolizar os cuidados familiares, mantendo-os ocupados com sua condição.
4. **Isolamento e dificuldade de troca**: a vida exige constante troca (inspirar e expirar; dar e receber), mas o asmático tende a se fechar em si mesmo. Ao não expor seus sentimentos verdadeiros, rompe a fluidez natural das relações, gerando ainda mais tensão interior.

EM CRIANÇAS

- A asma pode surgir em contextos de superproteção, controle excessivo ou exigências elevadas.
- **Coléricas (líderes):** sentem-se aprisionadas por não conseguirem exercer sua força.
- **Sanguíneas:** vivem como sufocadas pela falta de espaço para a leveza e alegria nas relações.
- **Melancólicas:** carregam medo profundo de errar ou decepcionar.
- **Fleumáticas:** sentem-se invadidas no espaço de calma e estabilidade que necessitam.

CAMINHO DE EVOLUÇÃO

- Reconhecer e trabalhar o sentimento de inferioridade, substituindo-o pelo fortalecimento da autoestima.
- Aprender a confiar no fluxo natural da vida, aceitando a troca: inspirar e expirar, dar e receber.
- Tornar-se mais autêntico nas relações, sem precisar compensar com crises ou atitudes de controle.
- No lar, cultivar vínculos menos sufocantes e mais libertadores, onde o afeto não é um mecanismo de domínio, mas de nutrição mútua.

BRONQUITE

1. **Dificuldade de se relacionar com o ambiente:** o ar que se respira é pesado, carregado de discussões. Pode surgir em contextos de atrito constante (discussões, brigas etc.) ou de silêncio excessivo (indiferença, falta de diálogo etc.).
2. **Sentir-se agredido e não saber como se expressar:** desconforto e irritabilidade com o que se passa ao redor.
3. **Necessidade de aprovação:** desejo intenso de ser aceito pelos outros, sobretudo pelos pais ou figuras de autoridade. Sufoca sua essência para agradar e muitas vezes acaba mal interpretado.

EM CRIANÇAS

- Frequentemente vivem inadequação e medo de errar; esforçam-se para corresponder às expectativas.

- Podem exagerar no comportamento (para chamar atenção) ou se calar (para não serem rejeitadas).
- Quando reprimidas, intensificam a sensação de sufocamento interior.

CAMINHO DE EVOLUÇÃO

- Cultivar **autovalorização e amor-próprio**, aprendendo a depender menos da aprovação externa.
- Dar mais importância ao que se sente do que ao que os outros pensam.
- Ser mais autêntico e natural nos relacionamentos, sem sufocar a essência para agradar.

BRUXISMO (RANGER OS DENTES)

1. **Raiva reprimida:** emoções intensas que não encontram saída saudável. A criança (ou adulto) guarda raivas, mágoas, irritações e frustrações, mas não as manifesta abertamente.
2. **Necessidade de controle:** Apertar os dentes é uma forma inconsciente de "segurar firme" as situações da vida. Mostra o medo de perder o controle, especialmente em ambientes que parecem instáveis ou exigentes.

1\. **Autoexigência:** pode refletir pressão interna para ser perfeito, para dar conta de tudo sem falhar.

1\. **Silenciamento:** Muitas vezes surge quando a criança sente que não pode falar o que pensa ou sente. O ranger dos dentes é o corpo falando em silêncio, extravasando aquilo que foi engolido.

CAMINHO DE EVOLUÇÃO

- **Oferecer espaço para expressão:** incentivar a criança (ou adulto) a falar sobre o que sente, sem medo de julgamento.
- **Ensinar técnicas de relaxamento:** respiração, alongamento da mandíbula, exercícios de consciência corporal antes de dormir.
- **Transformar a raiva em energia construtiva:** por meio do esporte, da arte ou de brincadeiras que liberem a tensão de forma saudável.
- **Reduzir a cobrança excessiva:** mostrar que errar faz parte do aprendizado. A criança (ou adulto) é chamada a aprender a liberar, comunicar e confiar, encontrando suavidade onde antes havia dureza.

CÃIBRAS

1. **Tensão na ação**: reflete a maneira agitada e conflituosa de executar tarefas. A criança (ou o adulto) contém sua força de ação em vez de deixar fluir seus potenciais.
2. **Medo de fracassar**: surge da insegurança em não conseguir desempenhar bem aquilo que faz: "E se não der certo?".
3. **Excesso de cobrança:** pressão por resultados transforma-se em desgaste e compromete o desempenho.

EM CRIANÇAS

- Pode aparecer em fases de aprendizado em que são muito cobradas ou pressionadas para performar.
- Coléricas: podem viver a cãibra como limite físico diante de seu excesso de ação.
- Melancólicas: sentem-se paralisadas pelo medo de errar.
- Sanguíneas: frustram-se quando perdem a fluidez natural de agir.
- Fleumáticas: podem somatizar a tensão quando forçadas a sair do seu ritmo calmo.

CAMINHO DE EVOLUÇÃO

- Recuperar a confiança em si e soltar o excesso de controle.
- Substituir o pessimismo que leva a suposições negativas por conjecturas favoráveis, que estimulam e fortalecem a segurança.
- Libertar-se da dependência da opinião dos outros, resgatando a espontaneidade.
- Aprender a executar no presente, sem antecipar fracassos, mantendo o corpo em estado de fluidez em vez de contração.

CÁLCULO RENAL OU PEDRAS NOS RINS

1. **Mágoas acumuladas:** dificuldade de liberar feridas antigas em relacionamentos. Apego às decepções afetivas, guardando ressentimentos como "pedras internas". Mensagem invisível: "Prefiro endurecer a sofrer de novo".
2. **Crítica excessiva aos entes queridos:** o medo de repetir sofrimentos passados leva à vigilância e às críticas constantes. Mesmo em silêncio, a indignação interna permanece ativa e corrosiva. O ambiente familiar torna-se tenso pela postura de controle e cobrança.

3. **Projeção do passado no presente:** incapacidade de separar as marcas antigas da vida atual. O outro é julgado não só pelo que faz, mas pelas memórias de quem já feriu. O resultado é a dificuldade de convivência, o enfraquecimento dos vínculos.
4. **Autopunição e resistência ao perdão:** o crítico pune os outros como reflexo da própria revolta não resolvida. O verdadeiro bloqueio está em não perdoar e não se desprender do passado. Enquanto não solta, os "depósitos emocionais" se cristalizam no corpo.

CAMINHO DE EVOLUÇÃO

- **Reconhecer a mágoa como expectativa frustrada:** o outro não tem obrigação de corresponder a todos os seus desejos.
- **Aceitar a individualidade:** parar de exigir que o outro seja conforme a sua fantasia.
- **Praticar o perdão:** não como absolvição do erro, mas como libertação interior.
- **Valorizar o amor presente:** enxergar os sentimentos ainda vivos no vínculo, em vez de sufocá-los com críticas.

DIARREIA

1. **Súbito desapego sem elaborar a experiência:** a pessoa não consegue absorver o que vive, recusa aquilo que acontece ao redor e tenta se livrar rapidamente das situações desagradáveis.
2. **Falta de habilidade nas transições:** primeiro a pessoa se sujeita e se apega a uma situação, até ficar saturada; depois, age de forma extrema para eliminar aquilo que já não suporta.
3. **Comportamento extremista:** muito apego e depois, desprezo total.

CAMINHO DE EVOLUÇÃO

Tornar-se mais flexível, moderado e confiar no curso natural das mudanças. Portanto, diferentemente da prisão de ventre (apego), a diarreia expressa uma **necessidade de desapego**, mas feita de forma brusca, sem assimilação, o que fragiliza corpo e emoção.

ECZEMA

1. **Dificuldade de aceitação:** sensação de não ser aceito pelo que se é. Conflito entre identidade e aceitação. A pele, que é a fronteira entre o "eu" e

o mundo, manifesta a dificuldade de se sentir bem dentro da própria "pelc", especialmente diante da rejeição ou do não reconhecimento. A criança ou o adulto sente que precisa "mudar de pele" para ser amado, aprovado ou respeitado. Expressão de inadequação e rejeição, seja por parte da família, seja no convívio social.

2. **Conflito de identidade:** dificuldade em se sentir confortável no próprio jeito de ser que pode vir de críticas frequentes, comparações ou tentativas de moldar o indivíduo a padrões que não são seus. Nas crianças a falta de validação dos pais com o jeito de ser e personalidade dos filhos.
3. **Emoções reprimidas:** às vezes, coceira e irritação da pele simbolizam a irritação interna não expressa. Pode ser um grito silencioso do corpo, denunciando a frustração de não poder se colocar ou ser compreendido.

CAMINHO DE EVOLUÇÃO

- **Aceitar-se como se é:** cultivar autoestima e reconhecimento da própria singularidade, sem depender totalmente da validação externa.
- **Trabalhar a expressão emocional:** aprender a dizer o que pensa, expor necessidades e sentimentos em vez de reprimir.
- **Revisar padrões herdados:** compreender que críticas ou comparações recebidas refletem limitações dos outros, não seu valor.
- **Construir ambientes de acolhimento:** cercar-se de relações que ofereçam respeito, escuta e afeto. Aprender a habitar sua própria pele com confiança, amor e autenticidade.

ENURESE NOTURNA

1. **Emoções reprimidas:** a criança contém choro, raiva e reações durante o dia, engolindo sentimentos. Por exemplo: não reagem em brincadeiras agressivas ou pressões escolares. À noite, o corpo libera a tensão acumulada em forma de xixi. Mensagem invisível: "Não sei expressar o que sinto em vigília, por isso descarrego dormindo".
2. **Medo proveniente do autoritarismo:** típico após broncas severas ou "olhares matadores".
3. **Perda de controle emocional:** crianças que tentam ser "fortes" cedo demais acreditam que não devem chorar ou responder, sufocando o que sentem. Isso pode levar à perda de controle fisiológico durante o sono.

4. **Ansiedade e instabilidade familiar:** ambientes tensos, brigas ou insegurança no lar aumentam a carga emocional. O corpo fala: "Não consigo lidar com o peso dos conflitos que absorvo".
5. **Ciúmes e regressão emocional:** quando ele surge após a chegada de um irmão, expressa o desejo de voltar a ser cuidado como bebê. O xixi na cama vira um chamado de atenção: "Olhem para mim também".

CAMINHO DE EVOLUÇÃO

- **Permitir expressão emocional:** deixar chorar, falar, expor seus sentimentos.
- **Evitar críticas e humilhações:** não ameaçar expor a criança aos amigos, pois reforça medo e incapacidade.
- **Hábito prático:** esvaziar a bexiga antes de dormir aliado ao trabalho emocional.
- **Divisão de atenção (em caso de irmão):** compreender o teste emocional inconsciente que a criança mais velha passa com a chegada de um bebê (vide Protocolo #4).

ESPIRRO

1. **Mecanismo de defesa à negatividade:** repulsa contra aquilo que "invade" e causa desconforto, seja externo (pessoas, ideias, objetos, ambientes carregados), seja interno (pensamentos nocivos).
2. **"Não quero isso!":** pode surgir como metáfora corporal para dizer: "*Não quero isso perto de mim*". Cobranças demais, energia pesada ou ambiente caótico.

EM CRIANÇAS

- Sanguíneas podem reagir por sentir-se sobrecarregadas de estímulos. Melancólicas, por intolerância a ambientes pesados. Fleumáticas, por aversão a conflitos. Coléricas, como defesa contrapressões de autoridade.

CAMINHO DE EVOLUÇÃO

- **Não reprimir o impulso:** segurar o espirro simboliza dificuldade de se posicionar ou se defender. O corpo pede autenticidade.
- **Assumir clareza e defesa saudável:** aprender a dizer "*não*", estabelecer limites e cuidar da própria energia.

- **Praticar higiene energética e mental:** cultivar pensamentos leves e ambientes equilibrados para reduzir a necessidade do corpo reagir com expulsões.

ESTÔMAGO

1. **Função simbólica:** processador das emoções básicas frente aos acontecimentos da vida. Representa a capacidade de receber, digerir e processar experiências da vida.
2. **Negação das emoções:** quando algo acontece – críticas, frustrações, pressões externas etc. – uma emoção é produzida. Quando essa emoção não é expressa por qualquer razão, temos um acúmulo energético no estômago. Se a criança (ou o adulto) não consegue aceitar ou digerir bem o que aconteceu e o que está sentindo o estômago reflete essa dificuldade.
3. **Ruminação:** ficar remoendo acontecimentos ou ficar dramatizando mentalmente também pode afetar o estômago.
4. **Julgamento precipitado:** quando algo acontece, o corpo pede que o indivíduo aprenda a processar emoções com mais calma. É preciso de certo tempo para elaborar o novo, escolhendo o que deve ser integrado e o que pode ser descartado sem culpa. O estômago ensina a diferenciar aquilo que nutre daquilo que intoxica.

CAMINHO DE EVOLUÇÃO

Desenvolver a confiança no fluxo da vida, abrir-se para o novo sem resistência, e cultivar moderação diante de críticas e pressões. Isso implica trabalhar a flexibilidade emocional e a aceitação consciente. Guiar as crianças a fazerem o mesmo.

GAGUEIRA

1. **Incapacidade de falar por si**: dificuldade de ser espontâneo. A criança (ou o adulto) teme críticas, rejeição ou punição ao expressar o que pensa/sente. Funciona como um "freio de proteção", isto é, melhor travar do que correr o risco de errar.
2. **Conflito entre querer e poder falar**: desejo intenso de se manifestar, mas com sensação de não ter autorização ou espaço seguro. É como se a boca quisesse dizer, mas o inconsciente dissesse: "Cuidado, pode dar problema".

3. **Pressão interna e autocobrança:** o fluxo da fala acompanha o fluxo da mente. Se há excesso de vigilância interna ("será que estou falando certo?"), o corpo interrompe. Perfeccionismo ou medo de não corresponder.
4. **Raízes relacionais**: dinâmicas familiares em que a criança não sente que sua voz é escutada com paciência. Pode haver mensagens invisíveis como: "Fale rápido", "Não demora", "Desenrola!", que são recebidas pela criança como "O que você sente não importa tanto".

EM CRIANÇAS

- Frequentemente aparece em momentos de **mudança** (nova escola, separação dos pais, chegada de irmão).
- Crianças coléricas (líderes) podem gaguejar quando se sentem controladas. Melancólicas, quando têm medo de errar. Sanguíneas, quando querem falar rápido demais. Fleumáticas, quando precisam de mais tempo e são apressadas.

GASTRITE

1. **Atividade mental proporcionalmente maior aos fatos:** a criança (ou o adulto) engole as emoções básicas e fica imaginando e argumentando os fatos na esfera mental.
2. **Falta de habilidade para lidar com aborrecimentos:** adota atitudes extremistas diante de conflitos que lhe provocam raiva – ou engole seus sentimentos ou exagera na agressividade. Quando opta por não ofender nem agredir os outros, falta com o respeito para consigo mesma e isso acaba em se autoagredir.

CAMINHO DE EVOLUÇÃO

Buscar ajuda para elaborar de maneira consciente as emoções provocadas por algumas situações da vida.

GRIPE OU RESFRIADO

1. **Confusão interior:** dificuldade de adaptação a novos contextos e dinâmicas.
2. **Despreparo para lidar com mudanças**: desejo de manter o passado, dificuldade em abraçar o novo.
3. **Falta de confiança no novo**: o corpo pede repouso e atenção quando a alma não encontra isso no vínculo.

EM CRIANÇAS

Quando a gripe se instala, isso demonstra que a criança está atravessando ou acabou de passar por um período de muita confusão interior.

A enfermidade requer repouso, colo, atenção, cuidado de mãe. É aquilo que a criança pede, mas só consegue se ficar doente. Não espere chegar a esse ponto para atender às solicitações da criança.

- Frequente em fases de transição (início da escola, mudança de casa).
- Melancólicas e fleumáticas – buscam segurança emocional.
- Coléricas – buscam autonomia e algum controle sobre o ambiente.
- Sanguíneas – sentem falta de alegria e proximidade.

INFECÇÃO URINÁRIA – CISTITE

1. **Irritação com o parceiro ou ambiente familiar:** mensagem invisível – "Estou sendo agredida na minha intimidade, não suporto o jeito do outro e tento expulsar isso de mim." Frequentemente aparece após relações sexuais → associada à irritação silenciosa com atitudes do parceiro.
2. **Insistência em querer mudar o outro:** parceiro ou familiares não pensam e agem exatamente como a pessoa quer, mas é preciso aprender a lidar com isso com maturidade.
3. **Traumas sexuais e projeções**: pode refletir dificuldades em liberar o prazer pela presença de culpas inconscientes. Mesmo após relações prazerosas, pode haver mal-estar ligado a experiências traumáticas não resolvidas. O corpo reage como se ainda estivesse defendendo-se da dor antiga.
4. **Culpa pelos erros alheios:** sentimento de responsabilidade exagerada pelos desacertos de entes queridos (ex.: mãe que se culpa pelas escolhas do filho). A frase recorrente "Onde foi que eu errei?" mostra a autoagressão e a baixa autoestima que projetam no corpo a dor emocional.
5. **Ilusão da relação ideal:** expectativas irreais sobre o parceiro (ou família) geram frustração constante. A fantasia de um relacionamento perfeito leva a um ciclo de decepção e autoirritação.

CAMINHO DE EVOLUÇÃO

- Expressar o que incomoda em vez de reprimir.
- Aceitar os limites do outro e administrar detalhes da convivência sem agredir a si mesma.

- Fortalecer a autoestima, evitando projetar no sucesso ou fracasso alheio a própria realização.
- Libertar-se de traumas sexuais, ressignificando experiências antigas e cultivando intimidade saudável.

INSÔNIA

Preocupações inconscientes. Insegurança noturna, medo de desligar a mente.

1. **Não dar trégua ao sofrimento:** falta de desprendimento das situações do dia. A mente permanece em alerta, revivendo problemas passados ou antecipando ansiedades futuras.
2. **Avalanche de pensamentos:** durante o repouso, emergem lembranças, preocupações e expectativas que foram reprimidas no dia.
3. **Dependência do controle**: insônia mostra a dificuldade de confiar que os processos possam seguir sem a interferência constante. O excesso de vigilância demonstra falta de fé em si e na própria existência.

EM CRIANÇAS

- Muito comum em casos de AHSD que têm sede de aprender e explorar o mundo. Então não quer/não consegue se desligar.
- Pode aparecer em fases de mudança (separação dos pais – nesse caso, pode acontecer de a criança achar que deve ficar acordada para que os pais não se separem – início escolar, chegada de irmão).
- Pode aparecer por medo se a criança for obrigada a dormir sozinha. Ela sabe da própria vulnerabilidade e prefere dormir com outras pessoas.
- Sanguíneas podem sofrer pela excitação e dificuldade de desligar.
- Melancólicas, pela ansiedade e medo do futuro.
- Fleumáticas, quando o ambiente é instável e falta segurança.
- Coléricas, quando perdem o controle do ambiente ou sentem-se impotentes.

CAMINHO DE EVOLUÇÃO

- **Aprender a confiar:** soltar a necessidade de controle e acreditar no fluxo natural da vida.
- **Cultivar rituais de desligamento:** preparar a mente e o corpo para descansar, liberando as tensões acumuladas.

JOELHOS: DOR OU PROBLEMA

1. **Rigidez interior – falta de flexibilidade:** representa a capacidade de dobrar-se, adaptar-se e caminhar novos caminhos. Quando há rigidez emocional ou mental, o joelho pode "se queixar".
2. **Orgulho e intransigência**: postura de "não me dobro perante os outros": rígido, orgulhoso, fechado a novos pontos de vista.
3. **Dificuldade em renunciar ao próprio ponto de vista**: preso à própria opinião ou precisa ter controle sobre os caminhos que os outros trilham.

EM CRIANÇAS/ADULTOS JOVENS

- Situações de "eu sempre quero ter razão", birras de controle, recusa em ceder podem ser acompanhadas por queixas articulares (joelho).
- Pessoas que se sentem "controladas" ou pressionadas a ceder sem terem sido ouvidas podem desenvolver esse padrão de dor como forma simbólica de resistência.

CAMINHO DE EVOLUÇÃO

- A dor física pode se manifestar como sinal de que o indivíduo precisa "flexionar-se" emocionalmente para progredir.
- Cultivar a humildade de espírito: aprender que ceder não é fraqueza, e sim um ato de sabedoria.
- Praticar a flexibilidade emocional e mental: ouvir o outro, considerar diferentes perspectivas e permitir-se mudar de ideia.
- Desenvolver a confiança de que "dobrar o joelho" não impede o caminhar – ao contrário, permite adaptar-se com leveza e fluidez.
- Incorporar práticas concretas de "flexibilidade": yoga, alongamentos, exercícios que enfatizem a maleabilidade física como metáfora interior.

LARINGITE/DOR DE GARGANTA

1. **Irritação por voz não ouvida**: a criança ou adulto sente que fala e não é levado em consideração. Mensagem invisível: *"Não adianta falar, ninguém me escuta"*.
2. **Raiva contida por não falar o que pensa:** emoções intensas (irritação, frustração) guardadas dentro → inflamação externa. A garganta "pega fogo" pelo que não foi dito.
3. **Excesso de uso:** pode surgir por falar demais, impor-se, gritar – a dor aparece como limite natural.

EM CRIANÇAS

- **Choro sufocado** ou sensação de não ter vez/voz dentro da família.

OUVIDO – DOR E INFLAMAÇÃO

1. **Rejeição ao que se escuta:** pode surgir quando se ouviu coisas que não deseja. A criança exposta a gritos, brigas, discussões ou críticas constantes pode apresentar dor de ouvido. Representa o desejo inconsciente de "fechar-se" para não ouvir aquilo que lhe causa dor emocional.
2. **Excesso de cobrança ou ordens:** excesso de instruções, mandos e broncas pode sufocar a criança e deixá-la sem vez e voz. O ouvido passa a doer como um limite físico para bloquear aquilo que chega em excesso.
3. **Sensibilidade ampliada:** crianças mais sensíveis podem "somatizar" os ruídos emocionais do ambiente. Até mesmo um lar em silêncio, mas carregado de tensões veladas, pode ser captado por elas e refletido em sintomas auditivos.

CAMINHO DE EVOLUÇÃO

- **Oferecer um ambiente sonoro saudável:** reduzir gritos, ironias e críticas no convívio familiar.
- **Validar a voz da criança:** perguntar o que ela pensa, deixar que participe das decisões adequadas à sua faixa etária.
- **Trabalhar a escuta ativa:** mostrar que a fala dela é recebida com atenção genuína.
- **Criar momentos de calma e música:** usar histórias, canções e brincadeiras para transformar a escuta em uma experiência prazerosa.

PRISÃO DE VENTRE OU INTESTINO PRESO

1. **Recusa na exteriorização dos sentimentos:** dificuldade de se abrir para a vida e para as pessoas ao redor. A pessoa guarda suas emoções, fechando-se em si mesma. Mensagem invisível: *"Se eu mostrar o que sinto, posso perder o controle ou ser ferido"*.
2. **Controle excessivo e perfeccionismo:** tendência a ser meticuloso, explorar muito os detalhes, sem se permitir soltar no tempo certo. O bolo fecal contido simboliza situações, pontos de vista, mágoas e raivas das quais a pessoa não consegue abrir mão. Mensagem invisível: *"Não posso deixar nada escapar, preciso segurar tudo até o fim"*.

EM CRIANÇAS

Muitas vezes está relacionado a falta de autonomia. “Pelo menos isso eu posso controlar.” Se os adultos deixam a criança livre para explorar e tomar microdecisões, o intestino tende a se regularizar. Também pode acontecer por trauma quando a criança já teve uma experiência dolorosa ao fazer cocô e agora ela segura por medo de passar novamente pela dor. Nesse caso é preciso muita paciência e persistência cuidando da alimentação e usando histórias para a criança conseguir entender que segurar só vai agravar a situação. Um dos vídeos mais assistidos do meu canal[54] é de um caso desses.

CAMINHO DE EVOLUÇÃO

Praticar a entrega e a confiança no fluxo da vida. Permitir-se sentir e expressar emoções de forma natural, sem medo de julgamento. Trabalhar o desapego, reconhecendo que abrir mão do velho libera espaço para o novo.

RINITE ALÉRGICA

1. **Desejo de ser exemplar**: criança busca ser modelo, mas não se permite errar.
2. **Cobrança excessiva**: internalização da exigência de ser “o melhor”.
3. **Sensibilidade ao ambiente**: atmosferas de tensão familiar ou instabilidade abalam emocionalmente

EM CRIANÇAS

Especialmente quando ao filho mais velho lhe é atribuída a responsabilidade sobre os irmãos. “Você tem que dar o exemplo para seus irmãos”. Já para o filho único, vem a projeção dos pais de ser a chance do sucesso e da felicidade familiar. Genitores podem insinuar que ele é o melhor entre os primos, por exemplo. Devemos passar à criança a seguinte mensagem: “Você é você e não precisa provar nada a ninguém”. Ajudá-la a não depender da aprovação dos outros, nem mesmo da dos pais.

A rinite também está relacionada com o fato de a criança se abalar pela atmosfera do ambiente em que vive. Ela se irrita facilmente por qualquer coisa que acontece à sua volta, principalmente com a forma de os outros pensarem e agirem.

- Comum em filhos únicos ou primogênitos: “Você tem que dar o exemplo”.
- Tendência a se culpar por problemas da família.
- Coléricas: Sentem peso de expectativas.

- Melancólicas: Se cobram em silêncio.
- Fleumáticas: Aparentam indiferença, mas se abalam.
- Sanguíneas: Buscam aprovação constante.

SINUSITE

1. **Irritação profunda com alguém próximo**: decepção diante de expectativas não atendidas.
2. **Contato frequente com quem decepciona**: a convivência aumenta a frustração.
3. **Raiva contida**: sentimento não expresso ou não validado.

EM CRIANÇAS

Na maioria dos casos, não consegue expressar de forma alguma o que sente, ou não tem espaço entre os adultos para isso. Acaba por omitir esses sentimentos, para agradar aos pais. Algumas até falam mas não são ouvidas; nesse caso ficam ainda mais irritadas por não receberem a devida atenção.

- Muitas vezes relacionado a frustrações com os pais.
- Quando não são ouvidas, a irritação aumenta.

TIQUES NERVOSOS

1. **Impulsos e entusiasmos reprimidos:** quando a criança (ou adulto) não encontra espaço para extravasar de forma saudável sua energia.
2. **Infância – interrupções e frustrações constantes:** a criança, ao ser impedida de continuar uma atividade prazerosa, sente-se tolhida. Sem maturidade emocional para lidar com frustrações, reprime sua impulsividade, o que pode se manifestar em tiques. A birra é uma das primeiras "válvulas de escape" – quando ela é reprimida sem orientação, pode evoluir para cacoetes.
3. **Adolescência:** quando frustrados, os jovens buscam compensações imediatas, tornando-se ansiosos e contestadores. A falta de elaboração interior das frustrações pode se manifestar em movimentos compulsivos involuntários.
4. **Na vida adulta**: quando há dificuldade em lidar com limites e frustrações, os tiques persistem ou retornam. Dificuldade de canalizar os impulsos reprimidos em ações construtivas.

5. **Aspectos familiares:** cacoetes frequentes em crianças podem refletir não apenas suas próprias dificuldades emocionais, mas também a instabilidade dos pais. Muitas vezes, os filhos funcionam como espelhos das frustrações, tensões ou rigidez excessiva dos cuidadores. Crítica e repressão sem diálogo e atendimento da necessidade que está por trás da questão tendem a agravar os sintomas.

CAMINHO DE EVOLUÇÃO

- **Canalizar a energia vital**: transformar impulsos em motivação, criatividade e ação construtiva.
- **Frustração:** saber como entregar os "nãos" e ajudar a criança a elaborar as suas frustrações.
- **Prática da maturidade:** substituir a ansiedade e o imediatismo pela confiança na vida, na própria força e no curso natural das experiências.

TORCICOLO

1. **Inflexibilidade e medo do desequilíbrio:** a pessoa sente-se incapaz de se ajustar às situações externas. Dificuldade em "olhar para os lados", em considerar novas perspectivas ou aceitar que a vida pode trazer surpresas. Tensão pela crença de que algo ruim pode acontecer e abalar a harmonia familiar, profissional ou financeira.
2. **Responsabilidades excessivas:** quando a pessoa tenta dar conta de tudo sem reconhecer seus limites e gera sobrecarga física e emocional, que se traduz em contração muscular. Dificuldade em pedir ajuda, dividir tarefas ou expressar incômodos — o corpo acaba revelando o que a boca não diz.
3. **Crença limitante:** desconfiança constante ("algo pode dar errado") que tem raiz em uma sensação profunda de não merecimento da felicidade. Essa postura gera rigidez, vigilância exagerada e predisposição a dores e travamentos.

CAMINHO DE EVOLUÇÃO

- **Flexibilizar-se diante da vida:** praticar abertura para novas possibilidades, reconhecendo que nem tudo pode ser controlado.
- **Aprender a delegar e pedir ajuda:** dividir responsabilidades fortalece vínculos e reduz tensões internas.

- **Rever crenças de não merecimento:** cultivar a confiança de que é possível ser feliz sem medo constante da perda.
- **Praticar leveza e movimento:** tanto no corpo (alongamentos, respiração) quanto na mente (reflexão, confiança), para reduzir rigidez.

TOSSE

1. **Repressão de impulsos agressivos: desejo de atacar**: o corpo tosse quando há desejo de revidar agressões sofridas.
2. **Sinal de que a pessoa está "explodindo" por dentro**: se a explosão não é verbalizada, vem em forma de tosse.

EM CRIANÇAS

- Pode ser recurso inconsciente para receber cuidado e atenção: O som da tosse chama o olhar dos outros para a criança.
- Coléricas: Tosse como sinal de irritação não dita.
- Sanguíneas: Usam como recurso para chamar atenção.
- Melancólicas: Guardam mágoa no silêncio.
- Fleumáticas: Podem tossir em ambientes tensos como reação passiva.

VÔMITO

1. **Resistência e recusa às situações:** representa a **incapacidade de aceitar e assimilar** experiências novas ou desafiadoras.
2. **medo do que está por vir**: Indica insegurança diante de novos papéis ou contextos – gravidez, viagens, avaliações, apresentações etc. Na gravidez, não é rejeição ao bebê, mas rejeição simbólica de crenças, exigências e receios sobre a maternidade.
3. **Perda de controle e medo do fracasso:** diante da ameaça de perder o controle da vida. Por exemplo: enjoos em viagens aéreas e também na gestação.
4. **Exigência de manter uma imagem perfeita:** medo de falhar, excesso de autocobrança.

EM CRIANÇAS

- Crianças melancólicas ou fleumáticas podem expressar insegurança.
- Crianças coléricas podem vomitar como ato simbólico de rejeição a imposições.
- Crianças sanguíneas podem reagir ao excesso de estímulos.

CAMINHO DE EVOLUÇÃO

Aceitar gradualmente novas experiências, confiando que o processo de viver inclui riscos e aprendizados. Desenvolver maior flexibilidade emocional para lidar com mudanças. Substituir o medo de fracassar pela prática da autoaceitação: *"Não preciso ser perfeito, preciso ser inteiro."*

APÊNDICE 2

Testes de Temperamentos para bebês, crianças e adultos

O teste a seguir foi desenvolvido pelas Autora Stracy Hogg e Melinda Blau.

Teste: Qual o Temperamento do seu bebê?

Para cada uma das questões seguintes, escolha a melhor resposta – em outras palavras, a frase que descreve o comportamento de seu filho na maior parte do tempo.

Para termos imparcialidade, é recomendado que dois ou três adultos que convivem com o bebê respondam ao teste e comparem suas respostas.

1. Meu bebê:

A. raramente chora
B. chora apenas quando está com fome, cansado ou superestimulado
C. chora sem motivo aparente
D. chora muito alto e, se não o atendo logo, começa a berrar
E. chora grande parte do tempo

2. Na hora de dormir, meu bebê:

A. fica tranquilo no berço e logo dorme
B. em geral, pega no sono facilmente dentro de 20 minutos
C. reclama um pouco e parece sonolento, mas não consegue manter o sono
D. é muito agitado e geralmente precisa ser envolvido em um cobertor ou embalado no colo
E. chora muito e parece não gostar de ser colocado no berço

3. Quando acorda, de manhã, meu bebê:

A. raramente chora – fica brincando no berço até eu chegar

B. murmura e olha a seu redor

C. precisa de atenção imediata, senão começa a chorar

D. grita

E. choraminga

4. Meu bebê sorri:

A. para tudo e para todos

B. quando estimulado

C. quando estimulado, mas às vezes começa a chorar minutos depois de sorrir

D. muito e também é muito vocal: ele tende a fazer ruídos muito altos

E. apenas em determinadas circunstâncias

5. Quando levo meu bebê para passear, ele:

A. é extremamente comportado

B. é comportado, desde que eu não o leve a um local muito agitado ou desconhecido

C. fica bastante irrequieto

D. exige muito minha atenção

E. não gosta de ser muito manipulado

6. Quando um desconhecido simpático conversa com ele, meu bebê:

A. sorri imediatamente

B. fica um pouco sério e depois geralmente sorri

C. quase sempre chora, a menos que o desconhecido consiga conquistá-lo

D. fica muito agitado

E. raramente sorri

7. Quando escuta um ruído muito alto, como um cachorro latindo ou uma porta batendo, meu bebê:

A. nunca se incomoda

B. percebe, mas não se incomoda

C. fica visivelmente assustado e, em geral, começa a chorar

D. também faz um ruído alto
E. começa a chorar

8. Na primeira vez em que dei um banho em meu bebê, ele:
A. gostou da água como se fosse um peixe
B. ficou um pouco surpreso com a sensação, mas gostou quase imediatamente
C. ficou muito sensível, tremeu um pouco e parecia estar com medo
D. ficou frenético, batia os braços e as pernas, esparramando a água
E. detestou o banho e chorou

9. Normalmente, a linguagem corporal de meu bebê é:
A. relaxada e alerta
B. relaxada na maior parte do tempo
C. tensa e muito reativa aos estímulos externos
D. desajeitada – ele bate muito os braços e as pernas
E. rígida – seus braços e suas pernas geralmente são inflexíveis

10. Meu bebê faz ruídos altos e agressivos:
A. ocasionalmente
B. apenas quando está brincando e é muito estimulado
C. quase sempre
D. frequentemente
E. quando está bravo

11. Quando troco as fraldas do meu bebê, dou banho nele ou o visto ele:
A. sempre se comporta com tranquilidade
B. se comporta se eu não fizer movimentos muito rápidos e se souber o que estou fazendo
C. geralmente fica mal-humorado, como se não suportasse ficar nu
D. contorce o corpo e derruba tudo do trocador
E. detesta; vestir uma roupa é sempre uma batalha

12. Quando levo meu bebê para um ambiente muito iluminado, pela luz do Sol ou por lâmpadas fluorescentes, ele:
A. enfrenta a situação com naturalidade

B. às vezes parece assustado
C. pisca excessivamente ou tenta esconder o rosto
D. fica superestimulado
E. parece perturbado

13a. (Se você dá mamadeira) Quando alimento meu bebê, ele:

A. sempre suga de forma adequada, presta atenção e, em geral, alimenta-se em 20 minutos
B. se mostra um pouco atrapalhado com os movimentos de sugação, mas quase sempre se ali menta bem
C. contorce muito o corpo e demora para terminar a mamadeira
D. segura a mamadeira de forma agressiva e tende a se alimentar demais
E. geralmente é mal-humorado e demora muito para se alimentar

13b. (Se você amamenta) Quando amamento meu bebê, ele:

A. começa a mamar imediatamente. Foi bem fácil desde o primeiro dia
B. demorou um ou dois dias para conseguir mamar direito, mas depois ficou tudo bem
C. sempre quer mamar, mas ocasionalmente larga o seio, como se tivesse esquecido como fazer
D. alimenta-se bem desde que eu o segure do jeito que ele quer
E. fica muito bravo e agitado, como se não tivesse leite suficiente para ele

14. O comentário que melhor descreve a comunicação entre mim e meu bebê é:

A. ele sempre consegue que eu saiba exatamente qual é a sua necessidade
B. na maior parte do tempo, é fácil interpretar suas dicas
C. ele me confunde: às vezes, chega a gritar comigo
D. seus gostos e desgostos são firmados de modo bem claro e frequentemente barulhento
E. ele geralmente chama minha atenção com um choro alto e tenso

15. Quando vamos a uma reunião familiar e muitas pessoas querem segurá-lo, meu bebê:

A. é muito adaptável

B. é bastante seletivo em relação a quem deseja segurá-lo
C. chora facilmente se muitas pessoas o segurarem
D. pode chorar ou até mesmo tentar se afastar dos braços de alguém se não se sentir confortável
E. recusa-se a ir com qualquer pessoa que não seja a mamãe ou o papai

16. Quando voltamos para casa, depois de um passeio qualquer, meu bebê:

A. adapta-se imediatamente
B. demora alguns minutos para se ambientar
C. tende a ficar muito agitado
D. geralmente está superestimulado, e é difícil acalmá-lo
E. parece bravo e infeliz

17. Meu bebê:

A. distrai-se por um longo período observando um único objeto, até mesmo as barras do berço
B. consegue brincar sozinho por cerca de 15 minutos
C. tem dificuldade para divertir-se em um ambiente desconhecido
D. precisa de muito estímulo para se distrair
E. não se distrai facilmente com alguma coisa

18. O aspecto mais perceptível de meu bebê é:

A. como ele é adaptável e incrivelmente bem-comportado
B. como seu desenvolvimento segue um trajeto preciso, exatamente como descrevem os livros
C. sua sensibilidade a tudo
D. sua agressividade
E. como ele é resmungão

19. Meu bebê parece:

A. sentir-se absolutamente seguro no berço
B. preferir o berço na maior parte do tempo
C. sentir-se inseguro no berço
D. irritado, como se o berço fosse uma prisão
E. ressentido quando é colocado no berço

20. O comentário que melhor descreve meu bebê é:

A. nem parece haver um bebê na casa - ele é um sonho
B. é fácil lidar com ele, ele é previsível
C. ele é uma coisinha muito delicada
D. eu acho que, quando começar a engatinhar, ele vai esbarrar em tudo
E. ele é uma "alma velha", parece que já esteve por aqui antes

Ao lado de cada letra anote quantas vezes você a escolheu no teste.
A_________ B_________ C_________ D_________ E_________

Cada letra denota um tipo correspondente:
A = bebê Anjo
B = bebê Livro-texto
C = bebê Sensível
D = bebê Enérgico
E = bebê Irritável

Depois de somar a frequência das letras, provavelmente você terá escolhido um ou dois tipos com predominância. Quando for ler as descrições, lembre-se de que estamos falando sobre uma maneira de se comportar no mundo, e não de uma disposição ocasional ou de um comportamento associado a uma dificuldade, como uma cólica ou um marco específico do desenvolvimento, como a erupção dos dentes. Provavelmente, você reconhecerá seu bebê em um dos resumos seguintes, ou talvez ele combine características de diferentes tipos. Leia todas as cinco descrições.

Bebê Anjo: como era de se esperar, esse é o tipo de bebê que todas as mulheres que engravidam pela primeira vez imaginam ter: "Ele parece um verdadeiro sonho". Pauline é um bebê desse tipo, isto é, doce, eternamente sorridente e muito pouco exigente.

Suas dicas são fáceis de interpretar. Ela não é perturbada por ambientes novos e é extremamente comportada – na realidade, você pode levá-la para qualquer lugar. Ela tem facilidade de se alimentar, brincar e dormir e em geral não chora quando acorda.

Você encontrará Pauline brincando em seu berço quase todas as manhãs, conversando com um bicho de pelúcia ou apenas se distraindo com a faixa do papel de parede. Um Bebê Anjo quase sempre consegue se acalmar sozinho. No entanto, se estiver muito cansado, talvez porque suas dicas não tenham sido bem interpretadas, a única providência necessária é aconchegá-lo um pouco e dizer: "Eu estou vendo que você está muito cansado". Depois, cante uma canção, deixe o quarto confortável, escuro e silencioso, e logo ele dormirá.

Bebê Livro-texto: esse é o nosso bebê previsível e, como tal, é consideravelmente fácil lidar com ele. Oliver insinua tudo o que fará, por isso, não existem muitas surpresas com ele. Ele chega a todos os marcos exatamente de acordo com o previsto – dorme a noite toda aos 3 meses de idade, consegue rolar aos 5 e senta-se aos 6. Suas manifestações do processo de crescimento parecem um relógio. Nos períodos em que seu apetite aumenta repentinamente, ele está ganhando peso e se desenvolvendo com rapidez. Quando tem apenas 1 semana, já consegue brincar sozinho por um período curto (15 minutos aproximadamente), e também murmura muito e olha ao redor.

Além disso, sorri quando alguém sorri para ele. Embora Oliver tenha períodos normais de mau humor, exatamente como os livros descrevem, é fácil acalmá-lo. Também não é difícil fazê-lo dormir.

Bebê Sensível: para um bebê ultrassensível, como Michael, o mundo parece uma série interminável de desafios sensoriais. Ele se assusta com o ruído de uma motocicleta passando na rua, com os sons da TV, com um cachorro latindo na casa do vizinho. Ele pisca ou tenta afastar o rosto de uma luz forte. Às vezes chora sem motivo aparente, mesmo quando está sozinho com a mãe. Nesses momentos, está tentando dizer na sua linguagem de bebê: "Eu já estou cansado, preciso de um pouco de paz e silêncio".

Frequentemente, fica irritado depois de algumas pessoas o segurarem ou depois de passear. Ele brinca sozinho por alguns minutos, mas precisa se certificar da proximidade de alguém que ele conheça bem – a mamãe, o papai ou a babá. Já que esse tipo de bebê gosta muito de sugar, a mamãe pode interpretar mal suas dicas e pensar que ele está com fome, quando uma chupeta poderia acalmá-lo. Ele também pode se alimentar de uma forma errática, às vezes agindo como se tivesse esquecido como fazê-lo. Durante as sonecas e à noite, Michael com frequência tem dificuldade em pegar no sono. Bebês Sensíveis como ele facilmente saem dos horários programados, porque seu sistema é muito frágil. Uma soneca muito longa, o fato de pular uma refeição, uma visita inesperada, uma viagem, uma mudança na rotina – qualquer um desses eventos pode colocar Michael em desespero. Para acalmá-lo, você terá de "recriar o ventre". Envolva-o bem firme em um cobertor, aconchegue-o no seu ombro, sussurre perto do ouvido dele ritmicamente um som que lembre o da água fluindo pelo ventre e dê tapinhas suaves nas costas dele, imitando o ritmo cardíaco (isto, aliás, acalma a maioria dos bebês; mas funciona especialmente com o Bebê Sensível). Se você tiver um Bebê Sensível, quanto mais rápido aprender a interpretar suas dicas e seu choro, mais simples sua vida será. Esses bebês adoram estrutura e previsibilidade – nada de surpresas, muito obrigado.

Bebê Enérgico: esse é o bebê que parece sair do ventre já sabendo do que gosta e do que não gosta, e ele não hesita em mostrar isso a todos. Bebês como Karen são muito vocais e, às vezes, chegam a parecer agressivos. Ela frequentemente chama a mamãe e o papai aos gritos quando acorda pela manhã. Karen detesta ficar com as fraldas sujas e comunicará: "Troque-me!", vocalizando violentamente seu desconforto. Na realidade, balbucia muito e bem alto. Sua linguagem corporal tende a ser um pouco desajeitada.

Frequentemente, ela precisa ser envolvida em um cobertor para dormir, porque seus braços e suas pernas ficam se debatendo e a deixam superestimulada. Quando começa a chorar e o ciclo não é interrompido, parece chegar a um ponto do qual não há retorno: seu choro vai se prolongando até atingir um estado de raiva extrema. Um bebê Enérgico provavelmente segurará a mamadeira em idade prematura. Ele também percebe os outros bebês antes que eles o percebam e, assim que tiver idade para desenvolver uma preensão boa e firme, pegará também os brinquedos dos outros.

Bebê Irritável: eu defendo a teoria de que bebês como Gavin já estiveram por aqui antes – eles são "almas velhas", como costumo chamá-los, e não ficaram nada felizes em voltar ao mundo. Eu posso estar errada, é claro, mas independentemente do motivo, garanto que esse tipo de bebê está bravo com o mundo e mostra isso claramente. Gavin choraminga todas as manhãs, não sorri muito durante o dia e fica inquieto até dormir todas as noites. Sua mãe tem muitos problemas em conseguir manter as babás, porque elas tendem a levar o mau humor desse bebê para o lado pessoal. No início, ele detestava tomar banho e, cada vez que alguém tentava trocá-lo ou vesti-lo, ele se tornava impaciente e irritado. Sua mãe tentou amamentá-lo, mas seu fluxo (o ritmo do leite até chegar ao mamilo e passar por ele) era lento, e Gavin não tinha paciência. Embora a mãe tenha seguido todas as normas, a alimentação ainda é difícil por causa do mau humor dele. Para acalmar um bebê Irritável, a mãe ou o pai precisam ser pacientes, porque esse bebê fica muito bravo e seu choro é particularmente alto e longo. O "murmúrio da água do ventre" precisa ser ainda mais alto que o choro. Ele odeia ser envolvido em cobertores e certamente faz você saber disso. Se o Bebê Irritável tiver uma crise, diga: "Está bem, está bem, está bem", de uma forma rítmica, enquanto o acalenta suavemente de frente para trás.

Dica: quando acalentar um bebê, de qualquer tipo, balance-o para trás e para a frente, e não para os lados ou de cima para baixo. Antes do nascimento, o bebê ia para trás e para a frente enquanto a mãe caminhava; portanto, ele já está acostumado a esse tipo de movimento e é confortado por ele.

TESTE DE TEMPERAMENTOS HUMANOS – CRIANÇAS A PARTIR DE 2 ANOS

Os testes a seguir foram desenvolvidos pela autora Isa Minatel e os direitos de publicação e reprodução são reservados à ela. ____________
Preencha com um "X" o que você percebe que identifica a criança ____________________________(nome da criança) e peça que mais duas ou três pessoas próximas preencham também em folhas separadas. Ao final, façam uma junção dos resultados para uma conclusão aproximada.

1. ( ) Gosta da natureza – criança que fica sensibilizada com plantas e animais, por exemplo.
2. ( ) Tende para a melancolia, sentimentalismo – criança que quando as coisas não saem como ela esperava – frustração – sente tristeza, baixa a cabeça, chora. Às vezes, sofre até por coisas que não aconteceram diretamente com ela.
3. ( ) É tímida, suscetível, indecisa, desanima facilmente – criança que tende a fugir de situações de novidade ou desafio.
4. ( ) Possui senso prático desenvolvido – criança rápida, que parece estar sempre pronta para qualquer convite. Aquela que tem solução para tudo, mesmo que só na mente dela.
5. ( ) Tem pouco interesse pelo mundo externo – criança que parece meio "desligada", sem muito ânimo para sair ou fazer as coisas. Mais "na dela" e tranquila.

TESTE TEMPERAMENTOS HUMANOS ADAPTADO PARA CRIANÇAS

6. ( ) É difícil reconciliar-se – criança que não perdoa fácil e também não gosta de pedir perdão. Encara o ato de pedir desculpas como uma grande humilhação.
7. ( ) Gosta da eloquência, possui talento oratório – criança que fala bem, gosta de microfone, busca falar as palavras do jeito certo.
8. ( ) Gosta de ruminar acontecimentos passados – criança que, quando se sente ofendida, lembra dos fatos para sempre. Algumas com raiva, outras com tristeza.

9. ( ) É violenta – criança que tende à agressividade quando contrariada. Exemplos de ações: Jogar coisas, gritar, xingar, agredir aos outros, agredir a si mesma, cuspir, morder, rosnar...

10. ( ) Gosta de novidades – criança que fica animada com convites, surpresas e notícias. Criar expectativas a faz ficar eufórica.

11. ( ) É impulsiva – criança que pensa depois que já fez ou falou as coisas, que não espera sua vez, que interrompe as outras pessoas.

12. ( ) É otimista, geralmente bem-humorada – criança de bem com a vida, de boa, feliz.

13. ( ) É cordial, exuberante, arrasta os outros com palavras e o exemplo – criança que quer ser perfeita, que gosta de se destacar positivamente e ser admirada.

14. ( ) Os outros a consideram autoritária – criança que quer mandar em si, nos outros, nas brincadeiras.

15. ( ) Gosta da solidão – criança que precisa de um tempo entre uma situação muito estimulante e outra.

16. ( ) Possui grande capacidade de trabalho – criança que gosta de emendar uma atividade ou programação em outra.

17. ( ) Sente necessidade intensa de ação em múltiplas direções – criança que quer fazer muitas coisas ao mesmo tempo e parece mesmo conseguir dar conta de tudo ou quase tudo.

18. ( ) É pessoa de hábitos – criança que se sente bem na rotina repetindo sempre as mesmas coisas (O contrário são aquelas que encaram a rotina como prisão).

19. ( ) Gosta de uma vida simples, que reduz o mais possível as necessidades – criança que não é muito consumista, que é mais tranquila e não fica pedindo para comprar coisas em excesso.

20. ( ) É calma, objetiva, com humor estável – criança que parece sempre estar bem. Não costuma esboçar grandes reações de alegria, tristeza ou raiva.

21. ( ) Confia mais na prática do que na teoria – criança que não demonstra muita paciência para entender todos os detalhes de uma atividade e já quer ir fazendo.

22. ( ) É tenaz e perseverante – criança que não desiste com facilidade dos objetivos.

23. ( ) Possui senso teórico – criança que consegue explicar bem as coisas, tem o pensamento organizado e gosta de entender como as coisas funcionam.

24. ( ) Gosta de vida mundana – criança que aprecia música, dança, comidinhas, viagens, passeios, presentes. Todas gostam, mas algumas se identificam mais.

25. ( ) Gosta de zombaria, da ironia com fundo de ceticismo – criança que é mais bagunceira, brincalhona e tem o riso fácil.

26. ( ) É ciumenta e fechada – criança que tende a ser mais apegada às suas coisas e às suas pessoas, com mais dificuldade para fazer amizades e emprestar seus pertences.

27. ( ) Tem reputação de pessoa corajosa – criança que tende a encarar os desafios com mais facilidade.

28. ( ) Gosta das teorias dos sistemas abstratos – criança que quer entender coisas que não interessa à maioria das pessoas; faz perguntas filosóficas ou sobre física, planetas, sentimentos...

29. ( ) Possui senso de humor – criança de riso fácil que pode até não ser a que faz a piada, mas ri bastante quando alguém a faz.

30. ( ) É conhecida como leal e franca – criança que fala a verdade, gosta das coisas certas e fica mal quando esconde algo.

31 ( ) Goza de reputação de pessoa delicada e cortês – criança que é bem educada e costuma ser elogiada por isso.

32. ( ) Respeita os princípios e gosta de relembrá-los – criança que segue as regras e que sinaliza quando vê alguém quebrando o que foi combinado.

IMPORTANTE

Muitas vezes, a abordagem dos adultos acaba fazendo com que a criança funcione em desequilíbrio e isso pode alterar e mascarar o resultado do teste. Por isso, é muito importante que vários adultos próximos respondam o teste e os resultados sejam considerados juntos. Tirar dúvidas com profissional também pode ajudar.

Marque abaixo todos os números que você assinalou. Observe que uma mesma questão pode pontuar em mais de um temperamento. (Por exemplo: Você marcou a questão 04, assinale-a no Colérico e também no Sanguíneo, ok?)

A linha que tiver maior número de respostas assinaladas revelará o temperamento dominante. A linha que obtiver o segundo lugar representará o temperamento subdominante da criança.

GABARITO TESTE ADAPTADO PARA CRIANÇAS – TEMPERAMENTOS HUMANOS

COLÉRICO (T1)
04 06 07 08 09 10 11 13 14 16 17 27

SANGUÍNEO (T2)
04 07 09 10 11 12 16 21 24 25 27 29

MELANCÓLICO (T3)
01 02 03 05 06 08 15 18 19 26 31 32

FLEUMÁTICO (T4)
05 15 18 19 20 22 23 25 28 29 30 32
O resultado precisa ser analisado pelo descritivo de cada temperamento (páginas 8 a 14) e pelo aprofundamento na formação específica de temperamentos na Disciplina do Equilíbrio.

TESTE ADAPTADO PARA CRIANÇAS – TEMPERAMENTOS HUMANOS

Marque um "X" as questões que têm a ver com você:

1. ( ) Gosta da natureza
2 ( ) Tende para a melancolia, sentimentalismo
3 ( ) É tímido, suscetível, indeciso, escrupuloso, desanima facilmente
4. ( ) Possui senso prático desenvolvido
5. ( ) Tem pouco interesse pelo mundo inteiro
6. ( ) É difícil reconciliar-se
7. ( ) Gosta da eloquência, possui talento oratório
8. ( ) Gosta de ruminar acontecimentos passados
9. ( ) É violento
10. ( ) Gosta de novidades

TESTE DE TEMPERAMENTOS

11. ( ) É impulsivo
12. ( ) É otimista, geralmente bem humorado
13. ( ) É cordial, exuberante, arrasta os outros com palavras e o exemplo
14. ( ) Os outros o consideram autoritário
15. ( ) Gosta da solidão
16. ( ) Possui grande capacidade de trabalho
17. ( ) Sente necessidade intensa de ação em múltiplas direções
18. ( ) Possui hábitos
19. ( ) Gosta de uma vida simples; reduz o quanto possível as próprias necessidades
20. ( ) É calmo, objetivo, com humor igual
21. ( ) Confia mais na prática do que na teoria
22. ( ) É tenaz e perseverante
23. ( ) Possui senso teórico
24. ( ) Gosta de vida mundana
25. ( ) Gosta de zombaria, da ironia com fundo de ceticismo
26. ( ) É ciumento e fechado
27. ( ) Tem reputação de pessoa corajosa
28. ( ) Gosta das teorias dos sistemas abstratos
29. ( ) Possui senso de humor
30. ( ) É conhecido como leal e franco
31. ( ) Goza de reputação de pessoa delicada e cortês
34. ( ) Respeita os princípios e gosta de relembrá-los

Marque abaixo todos os números que você assinalou.

A linha que tiver maior número de respostas assinaladas revelará seu temperamento dominante. A linha que obtiver o segundo lugar representará seu temperamento subdominante.

COLÉRICO (T1)
04 05 07 09 10 11 12 14 16 17

SANGUÍNEO (T2)
04 05 10 13 20 21 24 27 29 31

MELANCÓLICO (T3)
01 02 03 06 08 15 18 19 26 32

FLEUMÁTICO (T4)
18 19 20 22 23 25 27 28 30 32

GABARITO

TEMPERAMENTO COLÉRICO (T1)

O colérico excita-se imediatamente e com veemência diante de qualquer acontecimento. Reage violentamente e a impressão gravada em seu psíquico, permanece por longo tempo. É uma personalidade combativa. Manifesta-se nele a aspiração à grandeza, ao heroísmo, à perfeição. Busca ser eminente, despreza o comum e é resoluto e constante em seus empreendimentos. Encontra prazer em superar os obstáculos, pois as dificuldades só fazem aumentar nele a vontade de vencer. Faz tudo com rapidez, aplicação e ordem.

Fala rápido e conciso e não aguenta ficar sem fazer nada. Tem inteligência penetrante, raciocínio seguro e sua vontade é forte. É o homem das grandes paixões e não tolera a covardia ou qualquer espécie de inferioridade. É talhado para ser chefe, visto que possui o instinto sobre os outros. Seu desejo é mandar organizar e dirigir grandes movimentos populares. No reverso da medalha encontramos um certo orgulho acompanhando sua personalidade. O colérico tem grande estima de si e de suas qualidades pessoais.

Justifica e até julga dignas de aprovação as próprias faltas. Acha que sempre está com a razão, não gosta que o contradigam e quer ter sempre a última palavra. É ambicioso e autoritário e rejeita o auxílio dos outros.

Empenha-se em diminuir e perseguir os que atravessam o seu Caminho – não raro, com meios pouco nobres. Sente-se ferido profundamente quando é envergonhado ou humilhado. Prefere a morte à humilhação.

Outro ponto fraco da personalidade do colérico é a ira. Por vezes, é conduzido ao furor e daí ao ódio. Pode fazer recriminação injusta ou exagerada e interpretar mal as intenções do próximo. Jamais esquece as ofensas. É capaz, levado a ira, de pôr em risco a saúde, bens, emprego, e até as melhores amizades. É sensível e duro, intelectual, tem por assim dizer, duas inteligências mas um só coração. Permanece por isso indiferente diante dos que sofrem e, se for útil para si, não vacila em espezinhar a felicidade alheia.

TEMPERAMENTO SANGUÍNEO (T2)

Uma pessoa de temperamento sanguíneo impressiona-se rapidamente e sua reação é instantânea. A superficialidade é uma de suas características mais marcantes, por isso, suas impressões não duram muito tempo. Para o sanguíneo, água passada não roda moinho. Não tem facilidade para estudos profundos nem muito poder de concentração.

Está em mobilidade permanente. O sanguíneo é, antes de qualquer coisa, um inconstante: das lágrimas para o riso com a maior facilidade. O mesmo sucede com sua opinião. Por qualquer motivo abandona seus propósitos. Sua afetividade é forte, por isso é muito inclinado à dedicação ao próximo.

Os interesses do sanguíneo fixam-se de preferência nos objetivos exteriores. Dá muita atenção à elegância no vestir, à ordem na casa e à polidez no trato. Fala com vivacidade e facilidade, gosta de ver e ouvir tudo e meter a trela em todos os assuntos. É otimista, não liga muito para as dificuldades e confia sempre no sucesso. No entanto, se as coisas vão mal, consola-se facilmente dos fracassos. Gosta de pregar peças, e julga que todos têm que suportar suas brincadeiras.

Procura afastar naturalmente tudo o que poderia entristecê-lo ou amargurar-lhe a vida. Não é dado a grandes paixões, e quando se apaixona, é fogo de palha. No sanguíneo, a vaidade é um defeito capital. Gosta muito de exibir-se bem vestido. Adora aparecer. É narcisista, não dá descanso aos espelhos e até aos vidros de portas e janelas. Nada o faz mais feliz do que receber elogios, mesmo que não sinceros. Muito inclinado à inveja e ao ciúme E Procura sempre as companhias que mais o promovam. Aborrece, tudo o que lhe exige esforço, e "gozar a vida" é seu lema. A inconstância do sanguíneo é um perigo: as estatísticas mostram que a maioria das falências é devido ao temperamento sanguíneo dos gerentes.

TEMPERAMENTO MELANCÓLICO (T3)

Os acontecimentos exteriores não impressionam muito uma pessoa de temperamento melancólico. Suas reações também são muito débeis. Entretanto, embora a impressão seja fraca, perdura por longo tempo em sua personalidade. As impressões na alma do melancólico assemelham-se a uma estaca, a qual à força de pancadas, penetra fundamente e se torna inabalável. Pontos fortes do melancólico são: afetividade e reflexão. Sempre volta a considerar o passado e busca a explicação dos acontecimentos até as últimas causas. Seu coração está sempre cheio de afetos e desejos indefiníveis, mas não deixa transparecer nada exteriormente. O melancólico ama a solidão.

Gosta de trancar-se dentro de si mesmo e fugir do barulho do mundo. Não é inclinado a observar as pessoas, nem saúda os amigos na rua. Considera o mundo e seus acontecimentos pelo mais triste. A saudade, especialmente, é uma disposição constante de seu espírito. É reservado e tem pouco poder de comunicação, mas considera-se feliz quando encontra alguém, que o saiba ouvir e interpretar, pois é desajeitado e impreciso ao falar.

Gosta de adiar as decisões porque teme o fracasso.

É pessoa das oportunidades perdidas. Se tiver que atravessar um rio, enquanto seus companheiros, os coléricos e os sanguíneos, já estão no outro lado, ele ainda está pensando como é que ele vai se meter na água. Ponto fraco do melancólico é o pessimismo. Para ele, as coisas vão sempre de mal a pior. Por causa disso, é muito desanimado e abdica facilmente das dificuldades.

TEMPERAMENTO FLEUMÁTICO (T4)

O fleumático se impressiona pouco e reage pouco ou nada. Se alguma impressão fica, é de pouca duração. Tem forte dose de afetividade, mas não gosta de demonstrá-la. É o temperamento da lentidão. Seu desinteresse pelas coisas que acontecem ao seu redor é quase completo. Trabalha lentamente, mas com assiduidade e constância. Não se perturba, nem se irrita facilmente, não se preocupa muito em organizar sua vida, nem tão pouco em organizar seus deveres.

Pode ser levado a excessos na comida e na bebida, pois sua vontade é fraca. Entretanto, normalmente permanece tranquilo e discreto em seu canto. Geralmente, o fleumático é dotado de boa inteligência, com propensão à análise, à reflexão e à crítica. Gosta de trabalhos científicos que exigem paciência e longas investigações.

Sua imaginação em geral é pobre, mas em troca, a memória é bem desenvolvida. A sensibilidade é lenta, e mesmo tendo bom coração, falta-lhe entusiasmo e coragem de expandir-se. Evita qualquer mudança repentina, e facilmente pode tornar-se um tipo egoísta, absorvido por suas coisas e pela busca da comodidade própria. Seu comportamento é de timidez, não raro comporta-se como adolescente, embora seja adulto.

APÊNDICE 3

Glossário de termos próprios da metodologia

Ambiente preparado
Princípio herdado de Montessori e adaptado pela DdE: o espaço deve estar organizado para favorecer a autonomia e a autorregulação da criança. O ambiente externo funciona como espelho e suporte para o equilíbrio interno.

Análise dupla camada
Recurso da DdE para avaliar comportamento infantil em dois níveis: a camada visível (o que a criança faz) e a camada invisível (emoções, necessidades e intenções positivas por trás).

Appraisal cognitivo
Processo de interpretação que a criança faz dos estímulos que recebe. A forma como avalia uma situação define sua resposta emocional e comportamental.

Ajuste de manejo
Pequenos ajustes na forma do adulto interagir com a criança, alinhando comunicação, postura e expectativa para promover mais conexão e cooperação.

Adulto-guia
Figura de referência que conduz com firmeza e respeito, servindo de modelo de equilíbrio para a criança. É oposto ao adulto-obstáculo.

Adulto-obstáculo
Quando o adulto, em vez de ajudar, atrapalha o processo da criança com críticas, pressa, julgamentos ou posturas incoerentes, gerando resistência.

Atividades de vida prática
Conjunto de ações do cotidiano (vestir-se, cozinhar, organizar, limpar) usadas na DdE como recurso pedagógico e emocional. Desenvolvem autonomia, responsabilidade e senso de pertencimento.

Cabo de guerra relacional
Dinâmica de disputa de poder entre adulto e criança. Quando um insiste em vencer, ambos perdem vínculo e equilíbrio.

Campo seguro (macrodecisões)
Estrutura definida pelo adulto em grandes escolhas (moradia, escola, alimentação base) que dá segurança à criança e permite que ela exerça liberdade nas microdecisões.

Criança-estável
Refere-se ao temperamento fleumático. Valoriza rotina, segurança, previsibilidade, precisando de estímulos para sair da zona de conforto.

Criança-fio desencapado
Expressão usada para crianças intensas, reativas e difíceis de "conter". Costuma apontar para temperamento colérico ou situações de estresse tóxico.

Criança-líder
Nome dado na DdE à criança de temperamento colérico. É intensa, determinada e combativa, com energia natural de liderança. Precisa dc condução firme e respeitosa para canalizar seu potencial.

Criança-sensível
Refere-se ao temperamento melancólico. É profunda, emocional e reflexiva, com tendência a sentir-se frágil diante de críticas ou ambientes hostis.

Criança-sociável
Refere-se ao temperamento sanguíneo. É comunicativa, expansiva e busca constante por vínculos e reconhecimento social.

Culpa materna
Sentimento recorrente de inadequação e autocrítica das mães. A DdE trabalha para ressignificar a culpa, transformando-a em consciência e ação construtiva.

Diagnóstico evolutivo
Leitura do comportamento da criança não como rótulo fixo, mas como fotografia momentânea de sua evolução. É dinâmico e aponta caminhos de desenvolvimento.

Desequilibração majorante
Conceito da psicogênese adaptado à DdE: quando uma crise ou dificuldade rompe o equilíbrio, mas gera oportunidade de reorganização em nível superior.

Do nada
Expressão usada pelos adultos para descrever comportamentos infantis inesperados. A DdE mostra que nunca é "do nada": sempre existe causa, contexto ou intenção positiva por trás.

Educação da vontade
Processo de ajudar a criança a desenvolver autocontrole, disciplina interna e capacidade de escolher conscientemente, sem repressão autoritária.

Equilíbrio natural da criança
Visão de que toda criança nasce em estado de equilíbrio interno. O mau comportamento não é essência, trata-se de um sinal de desequilíbrio causado por necessidades não atendidas.

Flexibilidade cognitiva
Capacidade de mudar de estratégia, adaptar-se a novas situações e criar alternativas. A DdE estimula essa habilidade em adultos e crianças para evitar rigidez e ampliar recursos.

Guardião da concentração
Papel do adulto de proteger o foco e a atenção profunda da criança, evitando interrupções desnecessárias durante brincadeiras ou tarefas.

Inteligência da Comunicação [i2]
Uma das cinco inteligências da DdE. Refere-se à habilidade de expressar e escutar com empatia, criando vínculos por meio de linguagem, rapport e uso consciente das palavras.

Inteligência da Consciência [i3]
Capacidade de perceber padrões invisíveis por trás do comportamento. Inclui intenção positiva, posição perceptiva e leitura das dinâmicas familiares.

Inteligência da Emoção [i4]
Competência de reconhecer, acolher e regular emoções próprias e das crianças. Baseia-se na ideia de que todo comportamento é um mensageiro emocional.

Inteligência da Evolução [i5]
Eixo da DdE que ajuda a transformar desafios em aprendizado, estimulando resiliência, otimismo e desenvolvimento contínuo.

Inteligência do Comportamento [i1]

Capacidade de observar e intervir no comportamento infantil com práticas concretas que favoreçam disciplina, autonomia e convivência.

Intenção positiva

Princípio da PNL aplicado à DdE: todo comportamento, mesmo inadequado, nasce de uma intenção positiva. Descobrir essa intenção permite redirecionar a ação da criança.

Limite-guia

Conceito central da DdE. É o limite que não oprime, mas orienta. Combina regras de boa convivência com flexibilidade e clareza, servindo como guia seguro para a criança.

Macrodecisões

Grandes escolhas feitas pelo adulto que estruturam a vida da criança (escola, rotina de saúde, valores). São não negociáveis.

Mãe Estrela-Guia

Metáfora criada na DdE para mães que se tornam referência de luz e direção, conduzindo a criança com clareza, firmeza e amor.

Método REMOS

Sigla própria da DdE para sistematizar intervenções parentais (os significados podem ser expandidos no manual principal).

Microdecisões

Pequenas escolhas dadas à criança dentro do campo seguro das macrodecisões (por exemplo, escolher entre duas frutas para o lanche). Desenvolvem autonomia e responsabilidade.

Modo externo

Postura de agir no mundo, como a criança se comporta e interage.

Modo interno

Postura subjetiva, como a criança sente e processa emoções por dentro.

Montessori

Base teórica da DdE, que inspira práticas como ambiente preparado, autonomia, vida prática e respeito ao ritmo da criança.

Normalização
Termo montessoriano adaptado pela DdE. Significa o processo pelo qual a criança encontra equilíbrio interno, concentração e autorregulação quando inserida em ambiente preparado.

PNL – Programação Neurolinguística
Ferramenta incorporada pela DdE para decodificar comportamentos, identificar intenções positivas e criar novas respostas a estímulos.

Piriri emocional
Expressão criada na DdE para designar "explosões emocionais" que precisam ser acolhidas e compreendidas como sinal de necessidade, não como ataque.

Posição perceptiva
Ferramenta da PNL usada na DdE: capacidade de mudar de ponto de vista (eu, outro, observador) para compreender conflitos e ampliar consciência.

Princípio da Inteireza
Fundamento da DdE: todo ser humano deve ser visto em sua totalidade – corpo, mente, emoção, vínculos e espiritualidade – sem reducionismos.

Raiva que aproveita para sair
Expressão da DdE para explicar quando uma raiva antiga e acumulada se manifesta em situações desproporcionais ao momento.

Temperamento dominante
O traço de personalidade que predomina na criança e define sua forma principal de reagir ao mundo.

Temperamento subdominante
Traço secundário que influencia a forma de agir e pode equilibrar ou intensificar o temperamento dominante.

Temperamentos
Base teórica da DdE que integra colérico (líder), sanguíneo (sociável), melancólico (sensível) e fleumático (estável), relacionando-os à prática parental.

Temperamentos de base
Os quatro temperamentos considerados como matriz de personalidade, sobre os quais se constroem variações e combinações.

Uso protagonista das telas
Princípio da DdE para uso consciente das telas, em que a criança cria, produz ou aprende de forma ativa.

Uso recreativo das telas
Uso passivo e apenas para entretenimento. A DdE recomenda equilíbrio e supervisão, evitando excesso.

Violência invisível
Agressões sutis que não deixam marcas físicas, mas ferem profundamente, como desprezo, sarcasmo, chantagem emocional, indiferença.

Estresse tóxico
Condição de estresse crônico sem suporte adequado do adulto. Prejudica o desenvolvimento cerebral e emocional da criança.

Notas

2. Publicada no *Journal of Child Psychology and Psychiatry.*

3. CHANDAM, Valencia; YADAVA, Vibha. Exploring the Effect of Parenting Style on Selfesteem and Emotional Regulation among Young Adults. *International Journal for Multidisciplinary Research* (*IJFMR*), v. 6, n. 3, 2024. Disponível em: https://www.ijfmr.com/papers/2024/3/19493.pdf?utm. Acesso em: 2 out. 2025.

4. TIRADO, Maria. Parenting like a tiger mom may make your kids obese. *Time*, 2014. Disponível em: https://time.com/30376/parenting-like-a-tiger-mom-may-make-your-kids-obese. Acesso em: 26 jul. 2025.

5. BAUMRIND, Diana. Effects of authoritative parental control on child behavior. *Child Development*, v. 37, n. 4, p. 887-907, 1966. DARLING, Nancy; STEINBERG, Laurence. Parenting style as context: an integrative model. *Psychological Bulletin*, v. 113, n. 3, p. 487-496, 1993.

6. Publicada no *Journal of Adolescence.*

7. COSMIDES, Leda; TOOBY, John. The adapted mind: evolutionary psychology and the generation of culture. In: BARKOW, Jerome H.; COSMIDES, Leda; TOOBY, John (Org.). *The adapted mind: evolutionary psychology and the generation of culture.* New York: Oxford University Press, 1992.

8. Veja a ferramenta #3 CACA x DOSE.

9. A **desequilibração majorante** é uma **perturbação cognitiva produtiva,** ou seja, um tipo de desequilíbrio que leva a um novo nível de compreensão mais avançado do que o anterior. A criança entra em desequilíbrio quando encontra algo novo que não se encaixa nos seus esquemas mentais atuais (por exemplo, uma criança que vê um ventilador pela primeira vez). Esse desconforto ou dúvida a impulsiona em direção à exploração do objeto, a refletir, a experimentar e a buscar informações. Ao final, ela alcança um novo equilíbrio mais complexo, ajustando ou criando novos esquemas mentais. Esse novo estado é mais elaborado que o anterior – por isso, é chamado de *majorante* (do francês, "melhorador" ou "elevado"). Imagine uma criança que pensa que tudo que voa é um "pássaro'. Quando vê um avião, essa ideia entra em crise (desequilibração). Para resolver, ela precisa **diferenciar**: nem tudo que voa é um pássaro. Ao fazer isso, ela **avança cognitivamente** – esse avanço é a **desequilibração majorante.**

10. Você encontra mais informações específicas sobre elogiar a criança no capítulo sobre a Inteligência da Comunicação.

11. A autoestima do seu filho.

12. MINATEL, Isa. *Temperamentos sem limites: como conseguir resultados com crianças da raiva com crianças da tristeza*. 1. ed. São Paulo: Figurati, 2019. Leitura+2leonardodavinci.com.br+2

13. KOHN, Alfie. *Punished by Rewards: The Trouble with Gold Stars, Incentive Plans, A's, Praise, and Other Bribes*. Boston: Houghton Mifflin, 1993. Wikipedia+1KOHN, Alfie. *Unconditional Parenting: Moving from Rewards and Punishments to Love and Reason*. New York: Atria Books, 2005. Google Livros+1

14. "O mundo sob a perspectiva da criança". Assista à participação no TEDx: Disponível em: https://www.youtube.com/watch?v=VW87Oa14tMQ. Acesso em: [data não informada].

15. NEUROBIOLOGICAL EFFECTS OF PHYSICAL EXERCISE. *Wikipedia*, 2025. Disponível em: https://en.wikipedia.org/wiki/Neurobiological_effects_of_physical_exercise?utm_source=-chatgpt.com. Acesso em: 23 ago. 2025. Wikipedia

16. *SpringerLink*. Disponível em: https://link.springer.com/article/10.1007/s11065-021-09519-y?utm_source=chatgpt.com. Acesso em: 23 ago. 2025.

17. TRINDADE, Inês A.; FERREIRA, Cláudia; DUARTE, Cristiana. Parenting intervention for psychological flexibility and emotion regulation: clinical protocol and an evidence-based case study. *Clinical Psychology & Psychotherapy*, [s.l.], v. 29, n. 6, p. 2304–2316, nov./dez. 2022. Disponível em: https://www.ncbi.nlm.nih.gov/pmc/articles/PMC9101648. Acesso em: 24 ago. 2025.

18. FRANKL, Viktor E. *Em busca de sentido*. São Leopoldo: Editora Sinodal; Petrópolis: Vozes, 2008.

19. LAZARUS, Richard S. *Emoção e adaptação*. Nova York: Oxford University Press, 1991. LAZARUS, Richard S.; FOLKMAN, Susan. *Estresse, avaliação e enfrentamento*. Nova York: Springer, 1984.

20. The Science of Forgiveness: How Letting Go Heals You. *Psychology Today*, 2025. Disponível em: https://www.psychologytoday.com/us/blog/what-mentally-strong-people-dont-do/202504/the-science-of-forgiveness-how-letting-go-heals-you. Acesso em: 11 ago. 2025.

21. AMERICAN PSYCHOLOGICAL ASSOCIATION. *Speaking of Psychology: The Psychology of Forgiveness*. Disponível em: https://www.apa.org/news/podcasts/speaking-of-psychology/forgiveness. Acesso em: 12 ago. 2025.

22. HEMMING, Laura et al. A cross-sectional study investigating the relationship between alexithymia and suicide, violence, and dual harm in male prisoners. *Frontiers in Psychiatry*, [s.l.], v. 12, 2021. Disponível em: https://www.ncbi.nlm.nih.gov/pmc/articles/PMC8116549. Acesso em: 2 ago. 2025.

23. LEVENSON, 2019.RENNA, 2021.

24. CHAPMAN, et al. 2013.

25. AACAP (American Academy of Child & Adolescent Psychiatry). 2020.

26. HEINEN, Nike. Warum es so viele ADHSFehldiagnosen gibt und was Lehrer damit zu tun haben. *Welt Online*, 2024. Disponível em: https://www.welt.de/gesundheit/plus251904008/Kinder-Warum-es-so-viele-ADHS-Fehldiagnosen-gibt-und-was-Lehrer-damit-zu-tun-haben.html?utm_source=chatgpt.com. Acesso em: 18 ago. 2025.

27. TDAH: comment le mois de naissance influence la prise en charge. *Le Monde*, 2024. Disponível em: https://www.lemonde.fr/sciences/article/2024/07/04/tdah-comment-le-mois-de-naissance-influence-la-prise-en-charge_6246642_1650684.html. Acesso em: 18 ago. 2025.

28. *Jornal USP*, 2025. Disponível em: https://jornal.usp.br/?p=760512. Acesso em: 18 ago. 2025.

29. MINATEL, Isa. *Temperamentos Sem Limites – como conseguir resultados com crianças da raiva e da tristeza*. 1. ed. São Paulo: Figurati, 2019.

30. **MINEO, Liz.** *Good genes are nice, but joy is better: Harvard study, almost 80 years old, has proved that embracing community helps us live longer, and be happier.* Harvard Gazette, 11 abr. 2017. Acesso em: 9 set. 2025. Disponível em: Harvard Gazette

31. CENTERS FOR DISEASE CONTROL AND PREVENTION. Data & Statistics on Autism Spectrum Disorder. Atlanta: CDC, 2023.

32. POLANCZYK, G. V.; WILLcutt, E. G.; SALUM, G. A.; KIELING, C.; ROHDE, L. A. ADHD prevalence estimates across three decades: an updated systematic review and metaregression analysis. *International Journal of Epidemiology*, v. 43, n. 2, p. 434442, 2015.

33. AMERICAN PSYCHIATRIC ASSOCIATION. *Diagnostic and Statistical Manual of Mental Disorders*. 5. ed. Arlington, VA: APA, 2013.

34. WORLD HEALTH ORGANIZATION. Genes and human diseases: Down syndrome. Geneva: WHO, 2022.

35. RENZULLI, J. S.; REIS, S. M. The ThreeRing Conception of Giftedness: A Developmental Model for Promoting Creative Productivity. *Prisma Social*, v. 20, p. 936, 2018.

36. *WOOD, Vanessa Reineke et al. Prevalence of emotional, intellectual, imaginational, psychomotor, and sensual overexcitabilities in highly and profoundly gifted children and adolescents: a mixed-methods study of development and developmental potential. Education Sciences, v. 14, n. 8, p. 817, 2024.* Disponível em: https://doi.org/10.3390/educsci14080817. Acesso em: 24 ago. 2025.

37. DSM-5-TR/ICD-11: AMERICAN PSYCHIATRIC ASSOCIATION. *Manual diagnóstico e estatístico de transtornos mentais: DSM-5-TR*. 5. ed. rev. e atual. Arlington, VA: APA, 2022. WORLD HEALTH ORGANIZATION. *International classification of diseases for mortality and morbidity statistics: ICD-11*. Geneva: WHO, 2022. STRINGARIS & GOODMAN, 2009: STRINGARIS, E.; GOODMAN, R. Three dimensions of oppositionality in youth. *Journal of Child Psychology and Psychiatry*, [s.l.], v. 50, n. 3, p. 216–223, 2009. PATTERSON – Teoria da Coerção: PATTERSON, Gerald R. *Coercive family process*. Eugene: Castalia Publishing Company, 1982.

38. Note as ferramentas da Disciplina do Equilíbrio em negrito no relato.

39. **RAD – Reactive Attachment Disorder (Transtorno Reativo de Vinculação)**: retraimento social, dificuldade em buscar conforto quando angustiado, pouco contato visual, respostas emocionais limitadas. A criança não procura nem aceita o cuidado mesmo quando disponível. Exemplo: criança que cai e se machuca, mas não busca o colo ou a ajuda do adulto, permanecendo isolada.

40. **DSED – Disinhibited Social Engagement Disorder (Transtorno de Vinculação Desinibida)**: sociabilidade indiscriminada, aproxima-se de estranhos com facilidade, pouca ou nenhuma reserva em situações sociais, comportamento de "ir com qualquer um". A criança não discrimina figuras de apego seguro de pessoas desconhecidas. Exemplo: criança que abraça ou vai embora com desconhecidos sem medo ou estranhamento.

41. Programas e cuidados trauma-informados são abordagens que partem da compreensão de que experiências adversas na infância podem impactar comportamento, aprendizagem e

saúde. Em vez de: “o que há de errado com essa criança?”, a postura trauma-informada sugere: “o que aconteceu com ela?”.

42. BRASIL. Instituto Brasileiro de Geografia e Estatística. Em 2017, expectativa de vida era de 76 anos. *Agência de Notícias IBGE*, 2018. Disponível em: https://agenciadenoticias.ibge.gov.br/agencia-sala-de-imprensa/2013-agencia-de-noticias/releases/23200-em-2017-expectativa-de--vida-era-de-76-anos?utm_source=chatgpt.com. Acesso em: 18 ago. 2025.

43. *JAMA Pediatrics*, [s.l.], [v.], [n.], [p.], [ano]. Disponível em: https://jamanetwork.com/journals/jamapediatrics/article-abstract/512527. Acesso em: 18 ago. 2025.

44. *WOOD, Vanessa Reineke et al. Prevalence of emotional, intellectual, imaginational, psychomotor, and sensual overexcitabilities in highly and profoundly gifted children and adolescents: a mixed-methods study of development and developmental potential. Education Sciences, v. 14, n. 8, p. 817, 2024.* Disponível em: https://doi.org/10.3390/educsci14080817. Acesso em: 24 ago. 2025.

45. Universidade Federal Rural do Rio de Janeiro (UFRRJ), [ano]. Disponível em: https://tede.ufrrj.br. Acesso em: 22 set. 2025.

46. Disponível em: pepsic.bvsalud.org. Acesso em: 22 set. 2025.

47. Disponível em: scielo.br. Acesso em: 23 set. 2025.

48. Disponível em: researchgate.net. Acesso em: 23 set. 2025.

49. **VQS – Vida Que Segue:** Mãe tenta manter a vida “como era antes”, minimizando as mudanças da chegada do bebê; rotina externa > fusão com o bebê. | **DMS — Decidi Maternar Sozinha:** centraliza tudo, quase não pede ajuda; exclui (ou reduz) o papel do pai/rede, sobrecarrega e dificulta o descanso emocional. | **PVM – Pai que Vai Maternar:** desloca a função de maternagem para o pai (ou outro adulto), muitas vezes para evitar a própria fusão; pode gerar desequilíbrio de papéis. | **CCV – Conto com Vovó:** Terceirização para a avó (ou figura materna da mãe); a avó vira protagonista e o casal perde liderança do cuidado. | **MCR – Maternar com Consciência e Rede** – modelo saudável: mãe em fusão com o bebê, pai sustenta o “mundo externo”, e a rede apoia **sem** tomar o protagonismo; parceria consciente.

50. **CM – Cuido do Marido:** Mulher que assume para si responsabilidades que seriam do companheiro: agenda, contas, problemas familiares dele. Vive “cada um por si e a mulher pelo homem”. Mantém certa autonomia pessoal, mas funciona como “mãe do marido”. | **SM – SuperMulher:** Mulher altamente autônoma, que “dá conta de tudo”. Trabalha muito, muitas vezes ganha mais que o parceiro, acumula funções (casa, família de origem, amigos). Mantém a relação conjugal, mas vive sobrecarregada. | **CR – Cuidado Recíproco:** Modelo saudável: mulher e homem maduros e conscientes. Cada um gira sua própria vida e apoia o giro da vida do outro. Relação baseada em amor adulto, parceria e respeito mútuo.

52. DE MENDONÇA FILHO, E. J. et al. Examining attachment, cortisol secretion, and cognitive neurodevelopment in preschoolers and its predictive value for telomere length at age seven. *Frontiers in Behavioral Neuroscience*, v. 16, 2022. Disponível em: https://www.frontiersin.org/journals/behavioral-neuroscience/articles/10.3389/fnbeh.2022.954977/full?utm_source=chatgpt.com. Acesso em: 18 set. 2025.

53. Casos reais que as ferramentas da Disciplina do Equilíbrio ajudaram a atenuar significativamente os sintomas.

54. *Crianças que seguram o cocô: O que pode ser? Como lidar? lYouTube.* Disponível em: https://www.youtube.com/live/cQKbm4PvYUE?si=EtQc-zeWmkMx9H2. Acesso em: 30 set. 2025.

Referências Bibliográficas

1. Gershoff, E. T., & Grogan-Kaylor, A. (2016). Spanking and child outcomes: Old controversies and new meta-analyses. *Journal of Family Psychology*, 30(4), p. 453-469.
2. Wang, M. T., & Kenny, S. (2014). Parental physical punishment and adolescent adjustment: Bidirectional relationships and the moderating effect of child ethnicity and parental warmth. *Developmental Psychology*, 50(5), p. 1351-1362.
3. Baumrind, D. (1991). The influence of parenting style on adolescent competence and substance use. *Journal of Early Adolescence*, 11(1), p. 56-95.
4. Lansford, J. E., *et al.* (2010). Corporal punishment, maternal warmth, and child adjustment: A longitudinal study in eight countries. *Journal of Clinical Child & Adolescent Psychology*, 39(4), p. 692-702.
5. *Journal of Child Psychology and Psychiatry* (2023). Authoritarian parenting linked to poorer peer relations and increased aggression. *Journal of Child Psychology and Psychiatry* DOI: 10.1111/jcpp.13786.
6. Stelmack, R. M., & Stalikas, A. (1991). Galen and the humour theory of temperament. *Personality and Individual Differences*, 12(3), p. 255-263.
7. Marston, W. M. (1928). *Emotions of Normal People*. London: Kegan Paul.
8. Furnham, A. (1990). The validity of the DISC personality test. *Personality and Individual Differences*, 11(8), p. 789-794.
9. McCrae, R. R., & Costa, P. T. (1997). Personality trait structure as a human universal. *American Psychologist*, 52(5), p. 509-516.
10. John, O. P., & Srivastava, S. (1999). The Big Five trait taxonomy: History, measurement, and theoretical perspectives. *In*: L. A. Pervin & O. P. John (Eds.), *Handbook of Personality: Theory and Research* Nova York: Guilford Press, v. 2, p. 102-138.
11. Stelmack, R. M. (2004). On the psychobiology of personality: Essays in honor of Marvin Zuckerman. Elsevier.
12. Soto, C. J. (2019). How replicable are links between personality traits and consequential life outcomes? The Life Outcomes of Personality Replication Project. *Psychological Science*, 30(5), p. 711-727.

13. Roberts, B. W., Walton, K. E., & Viechtbauer, W. (2017). Patterns of mean-level change in personality traits across the life course: A meta-analysis. *Psychological Bulletin, 133*(1), 1-25.

14. Brigss, C. D. *A autoestima do seu filho*. São Paulo: Martins Fontes, Selo Martins, 2022.

15. Minatel, I. *Temperamentos sem limites*: como conseguir resultados com crianças da raiva e com crianças da tristeza. São Paulo: Figurati, 2019.

16. Chapman, B. P.; Fiscella, K.; Kawachi, I.; Duberstein, P. R. Emotion suppression and mortality risk over a 12-year follow-up. *Health Psychology*, v. 32, n. 8, p. 883-889, 2013. DOI: https://doi.org/10.1037/a0031830.

17. Levenson, R. W. Stress and illness: A role for specific emotions. *Psychosomatic Medicine*, v. 81, n. 8, p. 720-730, 2019. DOI: https://doi.org/10.1097/PSY.0000000000000732.

18. Renna, M. E.; O'toole, M. S.; Spaeth, P. E.; Lekander, M.; Mennin, D. S. A review and novel theoretical model of how negative emotions enhance immune system dysregulation: Implications for depression and anxiety. *Neuroscience & Biobehavioral Reviews*, v. 120, p. 505-522, 2021. DOI: https://doi.org/10.1016/j.neubiorev.2020.10.020.

19. American Academy of Child and Adolescent Psychiatry (AACAP). *Somatic symptoms of emotional distress: Somatic symptoms and related disorders*. Facts for Families, n. 124, 2020. Disponível em: https://www.aacap.org/AACAP/Families_and_Youth/Facts_for_Families/FFF-Guide/Physical_Symptoms_of_Emotional_Distress-Somatic_Symptoms_and_Related_Disorders-124.aspx. Acesso em: 18 set. 2025.